AF540354

# रचनात्मक बेचैनी में

संवाद-2

# रचनात्मक बेचैनी में

## संवाद–2

चन्द्रशेखर

सम्पादन

हरिवंश

राजकमल प्रकाशन

संपादन सहयोग : अनिल अत्रि, अविनाश

ISBN : 978-81-267-0466-8

**मूल्य :** ₹795



**पहला संस्करण** : 2002
**पहली आवृत्ति** : 2022

**प्रकाशक :** राजकमल प्रकाशन प्रा. लि.
1-बी, नेताजी सुभाष मार्ग, दरियागंज
नई दिल्ली-110 002
**शाखाएँ :** अशोक राजपथ, साइंस कॉलेज के सामने, पटना-800 006
पहली मंजिल, दरबारी बिल्डिंग, महात्मा गांधी मार्ग, प्रयागराज-211 001
36-ए, शेक्सपियर सरणी, कोलकाता-700 017
वेबसाइट : www.rajkamalprakashan.com
ई-मेल : info@rajkamalprakashan.com

**मुद्रक :** बी.के. ऑफसेट
नवीन शाहदरा, दिल्ली-110 032

RACHNATMAK BECHAINI MEIN
(Interviews with Chandrashekhar-2)
Edited by Harivansh

# बतरस में पगे घुले

चन्द्रशेखर का बतरस में बड़ा मन लगता है। ऐसी ही एक बैठक में उनने कहा—मैं ऐसे जमाने में राजनीति में आया, जब माना जाता था कि पढ़ने-लिखने से अच्छा राजनेता बनता है। आज देखता हूँ तो लगता है कि राजनीति करनेवालों का पढ़ने-लिखने से क्या मतलब ? तब जो देखो क्रान्ति की बात करता था। क्रान्ति करने राजनीति में आता था। अब तो...। आगे की बात उनने समझनेवालों पर छोड़ दी।

लेकिन इसका यह मतलब समझना गलत होगा कि आज के राजनेताओं से उन्हें बतरस में मज़ा नहीं आता या आज की राजनीति में बने रहने के लिए चन्द्रशेखर ने पढ़ना-लिखना छोड़ दिया है। आज की राजनीति कैसी भी हो गई हो, चन्द्रशेखर का राजनीतिक पिंड ऐसे जमाने का बना हुआ है, जब देश आजादी की लड़ाई के आखिरी मोर्चे पर 'भारत छोड़ो आन्दोलन' में था और आजादी दरवाज़े पर दस्तक दे रही थी। तब जो भी राजनीति करने की इच्छा या सपने से प्रेरित था, वह क्रान्ति से समाज को आमूल-चूल बदलने और फिर नया समतावादी समाज बनाने में लग जाना चाहता था। चन्द्रशेखर उस जमाने के सपूत हैं और इसलिए राजनीति को क्रान्ति और समाज-रचना से विरत नहीं कर सकते। सत्ता में होने के लिए चन्द्रशेखर राजनीति में नहीं हैं। राजनीति में हैं, इसलिए सत्ता से उनकी मुठभेड़ अनिवार्य और निरन्तर है। कभी वे उस पर सवार होते हैं और अक्सर वे उससे पंजे लड़ाए भिड़े होते हैं। वे गांधी और जयप्रकाश को बहुत मानते हैं लेकिन उनकी तरह सत्ता और चुनाव राजनीति से अलग नहीं हैं। वे लोकशक्ति को अन्तिम निर्णायक सद्शक्ति मानते हैं लेकिन नहीं मानते कि लोकशक्ति और राज्यशक्ति का संघर्ष सर्वथा और अनिवार्य है। वे राज्यशक्ति की धारणा और परिवर्तनकारी शक्तियों में विश्वास करते हैं। इसलिए लोकशक्ति को साधने के लिए राजनीति छोड़कर नहीं जाते और राजनीति में ऐसे विलीन नहीं होते कि सत्ता के हत्थे पर पकड़ बनाए रखने के लिए कोई भी समझौता कर लें।

ऐसा आदमी हमेशा बाहर और हमेशा अन्दर होता है। यानी एक साथ अन्दर-बाहर होता है। ऐसे आदमी को पकड़ना और पकड़कर किसी चौखटे में फिट कर देना मुश्किल ही नहीं लगभग असंभव है। उसकी अपनी क्या नियति और सन्त्रास है, वही जानता है। लेकिन मीडिया के लिए भी वह बड़ा अजूबा और उससे बरतना बड़ी चुनौती हो सकता है। इसीलिए कोई तीस-बत्तीस साल से चन्द्रशेखर मीडिया के लिए सबसे विवादास्पद व्यक्ति बने हुए हैं। इन वर्षों में जो भी राजनीतिक, सामाजिक और आर्थिक घटनाएँ घटी हैं और जो भी विवाद छिड़े हैं और जैसे भी सवाल उठ खड़े हुए हैं, मीडिया को लगा है कि जाँच लिया जाए और बता दिया जाए कि चन्द्रशेखर की क्या राय है, वे कहाँ खड़े हैं और उनके इधर या उधर होने के क्या मानी हैं। कहा जाएगा कि वे किसी भी पार्टी या पद पर हों और उम्र के

पचहत्तरवें साल में पहुँच गए हों, वर्तमान परिस्थिति और सन्दर्भ में उनकी प्रासंगिकता हमेशा बनी रही है। सत्ता के गणित या स्वभाव में उस समय वे बिलकुल हाशिए पर भी हों तो उनकी राय या टिप्पणी का फिर भी मतलब होता है। संसद में अपने अलावा उनकी पार्टी का कोई सदस्य नहीं है। न लोकसभा में, न राज्यसभा में। फिर भी चन्द्रशेखर बोलने खड़े हो जाएँ तो भले ही प्रधानमन्त्री या विपक्ष के नेता के बोलते वक्त हल्ला या टोकाटोकी होती हो, चन्द्रशेखर को तो धयान से ही सुना जाएगा। इसका कारण संसदीय जीवन में सिर्फ उनकी हैसियत नहीं है। इसमें कई बातें शामिल हैं। देश के राजनीतिक जीवन की तीन सौ साठ डिग्रियों के जितने भी कोण हैं, उन सबसे चन्द्रशेखर का कहीं न कहीं लेना-देना है। वे अपनी राजनीति के सन्दर्भ बिन्दु हैं और प्रस्थान बिन्दु भी, फिर भी जहाँ हैं, डटे हुए हैं।

बताने की जरूरत नहीं कि ऐसे व्यक्ति की मीडिया को हमेशा जरूरत रहेगी। एक तो मीडिया का काम विवाद के बिना चल नहीं सकता, दूसरे चन्द्रशेखर को किसी एक सूली या चौखटे पर ठोककर वह निपटा या खत्म नहीं कर सकता। मीडिया से चन्द्रशेखर की प्रीति और नफरत की रिश्तेदारी लगभग पचास साल से चल रही है। मीडिया उन्हें पसन्द कर सकता है या उनके खिलाफ हो सकता है। ऐसा नहीं हो सकता कि वह अनदेखी कर दे। खुद चन्द्रशेखर के मीडिया के प्रति रवैये का भी यही हाल है। उन्हें उसमें होना उतना ही अच्छा लगता है, जितना कि उसके पीछे पड़ना। लेकिन इसका कारण यह नहीं है कि एक राजनेता के अपने समय के मीडिया के साथ ऐसे सम्बन्ध होते ही हैं। यह नहीं है कि चन्द्रशेखर को अपनी राजनीति करने के लिए मीडिया की और मीडिया को अपना काम करने के लिए चन्द्रशेखर की जरूरत पड़ती हो। चन्द्रशेखर को अपने लोगों से मुखातिब होने के और भी तरीके और माध्यम मालूम हैं। आखिर देश में कितने लोग अखबार खरीदते, टीवी देखते और रेडियो सुनते हैं। मीडिया के जरिए लोगों तक पहुँचने के अपने फायदे हैं, तो नुकसान भी हैं। कई बार मीडिया लोगों में आपको जो प्रक्षेपित करता है, वह वही नहीं होता जो आप चाहते हैं या आप जानते हैं कि आप हैं। तब आपको अपनी मीडिया से प्रक्षेपित छवि के खिलाफ खुद ही लड़ना पड़ता है। इस लड़ने में भी आपकी छवि बनती और बिगड़ती है। चन्द्रशेखर को इन सारे अनुभवों से गुजरना पड़ा है क्योंकि उनके पास अपनी जो आत्मछवि है, वह उनकी प्रक्षेपित छवि से न सिर्फ भिन्न होती है, विरुद्ध भी होती है। इस मुठभेड़ में कभी मीडियावाले चन्द्रशेखर का इस्तेमाल कर ले जाते हैं और कभी चन्द्रशेखर मीडिया का। पकड़ापाटी और लुका-छिपी का यह खेल चलता ही रहता है।

लेकिन मामला एक राजनेता के मीडिया से सम्बन्धों का ही नहीं है। ऐसा बहुत कम हुआ है कि चन्द्रशेखर ने अपनी राजनीति के लिए मीडिया का इस्तेमाल किया हो या मीडिया ने किसी नाजुक वक्त में चन्द्रशेखर का उपयोग कर लिया हो। ज्यादातर मीडिया से चन्द्रशेखर का एक निजी और गहरा सम्बन्ध रहा है। इसका चन्द्रशेखर के संपादकों, संवाददाताओं और मीडिया मालिकों से अच्छे-बुरे सम्बन्धों से भी कोई लेना-देना नहीं है। मैंने शुरू में ही कहा कि चन्द्रशेखर को बतरस में बड़ा मज़ा आता है। इस बतरसी में राजनीति और 'संचार माध्यम' का उतना मतलब नहीं है, जितना अपने को अभिव्यक्त करने के आनन्द का। मैंने उन्हें इस या उस संवाददाता से, इस या उस संपादक से घंटों बतियाते देखा है। और उनकी लिखी गई रपट या मुलाकात पढ़ने के बाद मुझे लगा है कि कितना कुछ रह गया जो पूछा

गया था और वह कहा गया जो बताया गया था। फिर भी शायद ही कभी चन्द्रशेखर ने शिकायत की हो कि उनने जो कहा था, वह तो छपा ही नहीं। वे फिर उसी तरह बतियाने के लिए तैयार हो जाते हैं। अगर कोई अपने को प्रक्षेपित और प्रस्थापित करने के लिए इन्टरव्यू देता हो तो देखेगा कि उसका फलित क्या हुआ। लेकिन जिसे प्रस्तुत प्रश्नों और प्रसंगों पर बात करने में आनन्द आता हो, उसके लिए यह बड़ी जिज्ञासा का विषय नहीं रह जाएगा कि छपा क्या या दिखाया और सुनाया क्या गया। चन्द्रशेखर को बात करने में मज़ा आता है, इसलिए वे ऐसी बातें भी बेझिझक बता जाते हैं, जिन्हें बताने की कोई जरूरत न हो या जिन्हें बताने पर नुकसान हो सकता हो। इसीलिए पूछनेवाला उनसे ऐसे सवाल भी पूछ जाता है जो वह दूसरे किसी से पूछने में डरता या हिचकता। इस कारण उनसे की गई मुलाकातें पठनीय हो सकती हैं या हो जाती हैं पर उनसे विवाद भी उठ खड़े होते हैं और कई बार ऐसे सन्देश भी चले जाते हैं जो न इच्छित थे और न वांछनीय। लेकिन उपयोग करने और बात बनाने के लिए तो चन्द्रशेखर ने बात की नहीं थी। इसलिए कई बार इंटरव्यू से अर्थ का अनर्थ भी होता है।

भूमिका में यह आलाप मैंने इसलिए लगाया कि इन तीन वृहद खंडों में जो आप पढ़नेवाले हैं, वे सब पिछले तीस साल में दिए गए चन्द्रशेखर के इंटरव्यू ही हैं। वे सभी पत्र-पत्रिकाओं में छपे भी हैं और हो सकता है कि इनमें से कुछ आपने तभी पढ़े भी हों। उनके ये तीन संकलन इसलिए प्रकाशित कर रहे हैं कि ये तीस साल की प्रमुख घटनाओं के दस्तावेज तो हैं ही, ये उस बतरस को भी आप तक पहुँचाते हैं जो उनके एक पात्र ने इंटरव्यू देकर प्राप्त किया। पहले खंड में राजनीतिक और सार्वजनिक जीवन की प्रमुख घटनाओं पर तत्काल की गई टिप्पणियाँ हैं। वे कहीं इतिहास होने का बोध देती हैं तो कहीं आँखों देखे हाल का और कहीं वर्तमान में जीने के अनुभव का। दूसरे खंड में प्रश्नों और प्रसंगों पर थोड़ी गहराई से विश्लेषण है और वे उस वैचारिकता की अच्छी झाँकी दिखाते हैं जिससे चन्द्रशेखर का दिल और दिमाग बना है। चन्द्रशेखर को इमर्जेंसी लगते ही जेपी के साथ ही गिरफ्तार कर लिया गया था हालाँकि तब वे कांग्रेस कार्यकारिणी के सदस्य थे और मानते थे कि जेपी और इंदिरा गांधी के बीच संघर्ष नहीं होना चाहिए। जेपी की नैतिक शक्ति और इंदिरा गांधी की राज्यशक्ति मिलकर देश को नए सिरे से बना सकती हैं—ऐसा चन्द्रशेखर मानते थे और दोनों में मेल-जोल कराने की कोशिश भी उनने की थी। तीसरे खंड में वे इंटरव्यू हैं जो चन्द्रशेखर ने देश के प्रधानमन्त्री रहते हुए दिए। मुश्किल से कुछ महीनों का ही कालखंड वह था। लेकिन जीवन का ज्यादातर समय सत्ता से बाहर और उसके खिलाफ बितानेवाले चन्द्रशेखर देश के सर्वोच्च कार्यकारी पद पर क्या सोचते और करना चाहते थे—यह इस खंड में स्पष्ट है। यह एक तरह से बाकी के दो खंडों में कहे गए की कसौटी भी है और प्रतिरूप भी। चन्द्रशेखर एक राष्ट्रीय पार्टी के अध्यक्ष रहे और एक सरकार के प्रधानमन्त्री। बाकी का जीवन उनने एक सांसद और राजनीतिक व्यक्तित्व के नाते जिया। संवाद के ये तीन खंड उनके सम्पूर्ण जीवन को आपके सामने एक किताब की तरह खोलते हैं।

इन्हें संपादित किया है हमारे मित्र हरिवंश ने जो 'प्रभात खबर' के प्रधान संपादक और प्रबन्धक भी हैं। हरिवंश उसी सिताब दियारा के बाबू साहब हैं जहाँ जेपी का पुश्तैनी घर है और जिसे एक स्थायी स्मारक बनाने में चन्द्रशेखर लगे हुए हैं। हरिवंश के साथियों ने इन्हें

इस रूप में लाने में मदद की। अमृत महोत्सव पर उनके सभी महत्त्वपूर्ण साक्षात्कारों को इस तरह संकलित करके हरिवंश और उनकी टीम ने चन्द्रशेखर के प्रति अपना ऋण चुकाया हो, हम पाठकों पर तो उनने उपकार ही किया है।

1 अप्रैल, 2002 **प्रभाष जोशी**

# वाद विवाद संवाद

चन्द्रशेखर हमारे जैसे लोगों के लिए अपनी राजनीति का फलित रूप और बारीकी से अध्ययन की चीज रहे हैं। चौहत्तर के आंदोलन से राजनीतिक रूप से सचेत और सक्रिय होनेवाले मेरे जैसे लोगों की राजनीति भले संघर्ष समिति, युवा जनता, समता संगठन और समाजवादी जन परिषद जैसे संगठनों के माध्यम से चली हो, चल रही हो पर विचारों और विरासत के मामले में कहीं न कहीं चन्द्रशेखर जी एक ही बड़े परिवार का हिस्सा लगते रहे हैं। पर उनके बारे में, उनके कामों के बारे में, उनकी सोच-समझ और व्यक्तित्व के विभिन्न पहलुओं की बारीक समझ विकसित करने की इच्छा राजनीति से भी ज्यादा पत्रकारिता के चलते रही है। चन्द्रशेखर हमारी राजनीति का, हमारे होश सँभालने के बाद की राजनीति का और बीती शताब्दी के आखिरी चतुर्थांश की राजनीति का एक केंद्रीय व्यक्तित्व रहे हैं। अब इसमें राजनैतिक-वैचारिक परिवारवाद, अपना भोजपुरी इलाकावाद या इन सबसे बढ़कर एक समान सामाजिक-ग्रामीण पृष्ठभूमि से निकले व्यक्ति के शीर्ष पर पहुँचने को लेकर बने भावनात्मक जुड़ाव को जोड़ लें तो चन्द्रशेखर जी के बारे में हमारे जैसे लोगों की दिलचस्पी या सोच का अंदाजा लगाया जा सकता है।

पर चन्द्रशेखर जी से अपनी बहुत घनिष्ठता कभी नहीं रही—न उनके साथ उनकी राजनीति में भागीदारी हुई, न बतौर पत्रकार उनके पास जाने का ज्यादा अवसर हाथ लगा। निरंतर डेस्क का काम करने के चलते यह चीज ड्यूटी का हिस्सा भी नहीं बनी। इसलिए उनसे जो एकाध दफे की भेंट है, उससे वे मुझे ढंग से पहचानते भी होंगे, इसमें शक है। पर इस किताब की भूमिका लिखने का आग्रह संपादकों ने क्यों किया, वे जानते होंगे, पर मुझे यह एक सम्मान ही लगा। कई संबंध उनसे सीधे जोड़ते हैं, पर चन्द्रशेखर जी की राजनीति और कामकाज से ऐसी शिकायतें (उनकी आदर्शवादी राजनीति और सोच के चलते जिसे जाहिरा तौर पर मैं बहुत अच्छी चीज मानता हूँ) रहीं कि सीधे उनके साथ जाने में हिचक बनी रही।

दूसरी ओर, निपट साधारण ग्रामीण पृष्ठभूमि से अपने बल पर, अपनी विचारधारा के बल पर, अपने स्वभाव और शैली के बल पर केंद्रीय राजनीति के शीर्ष पर जगह बनानेवाले और पिछले 30 वर्षों से ज्यादा समय से शीर्ष की राजनीति में हर बड़े अवसर पर प्रभावी दखल देनेवाले चन्द्रशेखर के प्रति एक सहज आकर्षण का भाव भी रहा है, वे चार महीने के लिए प्रधानमंत्री भी हुए, अच्छा शासन चलाया, वे शासक जनता पार्टी के अध्यक्ष भी रहे, लेकिन उनके राजनैतिक जीवन का चरम-बिंदु ये नहीं थे। ऐसा सबसे महत्त्वपूर्ण अवसर था इंदिरा गांधी के शासनकाल में उनकी नीतियों का विरोध, फिर स्वर्णमंदिर में सेना भेजने का फैसला हो या कश्मीर समस्या, भूमंडलीकरण हो या सांप्रदायिक राजनीति—किसी भी मसले

पर, उन्होंने अपने मन की बातें, अपनी एक साफ वैचारिक सोच वाली बातें कहने का अवसर नहीं गँवाया।

अब एक ग्रामीण युवक का अपने बल पर, अपनी विचारधारा के बल पर, अपने फैसलों और कामों के बल पर यहाँ तक पहुँच जाना कोई कम बड़ी बात नहीं है। पच्चीस वर्षों से ज्यादा समय तक हर महत्त्वपूर्ण राजनैतिक फैसले और काम में एक पार्टी बनना कम बड़ी बात नहीं है। कम से कम एक अवसर पर—पद यात्रा के समय, इतने विशाल मुल्क में खलबली मचा देना भी बहुत हल्की बात नहीं है, पर जाहिरा तौर पर चन्द्रशेखर मात्र इतना ही नहीं करना चाहते थे—चाहते होंगे। हमारी अपेक्षाएँ भी बड़ी रही हैं। अपनी चाहत और हमारी अपेक्षाओं के अनुरूप सफल न हो पाने की चन्द्रशेखर की असफलता से उनका क्या बिगड़ा यह तो पता नहीं, पर आज राजनीति की जो दुर्दशा है, जैसे फरेबी-मक्कार और झूठे लोग सफल हैं और राष्ट्रीय नेता बने हुए हैं, निर्दोष लोगों को मारने की राजनीति को राष्ट्रीय पराक्रम माना जाता है और हाथ आए शासन से लोगों के भले के दो काम करने की क्षमता नहीं है, ऐसे दौर में अच्छी राजनीति करनेवालों की असफलता मुल्क को भी भारी पड़ रही है।

चन्द्रशेखर की इस असफलता में राजनीति की सामान्य गिरावट, घटिया राजनीति करने वालों की सफलता और राजनीतिक मूल्यों के कहीं और पहुँच जाने का हाथ हो सकता है, पर स्वयं चन्द्रशेखर की अपनी कार्यशैली, व्यक्तित्व और राजनीति भी जिम्मेवार रही है। अब इसे दुर्गुण मानें या गुण कि उनकी जिनसे दोस्ती है, तो है। वे न उसे छुपाते हैं, न दिखावा करते हैं। बोलने में हर बात साफ बोल देते हैं। मेरे जैसे लोग उनके काफी बयानों के, अनेक अवसरों पर दिखाई दृढ़ता और बहादुरी के प्रशंसक रहे हैं, तो सूरजदेव सिंह से उनकी दोस्ती और इसका ढिंढोरा पीटने की शैली, कल्पनाथ राय के कामकाज की पक्षधरता जैसे फैसलों, भारत यात्रा केन्द्रों को चाहे-अनचाहे कारणों से सार्वजनिक गतिविधियों का केंद्र न बनने देने वगैरह को उनकी असफलता का कारण मानते हैं। पर एक स्तर पर वैचारिक दृढ़ता दिखाने, दूसरे पर पक्के मित्र और सहायक और तीसरे पर संगठन खड़ा करने की क्षमता ही चन्द्रशेखर का गुण और दोष सभी हैं। वे जैसे हैं, वैसे दिखते हैं। अब जिस राजनीति में कोई लिखित करार नहीं होता, कोई बीमा-पेंशन-तनख्वाह-भत्ता नहीं होता, उसमें ये चीजें गुण होनी चाहिए। चन्द्रशेखर अनेक तरह के नुकसान उठाकर भी ये चीजें बरकरार रखे हुए हैं, इसके लिए उनकी तारीफ करनी चाहिए। बल्कि लोग, विचार और संसाधनों का यह एक खास किस्म का प्रबंधन ही उन्हें इस राजनीति में टिकाए भी हुए है।

लेकिन जब हम बीते तीन दशकों की राजनीति में चन्द्रशेखर को एक केंद्रीय भूमिका में देखते हैं, उसके ठोस आधारों की पहचान करते हैं तो इसकी गिरावट को न रोक पाने की उनकी असफलता को भी देखना होगा। इस संग्रह के साक्षात्कारों में इसके सूत्र दिखते हैं—संघ की ताकत को, उसकी शरारती राजनीति को कम आँकना एक ऐसी ही भूल है। पर यह ज्यादा बारीक तलाश या दोषारोपण दो-तीन कारणों से है—इसे भी स्वीकार करके बात करें तो सही तस्वीर पेश होगी। पहली चीज है हमारी आदर्शवादी उम्मीदों पर चन्द्रशेखर का खरा न उतरना। अब इस आदर्शवाद को छोड़ने की बात सही नहीं है पर अपने जीवन और व्यवहार में हम कितने आदर्शवादी रह गए हैं, उसमें यह देखना चाहिए कि क्या

चन्द्रशेखर ने उससे कम दर्जे का आचरण किया है ? जिन पत्रकारों ने इस खंड के साक्षात्कार किए हैं और बड़े ऊँचे आदर्शवादी सवालों से चन्द्रशेखर को घेरने का प्रयास किया है, खुद उनका कामकाज कहाँ बैठता है ? पर इस भेद से चन्द्रशेखर, या किसी भी बड़े नेता के काम को जायज ठहराना बेमानी है। क्योंकि यही भेद असल में आम आदमी और बड़े नेता का है। हम अपने आचरण में जो कहें-करें, हमारी अपेक्षा बड़ी रहती है—अच्छे के पक्ष में रहती है, जो नेता इस पर खरा उतरता है, वही सही अर्थों में नेता होता है।

जाहिर है बड़े ऊँचे पैमानों से, बड़े ऊँचे आदर्शों से या स्वयं चन्द्रशेखर के आदर्श रहे आचार्य नरेंद्र देव और जयप्रकाश जैसे नेताओं से तुलना करने पर चन्द्रशेखर एक मुट्ठी छोटे लगेंगे। यह उनका स्वयं का आकलन भी होगा। पर जब हम आज के नेताओं से, बीती शताब्दी के आखिरी अर्द्धांश के अधिकांश नेताओं से उनकी तुलना करते हैं तो वे कई-कई मुट्ठी ऊँचा दिखाई देते हैं। 1972 में इंदिरा गांधी के 'गरीबी हटाओ' के नारे पर सवाल उठाना, आपातकाल के फैसले को पार्टी में रहते हुए गलत बताना, अपनी (जनता पार्टी) सरकार के फैसलों की भी आँख मूँदकर वकालत न करना, राष्ट्रीय हित के बड़े मसलों पर सामान्य राजनैतिक लाभ-घाटे की परवाह न करते हुए दखल देना उनके कद को काफी बड़ा बनाता है। ऐसे में वे प्रधानमंत्री भी रह लिये, अध्यक्ष जी ही कहलाते रहे और सदा बागी या युवा तुर्क माने गए तो ये चीजें इस मोटे मूल्यांकन के अंदर ही आती हैं।

इस संग्रह में आए साक्षात्कारों से भी उनका यही रूप उभरता है। और सिर्फ उन्हीं का नहीं, इस दौर की राजनीति और उसकी ठोस रिपोर्टिंग भी होती है। इसलिए इन्हें मात्र चन्द्रशेखर के इंटरव्यू नहीं, इतिहास का ब्यौरा और उस इतिहास के प्रति चन्द्रशेखर की गवाही भी माना जा सकता है। और जब उदयन शर्मा, हरिवंश, संतोष भारतीय, अरुण रंजन जैसे लोग साक्षात्कार करनेवाले हों, तब लगता है कि वे हमारे मन की शंकाओं को भी उठा ही रहे हैं। पर एक बात उल्लेखनीय है—प्रीतीश नंदी या अंग्रेजी के पत्रकारों ने ज्यादा खबरों और उनकी पुष्टि या उन पर चन्द्रशेखर जी का 'वर्सन' लेने का काम किया है। हमारे हिन्दी के सुशील वर्मा तक ने ज्यादा आदर्शवादी सवाल पूछे हैं। यह कहीं न कहीं हमारी अपेक्षाओं का आईना है, जिनके बरक्स चन्द्रशेखर की तस्वीर ज्यादा साफ होकर सामने आती है। और कई सवाल दोहराए-तिहराए जाते हैं—अटपटे हैं पर इनसे अपेक्षाकृत ज्यादा टिकाऊ बातें निकलकर सामने आई हैं, चन्द्रशेखर का व्यक्तित्व निकलकर सामने आया है, घटनाओं की रिपोर्टिंग भर नहीं हुई है। और यह कई लोगों को अचरज-भरा लग सकता है कि स्वयं चन्द्रशेखर कहते हैं कि वे आदर्शवादी राजनीति नहीं करते।

इन सभी पैमानों पर यह किताब उल्लेखनीय बन गई है। जिस तरह बीते पचास वर्षों और खासकर पिछले तीन दशकों की राजनीति को चन्द्रशेखर के बगैर नहीं समझा जा सकता, वैसे ही इन साक्षात्कारों के बगैर चन्द्रशेखरजी को ढंग से नहीं जाना जा सकता। ये पुराने साक्षात्कार हैं—उनके व्यक्तित्व-निर्माण या आम लोगों के मन में बैठे व्यक्तित्व के निर्माण में मददगार रहे हैं, पर इन्हें एक साथ लाना आगे भी उन्हें जानने की इच्छा रखनेवालों के लिए संदर्भ ग्रंथ बनाने जैसा काम है।

**—अरविन्द मोहन**

# क्रम


| | | |
|---|---|---|
| *भूमिका* | *प्रभाष जोशी* | *V* |
| *टिप्पणी* | *अरविंद मोहन* | *IX* |
| वे सब्जबाग कहाँ गए ? | **दिनमान प्रतिनिधि** | 15 |
| लोकतंत्र उपकार नहीं है | **एम.जे. अकबर** | 18 |
| राष्ट्र सर्वोपरि है, दल से भी ऊपर | **उदयन शर्मा** | 23 |
| नया अध्यक्ष : पुरानी उमंग | **ब्रज खंडेलवाल** | 25 |
| जनमत अब भी जनता पार्टी के पक्ष में ही है | **डॉ. रतन प्रकाश** | 28 |
| हम अपने पुराने वायदों को पूरा करेंगे | **उदयन शर्मा** | 30 |
| शासन नहीं, शोषण के खिलाफ जन-आंदोलन करें | **अरुण रंजन** | 34 |
| आर्थिक विषमता एक अभिशाप है | **कन्हैया शरण** | 37 |
| यहाँ लोग सत्ता में रहते हुए आंदोलन की बात करते हैं | **धर्मयुग प्रतिनिधि** | 40 |
| जयप्रकाश के बाद राजनीति में जबर्दस्त खालीपन आएगा | **संतोष भारतीय** | 43 |
| बेचैनी हमेशा रचनात्मक होती है | **संतोष भारतीय** | 48 |
| जनता दल की नाव डुबोने का मेरा कोई इरादा नहीं | **जावेद अंसारी** | 60 |
| प्रतिपक्ष के पास ज्यादा वक्त नहीं है | **उदयन शर्मा** | 68 |
| सिर्फ चुनाव के लिए नहीं | **दिनमान प्रतिनिधि** | 73 |
| रास्ता मौजूदा कठिनाइयों के बीच से ही निकलेगा | **संतोष भारतीय** | 75 |
| मेनका का नेतृत्व स्वीकारना देश के लिए दुर्भाग्यपूर्ण होगा | **आलोक मेहता** | 80 |
| राजनीतिक तब्दीली ही काफी नहीं | **संतोष भारतीय** | 84 |
| पदयात्रा जनता पार्टी का प्रोग्राम नहीं है | **डॉ. जैनेंद्र** *और* **अनंत श्रीमाली** | 90 |
| एकता का आधार राष्ट्रीय मुद्दे होने चाहिए | **लोकपाल सेठी** | 93 |
| जेपी की मूर्तिमान याद | **अनुराग चतुर्वेदी** | 95 |
| बदलाव की हवा समाज में खुद पैदा होती है | **कमल सहाय** | 109 |
| राजीव जनता का दर्द नहीं समझते | **रामसेवक श्रीवास्तव** | 112 |
| सिर्फ राजीव गाँधी को हटाने से देश की समस्याएँ हल नहीं होंगी | **प्रीतीश नंदी** | 114 |
| मेरे टेलीफोन टेप हो रहे थे और कमरे में माइक्रोफोन लगा दिया गया था | **प्रीतीश नंदी** | 131 |
| मैं किसी पाखंड का अंग बनना नहीं चाहता | **रंजना कक्कड़** | 141 |
| बिना परिवर्तन सुधार संभव नहीं | **उदयन शर्मा** | 147 |
| अब खामोश रहना देश की मर्यादा-भविष्य के लिए ठीक नहीं होगा | **हरिवंश** | 155 |
| ठाकुर, ब्राह्मण को वर्चस्व देने की बात करना आज सही नहीं है | **जोसेफ गाथिया** | 162 |

21वीं सदी की बात बेमानी है **सुशील वर्मा** 166
संसद के भीतर की राजनीति सब कुछ नहीं है **अनुराग चतुर्वेदी** 172
मैं हिंसा का रास्ता अपनाने से भी पीछे नहीं हटूँगा **ऑनलुकर प्रतिनिधि** 180
यदि भाजपा सरकार बनी तो स्थिर नहीं रहेगी **विभांशु दिव्याल** *और* **अरुण पांडेय** 183
पहल नहीं करूँगा लेकिन चुप भी नहीं बैठूँगा **अरुण पांडेय** 188
केवल औपनिवेशिक मुल्क में ही विदेशी मूल के प्रधानमंत्री संभव हैं **नीरजा चौधरी** 192
सरकार गिराइए, लेकिन भागवत मुद्दे पर नहीं **अरुण पांडेय** 196
हम किसी की सरकार गिराने नहीं निकले हैं **शंभुनाथ सिंह** 200
सुप्रीम कोर्ट को अपनी सीमा में रहना चाहिए **अरुण पांडेय** 206
संसदीय जनतंत्र का भविष्य खतरे में **रामबहादुर राय** 209
युद्ध का उन्माद हमारी ही पोल खोलेगा **कुमकुम चड्ढा** 216

# वे सब्जबाग कहाँ गए ?

*दिनमान प्रतिनिधि की बातचीत*

बात सत्ता से शुरू हुई थी। नाश्ते का समय था और संसद सदस्य चन्द्रशेखर एक अन्य कांग्रेस नेता रजनी पटेल को सत्ता का महत्त्व समझा रहे थे। मगर शीघ्र ही बात भारतीय आयोजना की बारीकियों के इर्द-गिर्द घूमने लगी। दिनमान के प्रतिनिधि ने पूछा कि कांग्रेस में रहते हुए आप ऐसी बातें किस प्रकार कह जाते हैं, जो सरकार के लिए बहुत ही कष्टदायक सिद्ध होती हैं। चन्द्रशेखर प्रश्न में छिपे हुए भाव से सहमत नहीं थे। उन्होंने कहा कि यह मानना उचित नहीं कि कांग्रेस में रहने के बाद कोई जिम्मेदार सदस्य सरकारी नीतियों की आलोचना नहीं करता, या अब तक नहीं की है। इस संदर्भ में उन्होंने 1969 में कांग्रेस विभाजन से पूर्व की परिस्थितियों का जिक्र किया, जब बहुत-से सदस्य तत्कालीन सरकार की नीतियों से न केवल असंतुष्ट थे, बल्कि खुलकर उसके विरोध में भी खड़े हो गए थे। 'जहाँ तक मेरा सवाल है, मैं उन लोगों से कभी सहमत नहीं हो सकूँगा जो यह मानते हैं कि हमें अपनी सरकार की गलतियों पर पर्दा डालना चाहिए।' चन्द्रशेखर ने हाल ही में सरकार की इस बात के लिए तीव्र आलोचना की थी कि जनता से किए गए वायदे पूरे नहीं किए जा रहे हैं। किसी न किसी बहाने से उत्तरदायित्व से मुक्त होने की प्रवृत्ति को उन्होंने निंदनीय बताया था।

**आश्वासन :** दिनमान के प्रतिनिधि द्वारा पूछे जाने पर चन्द्रशेखर ने कांग्रेस का हवाला देते हुए कहा कि उन प्रस्तावों और उस अवसर पर दिए गए आश्वासनों को कोई भी देख सकता है। उनके प्रकाश में यदि हम सरकार की उपलब्धियों को देखें तो यह कहने में कोई हिचकिचाहट नहीं होनी चाहिए कि आश्वासन पूरे नहीं किए गए। उदाहरण के लिए हमने कहा था कि हम शीघ्रातिशीघ्र गरीबी मिटाएँगे। मगर क्या कोई यह कह सकता है कि हम इस दिशा में कोई महत्त्वपूर्ण प्रगति कर सके हैं ? स्वयं सरकार द्वारा संकलित आँकड़ों से यह स्पष्ट है कि चालीस प्रतिशत से भी अधिक लोग गरीबी की सीमा से नीचे रहकर जीवन निर्वाह कर रहे हैं। गरीबी को दूर करने के लिए जरूरी था कि कम-से-कम उन लोगों को काम मिले जो काम करने लायक हों—चाहे छोटा ही काम क्यों न हो, मगर वास्तविकता यह है कि पिछले तीन वर्षों में बेरोजगारी में वृद्धि हुई है। इसी प्रकार हमने आश्वासन दिया था कि हम खाद्य-पदार्थों में आत्मनिर्भर हो जाएँगे। तीन मास पूर्व तक सरकार बार-बार यही आश्वासन देती रही कि अनाज के मामले में हमारे पास किसी प्रकार की कठिनाई नहीं, मगर जब चारों ओर से भुखमरी के समाचार आने लगे तो यह बताया गया कि अब हम विदेशों से अनाज ला रहे हैं। हमारी समझ में नहीं आता कि जिस हरित क्रांति का हम ढिंढोरा पीटते रहे हैं, वह क्या एक ही सूखे से पलट गई ? योजना बनाने का मतलब यह तो नहीं होता कि हम उसमें नैसर्गिक प्रकोपों की आशंका को नजरअंदाज कर जाएँ। यह मानकर कोई नहीं

चलता कि अगले पाँच वर्षों में प्रकृति हर तरीके से हम पर दयालु ही रहेगी।

**दूषित आयोजना : क्या आप समझते हैं कि हमारी आयोजना-पद्धति में कुछ मौलिक बुराइयाँ हैं, जिनके कारण सरकार अपने आश्वासनों को पूरा नहीं कर पाती ?**

चन्द्रशेखर का कहना है कि आयोजना-पद्धति में भी मौलिक खराबियाँ हैं और उसे कार्यान्वित करने का ढंग भी दोषपूर्ण है। उनके अनुसार, आयोजना का उद्देश्य विपन्न क्षेत्रों और वर्गों की उत्तरोत्तर उन्नति होना चाहिए। इसके लिए जरूरी है कि हम अपनी प्राथमिकताओं को समझदारी और दूरदर्शिता से चुनें। वास्तव में मेरी यह धारणा है कि आयोजकों के सामने यह बात रखी जानी चाहिए कि हम संपूर्ण देश के साधनों को संकलित करके उनका उपयोग करें। हमारे देश में सरकार के हाथों में आए हुए साधनों के लिए योजनाएँ तो बनती हैं, मगर निजी क्षेत्र के साधनों का योजनाबद्ध रूप से उपयोग नहीं हो पा रहा है। इसका परिणाम यह होता रहा है कि निजी क्षेत्र को चलानेवाले लोग इन साधनों का उपयोग इस ढंग से करते हैं कि उससे उन्हें तो लाभ मिलता है मगर सार्वदेशिक दृष्टिकोण से वह देश के लिए हानिकारक सिद्ध होता है। उदाहरण के लिए कुटीर उद्योग को लें। गांधीजी के समय खादी को कुटीर उद्योग का एक प्रतीक माना गया था। अब भी हम करोड़ों रुपए खादी पर खर्च करते हैं, मगर इस के साथ ही हमने बड़े कारखानों को मिस्र या अन्य देशों से लंबे रेशे मँगाने की इजाजत दे रखी है। छोटे धागे का हम उसके पच्चीस प्रतिशत मूल्य पर निर्यात कर रहे हैं। मतलब यह कि खादी के विकास पर हम करोड़ों रुपए खर्च तो करते हैं, मगर साथ ही मिल-मालिकों तथा देश के आभिजात्य वर्ग को बढ़िया कपड़ा प्रदान करने के लिए हम हर समय प्रस्तुत रहते हैं। वास्तव में यह हमारे सोचने के ढंग में विशृंखलता है जो हमसे ऐसा करवाती है। इसी विरोधाभास के कारण ऐश्वर्य प्रसाधनों पर करोड़ों रुपए खर्च होते हैं, जो कि अनिवार्य वस्तुओं के उत्पादन में लग सकते थे। विविध भारती पर जितने भी विज्ञापन आते हैं, उसका बहुत बड़ा प्रतिशत शृंगार प्रसाधनों के संबंध में होता है। जितनी कारें बनाने की हमने योजना बनाई थी, उससे कहीं अधिक कारें बन रही हैं। मगर जितनी बसें हमें चाहिए, उससे पच्चीस प्रतिशत कम बसें बन रही हैं। फिर छोटी कार के लिए रोज हंगामा होता रहता है और बसों की बात कोई करता ही नहीं। इसका एक ही कारण है कि कार बनानेवाले और कार खरीदनेवाले मुखर हैं और शक्तिशाली भी। सरकारी तंत्र भी उनकी बात सुनता है और उनसे सहमत होता है।

युवा तुर्क के नाम से प्रसिद्ध चन्द्रशेखर का विचार है कि व्यक्तिगत पूँजी विनियोजन पर भी समुचित नियंत्रण होना जरूरी है। व्यक्तिगत व्यय की एक सीमा बाँधी जानी चाहिए।

**इस संदर्भ में क्या यह सही है कि हम विदेशी टेक्नोलॉजी और सहायता का अंधाधुंध उपयोग करके अपनी आयोजना को असंतुलित कर रहे हैं ?**

मैं नहीं मानता कि हमें विदेशी टेक्नोलॉजी और जानकारी से मुँह मोड़ना चाहिए, क्योंकि आज के विश्व में लेन-देन तो एक बहुत जरूरी चीज है। मगर हमें इस बात का भी खयाल रखना चाहिए कि ऐसा भी समय आ सकता है कि किसी समय हमें विदेशी वैज्ञानिक परामर्श नहीं मिलेगा। उस समय हम अपने पाँव पर खड़े रह सकें, ऐसी स्थिति पैदा होनी चाहिए।

**मेरे प्रश्न का मतलब यह था कि क्या हम विदेशी टेक्नोलॉजी और सहायता का सही माने में उपयोग कर रहे हैं या नहीं ? क्या इस संदर्भ में चीन का उदाहरण हमारे लिए उपयुक्त नहीं होगा, जहाँ विदेशी जानकारी प्राप्त करने के बावजूद उसका चीनीकरण होता रहा है ?**

मैं इस बात से सहमत हूँ कि हमें विदेशों से प्राप्त वैज्ञानिक और तकनीकी जानकारी को अपने देश के वातावरण के अनुकूल ढालने की कोशिश करनी चाहिए, ताकि हम निर्भर न रहें। मगर शायद हम चीन की सीमा तक नहीं जा सकते, क्योंकि उनकी शासन-पद्धति हमसे भिन्न है और वे सरकारी निश्चयों को बड़ी आसानी से करा सकते हैं; हालाँकि मैं इस पद्धति का विरोधी नहीं हूँ; मगर हमारे देश में संसदीय प्रजातंत्र के रहते हुए भी बहुत सुधार की संभावनाएँ हैं।

**इस आरोप में कहाँ तक सच्चाई है कि कुछ वर्षों से हमारी आयोजना और आर्थिक नीतियों पर सोवियत संघ का प्रभाव बढ़ता जा रहा है ?**

हाँ, यह सच है कि कुछ लोग इस बात की कोशिश करते हैं कि हम रूस का अनुकरण करें, मगर मुझे विश्वास है कि उनका प्रयास सफल नहीं होगा।

कांग्रेस सरकार ने यह आश्वासन दिया था कि हम ऐसे अधरों को वाणी देंगे जो बोल नहीं सकते, मगर ऐसा कुछ नहीं हो रहा है। जनता ने उन्हें भारी बहुमत देकर चुना है। अब शिकायत करने वह किसके पास जाएँ ? इस परिस्थिति में यदि लोग सामान्य तरीकों को भूलकर विरोध में खड़े हो जाते हैं, तो आश्चर्य ही क्या ? कोई नहीं चाहता कि लोग कानून अपने हाथ में लें, मगर यह स्थिति भी कहाँ तक चलेगी कि सरकार जिनके बल पर खड़ी है, उनकी समस्याओं के प्रति उदासीन रहे ?

*दिनमान, 21 दिसंबर, 1972*

# लोकतंत्र उपकार नहीं है

*एम. जे. अकबर की बातचीत*

संसदीय लोकतंत्र की कल्पना इसी विचार से हुई है कि जो बड़ा भारी समाज है, जो आज तक कोई भी सुविधाएँ नहीं प्राप्त कर सका और जिसकी अपनी कोई भाषा नहीं है, उसकी भाषा को उसके प्रतिनिधियों के द्वारा मुखर किया जाए। हमारे यहाँ सत्तर फीसदी निरक्षर हैं। सरकारी आँकड़ों से भी 40-50 फीसदी ऐसे लोग हैं, जिनके जीवन की न्यूनतम आवश्यकताएँ भी पूरी नहीं होतीं। समाज और देश में लोकशाही बचाने का कोई मतलब है, तो यह है कि इनकी आशाओं और आकांक्षाओं को संसदीय संस्थाएँ परिलक्षित करें। संसदीय जनतंत्र में ये संस्थाएँ इस काम को पूरा नहीं करतीं, तो इनका अस्तित्व निरर्थक हो जाता है। जब तक जनता के प्रतिनिधि यह काम पूरा करने की ओर उन्मुख नहीं होते, तब तक संसदीय लोकशाही को न सही रूप से चलाया जा सकता है और न बहुत दूर तक बचाया जा सकता है, क्योंकि कोई संस्था या कोई भी सामाजिक व्यवस्था अगर ऐतिहासिक आवश्यकताओं को पूरा नहीं करती, तो वह अपने में जिंदा नहीं रह सकती।

जो आज विवाद चल रहा है, मेरी समझ से तो निरर्थक विवाद है, क्योंकि विवाद आंदोलनों का या उसको दबाने का नहीं है, वास्तविक विवाद यह है कि किस सीमा तक ये संस्थाएँ जनता की भावनाओं को परिलक्षित करती हैं। अगर मान लीजिए कि ये इसमें असफल होती हैं, तो आज नहीं तो कल ये संस्थाएँ टूटने ही वाली हैं। दुनिया में जब कहीं लोकशाही टूटी है या निरर्थक साबित हुई है, तो केवल इसी कारण कि लोकशाही में विश्वास करनेवाले लोग सही माने में जनता की भावनाओं की कदर नहीं करते।

बहुत-से लोग, जो केवल लोकतंत्र का ढाँचा रखना चाहते थे, लेकिन उसकी आत्मा को नहीं पहचानते, वे आज बहुत आगे बढ़-चढ़कर उसकी रक्षा की बात करते हैं। मेरा अपना विश्वास है—ऐसे रक्षकों से लोकशाही की रक्षा नहीं हो सकती। अब आप यह देखिए, 1950 में संविधान की रचना से लेकर आज तक चार आम चुनाव अमीर-गरीब के भेद के बिना बालिग मताधिकार से हुए। यह सही है कि लोग साक्षर तो नहीं हुए, लेकिन राजनीतिक-सामाजिक दृष्टि से चेतन तो हुए ही, और विभिन्न राजनीतिक दलों के बार-बार सुनहरे सपने दिखाने से उनके मन में यह आशा जगी कि शायद उनका कल्याण हो और मान लीजिए, उनकी ये आशाएँ पूरी नहीं होती हैं, तो न केवल उनका विश्वास राजनीतिक पार्टियों से हटता है, बल्कि सारी सामाजिक व्यवस्था से और लोकशाही व्यवस्था से उनकी आस्था कम होती जाती है। आज देश में यह वास्तविक समस्या है।

इसीलिए आज अगर लोकशाही को बचाना है, तो सभी राजनीतिक दलों को अपनी अभिव्यक्ति में और अपने आचार में समता लानी पड़ेगी, जैसा कि लोहियाजी कहते

थे—कथनी और करनी में जब तक बड़ा भेद रहेगा, तब तक कोई भी पार्टी हो, लोकशाही को बचाने में बहुत सीमा तक आगे नहीं जा सकती। मैं भी ऐसा ही मानता हूँ।

लोकशाही के दलों को राजशक्ति के नजदीक जाने का मौका मिलता है—इसलिए उसे चलाने की जिम्मेदारी शासक और विरोधी, दोनों दलों पर है। परंतु बड़ी जिम्मेदारी या वास्तविक जिम्मेदारी तो शासनारूढ़ दल को ही लेनी पड़ेगी। जहाँ तक हम अपने वादों को पूरा करने में असफल हुए हैं, उस सीमा तक लोगों की आस्था लोकशाही से कम करने की जिम्मेदारी हमारी है। इस बात को अस्वीकार नहीं किया जा सकता और यहीं पर सबसे बड़ी गलती हमारी ओर से यह होगी कि हम दूसरों की आलोचना में ज्यादा फँस जाएँ और आत्मालोचना करने और कमजोरी दूर करने की कोशिश न करें। चाहे नौकरशाही, कांग्रेस पार्टी की आंतरिक कमजोरियाँ और वर्तमान देशी-विदेशी आर्थिक कठिनाइयाँ, दैवी आपदा—कोई भी कारण हो, यदि हम अपने वादों को पूरा नहीं कर पाते, तो हमारा यह उत्तरदायित्व हो जाता है कि हम जनता को विश्वास दिलाएँ कि हम इन कठिनाइयों के कारण वादों को पूरा नहीं कर पाए। हमारी ओर से गलती यह हुई कि हमने जनता का विश्वास नहीं लिया। हम या तो अपनी जो कठिनाइयाँ हैं, उनको खुद नहीं समझ पाते या समझ भी पाते हैं, तो उन्हें जनता को नहीं समझा पाते। जब तक कांग्रेस पार्टी राष्ट्र के सामने की कठिनाइयाँ जनता तक पहुँचाकर उसका विश्वास प्राप्त नहीं कर लेती, तब तक जनता इस लोकशाही को इस तरीके से चलाने में हमारे साथ बहुत दिनों तक नहीं रह सकती। इसी कारण आप देखते हैं कि जगह-जगह पर तरह-तरह की विकृतियाँ और विग्रह पैदा हो रहे हैं और उनकी अभिव्यक्ति आज के आंदोलनों में हो रही है।

दूसरी बात यह है कि लोकशाही यही नहीं है कि जनता को यह विश्वास हो कि हम जनता का उद्धार करना चाहते हैं, या उपकार करना चाहते हैं। जन-प्रतिनिधियों के बारे में सही या गलत अगर यह धारणा पैदा हो जाए कि वे जनता के उपकार के बदले अपनी ख्याति बढ़ाना चाहते हैं, या आर्थिक लाभ उठाना चाहते हैं, या किसी प्रकार के समाज के शोषण-दोहन में वे साझीदार हैं, तो फिर लोकशाही को बड़ा खतरा पैदा हो जाता है।

**ऐसा लगता है कि लोकतंत्र की यह परिभाषा कि प्रत्येक व्यक्ति समान है और प्रत्येक व्यक्ति के समान राजनीतिक अधिकार हैं, पिछले कुछ वर्षों से बड़ी तेजी से बिगड़ी और अब यह माना जाने लगा है कि अच्छे शासक मिल जाना ही लोकतंत्र है। आपका इस पर क्या विचार है ?**

गांधीजी ने इस समस्या को पहले-पहले परखा था। उन्होंने इसीलिए गाँव के स्तर तक सत्ता के विकेंद्रीकरण की बात कही थी। बहुत-सी ऐसी चीजें, जो गाँव के स्तर पर की जा सकती हैं, उनका निर्णय जनसाधारण दिल्ली या प्रदेश की राजधानी में बैठे लोगों की अपेक्षा ज्यादा अच्छा करेगा। गांधीजी के दर्शन से बहुत मतभेद हो सकते हैं, पर गाँव के लोगों को सत्ता में ज्यादा अधिकार देने की बात सही थी। मैं मानता हूँ कि उसके लिए अब प्रयास होना चाहिए। शुरू में, 1950 में पंचायती राज पर बहुत जोर दिया गया था। पंचायती राज की कुछ कमियाँ देखी जाएँ, तो वे कमियाँ संसद और विधानसभा की भी हैं। लेकिन हमारे समाज में दिक्कत यह होती है कि अगर संसद या विधानसभा में कोई कमी आ जाए और

कोई कहे कि इस कमी को हटा दिया जाए, तो वह लोकशाही का दुश्मन बता दिया जाता है। पर गाँव-पंचायत में कोई कमी आ जाए, तो खुलेआम यह प्रचार किया जाता है कि गाँव पंचायतें निरर्थक हो गई हैं। उनकी कोई जरूरत नहीं है। दरअसल हमारा समाज अभिजात वर्गों द्वारा संचालित होता है। इसकी एक झलक इस बात से मिलती है।

1920-21 में गांधीजी ने जब कांग्रेस का कार्यक्रम बनाया था, तो कहा था कि हर कांग्रेस कार्यकर्ता का यह कर्त्तव्य है कि वह गाँव में जाकर अपढ़ लोगों को साक्षर बनाए। 1936 में जब पहली कांग्रेसी सरकारें बनीं, तो उन्होंने भी गाँव-गाँव में प्रौढ़ शिक्षा के केंद्र स्थापित किए थे। लेकिन मुझे आश्चर्य होता है कि जब से हमारी पंचवर्षीय योजनाएँ बननी शुरू हुईं और जैसे हमने पूरा गणतंत्र स्थापित किया, तब से यह बात बिलकुल भुला दी गई कि आज के वैज्ञानिक युग में जो साक्षर नहीं हैं, वे अपने अधिकारों और कर्त्तव्यों के प्रति सजग और सचेत भी नहीं रह सकते। इसलिए जरूरत है कि अगर जनता को आप सही माने में लोकशाही का प्रहरी मानते हैं, तो उनको साक्षर-सचेत बनाना पड़ेगा और मुझे तो ऐसा लगता है कि हम लोग जो आज के समाज में ऊँचे स्थानों पर पहुँच गए हैं, 70 फीसदी अनजान लोगों को सजग और सचेत नहीं करना चाहते। पर उनके सजग और सचेत हुए बिना वे अपने अधिकारों का उपयोग तो कर ही नहीं सकेंगे, बल्कि किसी समय अगर संसदीय जनतंत्र पर सही खतरा पैदा हुआ, तो वे हमारे सहायक भी नहीं हो सकेंगे। इसी से बहुत-सी ऐसी ताकतें, जो संसदीय जनतंत्र से फायदा उठाती हैं, जो असल में उसकी जड़ काटने की कोशिश करती हैं, उनको जनता का महज समर्थन मिल जाता है।

एक बार वोट देकर पाँच वर्षों की कोई छूट मिल जाए, इसका लोकशाही में कोई मतलब नहीं है और न ही यह मतलब कभी हो सकता है। मैं यह मानता हूँ कि किसी समय अगर जनाक्रोश मुखर हो कि प्रतिनिधि उनकी इच्छाओं के अनुसार काम नहीं कर रहे हैं, तो जन-प्रतिनिधियों को कोई अधिकार नहीं है कि अपने को पद पर बनाए रखें और जनता चाहे, न चाहे, राज चलाते रहें। इसलिए अब कोई हमारे देश में ही नहीं, जहाँ भी लोकशाही चलती है, संसद और व्यवस्थापिका सभाएँ हैं, अवधि के पहले खत्म होती हैं और फिर से जनमत लिया जाता है। मैं तो ऐसा मानता हूँ कि जनता को तो और अधिक अधिकार दिए जाने चाहिए—अपने प्रतिनिधियों के क्रियाकलापों की निगरानी करने के लिए, साथ ही शासन में सीधे रूप से हिस्सा लेने के लिए।

**आपने अभिजात वर्ग की इस इच्छा का जिक्र किया कि जनता साक्षर न हो। आर्थिक विकास के मामले में भी शायद इस बुद्धिजीवी वर्ग का यह विचार नहीं है कि जब तक अधिकाधिक जन उत्पादन में शामिल नहीं होंगे, पढ़े-लिखे लोग बेकार ही रहेंगे।**

हमारे यहाँ पढ़े-लिखे लोगों का यह रुख इसलिए है कि वे ऐसा समझते हैं कि साधारण जन समाज में हर अन्याय को सहन करने की शक्ति रखता है। इसलिए वे अपने को मालिक मान बैठे हैं और जनता के बारे में यह दासयुगीन भावना रखते हैं कि हम उसको कुछ दे रहे हैं। जो असली मालिक है, जिसके हाथों में उत्पादक शक्ति है, वह समाज का नियामक नहीं रह गया। नियामक वे लोग हो गए हैं, जो आज के शासक वर्ग में उपभोक्ता हैं। बार-बार

गांधीजी आज इसलिए याद आते हैं कि शायद उन्होंने परखा था कि कल का समाज क्या होगा। इसलिए उन्होंने कहा था कि जो लोग ऊँचे पदों पर हों, उन्हें जनता से अधिक से अधिक एकाकार करना चाहिए। अब बात तो अजीब लगेगी, शायद कुछ लोग इसे ढोंग भी कहेंगे, लेकिन गांधीजी ने इसीलिए कहा था कि जो आज का राष्ट्रपति भवन है, जो उस समय वाइसराय का लॉज था, उसमें अस्पताल खोल दो और राष्ट्रपति एक छोटे बँगले में या छोटे कमरे में जाकर रहे। गांधीजी ने ऐसा क्यों कहा था ? इसलिए कि बड़े लोग अगर गरीब की जिंदगी के नजदीक रहेंगे तो समाज के ऐसे तत्त्व जो कि ठाट-बाट के दिखावे से अपनी इज्जत समाज में बढ़ाते हैं, उनका महत्त्व कम हो जाएगा।

**पर यह काम अकेले तो ढोंग ही कहलाएगा और शायद हो भी नहीं सकेगा और बेकार भी है।**

अगर वे लोग अपनी जिंदगी में एक नया तौर-तरीका उतारें, जो नीति-निर्धारण करते हैं, तो नीति का निर्धारण भी उस दिशा में होगा। अंग्रेज यहाँ पर ठंडे देश इंग्लैंड से आए, 200 वर्ष राज करके चले गए, लेकिन वाइसरॉय के बँगले में कोई एयर कंडीशन तो नहीं लगा। लेकिन 1947 के बाद या 1950 के बाद हमारे देश के लोगों को, जो इसी देश में पैदा हुए, इतनी गर्मी लगने लगी कि हर बड़े कार्यालय में दस-बीस एयर कंडीशन लग गए। अगर सीमित साधनों के देश में यह पैसा बचाया जाता तो किसी और काम में लगाया जा सकता था—सिंचाई, शिक्षा और इलाज का काम हो सकता था। एक जगह यह फिजूलखर्च, देखा-देखी, समाज में उपभोग का एक नया तौर-तरीका बन जाता है। बड़े लोगों के उपभोग की वस्तुएँ बनानी हैं तो उसी हिसाब से उद्योग बनते हैं और वे उद्योग बनाने हैं तो उसी हिसाब से सरकार की औद्योगिक नीति निर्धारित होती है। एक छोटी बात से हम बढ़ते-बढ़ते वहाँ पर पहुँच जाते हैं जहाँ सारे समाज का संचालन आज 4-5 फीसदी लोगों के उपभोग के लिए हो रहा है। इस प्रवृत्ति को विपरीत दिशा में ले जाना होगा जिसमें देश की गरीबी में सबको साझीदार न होना पड़े, ऐसा कोई समाज लोकशाही में नहीं चल सकता। अधिनायकवाद हो जाए तो और बात है। आजादी की लड़ाई के दिनों में लोगों की दृष्टि अपने से बड़े की ओर नहीं, नीचेवाले लोगों की ओर थी। गांधीजी ने आज नहीं, 1920-21 में विदेशी वस्तुओं की होली जलाई। आज आत्म-निर्भरता की बात करते हुए भी हम इस बात से अपना सामाजिक स्तर बनाते हैं कि हमारे घर में विदेश से लाई हुई कितनी वस्तुएँ उपभोग की हैं। आज का जो बुद्धिवादी वर्ग है, मैं उसे दोष नहीं देता। आज राष्ट्र नियामक शक्तियाँ या राष्ट्र के नेता लोग अगर दूसरी दिशा में जा रहे हैं, तो हर बुद्धिजीवी का मस्तिष्क अपने से अधिक उपभोग करनेवाले लोगों की ओर उन्मुख हो जाता है। उस स्तर तक पहुँचने की कोशिश वह तभी कर सकता है, जब आज का समाज बना रहे। आज का समाज बनाए रखने के लिए जाने-अनजाने वह प्रयास करता है। वह क्रांतिकारी बातें कर सकता है, लेकिन क्रांतिकारी परिवर्तन की किसी भी माँग का समर्थन नहीं कर सकता। हाँ, जो नया पढ़ा-लिखा नवयुवक है, उसको बहुत लंबी जिंदगी बितानी है और वह तात्कालिक लाभ के लिए आज समझौते करने के लिए तैयार नहीं है।

**इस नए युवक को आप किस विचारधारा का साहित्य पढ़ने की सलाह देंगे ?**

इस समय ऐसी पुस्तकों की कोई सूची तो मैं नहीं बना सकता, लेकिन मैं चाहता हूँ कि प्रारंभ में हर नौजवान महात्मा गांधी की जीवनी, जवाहरलाल नेहरू की भारत की खोज; डिस्कवरी ऑफ इंडिया; और सुभाष बाबू, सरदार पटेल, जवाहर लाल नेहरू और दूसरे लोगों के आपसी पत्र-व्यवहार जो छपे हैं, उन्हें पढ़े। लेकिन आज के नवयुवक को एक वक्तव्य अवश्य पढ़ना चाहिए, जो सरदार भगत सिंह ने फाँसी पाने के पहले अदालत के अंदर दिया था। उन्होंने कहा था कि मेरी आजादी का मतलब यह नहीं है कि अंग्रेज यहाँ से चले जाएँ और हिंदुस्तानी आ जाएँ। मेरी आजादी का सपना तो तब साकार होगा, जब एक-एक माँ की आँखों के आँसू जाएँगे। जब एक-एक नौजवान दुनिया में सीना तानकर चल सकेगा और कहेगा कि यह भारत हमारा है और यहाँ श्रम करने का और उसका फल पाने का अधिकार हमारा है। उस समय कोई कम्युनिज्म की बात इस देश में नहीं थी। मैं यह भी मानता हूँ कि आज के नौजवान को दुनिया में जो आंदोलन हो रहे हैं, उनके बारे में पढ़ने की जरूरत है। रूस, चीन, क्यूबा, चीले, यूगोस्लाविया के बड़े-छोटे क्रांतिकारी अनुभवों को जानना चाहिए। सारी दुनिया की परिस्थितियों से उसको अपने को संयुक्त रखना चाहिए। केवल अपने घरौंदे में रहकर आज की दुनिया की समस्याओं को नहीं समझा जा सकता। जहाँ तक समाजवाद के लक्ष्य की बात है, आचार्य नरेंद्रदेवजी और जयप्रकाशजी के बहुत-से पुराने लेख पढ़ने योग्य हैं। लोहियाजी के बहुत-से कारनामों से हमारी सहमति न हो, लेकिन विचार के क्षेत्र में उनकी बड़ी भारी देन है; जैसे—एक घंटा देश को दो, 'हिमालय बचाओ, अंग्रेजी हटाओ' के विचार हैं। उनसे थोड़ा-बहुत मतभेद हो सकता है, लेकिन नए विचारों को स्फूर्ति देने का काम उन्होंने भी किया है। जहाँ तक वैज्ञानिक समाजवाद की बात है, मैं मानता हूँ कि कम्युनिस्ट मेनिफेस्टो से लेकर नए प्रयोगों तक सभी पढ़ना चाहिए। पर हमारे भारतीय परिवेश में प्रजातांत्रिक समाजवाद के लिए आचार्य नरेंद्रदेवजी के विचारों को विशेष रूप से पढ़ना चाहिए।

*दिनमान, 26 जनवरी, 1975*

# राष्ट्र सर्वोपरि है, दल से भी ऊपर

*उदयन शर्मा की बातचीत*

**कांग्रेस के वर्तमान आंतरिक द्वंद्व को देखकर क्या आप ऐसा महसूस नहीं करते कि 1961 का कथित वैचारिक ध्रुवीकरण विफल रहा है ?**

पूरी तरह बेकार गया है, यह नहीं मानता। उस जमाने में कांग्रेस परिवर्तन के विरुद्ध थी। अब कम से कम अभिव्यक्ति में तो परिवर्तन है। हालाँकि आचार में कतई नहीं है।

**जयप्रकाश-इन्दिरा संवाद की वकालत आप किस आधार पर करते हैं ? प्रतिपक्ष का इसमें क्या रोल होगा ?**

मैं प्रारंभ से कह रहा हूँ कि जेपी के पास नैतिक शक्ति तथा इन्दिरा गांधी के पास राजनीतिक शक्ति है। दोनों शक्तियों का समन्वय आवश्यक है। राष्ट्रीय समस्याओं पर सारे विरोधी दलों के साथ मिलकर न्यूनतम कार्यक्रम तैयार करके नया रास्ता निकालना चाहिए। तनाव बढ़ने की स्थिति नहीं आनी चाहिए। संसदीय प्रणाली अविश्वास और बिना जनता के सहयोग के नहीं चल सकती। भ्रष्टाचार पर राष्ट्रीय संवाद हो। जयप्रकाशजी के साथ बैठकर शासन को कोई रास्ता निकालना चाहिए। इसी में देश का कल्याण है।

**क्या कांग्रेस दूसरे विघटन के लिए तैयार है ?**

इसकी मुझे कोई उम्मीद नहीं है।

**कहीं आप लोग कांग्रेस के ध्रुवीकरण की बात कहकर उसकी बिगड़ती तस्वीर को पुनः सँवारने के फेर में तो नहीं हैं ? 1967 से 1969 तक युवा तुर्कों ने यही भूमिका अदा कर के कांग्रेस को लेफ्ट पार्टी घोषित कर दिया था।**

यह कांग्रेस को ही निश्चित करना है कि शुद्धीकरण करके वह ऐतिहासिक आवश्यकताओं को पूरा करती है या नहीं। मैं जो करता हूँ, वह छिपाता नहीं। मैं जो कुछ कर रहा हूँ, उसमें कांग्रेस को हानि या लाभ हो रहा है—यह निर्णय बड़ों को करना है।

**आप लोगों के रहते प्रभावशाली दलों पर साम्यवादियों का कब्जा कैसे हो गया ?**

विदेश नीति और साम्यवादी दल को एक न करें, तो प्रभाव चमचों का बढ़ रहा है। जो जितनी स्तुति करता है, उतना फल नहीं पा रहा है। यह इतिहास की विडंबना ही है कि चाटुकार हमेशा सत्ता को प्रसन्न रखते हैं।

**आप एक दल विशेष के सदस्य हैं जिसने जेपी से कोई भी बात न करने का फैसला ले रखा है–फिर आप ऐसा क्यों कहते हैं ?**

राष्ट्र सर्वोपरि है। दल से भी ऊपर। आज जो समस्याएँ देश के सामने हैं, उन्हें हम मिल-जुलकर ही हल कर सकते हैं।

**जेपी के दलविहीन लोकतंत्र और गांधी के पंचायती राज में आप कोई साम्य महसूस करते हैं ?**

विचारों में साम्य जरूर है। दोनों का कहना है, शासन से अलग रहकर कार्य करिए। जेपी के लोकतंत्र का स्वरूप क्या होगा, पता नहीं। जनशक्ति से शासन को प्रभावित करो। इस पर जेपी और गांधी एकमत हैं। दोनों के विचार अभी कल्पना ही हैं। सैद्धांतिक रूप से दोनों वही बात कहते हैं।

**जयप्रकाशजी ने जगजीवन राम और चहूवान से कांग्रेस को बचाने की अपील की है–क्या यह उचित है ?**

सलाह देने का अधिकार सभी नागरिकों को है। उसे मानना दल पर निर्भर करता है। जहाँ तक दल सुधारने की सलाह है, इसमें कुछ भी अनुचित नहीं है।

**आज के निराशा-भरे वातावरण में आप यह महसूस नहीं करते कि सातवें दशक में समाजवादियों का कांग्रेस में आना गलत था एवं सिद्धांतों के साथ कुर्सीवादी समझौता भी ?**

कम-से-कम मैं ऐसा अनुभव नहीं करता हूँ–जब वहाँ थे, तो प्रयास भी नहीं कर सकते थे। यहाँ समाजवादी परिवर्तनों के लिए प्रयास तो कर सकता हूँ। हाँ, सफल नहीं हुआ। यह मानता हूँ, कोशिश तो पूरी की थी। अक्सर आशाएँ टूट जाती हैं–पर असफलता का अर्थ निराशा नहीं है। यही संतोष है कि प्रयास किया है।

**माना आपका वह निर्णय सही था, लेकिन 1969 के विभाजन से भी कुछ नया उभर कर नहीं आया। अतः भविष्य के बारे में क्या समझते हैं ?**

मेरी असफलता राष्ट्र की असफलता नहीं है। परिवर्तन तो होगा ही। पुरानों को 20-22 वर्षों बाद जनता ने चुनौती दी। नई को चार वर्ष बाद ही मिल गई। जो शासक जनता की आकांक्षाओं को पूरा करता है, वही रह पाता है।

*अंत में चन्द्रशेखर मुस्कराकर बोले, 'अब छुट्टी दीजिए, जयप्रकाशजी से ही मिलने जा रहा हूँ–मोरारजी भाई संभवतः आज अनशन समाप्त कर दें।' यह मुलाकात अनशन खत्म होने की घोषणा से तीन घंटे पहले हुई थी।*

*धर्मयुग, 11 मई, 1975*

# नया अध्यक्ष : पुरानी उमंग

*ब्रज खंडेलवाल की बातचीत*

**आपकी अपनी राय में आपके अध्यक्ष बनने से जनता पार्टी में क्या खास बदलाव आ सकते हैं ?**

मुझे तो कोई विशेष परिवर्तन होते नजर नहीं आते, औरों को जरूर मुझसे कुछ अपेक्षाएँ हैं, वैसे भी फर्क तो और लोग ही बता सकते हैं।

**जेल के एकांत में आपने अपने सपनों के समाज की रचना की कल्पना जरूर की होगी। क्या कुछ रूप-रेखा बताएँगे ?**

मेरे सपनों के समाज में विशेष ध्यान उस वर्ग की ओर दिया जाएगा जो हमेशा से उपेक्षित और शोषित रहा है। जनता पार्टी की यह कोशिश रहेगी और मैं प्रयत्नशील रहूँगा कि हमारा संगठन इन्हीं लोगों के सहयोग से तैयार हो, इसके अलावा हमारे सामने और कोई रास्ता भी नहीं है। फिलहाल विभिन्न वर्गों के बीच बड़ी खाइयाँ हैं। कुलीन वर्ग अपने उद्देश्यों के बारे में स्पष्ट नहीं है। तमाम मनोवैज्ञानिक रुकावटों व पूर्वाग्रहों से हम, खासतौर पर 'एलीट' ग्रसित हैं। गांधीजी के विचारों को कार्यरूप जेपी ने दिया है और हमें उन्हीं लाइनों पर आगे बढ़ना है।

**जब आपको गिरफ्तार किया गया, तो आपकी तुरंत प्रतिक्रिया क्या थी ?**

परेशानी से मुक्ति। हम जानते थे कि उस वक्त कोई साधारण आंदोलन नहीं चल रहा था। बाहर रहकर कुछ भी कर पाना मुश्किल था। गिरफ्तार होना उस विवशता से बचने का एक जरिया था। जयप्रकाशजी से कृष्णकांत के घर तीन दिन पूर्व ही मैंने कहा था कि श्रीमती गांधी कुछ अधिनायकवादी कदम उठाएँगी।

**कुछ समय बाद जनता पार्टी भी कांग्रेस की तरह एक प्लेटफार्म पार्टी के रूप में उभर सकती है। विभिन्न वैचारिक विरोधाभासों को आप एकरूपता कैसे प्रदान करेंगे ?**

शंका निर्मूल नहीं है। ऐसा होना संभव है, लेकिन हम एकरूपता प्रदान करने की कोशिश करते रहेंगे।

**पुराने सोशलिस्ट साथियों से जनता पार्टी में दोबारा मिलने पर आपको कैसा लग रहा है ?**

प्रसन्नता होती है।

**आज के संदर्भ में क्या आपको ऐसा नहीं लगता कि 1964 में प्रजा समाजवादी दल को छोड़कर कांग्रेस में जाना आपकी एक ऐतिहासिक भूल थी ?**

हाँ, कुछ लोग ऐसा सोच सकते हैं। परंतु मेरी मान्यता है कि परिवर्तन के क्रम में वह एक आवश्यक कदम था। परिवर्तन की क्रिया का वह एक चरण था। राजनीति में उत्थान-पतन होते ही हैं।

**अगर उस वक्त आप समाजवादियों का साथ न छोड़ते तो...?**

हमारे कुछ लोगों के निकलने से कोई विशेष अंतर नहीं पड़ा।

**जनता पार्टी में लोहियावादियों के युवा तुर्कों के रूप में उभरने की क्या संभावनाएँ हैं और उनके प्रति आपका क्या रुख होगा ?**

जब राजनारायणजी मंत्री हो सकते हैं तो इस तरह के खतरे की कोई गुंजाइश नहीं रहती। नीतियों या कार्यक्रमों के अमल पर युवा तुर्कों की बेताबी का मैं स्वागत ही करूँगा।

**पिछली व्यवस्था में सरकार व पार्टी का संतुलन बिगड़ गया था और शायद इसी वजह से तानाशाही इतनी आसानी से थोपी जा सकी। आप क्या कदम उठाने जा रहे हैं कि सरकार से ज्यादा पार्टी संगठित रहे ?**

मेरी कोशिश होगी कि दोनों में समन्वय बना रहे। दोनों ही पलड़े बराबर रहें। अभी इन सबके बारे में अमल करने में कुछ समय लग सकता है।

**आपने हाल ही में कहा था कि राष्ट्रीय स्वयंसेवक संघ को जनता पार्टी में मिल जाना चाहिए पर श्री देवरस ने स्पष्ट किया है कि उनका संगठन अलग अस्तित्व बनाए रखेगा। आपकी प्रतिक्रिया ?**

मेरी निजी राय अभी भी यह है कि उसे जनता पार्टी में विलय हो जाना चाहिए, पर अपनी संस्था के बारे में निर्णय लेने का अधिकार श्री देवरस को ही है।

**पब्लिक सेक्टर के बारे में आपके दल में कुछ मतभेद दिखाई देते हैं।**

पब्लिक सेक्टर को मैं जरूरी मानता हूँ। मेरे विचारों में कोई परिवर्तन नहीं आया है।

**आपका संगठन क्या सिर्फ राजनीतिक गतिविधियों में फँसा रहेगा या कुछ ठोस रचनात्मक कार्यक्रम भी शुरू किए जाएँगे ?**

फिलहाल इसके बारे में कुछ भी नहीं कहा जा सकता। वैसे कुछ समय बाद इस बारे में विचार किया जाएगा। जयप्रकाश नारायण द्वारा दिए गए कार्यक्रम पर ही मुख्यतया अमल किया जाएगा।

**कांग्रेसियों के थोक में जनता पार्टी में घुसने से आपकी नीतियों पर असर पड़ सकता है। जनता पार्टी की शुद्धता बरकरार रखने के लिए आपने क्या सोचा है ?**

सिर्फ नीतियों के आधार पर ही जनता पार्टी में लोगों को लिया जाएगा। जो हमारी बातें मानेगा, हमारी विचारधारा से सहमत होगा, वही हमारे साथ रहेगा।

*धर्मयुग, 29 मई, 1977*

# जनमत अब भी जनता पार्टी के पक्ष में ही है

*डॉ. रतन प्रकाश की बातचीत*

**जनता पार्टी परस्पर विरोधी विचारधाराओं वाले उन राजनीतिक दलों का समन्वय मंच है, जो कांग्रेस विरोधी आंदोलन में एक साथ चुनाव युद्ध में उतरे थे। क्या आप समझते हैं कि वर्तमान परिस्थिति में ये सभी दल एक साथ मिलकर, राजनीतिक मान्यताओं में मतभेद होते हुए भी, काम कर सकेंगे ?**

यह सही है कि जनता पार्टी में विभिन्न राजनीतिक विचारधाराओं के लोग शामिल हुए हैं, लेकिन यह बात विस्मृत नहीं की जा सकती कि जनता पार्टी इन दलों के सम्मिलन से ही नहीं बनी है, वरन् इसके पीछे लंबे संघर्ष की कहानी है और इन संघर्षों की पृष्ठभूमि में जनता पार्टी के घटकों ने बहुत कुछ सीखा है। पुरानी मान्यताएँ बदली हैं और नई मान्यताओं के आधार पर लोगों ने नए ढंग से काम करने का निश्चय किया है। मैं ऐसा मानता हूँ, अपने पूर्वग्रहों के कारण कुछ कठिनाइयाँ आएँगी लेकिन फिर भी देश की स्थिति को देखते हुए और देश के भविष्य को ध्यान में रखते हुए लोगों में परिवर्तन होगा। मैं ऐसा समझता हूँ कि यदि मूलभूत सिद्धांतों में एकता है तो सरकार भी चल सकती है और दल भी तेजी से प्रगति कर सकता है।

**पहले कांग्रेस नेताओं ने रचनात्मक सहयोग की बात की थी, लेकिन हाल में जनता पार्टी और विरोधी दल में कुछ कटुता का वातावरण बना है ?**

यह दुर्भाग्यपूर्ण है और मैं नहीं चाहता कि कोई कटुता हो। मेरा तो हमेशा यह प्रयास होगा कि सहयोग की राजनीति हो, मैं पहले भी इसी मत का था। मैंने इंदिराजी से भी यही कहा था कि कटुता की या आपसी टकराव की राजनीति न कीजिए; अब भी मेरा यही मत है। मेरा प्रयास भी यही होगा कि इस देश में मिल-जुल कर कार्य करने की राजनीति हो।

**यह आप स्वीकार करेंगे कि आगामी विधानसभा चुनावों में प्रचार के मुख्य मुद्दे और जनता का रवैया वही नहीं होगा जो पिछले लोकसभा चुनाव में था। स्थानीय मुद्दों और समस्याओं को अधिक महत्त्व इन चुनावों में दिया जाएगा या पिछली केंद्रीय और राज्य सरकारों द्वारा अत्याचारों को, जो आपात स्थिति के दौरान अलोकतांत्रिक ढंग से जन-आकांक्षाओं को दबाने के लिए हुए थे, उन्हें चुनाव प्रचार का मुख्य विषय बनाया जाएगा ?**

परिवर्तनशील जगत में कोई वस्तु स्थायी नहीं रहती, और ये पुरानी समस्याएँ भी ज्यों की त्यों नहीं रहती हैं, लेकिन मौलिक समस्याएँ तो पहले जैसी ही हैं। यह सही है कि विधानसभाओं के चुनावों में स्थानीय मुद्दों को प्रधानता दी जाती है। हमने इसीलिए कहा

कि राज्यों में जो जनता पार्टी की शाखाएँ हैं, वे अपने चुनाव घोषणापत्रों में भी जो चाहे जोड़ें। मैं मानता हूँ कि पिछले दिनों में जो कुछ हुआ, उसका जिक्र तो चुनाव में होगा ही लेकिन वही महत्त्वपूर्ण होगा, ऐसा मैं नहीं मानता हूँ। हम विशेष बल इस पर देंगे कि अगर इस देश का संविक विकास करना है तो जनता पार्टी को जनता ने जो केंद्र में शक्ति दी है, उसी संदर्भ में प्रदेश की सरकारों से केंद्रीय सरकार का तालमेल जनहित में ठीक हो सके, तो इसके लिए भी आवश्यक है कि जनता पार्टी लोगों के बीच जाए और अपनी बात कहे। मैं ऐसा समझता हूँ कि पुरानी बातों के ऊपर ही सब कुछ नहीं होगा और अब पहले जैसा वातावरण भी नहीं रहा। फिर भी मैं यह मानता हूँ कि जनमत अब भी जनता पार्टी के पक्ष में ही होगा।

**तमिलनाडु में अन्नाद्रमुक, द्रमुक, कम्युनिस्ट और कांग्रेस के अतिरिक्त जनता पार्टी के लिए दावे के लिए क्या कुछ बचता है ?**

जनता पार्टी तो उन दलों से तमिलनाडु में बहुत अच्छी स्थिति में है। अगर पुरानी बातों और धारणाओं के आधार पर ही चुनाव के परिणाम निकले तब तो बात ही अलग है, लेकिन तमिलनाडु और दक्षिण भारत की जनता अब नई परिस्थितियों को ध्यान में रखते हुए नए सिरे से सोचने लगी है और जनता पार्टी के लिए तमिलनाडु में अच्छे बहुमत से विजय की संभावना है।

*धर्मयुग, 12 जून, 1977*

# हम अपने पुराने वायदों को पूरा करेंगे

*उदयन शर्मा की बातचीत*

**मार्च, 1977 और इन विधानसभा चुनावों में आप क्या फर्क महसूस करते हैं ?**

मार्च, 1977 में लोग अधिनायकवाद के खिलाफ लड़ रहे थे, तो वहाँ एक 'क्रूसेड' की भावना थी, अबकी भावना वो भावना नहीं है। लेकिन जहाँ तक जनता की प्रतिक्रिया का सवाल है, उसमें कोई फर्क नहीं दिखाई देता है।

**देश में लोकतंत्र एवं मौलिक अधिकारों की पुनर्स्थापना आवाम ने की। जनता पार्टी ने एक वर्ष में ऐसा क्या किया है कि दक्षिण भारत का वोटर उसे वोट दे ?**

अब दक्षिण भारत का वोटर इसलिए वोट दे कि जनता पार्टी ने कुछ आर्थिक कार्यक्रम और सामाजिक नीतियाँ निर्धारित की हैं। अगर उन नीतियों को लागू करना है, तो राज्य सरकारों को जनता पार्टी से सहयोग चाहिए। केंद्रीय सरकार केवल नीतियाँ निर्धारित कर सकती है, उन्हें लागू करने का काम राज्य सरकारों का होता है। जब जनता पार्टी को केंद्र में सहयोग दिया है, तो इन नीतियों को पाँच वर्षों तक लागू करने के लिए वे राज्यों में भी सहयोग देंगे, ऐसा मेरा विश्वास है।

**दक्षिण भारत, महाराष्ट्र और असम में कमजोर वर्ग जनता पार्टी के साथ क्यों नहीं है ? मसलन कर्नाटक में कहा जाता है कि हरिजन आज भी देवराज अर्स के साथ हैं। महाराष्ट्र में भी अमूमन ऐसा ही लगता है ?**

कहा तो यह जरूर जाता है और जो लोग जनता पार्टी के विरोध में हैं, वे कहेंगे ही। असलियत चुनाव के परिणाम ही बताएँगे कि हरिजन जनता पार्टी के साथ हैं या नहीं। मैं ऐसा नहीं मानता हूँ। ऐसा कोई विभाजन नहीं है कि हरिजन जनता पार्टी के साथ नहीं हैं। कुछेक इलाके ऐसे हो सकते हैं, जैसे महाराष्ट्र को ले लीजिए। महाराष्ट्र में हरिजन अधिकतर रिपब्लिकन पार्टी के साथ हैं और रिपब्लिकन पार्टी और जनता पार्टी की इन चुनावों में आपसी मित्रता है, अतः यह कहना कि जनता पार्टी के साथ इन चुनावों में हरिजन नहीं हैं, सही नहीं होगा।

**पिछले साल फरवरी-मार्च में सुरेन्द्र मोहन एवं रामधन अखबारों में बयान जारी कर रहे थे कि 20 मार्च, '77 के बाद किसी भी कांग्रेसी को जनता पार्टी में प्रवेश नहीं मिलेगा। अब आप कांग्रेस से जनता पार्टी में दल-बदल का औचित्य कैसे सिद्ध करेंगे ?**

मुझे मालूम नहीं कि रामधन और सुरेन्द्र मोहन ने किस तारीख को यह वक्तव्य दिया...।

दिया होगा। पर इस वक्तव्य के बावजूद, आज परिस्थितियाँ बदली हुई हैं। आज कांग्रेस एक पार्टी नहीं रह गई, कांग्रेस टूट गई है। नई परिस्थिति पैदा हो गई है। दल-बदल का सवाल नहीं है। कांग्रेस के टूटने के बाद लोग नए सिरे से अपने भविष्य के बारे में निर्णय कर रहे हैं।

**किंतु रघुरमैया सरीखों को आपने जनता पार्टी में प्रवेश क्यों दिया ? उनका नाम अनेक चक्करों में लिया जाता है और इमर्जेंसी में उन्होंने कहा था कि मैं नेहरू की तीन पीढ़ियों की सेवा कर चुका हूँ, चौथी पीढ़ी की सेवा के लिए मैं तत्पर हूँ।**

रघुरमैया का कहना दूसरा है। उन्होंने कहा कि 'मैंने यह नहीं कहा। मैंने कहा कि आंध्र में कांग्रेस के एक नेता के नाते या एक कांग्रेसी कार्यकर्ता के नाते मैंने मोतीलाल नेहरू, जवाहरलाल नेहरू और इंदिरा गांधी का स्वागत किया है और आपका भी स्वागत कर रहा हूँ।' और स्वागत करने में और सेवा करने में बहुत फर्क होता है। वास्तविक शब्द क्या थे, यह मैं नहीं जानता हूँ। रघुरमैया ने मुझे यही बताया कि उन्होंने यही कहा था कि 'एक कार्यकर्ता के नाते मैं स्वागत करता हूँ।'

**खैर! महाराष्ट्र के शंकर राव चव्हाण के बारे में आपकी क्या सफाई है, जो चुनाव में आपके साथ हैं। इमर्जेंसी में जब वे महाराष्ट्र के मुख्यमंत्री थे, उन्होंने एक भाषण में कहा था कि भारत के विरोधी दलों के नेताओं को शुक्र मानना चाहिए कि उनको सिर्फ जेलों में डाला गया अन्यथा किसी और देश में उन्हें गोली मार दी जाती ?**

शासन का मद ऐसा होता है कि आदमी से कुछ भी कहलाता है। अगर उस समय उन्होंने ऐसा कहा, तो उसे हमेशा याद करके...(जोरदार हँसी) अब, मैं तो लोकतंत्र में ऐसा नहीं मानता कि कोई मनुष्य सुधर नहीं सकता। उसका हृदय परिवर्तन हो सकता है। उस समय एस.बी. चव्हाण नहीं बोल रहे थे, बल्कि शासन बोल रहा था। अब ठीक बोल रहे हैं, इसीलिए उनका साथ ले रहे हैं।

**आंध्रप्रदेश में वोटरों का कहना है कि वहाँ चुनाव तीन कांग्रेसों के बीच है—कांग्रेस, इंदिरा गांधी और जनता कांग्रेस। आपकी टिप्पणी ?**

मैं ऐसा नहीं मानता हूँ। हमारी पार्टी तो कांग्रेस हो ही नहीं सकती, क्योंकि जनता पार्टी में अनेक लोग मिले हुए हैं।

सबसे बड़ी बात है कि पार्टियों के अलावा बहुत-से निरपेक्ष लोग, बहुत-से निरपेक्ष दल हैं, जो जनता पार्टी में आए हैं और उनकी अपनी महत्त्वपूर्ण भूमिका है। इस प्रकार के नारे राजनीतिक दलों के बारे में लगते रहते हैं। मुझे इससे शिकायत नहीं है, लेकिन यह वास्तविकता से परे है।

**आपकी पार्टी का महाराष्ट्र में 'शेकाप' से चुनाव समझौता नहीं हो सका। इसका आपकी पार्टी पर आपके खयाल से क्या प्रभाव पड़ेगा ? चुनाव के बाद (आवश्यकता पड़ने पर) क्या**

**आप जनता-रेड्डी कांग्रेस की मिली-जुली सरकार बनाने को तैयार हैं ?**

मैं मजबूरी की बात तो नहीं कहता। अब भी हमने शेतकारी कामगारी पक्ष को जो 29 सीटें दी हैं, उन पर हम उनका विरोध नहीं कर रहे हैं, उनका समर्थन ही कर रहे हैं। यह जरूर है कि कुछ अधिक सीटों पर उन्होंने उम्मीदवार खड़े कर रखे हैं। अभी खबरें मिल रही हैं कि बहुत-सी जगहों से वे अपने लोगों को धीरे-धीरे हटा रहे हैं और जनता पार्टी का समर्थन कर रहे हैं। यह सहयोग तो चल रहा है। आगे भी चले, तो अच्छा है।

**दक्षिण में आप किन वायदों पर आज वोट माँगने जा रहे हैं ?**

हम कोई नया वायदा नहीं कर रहे हैं। अपने चुनाव घोषणा-पत्र में हमने जो वायदे किए हैं, उन्हीं को पूरा कर लें, हमारी यही भारी उपलब्धि होगी। हम इस पक्ष में नहीं हैं कि रोज नए-नए वायदे किए जाएँ और उन वायदों को भुला दिया जाए। मैं सिर्फ यह कह रहा हूँ कि हम अपने पुराने वायदों को पूरा करेंगे, इसलिए हमें वोट दिया जाए।

**क्या आप आंध्र, कर्नाटक, असम और महाराष्ट्र के बारे में कोई अनुमान दे सकते हैं ?**

इस समय तो कोई निश्चित अनुमान नहीं दे सकता, क्योंकि चुनाव में अभी 10-12 दिन हैं।

**कोई 10-12 सीटों का आगा-पीछा मानकर।**

मैं समझता हूँ कि असम में हम 70 सीटें पाएँगे। महाराष्ट्र में...अभी नहीं बता सकता। आज निकला हूँ—उस ओर। कर्नाटक में हमारी सरकार बनेगी, यह निश्चित है। आंध्र और महाराष्ट्र के बारे में चुनाव दौरे के बाद ही बता सकता हूँ।

**यदि दक्षिण भारत में जनता पार्टी हार जाती है, तो राष्ट्रीय राजनीति पर इसका क्या प्रभाव पड़ेगा ?**

देखिए, कभी-कभी हम लोग अपने विचारों को काफी बढ़ा-चढ़ा कर सोचते हैं। जनता पार्टी दक्षिण भारत में आए या न आए, इसका देश की राजनीति पर कोई प्रभाव नहीं पड़ने वाला। राजनीति पर असली प्रभाव पड़नेवाला है कि जनता पार्टी अगले छह महीनों में देश के लिए क्या कर पाती है। हर राज्य में उसकी सरकार रहे या न रहे, इससे कोई फर्क नहीं पड़नेवाला। कांग्रेस का राज सारे राज्यों में था। उससे तो 1977 में फर्क नहीं पड़ा। एक-दो राज्यों में सरकार न भी रहे और जनता पार्टी अपने कार्यक्रमों को पूरा कर सके, तो राजनीति एक नई दिशा ले सकती है। लोगों की आस्था जनतंत्र में दृढ़तर हो सकती है। मान लीजिए, सारे राज्यों में जनता सरकार हो और उसके बावजूद जनता सरकार उसी तरह काम करे, जिस तरह कांग्रेस ने किया, तो फिर राजनीति में उथल-पुथल आनेवाली है।

**अच्छा, क्या आप समझते हैं इसके लिए जनता पार्टी की कार्य-प्रणाली और स्वरूप यही रहेगा या कोई महत्त्वपूर्ण परिवर्तन आएगा ?**

मैं ऐसा मानता हूँ कि अगर इस देश को प्रगति की ओर जाना है, तो इसके काम करने

के तरीके में आमूल परिवर्तन करना पड़ेगा। यह सिर्फ जनता पार्टी का सवाल नहीं है। सारे देश का मानस है, उसे बदलना पड़ेगा। और जनता पार्टी चूँकि शासन करनेवाली पार्टी है, इसे अपना मानस पहले बदलना पड़ेगा। जो हिचकिचाहट होती है, उसमें खतरे मोल लेने पड़ेंगे और कठोर निर्णय लेने पड़ेंगे, ऐसा मैं मानता हूँ, अगर इस देश का भविष्य बनाना है।

*रविवार, 26 फरवरी–4 मार्च, 1978*

# शासन नहीं, शोषण के खिलाफ जन-आंदोलन करें

*अरुण रंजन की बातचीत*

**देश में फिर युवा असंतोष फूट पड़ा है। आपकी निगाह में इसका कारण ?**

असंतोष सिर्फ युवकों में नहीं है, अन्य वर्गों में भी है। इसका कारण जनता की दैनंदिन समस्याओं का समाधान नहीं होना है। ऐसी स्थिति में असंतोष बढ़ेगा ही। युवा वर्ग अपनी कल्पनाओं से अधिक प्रभावित होता है। उन्हें साकार करने के लिए वे बलिदान भी करते हैं। पर इसमें अन्य वर्गों का भी प्रतिनिधित्व होना चाहिए। तब युवा असंतोष समाज के असंतोष का प्रतीक होगा।

**क्या आप जनता पार्टी और युवा संगठनों के वर्तमान रिश्ते से संतुष्ट हैं ?**

अभी जनता पार्टी और युवा संगठनों के बीच तालमेल कहाँ बैठा है ? पिछले दो चुनावों में अलबत्ता युवाओं ने पार्टी का साथ दिया है। आगे आपस में तालमेल की प्रक्रिया बन रही है। प्रयास है कि इसे संगठनात्मक रूप दिया जा सके। मेरे संयोजकत्व में जनता पार्टी ने युवा संगठनों पर एकता समिति गठित की है। उसमें मधुलिमए और नानाजी देशमुख भी हैं। मार्च में युवा जनता और जनता युवा मोर्चा के प्रतिनिधियों को एकता हेतु दिल्ली बुलाऊँगा। अभी दो फ्रंट हैं। इन्हें एक बनाना, आपस में विलीन कराना है।

**बिहार युवा जनता ने 18 मार्च से आंदोलन के पुनर्जागरण की घोषणा की है। इस पर आपकी प्रतिक्रिया ?**

आंदोलन के मुद्दे क्या हैं, मुझे नहीं मालूम। जनांदोलन जब चाहे शुरू और खत्म नहीं होता। इसके लिए उचित पृष्ठभूमि तथा संगठन चाहिए। 1974 की पुनरावृत्ति 1978 में कतई नहीं हो सकती। उस समय तानाशाही की चुनौती थी। युवा वर्ग ने देश की जनता के साथ मिलकर उत्तर दिया। अब दूसरे प्रकार की चुनौती है। अब **शासन नहीं, शोषण** के विरुद्ध आंदोलन खड़ा होना चाहिए। शोषित वर्गों के बगैर आंदोलन 'स्वांतः सुखाय' सिद्ध होगा। सुप्त वर्ग को जागृत करना होगा। उसमें संगठन होना चाहिए। इसके बगैर आंदोलन की बात हल्ले के अलावा और क्या है ? शोषितों को साथ लेकर शोषण के विरुद्ध संघर्ष में हम समर्थन देंगे। लेकिन ऐसा करने की ताव किसमें है ?

**क्या आप वर्तमान युवा आंदोलन की दिशा को सही मानते हैं ? ऐसा तो नहीं कि युवा आंदोलन गलत पटरी पर चल रहा है ?**

पहले बताइए कि युवा आंदोलन किसलिए ? केवल अशांति आंदोलन नहीं। किसी

सम्यक् विचारधारा का सुगठित विस्फोट आंदोलन है। आप कहते हैं कि दलीय राजनीति से अलग देश में समानांतर युवा राजनीति उभर रही है। क्या उनके बिना सुगठित दल बने स्थायी रहना संभव है ? आप कहते हैं, युवा आंदोलन संपूर्ण क्रांति में आत्मविलीन होना चाहता है। लेकिन उसके लिए व्यावहारिक रीति क्या है ? उसके लिए सही विचार, संपूर्ण व्यवस्था तथा संघर्ष का मेकेनिज्म मालूम होना चाहिए। क्या वाकई युवा आंदोलन दल से अलग ठोस विकल्प के रूप में है ? उसका संगठित स्वरूप क्या है ? किसलिए युवा आंदोलन का उभार है ? युवा आंदोलन ने स्वयं को शोषित-लाँछित वर्ग से एकाकार नहीं किया। मात्र सरकार, बड़े दलों की कटु आलोचना करते रहे। सीमा के बाहर अनवरत आलोचना अनर्गल हो जाती है। जनता पार्टी क्या मात्र कांग्रेस की आलोचना करके नया समाज बना सकती है ? युवा आंदोलन भी इसी तरह जनता पार्टी की मात्र आलोचना करके क्या बना लेगा ? हर तीन महीने में क्या सामाजिक क्रांति का एक आंदोलन खड़ा हो सकता है ? गांधी ने भी खादी आंदोलन चलाया तो सौ गाँवों में दस अच्छे वर्कर मिले। युवा वर्ग को अपनी सीमा जाननी चाहिए। मैंने भिड़ कर 55-60 युवा नेताओं को टिकट दिलाया। 40-43 चुनकर आ गए। उसमें 32 लोग मंत्रिपद की लाइन में खड़े हो गए। यही युवा आंदोलन है ?

**सरकार-विरोधी प्रदर्शन में पाँच लाख युवक जुटते हैं, बाढ़-पीड़ितों की सहायतार्थ सौ भी नहीं। ऐसा क्यों ?**

दूसरों की पीड़ा को आत्मसात् न करने, उससे आंतरिक ताल्लुक नहीं रखने के कारण ऐसा होता रहा है। अब तक युवा शक्ति अपनी व्यक्तिगत आकांक्षाओं के टूटने पर गुस्सा करती रही है। राजनीति का यह प्रथम सोपान है। कभी वे तोड़-फोड़ कर लेते हैं। कभी उन्हें पुलिस दबा लेती है। जब वे अपनी पीड़ा लाखों की पीड़ा के साथ जोड़ देते हैं, तो साधारण जन का स्थायी और शक्तिशाली साथ मिलता है। अभी राजनीति की सारी समस्या मानो 5 प्रतिशत शहरी शिक्षितों की समस्या है। 70 प्रतिशत लोगों पर मूल्यवृद्धि का क्या असर हो, जो साल-दो साल में बाजार में एक धोती खरीदने जाते हों ? जहाँ 72 प्रतिशत अशिक्षित हों, वहाँ शिक्षा प्रसार का जनांदोलन युवा वर्ग क्यों नहीं छेड़ता ? अफसोस की बात है कि युवा आंदोलन, छात्रवाहिनी या पार्टी इस ओर नहीं सोचती। लाखों लोग भाग्य से ताल्लुक रख कर जीवित हैं—वे नहीं सोच पाते तो हम क्यों नहीं सोचते ? उस लांछित वर्ग की आस्था को कौन जगाए ? युवा आंदोलन यह काम कर सकता है, किंतु किसे फुर्सत है ? शहरी सुविधाभोगी मानसिकता और 'ऊपर की राजनीति' में तरक्की करते रहने का अभ्यास युवा वर्ग को गरीब तबके की ओर बढ़ने नहीं देता। इन दोनों को ठुकराना अपने वर्ग से बाहर आने सरीखा है।

**क्या सारा भोग राजनीतिक दलों के लिए और सारी तकलीफ युवा वर्ग के लिए—यह स्थिति जरूरी है ? पार्टी क्यों नहीं साँचे से बाहर आकर 'जन अभियान' करती ? युवा साथ देंगे !**

अभी मैंने सारे राजनीतिक दलों को खत लिखा था कि राजनीतिक घेरेबंदी से ऊपर उठकर कुछेक राष्ट्रीय समस्याओं पर सामूहिक कार्यक्रम चलाया जाए। मसलन अशिक्षा, हरिजन अत्याचार ये राष्ट्रीय समस्याएँ हैं। राजनीतिक दल अकेले जन अभियान नहीं छेड़

सकते। समाज का कोई चेतन वर्ग एक साथ बैठक कर सीधा जनता से संबंध रखनेवाला 'न्यूनतम कार्यक्रम' तय करे। मुझे प्रभावशाली जन-संगठन बीच में नजर नहीं आया। सोचा; ग्राम पंचायत से शुरू करूँगा। एक-एक ग्राम पंचायत और समस्याएँ दल, जन-संगठन बाँट लेंगे। अभी तक एक पार्टी का भी उत्तर नहीं मिला है। लगता है, युवा जनता और संघर्ष-वाहिनी ही हरिजन बस्तियों में जाकर समस्या उठा सकती हैं। युवक ही यह जन-अभियान जारी कर सकते हैं। लेकिन रोमांटिसिज्म के रहते यह कष्टप्रद जनसेवा होने से रही। हमारी जो राजनीति है, वह रोमांटिक भावना से पीड़ित है। शहरी शिक्षित प्रतिष्ठित वर्ग को यह रास आती है। क्या पटना में तथाकथित असली युवा शक्ति सफेदपोशों की बस्ती, पाटलिपुत्र कॉलोनी में नहीं बसती ? किस जगह यह हाल नहीं है, भाई!

*रविवार, 19–25 मार्च, 1978*

# आर्थिक विषमता एक अभिशाप है

*कन्हैया शरण की बातचीत*

*लगभग समूचे बिहार में जातीय दंगे जैसी स्थिति पैदा कर देनेवाली सरकारी नौकरियों में आरक्षण अब सरकारी स्तर पर एक अंतिम रूप ले लिया-सा दीखता है। बिहार के मुख्यमंत्री कर्पूरी ठाकुर ने जनता पार्टी के अध्यक्ष चन्द्रशेखर के हवाले से यह घोषणा कर दी है कि हरिजनों तथा जन-जातियों के लिए पूर्व से ही किए गए 24 प्रतिशत आरक्षण के अतिरिक्त 26 प्रतिशत जगहें पिछड़े वर्गों के लिए आरक्षित रहेंगी और यह निर्णय सरदार वल्लभ भाई पटेल और आचार्य नरेन्द्रदेव के जन्म दिवस 31 अक्टूबर, 1978 से ही लागू माना जाएगा। उक्त 26 प्रतिशत में 20 प्रतिशत पिछड़ी जातियों, 3 प्रतिशत आर्थिक रूप से पिछड़े वर्ग और 3 प्रतिशत औरतों के हिस्से होंगे। पिछड़ी जातियों में भी आरक्षण का लाभ वे ही उठा सकेंगे, जिनकी वार्षिक आय 8 हजार रुपए से कम है और जो आयकर दाता नहीं हैं।*

*स्मरणीय है कि इस सवाल पर जिस दिन जनता पार्टी की संसदीय समिति की बैठक दिल्ली में हो रही थी, उसी दिन पटना की सड़कों पर पिछड़ी जाति संघ के तत्त्वावधान में एक जुलूस कर्पूरी ठाकुर के जयगान और लोकनायक जयप्रकाश नारायण के विरुद्ध अत्यंत ही भद्दे नारे लगाता, उन्हें जातिवादी घोषित कर रहा था।*

*ठीक इसके दूसरे ही दिन केंद्रीय उद्योग मंत्री जॉर्ज फर्नांडीस अपने निर्वाचन क्षेत्र मुजफ्फरपुर गए। वहाँ छात्रों के बीच भाषण देने को खड़े ही हुए कि लड़कों ने आरक्षण के संबंध में उनसे स्पष्टीकरण देने के लिए आग्रह किया। जॉर्ज ने, जिन्हें उस क्षेत्र ने बिना देखे लगभग 4 लाख मतों से विजयी बनाया था, और जिन्हें देखने को लोग अपनी मर्यादा भूलकर सड़कों पर निकल पड़ते थे—देह-से-देह छिलने लगती थी, बड़े ही उत्साह में कहा, 'कल ही तो निर्णय हुआ है संसदीय बोर्ड का, मैं भी उसमें था। वह करके ही यहाँ आया हूँ, कि तभी कुछ लड़के चीख पड़े थे—हमारे माँ-बाप अब हमें पढ़ाई का खर्च देना बंद कर देंगे, नौकरी नहीं तो पढ़ाई नहीं, फिर हमारी जिंदगी कैसे चलेगी ?*

*और जॉर्ज का उत्तर सुनने के पहले ही उन पर जूते-चप्पलों की वर्षा-सी होने लगी। बिना भाषण दिए ही उन्हें भाग जाना पड़ा। उनके आवास, सर्किट हाउस पर भी हमला हुआ। उसे तहस-नहस कर दिया गया था। तब से जॉर्ज एक दिन भी अपने निर्वाचन क्षेत्र में नहीं रहे। इसके थोड़े ही दिन बाद पटना की एक आमसभा में लोकनायक जयप्रकाश नारायण को पत्थर चलाकर मार देने की असफल कोशिश हुई।*

*घटनाक्रम बढ़ता गया। तब भी सारे राज्य में उत्पात मचा था। बम, पिस्तौल तथा अन्य घातक हथियारों का खुला इस्तेमाल एक वर्ग के लोगों ने दूसरे वर्ग के लोगों पर किया। कहीं उच्च वर्ण के लोग बसें रोककर पिछड़ी जातियों के लोगों पर हमले करते, तो पिछड़ी जातियों*

*के लोग बसों और ट्रेनों में जनेऊ, टीकाधारियों को ढूँढ़ते फिरते। सारे स्कूल-कॉलेज बंद कर देने पड़े थे।*

*इस अंतिम घोषणा के बाद आरक्षण-विरोधियों ने आरा में एक डाकखाने में आग लगा दी। जमशेदपुर-पटना में बसें जलाई गईं। पूर्वोत्तर रेलवे तथा पूर्व रेलवे की अनेक गाड़ियों के होजपाइप काटकर उन्हें रोक दिया गया, फिश प्लेटें हटाई गईं, प्रदर्शन हुए, मुजफ्फरपुर में दोनों पक्षों के बीच बमों का इस्तेमाल हुआ, सैकड़ों स्नातकों ने अपनी डिग्रियाँ जला दीं। गनीमत है कि इस समय एक संक्रामक बीमारी के कारण बिहार के सारे शिक्षण संस्थान बंद हैं। डर है कि उनके खुलते ही वे ही विद्यार्थी, जो एकजुट होकर जयप्रकाश आंदोलन में मूल्यों में परिवर्तन के लिए जान पर खेलनेवाली क्रांति में वाहक बने थे, आज एक-दूसरे पर जाति के नाम पर हमलों के लिए घात लगाने लगेंगे।*

*इस संबंध में जनता पार्टी के अध्यक्ष चन्द्रशेखर ने दिनमान के लिए कन्हैया शरण को बताया कि आरक्षण का मामला संसदीय बोर्ड ने एक समिति के हवाले कर दिया था। तय हुआ था कि विधिमंत्री शांति भूषण एक फार्मूला तैयार करेंगे। उन्होंने सुझाव भी दिए। अन्य लोगों ने भी सुझाव दिए। उन सुझावों के आधार पर आरक्षण कुल 58 प्रतिशत हो जाता था। जो लोग आज आरक्षण-विरोधी हैं, उन्होंने ही कहा था कि उच्चतम न्यायालय की राय के अनुसार आरक्षण पचास प्रतिशत से अधिक किया ही नहीं जा सकता।*

*सभी सदस्यों ने यह निर्णय किया था कि अध्यक्ष सभी सदस्यों से राय लेकर अपना निर्णय दे दें। 'इसी आधार पर मैंने यह निर्णय दिया और मुख्यमंत्री को बता दिया।'*

**बिहार में आरक्षण के प्रश्न को लेकर जो जातीय दंगे की स्थिति उत्पन्न हो गई है, उसका निदान क्या होगा** ?

आर्थिक विषमता एक अभिशाप है। मगर साथ ही साथ सामाजिक विषमता भी, जो रूढ़िगत परंपराओं के कारण है, अत्यंत ही दुखदायी है। इसलिए पिछड़ेपन को दूर करने के मामले में दोनों पर ही ध्यान देना होगा। जहाँ आर्थिक दृष्टि से पिछड़े लोगों की सहायता जरूरी है, उन पर भी ध्यान देना ही होगा, जो परंपरागत रूढ़ियों के शिकार रहे हैं।

आरक्षण की नीति मूल रूप से अस्थायी है। कोई निरंतर चलनेवाली योजना नहीं, बल्कि समय-समय पर मूल्यांकन करके निर्धारित करना होगा कि कौन-सा वर्ग अब विशेष सहायता के योग्य है, जिसे सहायता मिलनी चाहिए। लेकिन जब तक ऐसा मूल्यांकन नहीं होता, तब तक प्रारंभ तो करना ही होगा, ताकि पिछड़े वर्ग में यह भावना घर न करे कि उसकी परिस्थितियों के बारे में सजगता नहीं बरती जा रही है। इसीलिए आरक्षण का निर्णय सोच-समझकर प्रायः सबकी सहमति से लिया गया है।

मैं समझता हूँ कि समाज के सभी लोगों में संतुलन स्थापित करने के लिए यह एक प्रारंभिक प्रयास है और सभी लोगों को इसका समर्थन करना चाहिए। अन्यथा अनावश्यक रूप से सामाजिक तनाव पैदा होगा और इससे अनेक विकृतियाँ उपस्थित हो सकती हैं।

**बिहार का मामला है, इसलिए भी क्या लोकनायक जयप्रकाश नारायण से इस संबंध में सहमति ली गई है ?**

मुख्यमंत्री ने बातें की थीं।

**इससे लाभ तो उन्हें ही होगा, जिनमें पहले से ही अपने बच्चों को शिक्षित कर पाने की जागरूकता, क्षमता और स्थिति रही हो। मगर उनके लिए क्या होगा, जो अपने बच्चों को इसलिए नहीं पढ़ा सकते कि बचपन से ही उन्हें जीविकोपार्जन में सहयोगी बनाने पर मजबूर होते हैं ?**

यह सवाल आरक्षण के सवाल से भिन्न है। उनके विकास के लिए भिन्न योजनाएँ हैं। शिक्षा में कई तरह की सुविधाएँ हैं। प्रौढ़ शिक्षा का बहुत कार्यक्रम चलाया जा रहा है।

**मुँगेरी लाल आयोग के पास जातीय स्थितियों के सही और पूरे आँकड़े उपलब्ध नहीं थे, फिर भी उसे ही आधार मानना कहाँ तक उचित था ?**

मैंने कहा न कि यह कोई अंतिम बात तो नहीं, इसके पुनर्मूल्यांकन भी तो समय-समय पर होने ही वाले हैं।

**केंद्रीय स्तर पर जो पिछड़ा वर्ग आयोग बनाने की बात है, उसका क्या प्रभाव होगा बिहार के आरक्षण के सवाल पर ?**

इसका भी वही उत्तर है, पुनर्मूल्यांकन।

**आपके राजनीतिक विरोधियों ने कहा है कि समस्तीपुर से लोकसभा के लिए होनेवाले उप-चुनाव में जातीय गोलबंदी के आधार पर राजनीतिक लाभ उठाने के लिए ही इसकी घोषणा एकाएक इतनी जल्दबाजी में कर दी गई है। क्या इस उपचुनाव की स्थिति ने यह निर्णय कराया है ?**

यह प्रश्न कोई आज तो उठा नहीं है और इस विवाद का अंत तो करना था ही। कब तक इसे अनिश्चितता के अंधकार में छोड़ा जा सकता था। विरोधियों का तो काम ही है कि वे खामखा अपने हित में अर्थ लगाते हैं। वैसे यह भी तो कहा जा सकता है कि वे उक्त उपचुनाव में बड़ी जातियों के लोगों का समर्थन पाने के लिए इसे हथियार के रूप में इस्तेमाल कर रहे हैं। हालाँकि बिहार का एक आदर्श राजनीतिक चरित्र रहा है और वह इन हल्की-फुल्की बातों में बहकने वाला नहीं है।

*दिनमान, 19—25 नवंबर, 1978*

# यहाँ लोग सत्ता में रहते हुए आंदोलन की बात करते हैं

*धर्मयुग प्रतिनिधि की बातचीत*

**23 दिसंबर को होनेवाली किसान रैली का आपके विचार में क्या उद्देश्य है ?**

मुझे मालूम नहीं, मैं तो बता नहीं सकता। यह प्रश्न तो रैली के आयोजकों से पूछना चाहिए। जो उन्होंने उद्देश्य घोषित किए हैं, उनमें कहा है—चरणसिंह के जन्मदिवस को मनाएँगे और किसानों की समस्याओं के बारे में भी लोगों का ध्यान खींचेंगे।

**आयोजक भी जनता पार्टी से ही संबंधित हैं। ऐसी कौन-सी परिस्थितियाँ रहीं कि नीति-निर्धारित करनेवाले ही आंदोलन चलाने लगे ?**

आंदोलन का प्रश्न नहीं है। जनता पार्टी में ऐसे बहुत-से लोग हैं, जो कई श्रमिक-आंदोलनों को चला रहे हैं। कुछ लोग दूसरे किसान संगठनों, विद्यार्थियों और अध्यापकों के संगठनों से भी संबंधित हैं। जनता पार्टी का अपना कोई किसान या मजदूर संगठन नहीं है, तब तक दूसरे लोग जिन संगठनों में काम करना चाहें, करें, हमें तो कोई आपत्ति नहीं, बशर्ते कि वे पार्टी के हित के विरुद्ध काम न करें।

**वे समस्याएँ रैली के आयोजक सरकार के साथ बैठकर, कहकर भी तो सुलझा सकते थे ?**

शायद वे समझते हों कि सरकार से कहने का ज्यादा अच्छा तरीका है, जनता के द्वारा कहलवाना। मैं तो लोकतांत्रिक देश में लोगों की सद्बुद्धि पर इसे छोड़ना चाहूँगा कि वे किस तरह से सरकार की नीतियों को प्रभावित करना चाहते हैं, हाँ वे आंदोलन शांतिमय और अहिंसक हों तथा जनता पार्टी की मूलभूत नीतियों के विरुद्ध न हों।

**उज्जैन शिविर में इस बारे में क्या निर्णय लिया गया ?**

उज्जैन शिविर में इस पर निर्णय लेने की आवश्यकता ही नहीं पड़ी, क्योंकि मैंने वहाँ भी यही बात कही कि अगर कोई बिना जनता पार्टी के हितों को क्षति पहुँचाए या बिना अनुशासन भंग किए, किसानों का संगठन करता है, तो इस पर विचार की आवश्यकता नहीं।

**क्या यह अजीब नहीं कि राज्यों के कृषिमंत्री एवं कृषि राज्यमंत्री स्वयं रैली आयोजन की बात कह रहे हैं ?**

हमारा देश कुछ अनोखा देश है, जहाँ लोग सत्ता में रहते हुए भी आंदोलन की बात करते रहे हैं। कोई नई बात नहीं है। पिछले तीस वर्षों से ऐसा होता रहा है। लोग समझते हैं, शायद दो काम एक साथ कर सकते हैं। जनता के बीच अपना क्रांतिकारी स्वरूप दिखाएँ और

सरकार के पदों पर भी रहें।

**इसमें सफलता मिल सकेगी ?**

सफलता अगर यह होती है कि आदमी दो रूपों में अपने को लोगों के सामने प्रकट कर सके, तो स्पष्ट सफलता मिलेगी, जहाँ तक मौलिक समस्या के समाधान का सवाल है, उसमें तो सफलता नहीं मिलेगी।

**जब यह मालूम है कि इससे लोगों की भलाई नहीं हो सकती, तो इस तरह की रैली क्यों आयोजित की जाती है ?**

मैं इसका उत्तर नहीं दे सकता। शायद वे समझते हैं कि इसमें लोगों की भलाई होगी।

**आपका चौदह सूत्री कार्यक्रम किसान समस्याओं को हल करने में कहाँ तक सहायक होगा ?**

किसानों की समस्या की ओर मैंने ध्यान दिलाया है। जैसे कृषि के लिए उपयोगी वस्तुएँ कृषकों को सही मूल्य पर मिलें। गाँव में सुविधाएँ नहीं हैं। चाहे शिक्षा-संबंधी हो या स्वास्थ्य-संबंधी, ग्रामीण अंचलों के विषय पर हो या स्वास्थ्य-संबंधी ग्रामीण अंचलों के विकास के लिए। इन सारी चीजों को मिलाकर कोई समयबद्ध योजना बनानी पड़ेगी। जब तक सारी योजनाएँ एक साथ लागू नहीं होतीं, तब तक किसानों की समस्याएँ हल नहीं होंगी।

**सरकार ऐसी कोई योजना निकट भविष्य में बना रही है ?**

प्रयास में तो लगे हुए हैं। निकट भविष्य में कह नहीं सकता।

**कब तक क्रियान्वयन की संभावना है ?**

मैं कह नहीं सकता। लेकिन सरकार की ओर से कहा गया है कि वे इस दिशा में सोच रहे हैं। कुछ कर भी रहे हैं।

**लेकिन इसी सोच में पिछले 30 साल निकल गए हैं, बेशक वे कांग्रेस ने निकाले हों ?**

हम चाहते हैं, जनता राज में 30 साल नहीं, 3 साल भी न लगें। लेकिन कितना समय लगेगा, इस बारे में कोई अवधि तो नहीं बता सकता।

**अक्सर राजनीतिक नेताओं को थैलियाँ भेंट की जाती हैं। क्या यह जनता के पैसे का अपव्यय नहीं है ?**

नहीं, मैं नहीं मानता। जनता स्वेच्छा से भी पैसा देती है।

**एक तो वह भावना से प्रेरित होकर देती है, फिर वह नहीं जानती कि उसका प्रयोग कहाँ होनेवाला है ?**

ऐसी बात नहीं है। अगर समझें कि पैसे का दुरुपयोग होता है, तो लोग नहीं देंगे। भारत की जनता इतनी अज्ञानी नहीं है, जितना हम उसके बारे में सोचते हैं।

**तो जिस उत्तर प्रदेश में इंदिरा गांधी को जनता ने हराया था, वहीं मोहसिना किदवई को कैसे जिता दिया ?**

इससे कोई फर्क नहीं पड़ता। चुनाव में हमेशा के लिए एक ही आदमी जीतता-हारता रहे, तो जनतंत्र नहीं रहेगा। ऐसा हमेशा हुआ है। आजकल इसका प्रचार ज्यादा होता है। जवाहरलाल नेहरू की जब बुलंदी थी, तब भी कांग्रेस उप-चुनाव हारती थी।

**आपसी झगड़ा ?**

सरकार में आपसी झगड़ा कोई नहीं चल रहा। व्यक्तियों का झगड़ा सरकार का झगड़ा नहीं है।

**लेकिन व्यक्ति ही तो सरकार में बैठे हैं ?**

व्यक्ति आपके लिए महत्त्वपूर्ण होगा, हमारे लिए नहीं है।

**आपके लिए क्या महत्त्वपूर्ण है ?**

हमारे लिए सिद्धांत और कार्यक्रम महत्त्वपूर्ण हैं।

**उन कार्यक्रमों पर क्रियान्वयन कितना हुआ है ?**

जितना हुआ काफी हुआ है, पर और होना चाहिए।

**काफी हो गया है, तो सरकार के ही लोग रैली क्यों निकाल रहे हैं ?**

यह प्रश्न उनसे पूछिए, मैं उनकी तरफ से उत्तर नहीं दे सकता।

*धर्मयुग, 17 सितंबर, 1978*

# जयप्रकाश के बाद राजनीति में जबर्दस्त खालीपन आएगा

*संतोष भारतीय की बातचीत*

*जयप्रकाशजी को चन्द्रशेखर से विशेष लगाव रहा है। आज की राजनीति में यदि वे किसी को अपने सर्वाधिक नजदीक पाते हैं, तो वे चन्द्रशेखर ही हैं। चन्द्रशेखर ने भी अपना सर्वाधिक सम्मान आचार्य नरेन्द्रदेव के बाद जयप्रकाशजी को ही दिया है। जयप्रकाशजी की बीमारी की सूचना पटना के बाहर सर्वप्रथम चन्द्रशेखरजी को ही दी गई और वे भी सूचना पाकर तत्काल जेपी के पास आए। बीमारी के दौरान चन्द्रशेखर लगातार जेपी के पास रहे।*

**आपको बीमारी की सूचना कैसे मिली ? आपके पटना आने के बाद के घटना-क्रम के बारे में भी बताएँ।**

लखनऊ से मैं बलिया अपने गाँव, इब्राहिम पट्टी गया था। वहाँ दिन-भर रहा। शाम के सवा छह बजे गाँव के एक आदमी ने आकर मुझसे कहा कि रेडियो पर समाचार आया है कि जयप्रकाशजी गंभीर रूप से बीमार हैं। बिहार के मुख्यमंत्री, स्वास्थ्य मंत्री और बंबई के कोई डॉक्टर वहीं आए हुए हैं। सौभाग्य से मेरे गाँव में अभी हाल में एक टेलीफोन लगा है। टेलीफोन पर बनारस के 'आज' अखबार के एक प्रतिनिधि ने पी.टी.आई. द्वारा भेजा समाचार मुझे पढ़कर सुनाया। इसमें कहा गया था कि रक्त-स्राव हुआ है, रक्तचाप बहुत नीचे आ गया है और जेपी की इमर्जेंसी डायलिसिस हो रही है। पाँच-सात मिनट में मेरी पटना से भी बात हो गई। सच्चिदा बाबू ने कहा कि हालत कुछ सुधरी है, लेकिन कल सबेरे बंबई ले जाने का विचार है। उन्होंने यह भी बताया कि उन लोगों ने दिल्ली में मेरे घर पर खबर भी की तथा दिल्ली वाले मुझे समाचार देने की कोशिश कर रहे थे। लेकिन उन्हें टेलीफोन मिला नहीं, तब उन्होंने बलिया के जिलाधीश से कहा कि वे मुझे खबर करें। मेरे गाँव के पास पुलिस स्टेशन है। वहाँ वायरलेस से उन्होंने खबर की। लेकिन इसके पहले ही मैं रवाना हो चुका था। इस सबमें कुल 20-25 मिनट लगे होंगे तथा 40-45 मिनट में मैं गाँव से कार द्वारा पटना के लिए चल दिया। मेरे साथ दो-तीन विधायक तथा लखनऊ के एक मित्र चंद्रदत्त तिवारी थे, जो जयप्रकाशजी के बड़े भक्त हैं। रात के 12 बजे के लगभग हम पटना पहुँच गए। रात में मैं जेपी के पास नहीं गया। वहीं जेपी के घर पर ही सोया।

दूसरे दिन प्रातःकाल जेपी उठे तथा बाथरूम जाने की इच्छा प्रकट की। लोगों ने आग्रह किया कि नहीं, यहीं बेड पैन का इस्तेमाल कर लीजिए। वे नहीं माने। जब वे निवृत्त होकर अपने कमरे में गए, तब मैं उनसे मिलने के लिए गया। लोगों ने बताया कि चन्द्रशेखरजी आए हुए हैं, तो उन्होंने मेरा हाथ पकड़ा और कहा कि बहुत अच्छा किया आप आ गए,

कब आए ? रात को ही आए या अब आए हैं ? मैंने कहा कि नहीं, मैं रात को 12 बजे ही आ गया था। दूसरों के साथ-साथ मुझे भी आश्चर्य हुआ कि रात में जो उन्हें बताया गया था कि मैं गाँव से चल चुका हूँ, यह बात उन्हें उस समय याद थी। उन्होंने पूछा कि कहाँ ठहरे हुए हैं ? मैंने कहा कि यहीं तो ठहरा हूँ। हाँ, आपकी देखभाल के लिए जगदीश भाई हैं, कोई तकलीफ तो आपको नहीं होगी। उस समय इतनी ही बात हुई।

फिर मैं तैयार होकर नौ-सवा नौ बजे हवाई अड्डे जेपी से पहले आ गया। जयप्रकाशजी को डॉक्टर लोग लेकर आनेवाले थे। मुझे वहीं कर्पूरी जी मिल गए। राज्यपाल भी थे। बड़ी भीड़ थी। हमलोग हवाई जहाज में बैठे। वायुसेना के लोगों ने काफी अच्छा इंतजाम कर रखा था। पीछे कुर्सी हटाकर जयप्रकाशजी के लिए बिस्तर लगा रखा था। उनकी बगल में डॉक्टर बैठे थे। इनमें पटना के डॉ. आर. बी. पी. सिन्हा, डॉ. सी. पी. ठाकुर एवं बंबई के डॉ. मणि थे। पीछे मैं, बिहार के स्वास्थ्य मंत्री जाबिर हुसैन, अब्राहम और गुलाब थे। जेपी के रिश्तेदार शिवनाथ बाबू थे। इस प्रकार कुल मिलाकर हम दस लोग थे। वायुसेना के भी लोग थे। सबके मन में शंका थी कि पता नहीं, हवाई जहाज में क्या होगा। लंबी यात्रा थी और हवाई जहाज में थोड़ी तकलीफ तो होती ही है। लेकिन हम लोगों को बड़ा आश्चर्य हुआ कि हवाई जहाज उड़ने के आधे घंटे के भीतर जयप्रकाशजी सो गए तथा घंटे भर तक सोते रहे। उठे भी, तो उन्होंने कोई शिकायत नहीं की। केवल कहा, 'फ्रूट जूस हो तो थोड़ा दीजिए, मुँह सूख रहा है।' पर फ्रूट जूस था नहीं।

हम लोग चाहते थे कि जहाज सीधे उड़कर बंबई आए– नागपुर में उतरना न पड़े। लेकिन उस दिन हवा जरा तेज थी और हवा के विरुद्ध जहाज ले जाना पड़ रहा था। पायलटों ने नागपुर से संपर्क स्थापित किया। उन्होंने कहा कि पहुँच तो सकते हो बंबई, लेकिन लंबी उड़ान है, अतः कोई खतरा नहीं लेना चाहिए। फिर से तेल ले लेना अच्छा होगा। हम नागपुर हवाई अड्डे पर उतरे। वहाँ मेडिकल कॉलेज के डॉक्टरों की टीम तथा वायुसेना के सारे अफसर थे। विनोबाजी के भी दो-तीन संदेशवाहक थे। डॉक्टरों ने मणि साहब से पूछा कि कोई जरूरत की चीज चाहिए तो नहीं ? हवाई जहाज में डॉक्टर मणि ने सारे इंतजाम कर रखे थे। रक्त देने का, ऑक्सीजन देने का तथा अन्य तमाम इमर्जेंसी जरूरतों का सामान विमान में मौजूद था। हम सब बार-बार यही सोच रहे थे कि किसी तरह से बंबई पहुँच जाएँ। यद्यपि सब साधन मौजूद थे, फिर भी मन आशंकित था। जयप्रकाशजी की मनस्विता तथा उनका संकल्प काम कर रहा है, ऐसा लगता था। हवाई अड्डे पर उतरकर उन्होंने हाथ मिलाकर सबका अभिवादन स्वीकार किया।

अस्पताल में पहुँचने पर मैं शरद पवार, रवि राय, महाराष्ट्र जनता पार्टी के नए अध्यक्ष ढाकने साहब को लेकर उनके कमरे में गया, तो उन्होंने कहा कि 'नौजवान लोग जिम्मेदारी ले रहे हैं, यह देखकर बड़ी प्रसन्नता हुई।' हम लोगों के सामने उन्होंने थोड़ा खाना भी खाया। हम लोग प्रसन्न थे कि इतनी लंबी यात्रा के बाद भी उनमें इतनी शक्ति बची है कि वे बात कर रहे हैं, खाना खा रहे हैं। पर जगदीश बाबू मुझसे कह रहे थे कि जेपी की तबीयत खराब है। मुझे भी ऐसा लगता था कि उन्होंने सारा संकल्प सँजोकर यात्रा पूरी की है, अब यहाँ पर उनकी तबीयत खराब होगी, यह आशंका सही साबित हुई। अचानक तबीयत फिर खराब हो गई। एक दिन तो सचमुच उनकी हृदयगति बंद हो गई। संयोग से डॉक्टर ए.बी. मेहता

वहाँ थे, जिन्होंने उन्हें पुनर्जीवित किया। दूसरे दिन जो घटना हुई, वह तो आपको मालूम ही है।

**जयप्रकाशजी के बारे में जो अक्षम्य भूल हुई, वह विवाद का विषय तो बन गई है, लेकिन क्या आप इसे ठीक मानते हैं कि जो सबसे कमजोर हो, उसे ही सजा दी जाए ? महाराष्ट्र में भी एक 'अंडर-सेक्रेटरी' को निलंबित कर दिया गया है ?**

यह दुःखद घटना है और मैं इस विवाद को बढ़ाना नहीं चाहता। लेकिन मैं इसे सही नहीं समझता कि एक छोटे अधिकारी को निलंबित किया जाए। मैं ऐसा मानता हूँ कि यह बहुत दुर्भाग्यपूर्ण घटना हुई। इसके लिए कौन जिम्मेदार है ? मैं नहीं कह सकता। लेकिन जो सावधानी बरती जानी चाहिए, वह नहीं बरती गई। जयप्रकाशजी जैसे व्यक्ति की मृत्यु की घोषणा अगर कोई अवर सचिव या उपसचिव कर भी दे, तो बिना डॉक्टरों से जाने हुए, बिना अस्पताल से पूछे हुए और वह भी लोकसभा में घोषणा कर देना, मैं तो उचित नहीं मानता और न मैं समझता हूँ कि इसके लिए जो कोई बात कही जाए, वह सही है। ठीक है, सरकार के काम करने का तरीका होता है, वह किया जा रहा है। लेकिन मैं समझता हूँ कि इस प्रसंग को भुला दिया जाए तो अच्छा है।

इसमें शक नहीं कि बहुत ही अनुत्तरदायित्वपूर्ण ढंग से इस प्रकार की घोषणा की गई। जयप्रकाशजी की तो बात छोड़ दीजिए, एक साधारण रोगी की भी मृत्यु की सूचना तब तक नहीं दी जाती, जब तक डॉक्टर घोषणा न कर दे कि इन स्थितियों में उस व्यक्ति की मृत्यु हुई है। जयप्रकाशजी की ओर सारे विश्व की आँखें लगी हुई थीं। इस तरह अनुत्तर-दायित्वपूर्ण सूचना से कुछ भी हो सकता था। उस दिन ही दुर्घटना होते-होते बची। लोगों को बहुत रोष था डॉक्टरों के खिलाफ, क्योंकि लोगों ने समझा कि किसी डॉक्टर ने गलत सूचना दी है। फिर पत्रकारों के खिलाफ लोगों ने आवाज उठाई और मुझे भी अजीब लगा कि इस तरह की सूचना पत्रकारों ने कैसे दे दी। मुझे बाद में बड़ी लज्जा का अनुभव हुआ, जब मुझे पता चला कि इसके लिए न कोई पत्रकार जिम्मेदार है, न कोई डॉक्टर, बल्कि लोकसभा के मंच से यह बात कही गई है। तब फिर उस भीड़ को समझाने में काफी कठिनाई हुई। यह घटना दुर्भाग्यपूर्ण है, लज्जाजनक है और मैं क्या कह सकता हूँ। लेकिन कदाचित् कुछ लोगों को व्यक्तियों के मूल्यांकन में गलतफहमियाँ हो जाया करती हैं और जयप्रकाशजी के व्यक्तित्व के बारे में मूल्यांकन करने में बहुत लोगों ने गलतियाँ की हैं। इसी गलती के कारण इंदिरा गांधी इतनी दूर तक गईं। आज के भी हमारे मित्र अगर उसी तरह की गलती कर रहे हैं, तो उनको यह गलती मुबारक हो।

**एक संसद सदस्य कह रहे थे कि जयप्रकाशजी की मृत्यु के समाचार के बाद संसद में जब मोरारजी भाषण दे रहे थे, तब उन्होंने यह नहीं कहा कि सरकार जेपी को सर्वोच्च सम्मान देगी। झंडे भी नहीं झुके। इससे एक विशेष नीयत का पता चलता है। आपका क्या कहना है ?**

मैं लोगों की नीयत की कोई व्याख्या नहीं क़रता। न मैंने यह पूछा है किसी से, न जानकारी लेने की कोशिश की है। मैं केवल एक ही बात कह सकता हूँ कि पिछले सात-आठ दिनों की घटनाओं ने यह सिद्ध कर दिया है कि सरकारी स्तर पर क्या निर्णय लिया जाएगा।

यह तो वे लोग जानें, जो सरकार में हैं, लेकिन सारा राष्ट्र जयप्रकाशजी को सबसे बड़ा सम्मान देने को तैयार है, चाहे वे जिंदा रहें, तब और चाहे वे इस दुनिया में न रहें, तब। जयप्रकाशजी हमेशा सत्ता से अलग रहे। अतः सत्ता में रहनेवाले लोग अगर उनको सम्मान नहीं देंगे, तो इससे उनका सम्मान कुछ कम हो जाएगा, ऐसा मैं नहीं मानता। मैं सरकारी निर्णय में अपना कोई प्रभाव डालना या अपनी बात कहना उचित नहीं समझता।

**क्या आप मानते हैं कि जयप्रकाशजी के जाने से देश की राजनीति में कोई शून्य उभरेगा ? यदि हाँ, तो उसकी पूर्ति आप लोग किस प्रकार करेंगे ?**

शून्य तो बहुत बड़ा होगा। पूर्ति होगी कि नहीं, यह मैं नहीं कह सकता। लेकिन आज भारत की राजनीति की सबसे बड़ी समस्या यह है कि लोगों में अविश्वास का वातावरण है। हम लोग जो राजनीति में काम करते हैं, उनके वक्तव्यों और आचरणों के बारे में तरह-तरह के संदेह लोगों के मन में होते हैं। अगर हम सिद्धांतों और आदर्शों की बात करते हैं, तो लोगों के मन में सहज ही यह भाव उठता है कि यह सब सत्ता पाने के लिए किया जा रहा है। लेकिन जयप्रकाशजी का व्यक्तित्व ऐसा था क्रि लोग उधर इस आशा से देखते थे कि वे बिना किसी हिचक के या बिना किसी लगाव के सही बात कहेंगे। एक नैतिक शक्ति थी जयप्रकाशजी की, जो इस अँधेरे में प्रकाश की एक किरण थी। अब वह किरण नहीं रहेगी, तो क्या होगा, कहना मुश्किल है। समाज हमेशा अपना कोई-न-कोई रास्ता ढूँढ़ ही लेता है, कोई शून्य तो रहता नहीं। पर आप मुझसे पूछें, तो मुझे कोई विकल्प दिखाई नहीं देता। कोई ऐसा व्यक्तित्व, सामाजिक या राजनीतिक जीवन में भारत में नहीं है, जो जयप्रकाशजी का विकल्प बन सके।

**एक आम धारणा है और जेपी ने शायद कहा भी है कि राजनीति में आप ही उनके उत्तराधिकारी हैं। बीमारी में जेपी के निकट आपके लगातार रहने से भी इसकी पुष्टि होती है।**

कैसे लोगों के मन में यह धारणा बनी है, यह पता नहीं। मैं न तो उनका अधिकारी हूँ और न उसके योग्य हूँ। हो सकता है, उन्होंने स्नेहवश कहा हो, लेकिन मैं उसे महत्त्व नहीं देता। जयप्रकाशजी बहुत-सी बातें कहते रहते हैं, इससे मैं यह नहीं समझता कि मैं इसका अधिकारी हो गया हूँ या मेरी कोई जिम्मेदारी हो गई है। मुझे कोई कहे कि जयप्रकाशजी की कल्पना को पूरा करने की जिम्मेदारी मैं अपने ऊपर ले लूँ, तो यह छोटा मुँह बड़ी बात होगी। यह जरूर है कि जेपी की जो आकांक्षाएँ थीं राजनीति के बारे में, उस दिशा में चलने का प्रयास करूँ। मैं उनको पूरा कर सकता हूँ—नहीं कह सकता, लेकिन कोशिश अवश्य करता हूँ। हाँ, कभी-कभी मन में आता है कि शायद जितना हम लोगों को करना चाहिए, उतना हमने प्रयास नहीं किया। आपसे मैं बिलकुल स्पष्ट करना चाहता हूँ कि यहाँ मैं बैठा हूँ, तो यह भी सोचता हूँ कि आखिर पिछले दो वर्षों में हम लोगों ने क्या किया ? और जयप्रकाशजी की जब यह हालत है, तो शायद हम लोगों ने अगर उनसे अधिक संपर्क रखा होता, अधिक बातें की होतीं, तो कम-से-कम अपने को तो लाभान्वित कर ही सकते थे—विचार की दृष्टि से या सोचने की दृष्टि से या उनसे प्रेरणा ले सकते थे। लेकिन हम लोग रोज-रोज की राजनीतिक ऊहापोह में लगे रहे। हमारे जैसे लोगों को जेपी से प्रेरणा लेकर

जितना करना चाहिए था, उतना हमने नहीं किया।

यहाँ मैं केवल अपने मन की सांत्वना के लिए रहा। मुझे आश्चर्य होता है, जब लोगों के पत्र पाता हूँ या लोगों के विचार सुनता हूँ कि देश के लोग मेरे रुकने को इतना महत्त्व देते हैं। इससे केवल एक ही बात सिद्ध होती है कि लोगों के मन में जयप्रकाशजी के लिए कितना स्नेह और कितनी श्रद्धा है। और मैं तो ऐसे ही आ गया था। मुझे ऐसा अपने बारे में नहीं लगता कि जब जयप्रकाशजी इस रूप में बीमार हैं, तो मैं उन दृढ़निश्चय लोगों में नहीं हूँ, जो समाज निर्माण का काम इस समय कर रहे हैं और समझते हैं कि ये देश की जिम्मेदारियाँ निभा रहे हैं। मैं बहुत छोटा राजनीतिक कार्यकर्ता हूँ और राजनीति मेरे जीवन में दस प्रतिशत ही प्रभाव डालती है। मैं व्यक्तिगत रूप से ऐसा महसूस करता हूँ कि बंबई में न रहूँ, तब भी बाहर रहकर बहुत योगदान नहीं कर सकूँगा और दस दिनों में मेरी वजह से कोई राष्ट्र बनने-बिगड़ने वाला नहीं है, इसलिए मैं बैठा हुआ हूँ। जनता के लोगों ने जो भावनाएँ प्रकट की हैं, उनका मैं आभारी हूँ। मुझे खुद आश्चर्य होता है कि लोगों की भावनाएँ ऐसी क्यों बनी हुई हैं ! उमाशंकर जोशी सरीखे आदमी ने मुझसे कहा कि आप बैठे हैं, इससे हम सबको बड़ा भरोसा होता है। अब जोशीजी उनमें से तो नहीं हैं, जो सहज ही भावना या भावुकता में बह जाएँ। मणि बहन कारा ने भी पत्र लिखा, आजादी के पुराने सिपाहियों के पत्र आए हैं। नौजवानों के तो खत आते ही हैं।

**इंदिराजी के आने के बाद ही जनता नेताओं ने आने का ताँता लगाया। क्या ऐसा नहीं है कि जेपी से लगाव ही नहीं है प्रधानमंत्री आदि का ?**

यह संयोग हो सकता है कि इंदिराजी पहले आ गई हों। मैं न तो किसी नेता से कहने गया कि आप यहाँ आइए और न किसी नेता से मुझे यह शिकायत है कि वे नहीं आए। जो आए, वे भी अच्छे हैं और जो न आए, वे भी अच्छे हैं। एक तो लगाव होता है और कुछ सामाजिक शिष्टाचार भी होता है। लगाव यदि कम भी हो, तो कभी-कभी शिष्टाचार-निर्वाह के लिए भी करना चाहिए और यह उत्तम बात है। लेकिन कुछ लोग होते हैं, जो इन सबसे ऊपर होते हैं। न उनके लिए स्नेह का कोई स्थान होता है, न शिष्टाचार का कोई स्थान होता है। समाज से ऊँचे उठे हुए व्यक्तियों के लिए यह सब परिधियाँ निरर्थक बन जाती हैं।

**हमारे प्रधानमंत्री भी शायद इसी श्रेणी में आते हैं।**

मैं किसी व्यक्ति के बारे में कुछ नहीं...(हल्के-से हँसते हैं)

*रविवार, 8–14 अप्रैल, 1979*

# बेचैनी हमेशा रचनात्मक होती है

*संतोष भारतीय की बातचीत*

**आज हम आपसे बहुत साफ-साफ बातें करना चाहते हैं, क्योंकि देश में आपकी छवि एक स्पष्टवक्ता के रूप में रही है। आपके बारे में मान्यता है कि जो गलत होगा, उसको आप जरूर इंगित करेंगे। आपसे हम यह जानना चाहते हैं कि आप पार्टी का अध्यक्ष पद क्या इसलिए छोड़ना चाहते हैं कि पार्टी के गठन के साथ आए लोगों ने जो निर्णय लिये थे, उन पर आपकी सरकार नहीं चल पाई ?**

देखिए, आपका यह कहना सही नहीं है कि मैं बातों को ज्यों-का-त्यों कह देता हूँ। बहुत सोच-समझकर, संयम के साथ या यों कहिए कि छिपाकर भी कहना पड़ता है, अगर एक राजनीतिक पार्टी में रहना है और उसको चलाना है तो। दूसरी बात, यह सही नहीं है कि मैं अध्यक्ष पद इसलिए छोड़ रहा हूँ कि मैं समझता हूँ कि पार्टी ठीक नहीं चल रही है। मेरे अध्यक्ष पद छोड़ देने से सरकार कोई अच्छी चलने लगेगी, ऐसा भी मैं नहीं मानता। दो वर्षों तक मैं इस पद पर रहा, अब दूसरे लोग इस काम को करें।

हाँ, एक बात मैं जरूर महसूस करता हूँ कि बहुत अवसर ऐसे आते हैं, जब मैं अपने विचारों को स्पष्ट रूप से नहीं कह पाता। इसलिए नहीं कह पाता कि उससे तरह-तरह के भ्रम पैदा होने की संभावना होती है। कोई सामाजिक या राजनीतिक भ्रम नहीं, व्यक्तिगत रूप से लोगों के मन में दुराव पैदा होता है, संदेह पैदा होता है। ऐसा वे समझते हैं कि मैं उनको नीचा दिखाने के लिए या किसी का पैर खींचने के लिए कुछ करना चाहता हूँ, पर ऐसी बात नहीं है। कुछ दिन पहले जयप्रकाशजी के बारे में जो गलत समाचार निकला, अखबार के लोगों ने बार-बार जिक्र किया, तो मैंने कहा कि बहुत अनुत्तरदायित्वपूर्ण और अशोभनीय काम हुआ है। बहुत-से मित्रों ने समझा कि मैं प्रधानमंत्री को या किसी अन्य व्यक्ति को नीचा दिखाने के लिए ऐसा कह रहा हूँ। पर ऐसा नहीं है। इस तरह की गलती अगर सरकार कर सकती है, तो उसे एक संकेतसूचक चिह्न मानना चाहिए कि इस तरह की एक छोटी-सी गलती से हम कभी भी किसी भयानक संकट में पड़ सकते हैं और जयप्रकाशजी के बारे में अगर यह गलती हो सकती है, तो मैं मानता हूँ कि किसी भी राष्ट्रीय प्रश्न के ऊपर यह गलती हो सकती है। इससे कोई बड़ा नुकसान तो नहीं हुआ, हम लोगों की थोड़ी मर्यादा गई; लेकिन देश को बहुत भारी क्षति पहुँच सकती है। अगर इस बात को भी कहें, तो लोगों के मन में तरह-तरह के संदेह पैदा होते हैं। मैं तो अपनी ओर से बहुत संयम रखने का प्रयास करता हूँ, लेकिन वह संयम भी लोगों को नहीं सुहाता। लोग ऐसा समझते हैं या कभी हमारे कुछ वरिष्ठ नेता भी ऐसा मान लेते हैं कि इस संयम का अर्थ यह है कि मैं कुछ भय से ऐसा बोल रहा हूँ या किसी इच्छा से ऐसा कर रहा हूँ। हमारी पार्टी

में बहुत-से ऐसे सवाल उठते हैं। बहुत बार सोच-समझकर चुप रह जाना पड़ता है। बहुत बार बीच के रास्ते को ढूँढ़ना पड़ता है, तो कभी किसी को भूल हो जाती है कि उनका सहयोग लेने के लिए मैं ऐसा कर रहा हूँ। किसी को यह भूल हो जाती है कि मैं किसी व्यक्ति को या किसी वर्ग विशेष को इसलिए समर्थन दे रहा हूँ कि बाद में वे मुझको किसी काम के लिए समर्थन देंगे। सही बात तो यह है कि अगर इस पार्टी को एक रखना है और इस देश के प्रशासन को, जैसे भी चल रहा है, चलाते रहना है, तो बहुत हद तक समझौता करना पड़ता है। मैं समझौता करने की बहुत कोशिश करता हूँ, लेकिन जब ये बातें सीमा पार कर जाती हैं, तो कभी-कभी मन में एक अकुलाहट-सी जरूर होती है कि क्यों समझौता किया जाए ? अगर इसी तरह से समाज चल रहा है, ऐसे ही सरकार चल रही है, जिनकी स्थिति को सुधारने का हमने वादा किया था, उनमें कोई परिवर्तन नहीं होता, तो यह समझौता क्यों ? यह संयम क्यों ? यह चुप रहना क्यों ? फिर क्यों न अपनी बात कही जाए ? कोई सुने या न सुने, लेकिन कम-से-कम इतना संतोष तो होगा कि हम अपनी बात कह रहे हैं।

उदाहरण के लिए मैं आपको बताऊँ कि 1974-75 में मैं कांग्रेस के अंदर था। मेरी बात कांग्रेस में नहीं सुनी जाती थी। लेकिन मेरे मन में कोई अकुलाहट नहीं थी, क्योंकि मैं अपनी बात कह रहा था। मैं देखता था कि किस दिशा में जा रहा है देश और किस दिशा में जा रही हैं श्रीमती गांधी। उस समय भी हमारी कांग्रेस पार्टी के लोग मेरे ऊपर तरह-तरह के दुराव की भावनाएँ रखते थे। लेकिन मुझे कोई दुख इसलिए नहीं होता था क्योंकि मैं अपनी बातें लोगों के सामने स्पष्ट रख सकता था। आज वह स्थिति भी नहीं है। आज अगर मैं कुछ कहूँ, तो तरह-तरह की बातें कही जाती हैं और मैं ऐसा समझता हूँ, शायद इससे कोई लाभ भी नहीं है। यह एक जरूरी बात है, मैं आपसे छिपाना नहीं चाहता कि मेरे मन में यह भी एक भावना है कि इससे न तो मेरा लाभ होता है, न समाज का लाभ होता है और दूसरे लोगों के लिए आँख की किरकिरी भी बना हुआ हूँ...; तो अच्छा है कि कोई दूसरा ही इस पद को सँभाले, इस देश को, इस पार्टी को प्रगति और उज्ज्वल भविष्य की ओर ले जाए। मेरी वजह से अगर कठिनाई होती है, तो मैं उससे अलग हो जाऊँगा। मन में यह भी बात है।

**क्या आपको ऐसा लगता है कि आप अध्यक्ष पद छोड़कर इस राजनीति में अपनी सही भूमिका निभा सकते हैं और इस देश के लाखों-लाख नौजवानों की भावनाओं को वाणी दे सकते हैं ?**

इतनी सारी आकांक्षाएँ मैं नहीं रखता, लेकिन यह जरूर है कि इससे ही भारी संतोष मिलता है कि आदमी अपनी बात कह सके, कोई सुने या न सुने। मैं रवीन्द्रनाथ टैगोर की उक्ति 'अकेला ही चलो, कोई तुम्हारी बात न भी सुने, तब भी आगे बढ़ते जाओ, पर पूरी तरह अमल करने की स्थिति में तो नहीं पहुँचा हूँ, लेकिन इतना जरूर है कि कोई व्यक्ति इतिहास का आखिरी व्यक्ति नहीं होता। समाज के विकास की एक बड़ी शृंखला है, हम उसमें एक छोटी-सी कड़ी हैं। अगर थोड़ा भी, एक कदम भी आगे बढ़ने की कोशिश कर सके, हम नहीं कहते कि बढ़ा सके, तो उतने में भी हमको संतोष करना चाहिए।

**आपकी बातों से ऐसा लगता है कि आज जो नए मानदंड स्थापित हो रहे हैं, राजनीति का आज जो माहौल है, उसमें आप घुटन महसूस कर रहे हैं ?**

नहीं, सच तो यह है कि ऐसा कोई मानदंड स्थापित ही नहीं हो रहा है। हाँ, यह सही है कि आज का जो राजनीतिक माहौल है, उसमें मेरे जैसा व्यक्ति घुटन महसूस कर रहा है। इस कारण कि इस देश में राजनीति का एक ढर्रा चल रहा था। मार्च, 1977 के चुनाव ने उस ढर्रे को खत्म कर दिया। उसके बाद कई तरह के लोग मिलकर एक नए संकल्प के साथ आए कि वे देश को एक नई राह पर ले चलना चाहते हैं। उस समय सब यही कहते थे कि हम सब मिलकर कुछ कार्यक्रमों को लागू करने के लिए, कुछ मूल्यों को स्थापित करने के लिए इस जनता पार्टी को बना रहे हैं। लेकिन पिछले दो वर्षों के अनुभव से ऐसा लगता है कि हर व्यक्ति ऐसा समझता है कि जिन मूल्यों का प्रतिपादन 1975 की आपातकालीन स्थिति के पहले वह कर रहा था, वही मूल्य सही थे। इसमें मैं किसी में कोई परिवर्तन नहीं देख रहा। चाहे जिस घटक के लोग हों, वे समझते हैं कि '75 से लेकर '77 के बीच का जो संक्रमण काल था, जो संघर्ष का युग था या जो संघर्ष की देन थी, वह नगण्य है। इन नेताओं या इन घटकों की भूमिका ही सर्वोपरि है। हमको घुटन इस बात पर होती है। इतिहास को इस तरह से झुठलाने का इससे बड़ा प्रयास शायद ही कोई हो। हर व्यक्ति, जो उस समय एक या दूसरे घटक का नेता था, समझता है कि उसकी भूमिका ही इतिहास को बदलने के लिए जिम्मेदार है, जबकि वास्तविकता यह है कि इन सबकी मिली-जुली ताकत का इस परिवर्तन में दस फीसदी से अधिक योगदान नहीं है। उनमें से एक मैं भी हूँ। नब्बे फीसदी तो जन-मानस है। वह जो आंदोलन था, जो लोगों का उफान था, उसका योगदान है। नब्बे फीसदी को झुठला करके दस फीसदी लोग सबका मालिक बनने की कोशिश करें, इसका मतलब आदमी इतनी गलतफहमी में है कि इतिहास को झुठलाकर अपने मन का इतिहास लिख सकता है। अगर हमने मानव इतिहास से कुछ सीखा है, दूसरों की भूलों से हमने कुछ परखा है, तो हमको समझना चाहिए कि इस तरह का प्रयास कभी सफल नहीं हुआ है। इससे विकृतियाँ पैदा की जा सकती हैं, नया इतिहास नहीं लिखा जा सकता। हम समझते हैं कि जनता पार्टी बनी थी या जो नया आंदोलन चला था, वह नया इतिहास लिखने के लिए था। पुराने इतिहास को विकृत करके फिर से लिखने का प्रयास और नया इतिहास बनाने, दोनों में बड़ा फर्क है। इससे तो घुटन स्वाभाविक है।

**आपके मन में जो घुटन है, इसे आप रचनात्मक मानते हैं या निषेधात्मक ?**

घुटन हमेशा रचनात्मक होती है, अगर उसके पीछे अपना कोई स्वार्थ न हो। अगर घुटन अपने स्वार्थ से हो रही हो, तो यह निषेधात्मक होती है। सामाजिक घुटन कभी निगेटिव नहीं होती। वे लोग जो यथास्थिति को बनाए रखना चाहते हैं, समझते हैं कि यह फ्रस्ट्रेशन या निराशा और हताशा है। लेकिन ऐसा नहीं होता। मैं ऐसा मानता हूँ कि इस प्रकार की घुटन एक नई चुनौती को स्वीकार करने की इच्छा होती है। क्या होगा या मेरे मन की घुटन क्या है, यह मैं नहीं जानता। आप मेरे साथ इत्तिफाक करेंगे कि आज समाज में घुटन है। यह घुटन उन करोड़ों देशवासियों की है, जो एक नई रोशनी की तलाश में थे। इस घुटन को व्यक्तिगत घुटन या किसी छोटे वर्ग की घुटन नहीं मानना चाहिए। यह मानना चाहिए कि

देश या समाज को एक नई दिशा में ले जाने की जो छटपटाहट लोगों के मन में है, यह घुटन उसी का कारण है। 1974 में मैं कांग्रेस के लोगों से कहता था कि जयप्रकाश नारायण अधिनायकवादी हैं या उनका आंदोलन कुछ सिर-फिरे, दिल-दिमाग—फिरे लोगों की बात है, ऐसा न मानकर यह मानिए कि यह समाज का एक उफान है, जो धीरे-धीरे बढ़ रहा है। देखिए, उसका क्या नतीजा हुआ...

**आज जो घुटन है, उसे समाप्त करने के लिए क्या करना चाहिए ?**

देखिए, पहला तरीका तो यह है कि एक ऐसा जन-मानस बनाना पड़ेगा, जिसमें हम समझें कि पिछले दिनों में हमने जो राजनीतिक परिधियाँ खींच रखी हैं, वे नई चुनौतियों का सामना करने के लिए अपर्याप्त हैं। कोई भी पार्टी हो, कोई भी नेता हो, उसके क्रिया-कलाप से आज नए समाज का पुनर्निर्माण नहीं हो सकता। आज की नई चुनौतियों का सामना हम नहीं कर सकते। दूसरी बात, हमारे राष्ट्रीय जीवन के कुछ मौलिक प्रश्न और समस्याएँ हैं। उन समस्याओं के ऊपर जो समान विचार के लोग हैं, वे एक साथ मिलकर आगे बढ़ें। लेकिन मैं ऐसा नहीं मानता कि सब लोग मिल जाएँगे और कल एक नया विहान आ जाएगा। अगर सचमुच कुछ करना चाहेंगे, तो संघर्ष होगा, क्योंकि हमेशा तात्कालिक लाभ उन्हीं को होता है, जो यथास्थिति को बनाए रखना चाहते हैं। अतः उसको बदलने की कोई भी प्रक्रिया कठिनाइयों की प्रक्रिया ही होगी। अभी थोड़ी देर पहले नव-निर्माण और युवा वाहिनी के लोग आए थे। पूछ रहे थे कि अब क्या करना चाहिए ? हमने कहा, साहब, आपने जो आंदोलन चलाया था, उसके पीछे कुछ भावनाएँ थीं। आत्मोत्सर्ग की भावना थी। सिद्धांतों के ऊपर चलने का एक संकल्प था। क्या उसको आप अपने में सँजो नहीं सकते ? मैं यह नहीं कहता कि उतना ही बड़ा आंदोलन हो, लेकिन दस-बीस भी नौजवान इस भावना को मन में संजो कर के उन सारी प्रवृत्तियों का जम कर विरोध करें, जो जनता की भावनाओं के प्रतिकूल जाती हैं, तो शायद समाज को फिर एक नई दिशा मिल सके। लेकिन होता क्या है कि हम काम तो करते नहीं, सिर्फ सिद्धांतों की बातें करते हैं। और सिद्धांतों की बातें भी उसी समय तक करते हैं, जब तक हमारे हाथ में कुछ करने की शक्ति नहीं होती। उसके बाद जब शक्ति आ जाती है, तो हम अपनी कठिनाइयों की बातें करने लगते हैं। सिद्धांत दूर हो जाता है। पिछले बीस वर्षों से यही ऊहापोह इस देश की राजनीति में चल रहा है। मत सोचिए कि 1977 में पहली बार सिद्धांतों की बात की गई। हम जब कांग्रेस में थे, तब भी सिद्धांतों की बातें करते थे। 1969 में हम सोच-समझकर यह कह रहे थे कि देश में एक नई क्रांति आ रही है। उसके बाद 1971 में जब जन-समर्थन मिला, तो हमने समझा कि हमने तो बाजी मार ली, अब तस्वीर बदल जाएगी। लेकिन एक साल के बाद हमने देखा कि हम फिर उसी पुराने रास्ते पर हैं—ये कठिनाइयाँ हैं, वो कठिनाइयाँ हैं। उसी तरह मैं आज देखता हूँ कि फिर वही सब बातें दोहराई जा रही हैं। कठिनाइयों की बातें की जा रही हैं, समस्याओं की बात पीछे छूट जाती है। कोई समाज ऐसे ही नहीं बदल जाता। बदलने में कठिनाइयाँ तो होती ही हैं। मैं ऐसा मानता हूँ कि अगर समाज का एक वर्ग और विशेष तौर से युवा वर्ग इसके लिए तैयार हो, तो संघर्ष में एक नई शक्ति निकलेगी। मुझे याद आता है आचार्य नरेन्द्र देव का एक कथन कि संघर्ष ही वह पाठशाला है, जिसमें नए समाज को बनानेवाला अपने

नए रास्तों की खोज कर सकता है। किसी पोथी, पुस्तक या किसी नेता से नेतृत्व नहीं मिलता। मैं समझता हूँ कि हमारी प्रवृत्तियाँ थोड़ी देर के लिए संघर्ष के रास्ते पर जाती हैं। उसके बाद फिर हम यथास्थिति की ओर जाने के लिए उन्मुख हो जाते हैं। अगर थोड़े दिन तक कठिनाइयों का सामना करने की क्षमता हम अपने में रखें, तो शायद उन कठिनाइयों के बाद कोई एक नई राह निकल सकती है।

**आपकी बातों से यह ध्वनि निकलती है कि देश की बागडोर जब तक बुजुर्ग नेतृत्व के हाथों में है, तब तक कोई बहुत मौलिक परिवर्तन नहीं हो सकता ?**

मैं नेताओं के बारे में कुछ नहीं कहना चाहता। इन लोगों की क्या क्षमता है, क्या क्षमता नहीं है, इसका मूल्यांकन आप करें। लेकिन ये लोग अगर चाहें, तो परिवर्तन कर सकते हैं। चाहेंगे कि नहीं, यह प्रश्न तो उनसे ही पूछिए।

**लेकिन यह तो आप ही कह सकते हैं कि अभी तक इन्होंने चाहा या नहीं ?**

यह कहना बड़ा मुश्किल है कि जो भावना मेरी है, उससे वे भी सहमत हों। ऐसे भी बहुत-से लोग हैं, मैं किसी खास व्यक्ति की बात नहीं कहता, लेकिन हमारे बहुत-से नेता हैं, जो ऐसा मानते हैं कि बहुत कुछ हो रहा है और इससे अच्छा देश में कभी कुछ हुआ ही नहीं, तो यह भी एक भावना है। मैं कैसे कहूँ कि यह भावना गलत है।

**नहीं, आप तो कह ही सकते हैं कि क्या गलत है, क्या...?**

नहीं, मैं यही कह सकता हूँ कि यह भावना मेरी समझ में नहीं आती। मैं काहे को कहूँ कि गलत है या सही ? यह तो जमाना तय करेगा कि यह भावना सही है या गलत।

**ठीक है। यह बताइए कि अपने पड़ोसी देशों ईरान, पाकिस्तान, बाँग्लादेश आदि में जो हो रहा है, इसके बारे में आपकी क्या राय है ?**

जहाँ तक धार्मिक पुनरुत्थान का सवाल है, मुझे लगता है कि यह इतिहास को पीछे ले जाने का प्रयास है। फौरी तौर पर शायद सफलता मिल जाए, लेकिन ये परिस्थितियाँ आगे नहीं रह सकतीं, क्योंकि मानव की चेतना को कभी बंदिनी नहीं बनाया जा सकता। मनुष्य की सोचने की शक्ति को पिंजड़े में बंद नहीं कर सकते। लेकिन यहाँ एक कठिनाई है—समझने में। पाकिस्तान हो, चाहे ईरान, वहाँ का जो शासन था, वह प्रारंभ से ही दमनकारी शासन था। लोग उससे ऊबे हुए थे। ऊबकर ही उन्होंने उनको उखाड़ फेंका। भुट्टो साहब की जान बचाने के लिए मैंने सार्वजनिक रूप से निवेदन भी किया, लेकिन यह हम कैसे भूल जाएँ कि भुट्टो साहब के समय में भी वहाँ पर बहुत बुरी तरह से दमन चल रहा था और वह भी देश में एक संकीर्ण भावना को उत्तेजित करने के लिए। भारत के खिलाफ या दूसरों के खिलाफ या खान अब्दुल गफ्फार खाँ के खिलाफ वे कोई भी भ्रम खड़ा करते थे। जनता को उनके खिलाफ लड़ने के लिए तैयार करते थे। शाह ईरान भी दुनिया के ऊपर हावी होने की कोशिश कर रहे थे। अपना पुराना आर्य प्रभाव सारे संसार पर फैलाने का सपना देख रहे थे। तो लोग इससे ऊब गए थे। लेकिन कोई क्रांतिकारी दल या कोई ऐसा समूह नहीं था,

जो देश को एक निश्चित दिशा में ले जाए। फिर भी घुटन थी, इसलिए लोगों ने तय किया--इनको हटाओ। और उनकी जगह दूसरे लोग आ गए। जब एक बार इस तरह की सत्ता हटती है, तो लोगों के मन में यह भरोसा होता है कि हम सत्ता को हटा सकते हैं। अब जो नई सरकारें आईं, वे फिर से समाज को पीछे धकेलकर दकियानूस खयालों की ओर ले जाना चाहती हैं। इस सरकार के नेताओं से मैं कहूँगा कि वे इस तरह से अपने समाज को पीछे की ओर नहीं धकेल सकते। ऐसी हालत में वहाँ पर फिर से नई शक्तियों का उभार होगा। ईरान में तो स्पष्ट रूप से दिखाई पड़ रहा है कि दूसरी शक्तियाँ आगे बढ़ रही हैं। पाकिस्तान में भी नौजवानों और गरीब तबकों में एक नई भावना पैदा हो रही है। मैं यह नहीं कहता कि चार-छह महीनों में कुछ होनेवाला है, लेकिन इतिहास के चक्र को पीछे नहीं धकेला जा सकता।

**लेकिन कई लोगों के मन में यह चिंता पनप रही है कि हिंदुस्तान के पड़ोसी देशों में जिस प्रकार सांप्रदायिक शक्तियाँ मजबूत हो रही हैं, इसका प्रभाव यहाँ भी पड़ेगा। यहाँ भी उसी प्रकार की ताकतों की बढ़ोतरी होगी...**

इन देशों में और भारत में एक फर्क है। एक तो यह देश इतना विशाल है कि इसमें इस तरह की संकीर्ण प्रवृत्तियों के लिए बहुत आगे बढ़ने की गुंजाइश नहीं है, मैं ऐसा मानता हूँ। इस तरह के प्रयास हो सकते हैं और मैं यह नहीं कहता कि खतरा नहीं है, लेकिन ये शक्तियाँ इस देश के ऊपर हावी नहीं हो सकतीं। इस देश में अराजकता की स्थिति पैदा हो सकती है, बिखराव की कोशिश की जा सकती है, लेकिन कोई भी वर्ग या गुट धार्मिक या सांप्रदायिक सवालों को लेकर इस देश की जनता को उभार सके, यह संभव नहीं है। इसके दो कारण हैं—एक, इसकी भौगोलिक स्थिति और दूसरा यहाँ जो बहुमतवाला धर्म है, उसका विवेक। हिंदू धर्म में ही कितने तरह के हिंदू हैं। किसी एक वर्ग को तो उत्तेजित किया जा सकता है, सारे हिन्दू समाज को उत्तेजित नहीं किया जा सकता। हाँ, ऐसी शक्तियाँ हैं, जो इस तरह का सपना देखती हैं। लेकिन मैं समझता हूँ कि यह सपना उनकी बौद्धिक शिथिलता का परिणाम है। वे यह नहीं समझते कि इस देश के इतिहास में उदारता, उदात्त भावना तथा एक-दूसरे के प्रति सहनशीलता हमारी नस-नस में समाई हुई है।

**फिर देश में आर.एस.एस. की शक्ति क्यों बढ़ रही है ?**

मैं ऐसा मानता हूँ कि इस सवाल को जरूरत से ज्यादा महत्त्व दिया जा रहा है। हो सकता है। कुछ शाखाएँ बढ़ी हों। हो सकता है, कुछ अधिक लोग स्वयंसेवक बन गए हों; लेकिन राष्ट्रीय स्वयंसेवक संघ आज तो नहीं बना है, पचास-साठ वर्ष पहले बना है। आपको याद नहीं होगा, लेकिन मेरे जैसे लोगों ने देखा है कि 1947-48 या 48-49 में राष्ट्रीय स्वयंसेवक संघ का ऐसा दबदबा था कि लोग समझते थे कि वे कल सत्ता में आनेवाले हैं और राष्ट्रीय स्वयंसेवक संघ के लोग भी समझते थे कि अब वही सारे देश की राजनीति पर हावी हो जाएँगे। लेकिन ऐसा हुआ नहीं। देखिए, कुछ व्यक्तियों के परेड करने से या कुछ व्यक्तियों के दिखावे से इस देश का समाज नहीं बदलनेवाला है। इस तरह के संगठनों के जरिए या सेना-पुलिस या सरकार और राज्य की दमनकारी शक्तियों की सहायता से भी इस समाज

को एक दिशा नहीं दी जा सकती, क्योंकि यहाँ पर स्वतंत्र चिंतन की एक परंपरा रही है। लोगों को थोड़े दिनों तक दबाया जा सकता है, लेकिन बहुत दिनों तक इस तरह नहीं रखा जा सकता। मैं यह नहीं जानता कि राष्ट्रीय स्वयंसेवक संघ के लोग ऐसा कोई सपना देखते हैं, अगर सपना देखते हैं, तो यह केवल एक रोग है। कुछ लोगों का परेड कर लेना और स्वयंसेवक संगठन बना लेना एक बात है और समाज को नया रूप देना बिलकुल दूसरी बात है, और वह भी 64 करोड़ के देश में।

**राष्ट्रीय स्वयंसेवक संघ की सामाजिक परिवर्तन की जो कल्पना है, उसे आप किस हद तक प्रासंगिक मानते हैं ?**

मैंने उनको जानने की कोशिश की। अब तक तो वह यही कह रहे थे कि वह एक सांस्कृतिक संगठन है। पता नहीं, उस सांस्कृतिक संगठन द्वारा कौन-सी भावना लोगों में भरना चाहते हैं ? जितना मैं जानता हूँ, सामाजिक परिवर्तन की तो कोई बात आज तक उन्होंने की नहीं, सामाजिक और आर्थिक सवालों के ऊपर तो वे चुप ही रहते हैं। इन प्रश्नों पर राष्ट्रीय स्वयंसेवक संघ के पास अगर कोई विचार है, तो देश के सामने तो अब तक नहीं रखा गया। मैं समझता हूँ कि इसमें सबसे बड़ी कमजोरी राष्ट्रीय स्वयंसेवक संघ की ही है। अगर वे समाज पर छाना चाहते हैं या इस समाज पर अधिकार करना चाहते हैं, तो इस बारे में उनको स्पष्ट होना पड़ेगा।

**लोगों का यह अनुमान है कि उनकी जो राजनीतिक या आर्थिक विचारधारा है, उसका वे अपने लोगों के बीच प्रचार करते हैं ?**

हाँ, लेकिन वे अपने लोगों पर ही कब्जा कर सकते हैं, देश पर कब्जा नहीं कर सकते। और ऐसा तो हो नहीं सकता कि 64 करोड़ लोग संघ की शाखाओं में जाने लगें।

**तो इसका मतलब यह हुआ न कि आर.एस.एस. वाले गुपचुप काम करके बहुत गलत काम कर रहे हैं ?**

गलत कर रहे हैं या सही या क्यों कर रहे हैं, यह मैं नहीं जानता। मैं जानता हूँ कि सीमित दायरे के अंदर अपने विचारों का प्रचार करके या गुप्त तरीकों से प्रचार करके कोई खुली राजनीति नहीं हो सकती। भारत ने एक बार सिद्ध किया है कि यहाँ पर खुली राजनीति के लिए ही गुंजाइश है।

**लेकिन आपके कई साथी ऐसे भी हैं, जिन्होंने बड़े गर्व के साथ यह घोषणा की है कि मैं पहले राष्ट्रीय स्वयंसेवक संघ का सदस्य हूँ और इसका मुझे गर्व है ?**

राष्ट्रीय स्वयंसेवक संघ के सदस्य होने के नाते किस बात पर उनको गर्व है, यह मुझे नहीं मालूम। मैं जानता ही नहीं कि राष्ट्रीय स्वयंसेवक संघ के लोग क्या करते हैं, तो इसका उत्तर मैं कैसे दूँ कि किस बात पर उनको गर्व है ? उनको गर्व है, तो मुझे उस पर कोई एतराज नहीं है। हाँ, अगर मैं यह कहूँ कि मुझे जनता पार्टी का अध्यक्ष होने का गर्व है, तो क्या इस गर्व से समाज बदल जाएगा ? केवल मेरा अहं इससे संतुष्ट हो जाता है। अपने अहं

को संतुष्ट करने के लिए अगर ये घोषणा कर रहे हैं, तो मुझे इसमें कोई शिकायत नहीं है, न मुझे कोई आपत्ति है।

**लेकिन क्या आपको नहीं लगता कि ईरान की घटनाओं के बाद इस देश में भी एक धार्मिक या सांप्रदायिक मानस धीरे-धीरे प्रबल हो रहा है ?**

देखिए, जैसे राष्ट्रीय स्वयंसेवक संघ के लोग अपने विचारों को और अपनी शक्ति को बढ़ा-चढ़ा कर देखते हैं, उसी तरह कुछ ऐसे भी हैं, जो इनके खतरे को भी बहुत बढ़ा-चढ़ा कर देखते हैं। मैं ऐसा नहीं मानता हूँ कि हिंदुस्तान ईरान बन सकता है या हिंदुस्तान के लोग उन प्रवृत्तियों को अपनाने जा रहे हैं। इस तरह की धर्मांध भावनाओं की बाढ़ यह देश कभी स्वीकार नहीं करेगा। जब-जब हमारे देश में इस तरह की कोशिशें हुईं, आज ही नहीं अतीत में भी, तब-तब देश ने उसे अस्वीकार किया। बौद्ध धर्म जब इस देश में एक सुधारवादी आंदोलन बनकर आया, तो लोगों ने उसका स्वागत किया। लेकिन जब बौद्ध धर्म ने लोगों के जीवन को एकरूपता देने की या कहें कि एक साँचे में ढालने की कोशिश की, तो बौद्ध धर्म समाप्त हो गया।

**यह बताइए, जिस तरह इंदिरा गांधी की सरकार दस वर्षों तक सपने दिखाती रही, यह सरकार भी उसी तरह कर रही है, इसीलिए इस प्रकार की ताकतों के बढ़ने का खतरा तो नहीं पैदा हो रहा है ?**

ऐसा कोई खतरा तो नहीं है, लेकिन जनता पार्टी तथा जनता सरकारों का लोगों के मन से उतरने का खतरा अवश्य पैदा हो रहा है, यह बात सही है। सामाजिक परिवर्तन की ओर नहीं बढ़ेंगे, तो खतरा हमेशा बना रहेगा। लोग बहुत दिनों तक इंतजार करने के लिए तैयार नहीं हैं।

**अभी आपने कहा कि जनता सरकारें कुछ कर नहीं पा रही हैं। जनता सरकार क्यों नहीं कुछ कर पा रही है ?**

मैंने तो यह नहीं कहा कि कुछ नहीं कर पा रही है। कुछ तो जरूर किया उन्होंने।

**लेकिन महत्त्वपूर्ण कुछ नहीं किया ?**

महत्त्वपूर्ण इसलिए नहीं कि एक तो होता है कि पूरी सरकार के बारे में लोगों के मन पर क्या प्रभाव पड़ता है। यह सबसे बड़ी बात है। कुछ सरकारें ऐसी होती हैं, जिनको लोग परिवर्तन की सरकारें मानते हैं। इस तरह की सरकार अगर थोड़ा भी करे, तो लोग समझते हैं कि बहुत कुछ हो रहा है। 1969 में जब इंदिरा गांधी ने एक क्रांतिकारी रुख अपनाया, उस समय कोई बहुत बड़ा काम नहीं हुआ था। केवल यह कहा कि बैंकों का राष्ट्रीयकरण करेंगे। लेकिन सारे देश में ऐसी फिजा बन गई कि यह परिवर्तन की राह पर जानेवाली सरकार है या इंदिरा गांधी परिवर्तन लाने वाली हैं। हालाँकि 1971 के चुनाव के बाद उन्होंने जो रुख अपनाया, उससे यह धीरे-धीरे स्पष्ट होने लगा कि जितने नारे उन्होंने दिए थे, वह केवल एक ढकोसला था। नारे केवल लोगों का मन जीतने के लिए थे, उन्हें क्रियान्वित नहीं करना

था। तो कम-से-कम जो भी सरकार हो, उसके बारे में लोगों के मन में एक बात होनी चाहिए कि ये आधुनिक ढंग से सोचनेवाले लोग हैं। यह हमारी बदकिस्मती है कि हमारी सरकार में काम बहुत होते हैं, उसके बावजूद लोग ऐसा मानते हैं कि सरकार चलानेवाले लोगों के विचार आधुनिक नहीं हैं। दकियानूसी बातों को बार-बार दोहराते रहते हैं। सरकारें केवल कामों से ही नहीं चलतीं। संसदीय जनतंत्र में प्रशासन चलाने की जिम्मेदारी के साथ जन-मानस को एक निश्चित दिशा में ले जाने का काम भी सरकार और सरकार के नेताओं का ही है। उस दिशा में हमारी बड़ी असफलता रही है। जहाँ तक आर्थिक सवाल है, खेती के मुद्दे पर बहुत-सी उपलब्धियाँ भी हैं। अब हम यह विश्वासपूर्वक कह सकते हैं कि भारत कभी अनाज के लिए दूसरे की ओर हाथ नहीं फैलाएगा। यह भी कह सकते हैं कि 27 लाख हेक्टेयर जमीन में दो वर्षों में हमने सिंचाई का प्रबंध किया है, जो दुनिया के किसी देश में नहीं हुआ। न समाजवादी देशों में, न पूँजीवादी देशों में। लेकिन यह सब होने के बावजूद लोगों के मन में यह धारणा बनी हुई है कि ये सरकार चलाते हैं, परिवर्तन नहीं चाहते। पुराने रास्ते पर, पुराने खयालों पर इस देश को ले जाना चाहते हैं। लोगों के मन में जो यह भावना पैदा हो गई है, इसका कोई उत्तर हमारे पास नहीं है।

**लेकिन आपने यह साफ नहीं बताया कि किन कारणों से लोगों के मन में यह धारणा बनी है ?**

कोई भी पार्टी समाज को एक निश्चित दिशा में ले जाने के लिए आधुनिक हथियार होती है। जनता पार्टी के गठन के समय चार-पाँच तरह के लोग आए। जो लोग आंदोलन के साथ थे, वे भी आए। लेकिन वर्चस्व उनका नहीं हुआ, जो आंदोलन से आए थे या नए विचार वाले थे। वर्चस्व पुराने घटकों का हो गया। पुराने घटकों की मैं व्याख्या नहीं करना चाहता, फिर भी इतना कह सकता हूँ कि संगठन कांग्रेस, जनसंघ या बीएलडी के लोगों के बारे में एक धारणा बनी हुई है कि ये परिवर्तन के हामी नहीं हैं। पिछले दस-पंद्रह वर्षों से जन-मानस में यह भावना है। यह माना जाता था कि ये यथास्थितिवादी हैं। इनके अतिरिक्त हमारे समाजवादी साथी थे। था तो बहुत छोटा घटक, लेकिन इनमें एक विलक्षण शक्ति है—आपस में एक-दूसरे को काटने की, इसलिए उनकी भी धारा कोई नहीं बदल सकता। नतीजा यह हुआ कि पार्टी के अंदर विचारों का जो स्थायीकरण होना चाहिए, नहीं हुआ। पुराने घरौंदे के अंदर ये सब लोग घूमते रहे। आज जनता पार्टी उस रूप में नहीं है, जिस रूप में 1974-75 के आंदोलन के दौरान नौजवानों ने कल्पना की थी। स्वाभाविक है कि लोग यह समझें कि यह यथास्थिति की पार्टी है। कार्यक्रमों का सवाल नहीं, सवाल सकल प्रशासन चलाने का भी नहीं, सवाल छवि का है। एक राजनीतिक छवि होती है। हमारी छवि यह है कि पुराने लोग अपने पुराने घरौंदे से बाहर निकलकर नई पार्टी के अनुरूप अपने को ढालने के लिए तैयार नहीं हैं। इसी कारण यह कठिनाई हो रही है। हमारे जैसे लोग जब सबको साथ लेकर चलने की कोशिश करते हैं, तो उसका नतीजा यह होता है कि लोग कभी मुझे एक के साथ समझ लेते हैं, तो कभी दूसरे के साथ। वहाँ पर हमारी भी विवशता है। अगर यह न करता तो पार्टी पहले ही टूट गई होती। आज दो वर्षों के अंदर इंदिरा गांधी का सही रूप जनता की निगाहों में फिर से एक बार सामने आ गया है। अगर आज से आठ-दस महीने पहले इस पार्टी में बिखराव आ जाता, तो उससे लाभ किसी नई शक्ति को नहीं होता।

लोग फिर घबराकर के इंदिरा गांधी की ओर ही जाते। हमारे बहुत-से साथी अब धीरे-धीरे यह समझने लगे हैं कि पुराने विचारों से काम नहीं चलनेवाला। और जो अब नहीं समझे, वे थोड़े दिन में समझ जाएँगे। क्योंकि जब जनता के सामने आने का दिन नजदीक आ जाएगा, तब पुराने घरौंदों से हटकर के वे नई बातों को सोचने के लिए विवश होंगे ही।

**लेकिन यह बताइए कि समाजवादी भले ही संख्या में कम हों, पर इनको मंत्रालय तो महत्त्वपूर्ण मिले। क्या इन लोगों ने सचमुच कोई बुनियादी परिवर्तन नहीं करना चाहा या करने में यथास्थिति के समर्थकों ने रुकावटें पैदा कीं ?**

दोनों बातें होती हैं—एक तो यह कि इन्होंने परिवर्तन करना चाहा, तो एक दिन में सर्वांगीण परिवर्तन करना चाहा। संसदीय जनतंत्र में मंत्रियों को ऐसा करना चाहिए कि अपने विभाग का कोई एक पहलू ले करके उसमें कुछ ऐसा काम कर दें कि लोगों की निगाह तुरंत उस ओर जा टिके। लेकिन सारे समाजवादी और क्रांतिकारी नारों को आप रोज देते रहिए और काम करने के तरीकों में थोड़ा भी परिवर्तन न हो, तो लोगों का मन उचट जाता है। लोग यह समझते हैं कि यह तो केवल नारा लगाने के लिए नारा लगाते हैं। दूसरी बात, जॉर्ज के बारे में मैं कह सकता हूँ कि चूँकि व्यक्तिगत मित्रता है, इसलिए गलतफहमी नहीं होगी—जॉर्ज फर्नांडिज के साथ बड़ी गड़बड़ी यह है कि बहुत बातों को एक साथ उन्होंने उठाया। इसका नतीजा यह हुआ कि बहुत क्षेत्रों में बहुत कुछ नहीं कर सके। जो किया, वह पीछे पड़ गया। जो नहीं कर पाए, वह आगे बढ़ गया। जितने लोगों के स्वार्थ इससे छूते थे, वे सब उनके विरोध में हो गए।

**वर्तमान केंद्रीय सरकार में आप कितने प्रतिशत लोगों को परिवर्तनवादी और कितने प्रतिशत को अपरिवर्तनवादी मानते हैं ?**

सरकारें प्रतिशत से परिवर्तनवादी और अपरिवर्तनवादी नहीं होतीं। सरकारें या तो स्वयं परिवर्तनवादी होती हैं या यथास्थिति को बनाए रखनेवाली होती हैं। व्यक्तियों के क्रांतिकारी होने से कुछ परिवर्तन नहीं होता। व्यक्तियों का इतना ही असर होता है कि वे सरकारों को कितना क्रांतिकारी बनाने में योगदान करते हैं। अगर वे बाहर क्राँति की बातें करते रहें और सरकार में हर बात पर समझौता करते रहें, तो उससे क्रांतिकारी प्रतिशत नहीं निकाला जा सकता। परिवर्तन एक मन की तैयारी है। सरकारों के मन की तैयारी न हो और व्यक्तियों के मन की तैयारी हो और वह मन भी विरोध के कारण मुरझा जाए, तो फिर उसमें प्रतिशत लगाने से कोई लाभ नहीं होता।

**यानी कुल मिलाकर पूरी सरकार अपरिवर्तनवादी ही है ?**

हमारी पूरी सरकार ऐसी है कि जैसा शासन चल रहा है, चलाते रहो। और ऐसा मानते हैं कि एक दिन सुअवसर आएगा और अचानक सब परिवर्तन हो जाएगा। हमारे यहाँ भोजपुरी में एक कहावत है कि अगर बादल और राजा आते ही कुछ नहीं करता है, तो लोगों का विश्वास उन पर से हट जाता है। सरकार आते ही अगर कोई कदम न उठाए, तो फिर बाद में भाषणों से और वक्तव्यों से कुछ नहीं होनेवाला।

**हमारे राष्ट्रपतिजी ने घोषणा की थी कि वे राष्ट्रपति भवन छोड़कर मकान में रहेंगे, पर उन्होंने अपना वादा पूरा नहीं किया। आपने इसका विरोध क्यों नहीं किया ?**

मैं मानता हूँ कि छोटे मकान में जाने की बात आप कभी कीजिए ही मत। राष्ट्रपति जी ने ही क्यों, जब हमारी जनता पार्टी की सरकार बनी थी, तो हमारे मंत्रियों ने भी कहा था, तब भी मैंने उसका विरोध किया था। बात मत कीजिए। जिस मंत्री को छोटे मकान में जाना हो, वह चला जाए, जनता अपने आप जान जाएगी। दूसरे, मैं इस राय का नहीं हूँ कि राष्ट्रपति भवन छोड़ देने से ही लोगों के मन में कोई विश्वास पैदा हो जाएगा। उस भवन में रहते हुए भी जनता को यह समझाया जा सकता है कि राष्ट्रपति जनता के ज्यादा नजदीक हैं। बड़े भवन में रहते हुए भी राष्ट्रपति थोड़ा तामझाम कम करें, जनता से ज्यादा मिलें। लोग ऐसा समझें कि राष्ट्रपति भवन में जाना कोई असंभव काम नहीं है। साधारण लोग भी दो घंटा जाकर वहाँ पर मिल सकें, तो उससे ज्यादा असर पड़ेगा। लेकिन आप जाकर झोंपड़ी में रहने लगें और सुरक्षा के लिए एक हजार पुलिस के लोग और तैनात हो जाएँ, तो मैं ऐसा नहीं समझता कि मकानों को बदलने से मन बदलता है।

**मोरारजी भाई अभी जसलोक आए थे, जयप्रकाशजी को बहुत अनिच्छापूर्वक देखने के लिए।**

अनिच्छापूर्वक क्यों कहते हैं !

**उन्होंने कहा कि इतने मंत्री यहाँ क्यों भीड़ लगाए हुए हैं ? इनके लिए दिल्ली में कोई काम नहीं है क्या ?**

यह सवाल तो मोरारजी से पूछिए, वे जवाब देंगे इसका। और उन मंत्रियों से पूछिए कि वे यहाँ क्यों आए ? मैं तो स्वयं यहाँ 13 दिनों से पड़ा हुआ हूँ। मेरे जिम्मे कोई काम नहीं है। क्योंकि मेरी जयप्रकाशजी के प्रति कुछ व्यक्तिगत भावना है। हमारे जीवन में बहुत कुछ ऐसा है—लोगों के प्रति आदर, लोगों के प्रति लगाव—उसको मैं नजरअंदाज नहीं करता। कुछ ऊँचे उठे हुए लोग हैं, जो इस सबसे ऊपर हैं, मैं उनमें से नहीं हूँ। और मैं समझता हूँ कि साधारण जन-समाज उसी में से है, जो इन लगावों से अलग नहीं हो पाता। मैं इतना महत्त्वपूर्ण व्यक्ति भी नहीं हूँ कि 12 दिन यहाँ बैठा रहूँ, तो कोई देश बिगड़ जाए। जो ज्यादा महत्त्वपूर्ण व्यक्ति हैं, उनके समय की ज्यादा कीमत होती है।

**आज जिस तरह से पार्टी व सरकार का काम चल रहा है, उससे आपको क्या लगता है, वे लोग एक रह पाएँगे ?**

साथ तो तब तक रह सकते हैं, जब तक वे सत्ता में रहें। इस देश में जब सत्ता में रहते हैं, पार्टियाँ टूटतीं ही नहीं। लेकिन एक सशक्त पार्टी रह पाएगी या नहीं, यह कहना मुश्किल है। क्योंकि बिखराव तो आपस में पैदा हो ही रहा है। लोगों के मन में भी यह बात बैठ रही है कि जनता पार्टी में बिखराव है। अगर एक साथ रहने का सवाल है, तो सब साथ हैं। सब साथ बैठकर भाषण करेंगे और एक-दूसरे की आलोचना करेंगे।

**नशाबंदी के बारे में आपका क्या खयाल है ?**

नशाबंदी अच्छी चीज है, सिद्धांत के रूप में। हमारे संविधान में कहा गया है कि नशाबंदी

होनी चाहिए, लेकिन नशाबंदी को प्राथमिकता देने की कोई आवश्यकता नहीं है। यह मैं आवश्यक नहीं समझता। इस दिशा में लोगों का मन तैयार करना चाहिए कि नशा करना गलत बात है।

**विनोबाजी जो गोवध-बंदी का आंदोलन चला रहे हैं, इसके बारे में आपके क्या खयाल हैं ?**

ऐसे पशु जो दूध देते हैं, उनकी सेवा ज्यादा होनी चाहिए। वैसे इस बारे में एक अच्छी बात चौधरी चरण सिंह ने कही कि गोवध-बंदी के लिए और गो-सेवा के लिए इतना प्रचार हुआ, तो गायों की संख्या कम हुई और भैंसों की संख्या बढ़ती ही जा रही है, जिसके लिए कोई प्रचार नहीं हुआ। आर्थिक कारणों से भैंस रखना लोग ज्यादा अच्छा समझते हैं। यहाँ मैं यह भी चाहूँगा कि विनोबा भावे इस प्रश्न पर अनशन न करें। मेरा प्रयास यह होगा कि बीच का कोई रास्ता निकले। लेकिन अब सारे गो-वंश की हत्या न हो, यह बड़ा मुश्किल लगता है। जो उपयोगी पशु हैं, उनकी हत्या तो नहीं होनी चाहिए।

**तो आप यह मानते हैं कि शराबबंदी प्राथमिकता की चीज नहीं है, क्या गोवध-बंदी प्राथमिकता की चीज है ?**

गोवध-बंदी भी प्राथमिकता की चीज नहीं है। मेरी दृष्टि में दोनों एक ही हैं। वैसे मैं शराबबंदी के बारे में क्या बोलूँ, हमारे कुछ नेताओं ने यह भी प्रचार किया है कि मैं बहुत शराब पीता हूँ, लेकिन मैं इस तरह के प्रचारों से घबराता नहीं हूँ। वैसे इस तरह की व्यर्थ की बातों से अनावश्यक तनाव पैदा होता है और प्रशासन के सामने अनेक कठिनाइयाँ उत्पन्न होती हैं। मैं समझता हूँ कि शराबबंदी और नशाबंदी में अंतर है। अलकोहल बहुत-सी चीजों में है। बहुत-सी दवाएँ हैं। लेकिन पाँच प्रतिशत से सात प्रतिशत अलकोहल वाली बीयर को लोग शराब कहते हैं और 14 प्रतिशत वाली दवा को मृत संजीवनी सुरा या द्राक्षारस। यह तो सोचने का तरीका है। मैं हर तरह की आत्मप्रवंचना के खिलाफ हूँ। मृतसंजीवनी सुरा कहकर 15 प्रतिशत अलकोहल पीनेवाले बीयर का विरोध करें, यह बात आज तक मेरी समझ में नहीं आई। जो कुछ मनुष्य के मन और तन के लिए हानिकारक है, उसको रोकना चाहिए। जो उसके मन और तन को स्वस्थ बनाने में उपयोगी हो, उसको रोकने की कोई जरूरत नहीं है। मैं ऐसा मानता हूँ कि भारत जैसे देश में शराब नशे के लिए पी जाए, इसे रोकना चाहिए। लेकिन इस पर सोचना-विचारना चाहिए कि वाइन जैसे पेय, जिसमें थोड़ी-सी अलकोहल है, उसे क्यों रोकें ? यहाँ इतना अंगूर पैदा हो रहा है, उससे करोड़ों लोगों को स्वास्थ्यकर पेय दिया जा सकता है, पर शायद इसको भी शराब कहा जाए !

**अंतिम सवाल। आपकी पार्टी और सरकार के क्रिया-कलाप का एक संक्षिप्त विश्लेषण ?**

मैं निष्पक्ष हो नहीं सकता, इसलिए यह विश्लेषण मैं देना नहीं चाहता। आप खुद ही यह विश्लेषण कर लें, मैं आपके जिम्मे छोड़ता हूँ। समाचारपत्रों के जो विचारशील लोग हैं, उनके जिम्मे छोड़ता हूँ।

*रविवार, 15–21 अप्रैल, 1979*

# जनता दल की नाव डुबोने का मेरा कोई इरादा नहीं

*जावेद अंसारी की बातचीत*

**अजित सिंह का आरोप है कि आपकी बातें और काम हमेशा कांग्रेस के पक्ष में रहे हैं ?**

यह उनका व्यक्तिगत मूल्यांकन है। मैं इस पर अपनी प्रतिक्रिया कैसे व्यक्त कर सकता हूँ ? हो सकता है, उन्होंने मेरा विश्लेषण करने के लिए कंप्यूटर लगाए हों, पर उन्हें क्या लगता है और वे मेरे बारे में क्या सोचते हैं, उससे मुझे कोई मतलब नहीं है।

**लेकिन ऐसी धारणा बन गई है कि आप जनता दल की नाव को डगमगा रहे हैं ?**

मैं शंका में डूबे लोगों का दिमाग बदल नहीं सकता। अगर मेरे सही काम करने के बावजूद वे ऐसी सोच बना रहे हैं, तो मुझे इसकी चिंता नहीं है, लेकिन मैं साफ तौर से यह बता देना चाहता हूँ कि जनता दल का कोई भी नुकसान करने का मेरा कोई इरादा नहीं। अगर इस तरह की कोई बात होती है, तो मुझे बहुत अफसोस होगा। ऐसी घटना का होना मेरे लिए उत्सव की बात नहीं है। छल या कपट से अपना काम निकालने में मैंने कभी विश्वास नहीं किया। जिस दिन मुझे जनता दल के कार्यों का विरोध करना होगा, उस दिन अकेला होने के बावजूद यह काम मैं खुलेआम करूँगा, बिना इसकी परवाह किए कि कौन मेरे बारे में कैसा सोच रहा है।

मेरे पास इतना साहस तो जरूर है कि मुझे जो सही लगे, उसके प्रति मैं दृढ़ रहूँ। आपको क्या मैं इतना सरल दिखता हूँ कि ब्लू स्टार ऑपरेशन का विरोध करने का परिणाम नहीं जानता ? फिर भी मैं अपनी बात पर कायम रहा कि स्वर्ण मंदिर में सेना भेजे जाने का निर्णय अविवेकपूर्ण था। इसलिए जिस दिन मुझे लगा कि जनता दल देश के लिए विनाशकारी साबित हो रहा है, मैं अपनी पूरी ताकत से इसका विरोध करूँगा।

लेकिन अगर किसी को यह लगता है कि मुझे बदनाम करने के लिए अभियान चला कर मुझ पर वे दबाव बना लेंगे, तो उनका ऐसा सोचना गलत है। मैं किसी तरह के दबाव में कोई निर्णय नहीं लेता। लोग कभी भी आकर देख लें कि चाहे मैं अलग-थलग ही क्यों न पड़ जाऊँ, पर जिस बात को मैं सही मानता हूँ, उस पर हमेशा अडिग रहूँगा।

**पिछले दो महीनों में विपक्ष ने अपने आपसी विवाद और कलह के कारण अपनी विश्वसनीयता खो दी है। आपको क्या लगता है ?**

नहीं, मुझे ऐसा नहीं लगता कि हमने विश्वसनीयता खो दी है, लेकिन आपसी कलह से हमें नुकसान जरूर हुआ है।

**क्या इन सबका फायदा सबसे ज्यादा राजीव गांधी ने नहीं उठाया है ?**

बिलकुल नहीं। राजीव गांधी से लोगों का मोहभंग हो चुका है; बल्कि जो कुछ हो रहा है, उससे राजीव गांधी का आत्मविश्वास जरूर बढ़ा है। हाँ, ऐसा जरूर है कि हम पार्टी की अंदरूनी समस्याओं की वजह से, राजीव गांधी से हुए मोहभंग का लाभ नहीं उठा सके। इतना तक तो सच है, किंतु हमारी अपनी समम्याओं की वजह से कोई कांग्रेसी या राजीव गांधी वापस सत्ता में आ जाएँगे, तो यह बेबुनियादी बातें हैं। चमत्कार तो जरूर होते हैं, किंतु राजीव गांधी के मामले में इसकी भी संभावना नहीं है।

**क्या आप पार्टी के बाहर के मित्रों से कहेंगे कि वे आपको जनता दल छोड़ने की बेकार सलाह देने से बाज आएँ ?**

मैंने बार-बार कहा है कि केवल दूसरों के कहने पर मैं न तो अपनी पार्टी छोड़ूँगा और न ही किसी दूसरी पार्टी में शामिल होऊँगा। न ही मैं राजनीतिक रूप से किसी को भी इतना सक्षम मानता हूँ कि वह मेरी तरफ से कोई राजनीतिक निर्णय ले लें। वे भले ही दूसरों से बुद्धिमान हों, पर यह उनकी सीमा से बाहर की बात है कि मैं जिस बात में विश्वास न करता होऊँ, वे मुझसे वह काम करने के लिए राजी करवा लें। उनकी सलाह का मुझ पर कोई प्रभाव नहीं होनेवाला। अंतिम निर्णय मेरा ही होगा।

**ऐसा क्यों होता है कि जब आपको कोई चुनौती देता है, जैसा सुब्रह्मण्यम स्वामी या स्वामी अग्निवेश के केस में हुआ, वह निकाल बाहर किया जाता है ? लेकिन वहीं अगर कोई आपको अच्छी लगनेवाली बातें कहता है या आपकी चापलूसी करता है, तो आप उसे अपनों की तरह गले लगा लेते हैं ?**

चापलूसी को प्रोत्साहित करने का तो कोई सवाल ही नहीं उठता। क्या आपको लगता है कि मैं बेवकूफों की तरह विश्वास कर लूँगा कि कल तक जो मुझे गालियाँ देते रहे, आज मेरे हितैषी बन गए हैं ? हाँ, मैं उन लोगों के साथ काम करने से इनकार नहीं करता, जो मुझे गालियाँ देते हैं क्योंकि राजनीति में निजी द्वेष को नजरअंदाज करना पड़ता है।

लोग शायद यह भूल गए हैं कि मैंने उनको भी स्वीकार किया, जिन्होंने पार्टी की निंदा की और इसे छोड़ दूसरी पार्टी में गए और फिर वापस आ गए। सुब्रह्मण्यम स्वामी के बारे में ही ऐसी बातें क्यों की जा रही हैं ? इस बारे में आप क्या कहेंगे कि मेरे दल के अधिकांश सहयोगियों के विरोध के बावजूद लोकदल से निष्कासित लोगों को वापस जनता पार्टी में शामिल कर लिया गया। ऐसा इसलिए है कि यदि व्यक्ति इन सबके बावजूद पार्टी के लिए काम करना चाहता है, तो उसे वापस पार्टी में शामिल करने में कोई बुराई नहीं है।

**चलिए 1971 के समय की बात करें। आपने कांग्रेस (ओ) की आलोचना की थी। आपने कहा था कि यह पार्टी पूँजीवादियों के हितों के लिए काम करती है। फिर 1977 में आपने मोरारजी देसाई को अपना नेता स्वीकार कर लिया ?**

हाँ, मैंने उस पार्टी की निंदा की थी और मुझे लगा था कि इसकी नीतियाँ पूँजीपतियों की मदद करती हैं, पर मैंने कभी भी मोरारजी देसाई की निंदा नहीं की और न ही उन पर

यह आरोप लगाया कि वे पूँजीपतियों की मदद करते हैं। मैंने बस इतना कहा था कि वित्तमंत्री के रूप में उनकी कुछ नीतियाँ पूँजीपतियों के पक्ष में हैं। मैंने उन्हें अपना नेता स्वीकार किया, क्योंकि जनता संसदीय दल द्वारा उनका चुनाव किया गया था।

**जयप्रकाश नारायण के पत्र से संबंधित क्या विवाद थे ? आपने कहा है कि पत्र बिलकुल सच्चे हैं, फिर भी आप उनकी सच्चाई के लिए जाँच किए जाने के पक्ष में नहीं हैं ?**

मैंने बस इतना ही कहा है कि इस मुद्दे पर जाँच हमारे लिए लाभदायक नहीं होगी, क्योंकि जो लोग पत्रों को झूठा बता रहे हैं, उनके मकसद में यह सहायक होगा। मैं जाँच के रास्ते में नहीं आना चाहता, पर मुझे यह समझ में नहीं आता कि लोग इन सारी चीजों के लिए मेरा प्रमाण-पत्र क्यों माँग रहे हैं। मैं किसी भी तरह से इन पत्रों के लिए जवाबदेह नहीं हूँ।

'जनसत्ता' का कहना है कि मैंने अब्राहम, जो जेपी का निजी सहायक था, को इन खतों को लिखने के लिए कहा था, लेकिन वे यह भूल रहे हैं कि जिस समय यह खत लिखा गया, उस समय मैं पटियाला जेल में एकांतवास में था। अब उस समय मैं यह कैसे जान सकता था कि वी.पी. सिंह एक दिन वहाँ होंगे, जहाँ आज हैं। आपातकाल के दौरान कांग्रेस के रुख क्या रहे, उसका मूल्यांकन करने के लिए मुझे जेपी का प्रमाणपत्र नहीं चाहिए। ऐसा विवाद हमें किसी समाधान तक नहीं पहुँचाएगा। उन लोगों को उस बात का दावा नहीं करना चाहिए, जिसे उन्होंने नहीं किया है। जिसने भी आपातकाल के दौरान इंदिरा गांधी के विचारों के साथ समझौता किया, उन्हें प्रजातंत्र का रक्षक होने का दावा नहीं करना चाहिए। इसका दावा जगजीवन राम और बहुगुणा भी नहीं कर सकते।

**परन्तु क्या आपने मेनका गांधी और दिनेश सिंह जैसे लोगों को अपनी पार्टी में जगह नहीं दी है ?**

हाँ, मैंने दी है। मैंने कई और बहुत सारे लोगों को अपने दल में शामिल किया है। जब मैं जेल से छूटा, तब इंदिरा गांधी के सलाहकार मुझसे मिलने आए। मैंने उन्हें कहा कि आप मेरी तरफ से उन्हें यह संदेश दे दें कि उन्होंने प्रजातंत्र की हत्या का प्रयास किया है, इसलिए मैं उन्हें पराजित करने के लिए जिससे भी मदद मिल सके, लूँगा और हरसंभव प्रयास करूँगा। इसी तरह, राजीव गांधी को पराजित करने के लिए मैं किसी से भी हाथ मिला सकता हूँ। लेकिन इसका यह मतलब नहीं है कि कोई मेरा मसीहा बन जाएगा।

मुझसे क्या करने की आशा की जाती है, जब मुझसे बार-बार पूछा जाता है कि मैं वी.पी. सिंह को अपना नेता स्वीकार करता हूँ या नहीं ? मगर मैं पूछता हूँ इससे क्या फर्क पड़ेगा ? दूसरे लोग उन्हें अपना नेता स्वीकार करते हैं, तो ठीक ही है। मैंने राजीव गांधी को प्रधानमंत्री के रूप में स्वीकार नहीं किया, फिर भी वे प्रधानमंत्री हैं। मेरी सहमति या असहमति से क्या फर्क पड़ता है। लोग एक व्यक्ति की स्वीकृति का इंतजार नहीं करते। मैं इतना ज्यादा महत्त्वपूर्ण नहीं हूँ कि मेरे विचारों को इतनी अहमियत दी जाए। इसके अलावा, आप किस तरह मुझे यह स्वीकार करने के लिए बाध्य कर सकते हैं कि राजीव गांधी एक आदर्श प्रधानमंत्री हैं, जबकि मेरे विचार से वह सबसे अयोग्य प्रधानमंत्री हैं।

**आप वी.पी. सिंह को अपनी पार्टी का अध्यक्ष मानते हैं और अब यह उतना महत्त्वपूर्ण नहीं है कि वी.पी. सिंह को आप अपना नेता मानते हैं या नहीं ?**

मैंने कई बार यह कहा है, लेकिन प्रेस द्वारा किसी न किसी तरह इसको अनदेखा कर दिया गया है। मैं वी.पी. सिंह के खिलाफ कोई काम नहीं कर रहा हूँ।

**क्या आपका यह आरोप है कि प्रेस आपको गंभीरता से नहीं ले रहा है ?**

नहीं, मैं ऐसा बिलकुल नहीं कह रहा हूँ। बल्कि प्रेस में कुछ ऐसे लोग हैं, जिनके साथ मेरी पूरी समझदारी है। वे मुझे पसंद करते हैं और मैं उन्हें।

**रामनाथ गोयनका के साथ आपके रिश्ते काफी समृद्ध हैं, अब क्या हो गया है ? इंडियन एक्सप्रेस इतने कठोर तरीके से आपके साथ क्यों पेश आ रहा है ?**

आज भी रामनाथजी के साथ मेरे संबंध अच्छे हैं। जब वे अस्वस्थ थे, तब मैं उनसे मिलने गया था। रामनाथजी से मुझे कोई परेशानी नहीं है। जहाँ तक इंडियन एक्सप्रेस के रुख का सवाल है, यह उनका तरीका है। मैं जानता हूँ, यह सब क्यों हो रहा है। मगर अभी मैं इसका खुलासा नहीं करना चाहता—हो सकता है कि ऐसा समय आए, जब मैं ऐसा करने के लिए बाध्य हो जाऊँ। लेकिन फिलहाल नहीं।

**आप हमेशा से स्वार्थपूर्ण राजनीति के विरुद्ध रहे हैं, पर क्या आपको नहीं लगता कि आज जनता दल के भीतर जो चल रहा है, वह और कुछ नहीं, बल्कि व्यक्तिगत राजनीति का गंभीर रूप है ?**

ऐसा हो सकता है, लेकिन मैं इसके लिए जिम्मेदार नहीं हूँ। मैं इसके बारे में क्या कर सकता हूँ ? पर मेरे पास इसके एक नहीं अनेक उदाहरण हैं, जब मैंने उन लोगों पर प्रहार किया, जिन्होंने मुझे गाली दी। मुझे इन सबमें विशेष रुचि नहीं है, क्योंकि मैं जानता हूँ कि मैं बेहद मामूली इंसान हूँ और देश के इतिहास में मेरी कोई पहचान नहीं है। मेरे बारे में लोग क्या कहते हैं, वह मेरे लिए तुच्छ है। जरूरी बात यह है कि आप देश की समस्याओं को कितनी गंभीरता से लेते हैं और उनको हल करने के क्या प्रयास करते हैं।

**इस समय, आप जनता दल का क्या भविष्य देखते हैं ?**

आज की इस उत्तेजनापूर्ण स्थिति से जनता दल के भविष्य पर किसी तरह का खराब प्रभाव नहीं पड़ेगा। अगर हममें साथ चलने की इच्छाशक्ति है और यदि हम अपने तरीकों में सुधार लाते हैं, तब स्थितियाँ हमारे नियंत्रण से बाहर नहीं होंगी।

**राम जन्मभूमि-बाबरी मस्जिद मुद्दे पर भारतीय जनता पार्टी के कड़े रवैए और महाराष्ट्र में शिवसेना के साथ गठबंधन के मद्देनजर, क्या आपको अभी भी यह लगता है कि जनता दल को इसके साथ चुनावी समझौता करना चाहिए ?**

भाजपा द्वारा कुछ मुद्दों पर जैसा रुख अपनाया गया है, वह बड़ा ही दुर्भाग्यपूर्ण है। लेकिन मुझे संसदीय लोकतंत्र में पूर्ण विश्वास है। पारस्परिक वार्तालाप और प्रोत्साहन से ही

हम आगे बढ़ सकते हैं। वे जिस रास्ते को चुनना चाहते हैं, हमें उसके बारे में एक-दूसरे से बात करनी होगी। अगर फिर भी वे अपनी जगह अड़े रहते हैं, तो भी मुझे नहीं लगता कि हम चुनावी समझौते से पीछे हटेंगे। हम उनके साथ किसी विशेष मुद्दे पर असहमत तो हो ही सकते हैं, लेकिन जिन क्षेत्रों में उनकी स्थिति मजबूत है, वहाँ से अपने-अपने उम्मीदवार खड़े करने से कोई लाभ नहीं होगा, इसके विपरीत इस स्थिति का फायदा राजीव गांधी को मिल जाएगा।

**इस विषय को यहीं छोड़िए, आपके और रामकृष्ण हेगड़े के बीच क्या हुआ है ?**

ईमानदारी से कहूँ, तो आज तक मैं नहीं जानता कि हमारे बीच किस तरह का मतभेद है। देवगौड़ा के अनिच्छा प्रकट करने के बावजूद, क्योंकि वे खुद भी मुख्यमंत्री पद के उम्मीदवार थे, मैंने 1983 में उनसे मुख्यमंत्री पद के लिए हेगड़े के नाम का प्रस्ताव रखा था। बाद में, जब हेगड़े और देवगौड़ा के बीच कुछ मतभेद हुए, तब मैंने हेगड़े से कहा कि वे देवगौड़ा के साथ कुछ नरमी से पेश आएँ। उन्होंने मेरी सलाह का बहुत हद तक अनुकरण किया। बाद में फिर कुछ दिक्कतें आईं। पार्टी की अध्यक्षता के दौरान हेगड़े ने मेरे साथ पूरी तरह सहयोग किया, मुझे इस बात को जरूर स्वीकार करना चाहिए।

**लेकिन आप दोनों के बीच जो मैत्रीपूर्ण संबंध थे, अब दिखाई नहीं देते ?**

हाँ, यह सच है। लेकिन इसके पीछे कोई कारण तो जरूर होगा। संभवतः हेगड़े मुझसे इसलिए नाराज हैं कि मैंने उन्हें तब बचाने का कोई प्रयास नहीं किया जब वे कर्नाटक में संकटपूर्ण परिस्थिति में फँसे हुए थे, जिसकी वजह से उन्हें मुख्यमंत्री पद से इस्तीफा देना पड़ा था।

**क्या यह बात सच है कि हेगड़े के इस्तीफे के बाद एक समझौता हुआ कि अगर बोम्मई मुख्यमंत्री बनें, तो देवगौड़ा को राज्य जनता पार्टी का अध्यक्ष बनाया जाएगा ?**

यह समझौता राज्य-स्तर पर हुआ था। इसका निश्चय हम लोगों ने नहीं किया था।

**क्या इस समय जनता दल और जनता पार्टी, दोनों के लिए एक साथ चलना संभव है ?**

राजनीति संभावनाओं की कला है, लेकिन अब सब कुछ हेगड़े पर निर्भर करता है। बोम्मई और देवगौड़ा एक साथ काम कर सकते हैं। राष्ट्रीय स्तर पर इससे कोई समस्या नहीं खड़ी होगी, लेकिन यदि वर्तमान रवैया, दोनों तरफ से बरकरार रहा, तो कर्नाटक में एक साथ मिलकर काम करने में दिक्कत होगी।

**इंडियन एक्सप्रेस में धीरुभाई अंबानी और चंद्रास्वामी से आपके मिलने की खबर छपी है...?**

आप इसके बारे में अंबानी से ही क्यों नहीं पूछते, मुझसे किसलिए पूछते हैं ? मैं चंद्रास्वामी से मिला था, इससे मुझे इनकार नहीं है। वास्तव में जब स्वामीजी के सचिव, मामाजी, बम्बई में रिट्ज होटल में मुझे यह बताने आए कि चंद्रास्वामी मुझसे मिलना चाहते

हैं, तब मैंने उन्हें बताया कि मैं कहीं डिनर पार्टी में जा रहा हूँ, इसलिए चंद्रास्वामी से मेरा मिलना कठिन होगा। लेकिन जब उन्होंने जिद की, तब मुझे तैयार होना पड़ा। मैं ओबेराय होटल गया, जहाँ मेरी मुलाकात चंद्रास्वामी से हुई। वहाँ मैं 10-15 मिनट तक रुका, फिर डिनर पार्टी के लिए चला गया। कुछ समय बाद वे लोग वहीं अंबानी से मिले। मामाजी ने उन्हें लॉबी से बाहर जाते हुए देखा। इस तरह यह गलतफहमी हुई कि हम तीनों की वहाँ इकट्ठे मुलाकात हुई थी।

अगर मैं अंबानी से मिला होता, तो मुझे उसे स्वीकारने में कोई डर नहीं था। इस देश के किसी भी नागरिक से मिलना और बातचीत करना कोई गैर-कानूनी बात नहीं है। लेकिन यह सच है कि मैं आज तक राजनीतिक या आर्थिक मदद के लिए किसी के पास नहीं गया हूँ। फिर, जब हम किसी भी अन्य उद्योगपति से मिल सकते हैं, तब अंबानी से मिलने में क्या हानि है ?

**फिर भी आप साठवें दशक के वह युवा तुर्क नहीं रह गए हैं। वह पुरानी आग आपमें नहीं दिखती। मुझे आपका वो हिला देनेवाला भाषण याद है, पर आज वह सब बातें लगती हैं...**

उस समय के भाषण सचमुच बड़े तीखे, अर्थपूर्ण और प्रभावित करनेवाले होते थे, क्योंकि तब संसद में जो वाद-विवाद होता था, उसका काफी महत्त्व होता था। प्रधानमंत्री से लेकर उद्योगमंत्री और वित्तमंत्री तक, हर कोई मुद्दों पर अपनी खास भूमिका अदा करना चाहता था।

**आप एक कार्यसूची क्यों नहीं बनाते ?**

किस अधिकार से, जब जनता दल का बेंगलूर फाउंडेशन कान्फ्रेंस हुआ था, तो मुझे प्रोग्राम तथा नीतियों का खाका तैयार करने को कहा गया था। मेरे द्वारा तैयार किए गए उन अभिलेखों को तुरंत स्वीकार कर लिया गया था। किसी ने इस पर चर्चा करने की भी जहमत उठाने की कोशिश नहीं की। बहस तभी संभव है, जब विचारों का आदान-प्रदान ईमानदारीपूर्वक किया जाए। लेकिन जब राजनीतिक योग्यता निर्णायक तत्त्व बन जाती है, तब बहस का कोई स्थान नहीं रह जाता।

**अगले चुनाव में महत्त्वपूर्ण मुद्दे छाए रहेंगे या फिर व्यक्तित्वों की लड़ाई होगी ?**

इस देश में चुनाव हमेशा मुद्दों पर आधारित रहे हैं। कभी-कभी तो गलत मुद्दों पर भी, जैसा 1984 में हुआ था, दुर्भाग्यवश ऐसी स्थिति बन गई है, जहाँ हम कुछ भी कर सकने की स्थिति में नहीं हैं। व्यक्तित्व से फर्क तो पड़ता है, पर वे निर्णायक नहीं होते।

**क्या आपको लगता है कि जैसा उन्होंने 1984 में किया था, इस बार फिर से सांप्रदायिकता का सहारा लेंगे ?**

यह व्यक्ति बार-बार उसी एक मुद्दे का सहारा लेता है लेकिन इस बार उसे इसमें कोई सफलता हासिल नहीं होगी। आप भाजपा की नीतियों से भले ही सहमत न हों, पर उनकी

देशभक्ति पर प्रश्न खड़े नहीं किए जा सकते। उन्होंने जनता दल पर आरोप लगाया कि यह पार्टी विदेशी शक्तियों के इशारे पर काम करती है। अगर उन्हें यह सच लगता है, तो वे उन लोगों की पोल क्यों नहीं खोलते और उन्हें सलाखों के पीछे क्यों नहीं करते ? देश के प्रधानमंत्री होकर वे क्या कर रहे हैं ? या तो वे हम पर लगाए गए आरोप सिद्ध करें, नहीं तो अपना इस्तीफा दें। वे पूरी तरह अयोग्य व्यक्ति हैं और जनता से लगातार झूठे वायदे करते आए हैं। उन्हें अपने आरोप सिद्ध करने चाहिए या चुप बैठना चाहिए।

**क्या भ्रष्टाचार भी महत्त्वपूर्ण मुद्दा है ? क्या अगले चुनाव में यह मुद्दा होगा ?**

भ्रष्टाचार आज भी प्रमुख मुद्दा है, लेकिन यह जनता के सामने एक निर्णायक तत्त्व नहीं है। भावनात्मक मुद्दे; जैसे—देश की एकता, देश की जाति, संप्रदाय और धार्मिक तत्त्व आदि निर्णायक मुद्दे हो सकते हैं। निजी तौर पर इन मुद्दों से भले ही मुझे कोई फर्क नहीं पड़ता, लेकिन ये सवाल जनता को जरूर चिंतित कर देते हैं। हालाँकि हमारे सामने मुख्य मुद्दे जनता की समस्या, जैसे—भूख, प्यास और बेकारी हैं।

**क्या आप अपने इस बयान पर कायम हैं कि आप जनता दल नहीं छोड़ेंगे ?**

निःसंदेह दल छोड़ने का मेरा कोई इरादा नहीं है। वास्तविकता तो यह है कि मैंने कभी पार्टी नहीं छोड़ी बल्कि हर बार मुझे निष्कासित किया गया है। मुझे कांग्रेस तथा प्रजा सोशलिस्ट पार्टी से निष्कासित किया गया था।

**ऐसा क्यों है कि आप अपनी पार्टी की बैठकों में नहीं जाते हैं ? क्या इसका कारण वी.पी. सिंह के साथ आपकी व्यक्तिगत समस्या है ?**

यह कहना सरासर गलत है कि मैं बैठकों का बहिष्कार करता हूँ या जान-बूझकर बैठकों में नहीं जाता। सिवाय पहली बैठक के मैं संसदीय बोर्ड की हर बैठक में उपस्थित रहा हूँ। मुझे एक बैठक से वंचित रहना पड़ा, क्योंकि मैं अस्वस्थ था। जब भी मुझे आमंत्रित किया गया है, मैं अवश्य गया हूँ।

वी.पी. सिंह के साथ किसी निजी तनाव का सवाल ही नहीं है। यहाँ चंद्रशेखर और वी.पी. सिंह के बीच कोई मुकाबला नहीं चल रहा है। निजी स्तर पर भी हमारे बीच आत्मीय संबंध हैं। मैं उन्हें इलाहाबाद के अपने यूनिवर्सिटी के दिनों से ही जानता हूँ। मेरा उनसे कोई निजी मन-मुटाव नहीं है। इन सबके विपरीत पार्टी के कुछ लोग यह सोचते हैं कि जब तक चंद्रशेखर पार्टी में है, पार्टी आराम से, बिना किसी परेशानी के, काम नहीं कर सकती। यही कारण है कि मुझे अलग करने की बातें सुनने में आ रही हैं।

**कहा जा रहा है कि आपके विश्वासपात्र—सुब्रह्मण्यम स्वामी, इंदुभाई पटेल, शहाबुद्दीन और आपके बीच समझौता हुआ है कि आप जनता दल को भीतर से और वे लोग बाहर से इसे कमजोर करने का प्रयास करेंगे ?**

यह आरोप पूर्णतः निराधार है। मैं इन तीनों व्यक्तियों को जनता दल में शामिल करना चाहता था, किंतु मेरी सलाह की अवहेलना कर दी गई। मैं जनता पार्टी में उनके क्रियाकलापों

के बिलकुल विरुद्ध हूँ। मैं उनकी राजनीति से सहमत नहीं हूँ। मैं उन पर उनके रास्ते बदलने के लिए दबाव नहीं डाल सकता, क्योंकि मेरी सलाह मानना किसी भी तरह से उनका उत्तरदायित्व नहीं है।

**फिर भी आप उनका साथ क्यों चाहते हैं ?**

कांग्रेस के लोगों का भी मेरे घर में स्वागत है। मैं किसी को वापस नहीं लौटा सकता हूँ।

*ऑनलुकर, 16–30 जून, 1989*

# प्रतिपक्ष के पास ज्यादा वक्त नहीं है

*उदयन शर्मा की बातचीत*

**क्या आप मानते हैं कि लोकसभा चुनावों में आपकी पार्टी ने एक ही व्यक्ति यानी बाबूजी के नाम से चुनाव लड़कर गलती की ? खासकर जब कांग्रेस (ई) भी यही कर रही थी। क्या आपको सामूहिक नेतृत्व की छवि नहीं पेश करनी चाहिए थी ?**

मेरे लिए यह कहना कठिन होगा कि ऐसा करके पार्टी ने भूल की या नहीं की। लेकिन मैं इसी राय का था और अब भी हूँ कि जिस स्थिति में हम चुनाव लड़ रहे थे और जो नारे हमने दिए थे, उसके लिहाज से हमें सामूहिक नेतृत्व की बात ही करनी चाहिए थी। उस समय मैंने इसी बात पर बल दिया था। लेकिन पार्टी के लोगों ने कहा कि जगजीवन बाबू के नेतृत्व में लड़ने से ही अधिक बल मिलेगा, तो मैंने भी उनकी बात मान ली। अब दूसरे लोगों को निर्णय करना है कि ऐसा करने से कहाँ तक सफलता मिली और कितनी हानि उठानी पड़ी। लेकिन मैं ऐसा समझता हूँ कि पुरानी बातों को दोहराने से कोई लाभ नहीं होगा, हमें नई शुरुआत करनी होगी–पिछला सब भुलाकर।

**लेकिन, जब पार्टी के सर्वोच्च नेता के बारे में रोज खबरें आती रहीं कि वे इंदिरा गांधी के पास जा रहे हैं, तो क्या इससे आपकी पार्टी के कार्यकर्ता का मनोबल नहीं टूटा और पार्टी की साख कम नहीं हुई ?**

हाँ, यह सच है–इससे लोगों के मानस पर बहुत बुरा असर पड़ा। मुझे यह कहने में संकोच नहीं है कि स्थिति बहुत ही हास्यास्पद थी। इस स्थिति को रोका जाना चाहिए था। किंतु दुर्भाग्य है कि जगजीवन बाबू जैसा आदमी इस स्थिति को साफ नहीं कर सका और इस तरह की शंका बराबर बनी रही। इससे पार्टी की प्रतिष्ठा को बहुत ठेस लगी। जगजीवन रामजी के व्यक्तित्व के लिए भी यह अच्छी बात नहीं हुई। जगजीवन राम जी कहते हैं कि 'समाचारपत्रों ने ऐसा प्रचार जान-बूझकर किया।'

**अखबारों ने ऐसा प्रचार आपके खिलाफ क्यों नहीं किया ?**

इसका उत्तर मैं तो नहीं दे सकता। मुझे तो समाचारपत्रों से कोई शिकायत नहीं है।

**ऐसा कैसे हुआ कि जगजीवन रामजी के मामले में तीन बार आपने उनकी ब्लैकमेल या दबाव की राजनीति स्वीकार कर ली। जुलाई '79 में उन्होंने कहा, या तो मुझे नेता बनाइए, या मैं पार्टी छोड़ता हूँ। नवंबर के पहले हफ्ते में उन्होंने कहा कि उनको टिकट बाँटने में पूर्ण अधिकार मिले, नहीं तो वे पार्टी छोड़ देंगे। 28 नवंबर से 2 दिसंबर के बीच उनकी माँग थी**

**कि मात्र उन्हें ही प्रक्षेपित किया जाए अन्यथा वे पार्टी छोड़ देंगे। आपने यह सब कैसे मान लिया ?**

तीनों बातें कोई अलग-अलग महत्त्व नहीं रखतीं। पहली बात ही महत्त्व रखती है—यानी उनको नेता बनाने का सवाल था। उस समय मैं ऐसा समझता था कि इस निर्णय से पहले पार्टी को कुछ सोचना चाहिए। लेकिन पार्टी के बहुत-से लोगों ने समझा कि जगजीवन बाबू के पार्टी का नेता बनने से बहुत लाभ होगा। उन लोगों ने एक काम यह भी किया कि जयप्रकाशजी से एक पत्र ले लिया। किन परिस्थितियों में पत्र लिया गया, यह मैं अब नहीं कहना चाहता। लेकिन एक बार जब जयप्रकाशजी का पत्र आ गया तो मेरे लिए यह उचित नहीं होता कि जयप्रकाशजी की अनचाही इच्छा का भी उल्लंघन करता, यद्यपि मैं जानता था कि जयप्रकाशजी से एक ऐसी परिस्थिति में पत्र लिया गया, जो किसी के लिए भी गरिमापूर्ण नहीं है। जब मैंने एक बार तय कर लिया कि अब जगजीवन रामजी नेता हैं, तो उसके बाद बार-बार अड़चनें डालना मेरे लिए मुश्किल होता। जब वे सारे अधिकार पाने के लिए दबाव डाल रहे थे और कुछ लोगों ने इसका विरोध करना चाहा। तब मैंने कहा कि जब आपने इनको नेता चुना तब आपने कुछ नहीं सोचा तो बीच में ये सवाल उठाने से कोई लाभ नहीं है। जो निर्णय बिना पूर्व विचार के हम लेते हैं, उसके बुरे परिणामों के लिए हमें तैयार रहना चाहिए। मीठी-मीठी गप और कड़वी-कड़वी थू, यह नहीं चलता है। यह ठीक है कि यह सब स्वीकारना मेरे स्वभाव के विपरीत है, पर सही या गलत अगर किसी निर्णय के साथ में हो गया, तो मैं बीच में रोज-रोज लाभ के लिए बदलता रहूँ, यह भी मेरे स्वभाव में नहीं है। जब उनको नेता माना था, तो सारी कीमत चुकाने के लिए पार्टी को तैयार रहना चाहिए था, नहीं तो पहले ही उनके बारे में विश्लेषण करके उनको नेता बनाना चाहिए था।

**जगजीवन रामजी आखिर आप लोगों से चाहते क्या थे ?**

यह सवाल बाबूजी से ही पूछिए। उनके बारे में जो महसूस करता था और करता हूँ, वह मैं अब कहना नहीं चाहता।

**जगजीवन राम चाहते थे कि उत्तर प्रदेश की सरकार का साथ न दिया जाए। फिर भी आपने राज्य की लोकदल सरकार को बचाने का प्रयास क्यों किया ?**

इसलिए कि मैं ऐसा समझता हूँ कि लोगों को यह निर्णय करना पड़ेगा कि देश की राजनीति में बड़ी चुनौती कौन है ? मेरा मानना है कि इंदिरा गांधी अपने पुराने रास्ते पर जा रही हैं और उनको उस रास्ते पर जाने से रोकने के लिए कहीं भी विरोध पक्ष का रहना आवश्यक है। जब केंद्र में उनकी सरकार बनी तब मैंने सोचा कि राज्यों में हम अपनी सरकारें बचा सकें, जो उनकी हाँ में हाँ न मिलाएँ, तो शायद भविष्य के लिए हम सही मार्ग प्रशस्त कर सकें। मैं ऐसा मानता था कि कोई भी गैर-कांग्रेसी सरकार हो, उसको गिराने से हमें कत्तई साथ नहीं देना चाहिए। यह न तो जगजीवन राम को नेता बनाने का सवाल था, न यह बनारसी दास के मुख्यमंत्री बने रहने का सवाल था। वस्तुतः मैं भविष्य के लिए राजनीति का मार्ग अवरुद्ध नहीं करना चाहता था।

**’77 में जो जनता पार्टी बनी थी और ’79 में जो कुछ बची उसकी प्रासंगिकता आज खत्म हो गई है, तो क्या यह आपके लिए उचित नहीं है कि इस दुःस्वप्न को, जो आपके कंधों पर डाल दिया गया है, आप एक झटके से झकझोरकर खड़े हो जाएँ ?**

जनता पार्टी की प्रासंगिकता तो उसी दिन खत्म हो गई, जिस दिन उसमें टूट हो गई। जिस दिन जनता पार्टी के कुछ लोग पार्टी की सरकार गिराकर दूसरी सरकार बनाने गए, उसी दिन इस पार्टी की जो ऐतिहासिक भूमिका थी, उसको बड़ा आघात लगा। उस आघात के बाद पराजय भी हुई और जिन शक्तियों को पीछे हटाने के लिए जनता पार्टी बनी थी, उनका फिर प्रादुर्भाव हुआ। इंदिरा गांधी सत्ता में आ गईं। जो जनता पार्टी आज बची है चाहे उसकी प्रासंगिकता न हो, पर उन मूल्यों की प्रासंगिकता आज और भी ज्यादा है जिनके लिए यह पार्टी बनी थी। उन मूल्यों को सुदृढ़ करने के लिए मेरा प्रयास यह नहीं होना चाहिए कि झकझोरकर लोगों को दूर हटा दूँ। कोशिश यह होनी चाहिए कि जो दूर हो गए हैं, उनको साथ ले आएँ। इसमें कामयाबी मिलने में कठिनाई जान पड़ती है, पर प्रयास इसी ओर होना चाहिए।

आप जो बात कहते हैं कि झकझोरकर खड़े हो जाएँ, अगर मुझे यह विश्वास होता कि देश में सामान्य राजनीति पाँच वर्षों तक होगी तो शायद मैं यही करने की सोचता। पर देश में जिस तरह का तनाव पैदा किया जा रहा है उससे लगता है कि हमें फिर प्रतिरोध की राजनीति करनी पड़ेगी। प्रतिरोध की राजनीति में मैं समझता हूँ कि अधिक-से-अधिक लोगों को साथ रखा जाए तो अच्छा है। इसीलिए मैं वह उत्साह नहीं दिखा पाता जो और लोग अति उत्साह दिखाते हैं। हमारे बहुत-से भाई सोचते हैं कि आज झकझोरकर खड़े हो जाएँ, तो नई पार्टी बना लेंगे जो असेंबली में...हमसे कहा भी जाता है कि पाँच वर्षों बाद आप एक नई पार्टी बना सकते हैं, अगर आप खड़े हो जाएँ। लेकिन मुझे ऐसा लगता है कि हमारे पास पाँच साल नहीं हैं। आज जो लोग प्रतिपक्ष की राजनीति में बचे हैं उनको यह सोचकर चलना होगा।

**आप कल की पार्टी किसे मानते हैं और उसका स्वरूप क्या होना चाहिए ?**

कल की पार्टी आज की पार्टियों में से कोई नहीं है। इनके समन्वय से कोई पार्टी बने तो वह कल की पार्टी हो सकती है। हम लोग यह कर पाएँगे पता नहीं।

**जेपी के नेतृत्व में युवाओं ने प्रतिपक्ष को नई पार्टी दी, उसमें पुराने नेतृत्व को स्वीकार करना ही क्या बुनियादी गलती नहीं थी ?**

जेपी अब नहीं हैं। मैंने स्वीकार किया था या नहीं, यह भी अब नहीं कह सकता। स्वयं जेपी ने नेतृत्व का निर्णय दिया, तो उसके बारे में मैं क्या कह सकता हूँ। बहुत-सी बातें कभी कहने की नहीं होतीं, लेकिन भविष्य की जो राजनीति है, जो चुनौतियाँ हैं, राष्ट्र के सामने उस मुसीबत का सामना नए लोग ही करेंगे, पुराने लोग नहीं।

**लेकिन फिलहाल आप उत्तर प्रदेश, बिहार, मध्य प्रदेश, राजस्थान आदि राज्यों में विधानसभा चुनाव कैसे लड़ना चाहते हैं ? यानी किन-किन से आप सहयोग करना चाहेंगे किन मुद्दों पर ?**

मैं तो यह चाहता हूँ कि जितने लोग मिलकर लड़ सकें उन शक्तियों का विरोध करने

के लिए, जो तानाशाही की प्रवृत्तियों के पैर देश में जमाना चाहती हैं, उनका सहयोग लेना चाहिए। किन मुद्दों पर होगा यह उन सभी पर निर्भर करता है...।

**पर इस सहयोग का स्वरूप कैसे बनेगा जब आप ही की पार्टी के कुछ लोग लगातार कह रहे हैं कि लोकदल के साथ चुनावी समझौता होते ही वे पार्टी छोड़ देंगे और लोकदल का कोई-न-कोई आदमी गाहे-ब-गाहे बयान देता रहता है कि जनता पार्टी के साथ कोई चुनाव समझौता नहीं हो सकता ?**

दोनों तरफ ऐसे लोग हैं, जिनको अपने पर इतना अभिमान है कि वे यह समझते ही नहीं कि देश की राजनीति व्यक्तियों पर नहीं, बल्कि सामाजिक शक्तियों पर निर्भर रहती है। ऐसे लोग दोनों तरफ हमेशा रहेंगे जो इस तरह की बात करते रहेंगे। किंतु एक-दूसरे के प्रति दुराव की भावना से प्रेरित होकर अगर हम राजनीतिक निर्णय करें तो कोई अच्छी भूमिका नहीं निभा सकते।

**अगर जनता पार्टी और लोकदल ऐसे ही एक-दूसरे के खिलाफ लड़ते रहे, तो विधानसभा चुनाव का परिणाम क्या होगा ?**

चुनाव का परिणाम बुरा होगा। शायद बहुत बुरा होगा। अगर जनता पार्टी और लोकदल के ऐसे लोग, जो कुछ दिनों और राजनीति करना चाहते हैं, अपनी पिछली भूलों से भी सबक नहीं सीखे तो उन्हें मालूम हो जाएगा कि इस दकियानूस प्रतिद्वंद्विता से वे अपने को ही खत्म कर रहे हैं।

**जनता पार्टी और लोकदल के अधिकांश लोग जानते हैं और वे कहते हैं कि 1974-75-76 में देश के लोकतांत्रिक मूल्यों को जो खतरा था, वह आज फिर सामने है। अगर वे लोग यह बात मानते हैं, तो फिर विलय क्यों नहीं हो सकता ?**

विलय हो सकता है, अगर दोनों मानते हों। कहने में और दिल से मानने में फर्क है। कहते सब लोग हैं, मानने में ही दिक्कत होती है। मानने में इसलिए दिक्कत होती है कि स्वार्थों को छोड़ना पड़ता है और उसके लिए मन की तैयारी नहीं होती है।

**नए राजनीतिक समीकरण में क्या आप पुराने जनसंघियों में ऐसे तत्त्वों को देखते हैं, जो आपकी विचारधारा के काफी नजदीक आ रहे हैं ?**

यह कहना बड़ा कठिन है। जब इस तरह का राजनीतिक तनाव चलता है, तो पुराने घटक के लोगों में आपस में सिमटकर चलने की प्रवृत्ति ज्यादा तेज हो जाती है। अकेले में जब बात होती है, तो बहुत-से ऐसे पुराने जनसंघी नेता हैं, जो मानते हैं कि जनसंघ की पुरानी राजनीति दोहराना गलत है। ऐसा करने से राष्ट्र का अहित होगा। अहित होगा देश की राजनीति का। लेकिन जब निर्णय करने का समय आएगा, तो मुझे बहुत कम आशा है कि ये लोग अपने सामूहिक निर्णय से अलग हो सकेंगे।

**क्या आप यह महसूस नहीं करते कि वर्तमान संदर्भ में अगर चौधरी चरण सिंह के इर्द-गिर्द गलत मशविरा देनेवाले एक-दो लोग हट जाएँ, तो वे आपके बेहतरीन साथी साबित होंगे और आप और चौधरी चरणसिंह मिलकर श्रीमती इंदिरा गांधी को बेहतर और शक्तिशाली चुनौती दे सकेंगे ?**

मैं यही कहूँगा कि उनके सभी सलाहकार गलत सलाह देनेवाले नहीं हैं। लेकिन पिछले कुछ दिनों में जो कुछ बातें हुईं, जब-जब हम मिले, कई पेचीदा सवालों के ऊपर तो मैंने हरदम चरणसिंहजी को तर्कसंगत बात करते पाया है और अनेक अवसरों पर हमारी और उनकी सहमति हुई। कई बार इसके लिए मेरे दोस्तों ने बुरा भी माना। लेकिन मैंने हमेशा माना है कि भारत की धर्मनिरपेक्ष राजनीति में चौधरी चरण सिंह की भूमिका को नजरअंदाज नहीं किया जा सकता और इसीलिए मेरी ओर से जो बना वह मैंने हमेशा करने की कोशिश की। लेकिन बात होती है और कुछ ही देर बाद कुछ ऐसी घटनाएँ हो जाती हैं, जिससे उनके विचार बदल जाते हैं और लगता है कि उनकी नाराजगी एक शाश्वत नाराजगी का रूप धारण करती जा रही है। हर समय आदमी यह सोचता रहे कि चौधरी साहब के कान में दूसरा कोई बात न कह दे, तो यह बड़ी कठिन बात है। पर मैं ऐसा मानता हूँ कि मौलिक रूप से मेरे और चौधरी चरण सिंह के बीच ऐसा मौलिक मतभेद नहीं है कि मैं और वे मिलकर काम न कर सकें—यद्यपि कुछ लोगों की ओर से परस्पर ऐसी भावना पैदा की जाती है। सिर्फ स्वभाव का अंतर है, वे बुजुर्ग आदमी हैं, उनके सोचने का ढंग दूसरा है, मेरा दूसरा। लेकिन मैं इतना जरूर कह सकता हूँ कि ऐसी कोई महत्त्वाकांक्षा की लड़ाई हमारे और उनके बीच नहीं है जिसके कारण हम एक-दूसरे के साथ काम न कर सकें।

**पिछले डेढ़ महीने की श्रीमती गांधी की निष्क्रियता को देखते हुए पहले और अब की श्रीमती गांधी में कोई फर्क आपको दिखाई देता है ?**

पहले की इंदिरा गांधी और अब की इंदिरा गांधी में सामान्य रूप से कोई अंतर नहीं है। अंतर है तो यह कि आज की इंदिरा गांधी में आत्मविश्वास की कमी आ गई है। ऐसा कई बातों में लगा। उदाहरण के लिए पिछले एक महीने के अंदर ही नारा लगा देना कि विदेशी शक्तियाँ आकर हमारे देश में कठिनाइयाँ पैदा करना चाहती हैं या बार-बार इसी बात को कहना कि ढाई वर्षों में जो हुआ उसी से सारा देश पीछे चला गया, यह वास्तविकता से परे की बात है। इस तरह के मिथ्या प्रचारों से ऐसा प्रतीत होता है कि आज की समस्याओं से लड़ने की बजाय वे कोई बहाना बनाना चाहती हैं, परिस्थितियों को और बिगड़ने देने के लिए। ऐसा वे पहले भी करती थीं। पर इस विजय के बाद मैं ऐसा समझता था कि उनमें आत्मविश्वास आएगा और वे कहेंगी कि सब समस्याएँ हल होंगी, पर अब कह रही हैं कि कुछ महीनों में जादू नहीं हो जाएगा। इससे लगता है कि वे समझ रही हैं कि भाषण देकर भावनाओं को भड़काना एक बात है और वास्तविकता को सही रूप में देखना दूसरी बात।

*रविवार, 9–15 मार्च, 1980*

# सिर्फ चुनाव के लिए नहीं

## *दिनमान प्रतिनिधि की बातचीत*

**इस अधिवेशन की क्या उपलब्धियाँ रहीं ?**

हमने जितनी उम्मीद की थी उससे दोगुनी संख्या में कार्यकर्ता यहाँ आए। कार्यकर्ताओं का उत्साह इस बात का सबूत है कि वे जनता पार्टी के साथ हैं। अतीत में नेताओं ने पार्टी छोड़कर कार्यकर्ताओं को दिग्भ्रमित और हतोत्साहित करने का कार्य किया, लेकिन कार्यकर्ता पार्टी के साथ रहे।

ये कार्यकर्ता वे हैं, जिन्होंने आपातकाल के दौरान आंदोलन में हिस्सा लिया था, जिन्होंने जनता पार्टी के सत्ता में आने के बाद भी उसका फायदा नहीं उठाया और हमेशा यह मानते रहे कि जनता की आकांक्षाओं को पूरा करने के लिए तथा समय की चुनौती का सामना करने के लिए जनता पार्टी का अस्तित्व जरूरी है।

**उस समय की चुनौती क्या है ?**

सन् '77 में राष्ट्र के समक्ष जो चुनौती थी, वह आज भी बरकरार है। मैं अप्रैल, 1980 की बात कर रहा हूँ, जब असम में जनभावनाओं को दबाने के लिए पुलिस और सेना का सहारा लिया जा रहा है तथा दमन की कार्रवाई की जा रही है। लेकिन लोग जानते हैं कि अधिनायकवादी शासन का मुकाबला कैसे किया जाना चाहिए तथा उन ताकतों से कैसे लड़ा जाना चाहिए, जो जनता के लोकतांत्रिक अधिकारों का हनन करने पर तुली हों।

**असम की समस्या तब भी थी, जब जनता पार्टी सत्ता में थी।**

जब हमारी पार्टी की सरकार असम में थी, समस्या के समाधान के लिए बातचीत की प्रक्रिया जारी रखी गई। जब तब गोलप बोरबोरा मुख्यमंत्री थे असम में आंदोलन नहीं हुआ। लेकिन हजारिका की सरकार बनते ही आंदोलन शुरू हो गया। मेरा यह दृढ़ मत है कि सेना का प्रयोग कर शांतिपूर्ण आंदोलनों को दबाया नहीं जा सकता। इससे समस्या और भड़केगी। श्रीमती इंदिरा गांधी की सरकार से मैं कहना चाहता हूँ कि समस्या को इतना विस्फोटक न बनने दीजिए कि पूरे देश के लिए समस्या पैदा हो जाए।

**क्या आपकी पार्टी असम समस्या के समाधान में पहल करेगी ?**

असम समस्या राजनीतिक दलों के नियंत्रण में नहीं रही। यह राजनेताओं के नियंत्रण से बाहर जा चुकी है। जब तक प्रशासन की तरफ से कोई पहल नहीं की जाती, कुछ भी संभव नहीं है। इसके समाधान के लिए समाज के विभिन्न वर्गों के लोगों को एक साथ बैठकर

विचार करना होगा।

पहल श्रीमती गांधी के हाथ में है। अगर वे हाथ आगे बढ़ाती हैं, तो मैं छात्रों से अपील करूँगा कि वे ऐसी पहल पर उचित प्रतिक्रिया व्यक्त करें। मैं यह नहीं कह सकता कि पहल छात्रों को करनी चाहिए क्योंकि ऐसा कहना आंदोलन को कमजोर करना होगा। विशेष तौर पर आज की परिस्थिति में जब वहाँ सेना खड़ी है।

**विरोधी पार्टियों की एकता के संदर्भ में आपका दृष्टिकोण क्या है** ?

विरोधी पार्टियों की एकता की बात वर्तमान राजनीतिक परिस्थिति के संदर्भ में नए दृष्टिकोण अपनाए बगैर बे-मतलब है। सवाल सिर्फ विरोधी पार्टियों को एक बनाने का नहीं है—ऐसी ताकत का निर्माण करने का है, जो राजनीतिक ढाँचे में सिमटी न रहकर उसके बाहर भी कार्यरत हो सके।

विरोधी पार्टियों को चुनाव में जीतने की आकांक्षा लेकर एक साथ आने की बात सोचने के बजाए निश्चित कार्यक्रम बनाकर आगे बढ़ना चाहिए—जहाँ आम आदमी को यह भरोसा हो सके कि उसके लिए कुछ किया जा रहा है। आम आदमी यह अपेक्षा नहीं रखता कि उसे स्वर्ग मिल जाएगा। वह सिर्फ इतना ही अहसास करना चाहता है कि सचमुच उसके कल्याण के लिए कुछ हो रहा है। मुझे यह कहने में संकोच नहीं कि जनता शासन के दौरान हम इतना कुछ भी नहीं कर सके।

*दिनमान, 4–10 मई, 1980*

# रास्ता मौजूदा कठिनाइयों के बीच से ही निकलेगा

*संतोष भारतीय की बातचीत*

*गढ़वाल उपचुनाव में सत्तारूढ़ दल की ओर से बड़े पैमाने पर जो धाँधली हुई, उससे भारत के बिखरे हुए और विभाजित प्रतिपक्ष को अपने अस्तित्व को एक नई और खतरनाक चुनौती महसूस होने लगी। अतः 1980 के चुनाव के बाद बारह विरोधी दल 17 जुलाई, 1981 को पहली बार एक साथ बैठे, जिसमें मुख्य मुद्दा यह था कि चुनाव प्रणाली में बुनियादी सुधार लाने के लिए कैसे एकताबद्ध प्रयास किए जाएँ। चुनाव प्रणाली में प्रस्तावित संशोधनों को अंतिम रूप देने के लिए एक समिति भी बनाई गई। उस दिन हुई बातचीत का एक नतीजा यह भी निकला कि तीन पार्टियों—सोशलिस्ट पार्टी, डेमोटिक सोशलिस्ट पार्टी और जनवादी पार्टी का आपस में विलय हो गया ? फिर अगस्त के दूसरे सप्ताह में पता चला कि जनता पार्टी, लोकदल और कांग्रेस अर्स के नेताओं ने एक साथ बैठ कर विचार किया कि क्या जनता पार्टी का प्रयोग दोहराया जा सकता है। लेकिन बात बनते-बनते टूट गई। दूसरी तरफ कांग्रेस अर्स लगातार बिखराव का शिकार होती जा रही है, जिसमें सबसे ताजा है जगजीवन राम द्वारा किया गया जख्म। ऐसी स्थिति में क्या विपक्ष की कोई एकता संभव है ? इसमें वास्तविक कठिनाइयाँ क्या हैं ? देश की निरंतर बिगड़ती हुई हालत में बचाव का रास्ता कैसे निकलेगा ? इन सभी संदर्भों में जनता पार्टी के अध्यक्ष चन्द्रशेखर से हुई बातचीत के अंश :*

**पिछले दिनों आपने विरोधी दलों की तो बैठक बुलाई थी, उसका उद्देश्य क्या था ?**

पिछले बहुत दिनों से चर्चा थी कि चुनाव प्रणाली में आवश्यक सुधार होने चाहिए। यह बात कोई नई नहीं है। जयप्रकाशजी के आंदोलन के बाद कई बार इस विषय पर विचार हुआ। इस दिशा में जनता पार्टी की सरकार ने एक संसदीय समिति गठित की थी। उसकी रिपोर्ट भी आ गई थी और संसद में पेश करने के लिए एक मसविदा भी तैयार कर लिया गया था। सब लोगों की सलाह भी थी, पर जब यह अंतिम चरण में था, तभी जनता पार्टी की सरकार चली गई। बहरहाल, सभी लोग बराबर यह महसूस करते रहे कि धन ने चुनाव में एक बड़ा ही महत्त्वपूर्ण स्थान बना लिया है और अब जो लोग अधिक मात्रा में धन लगा सकते हैं, वे ही चुनाव में सफल हो सकते हैं। लेकिन पिछले दिनों उत्तर प्रदेश और बिहार के उपचुनावों में जो कुछ हुआ, उससे लोगों ने यह महसूस किया कि अब न केवल धन और सत्ता के दुरुपयोग का सवाल है, बल्कि सरकार के बल पर चुनाव की सारी प्रक्रिया को ही उलट देने की साजिश चल रही है। मताधिकार जो जनता का मौलिक अधिकार है, उसी को अस्वीकार करने का प्रयास हो रहा है। जिस तरह कुछ मुख्यमंत्रियों ने पुलिस का अपनी निजी

सेना की तरह इस्तेमाल किया, उससे लोगों की यह शंका और बढ़ी। इसीलिए मैंने सभी विपक्षी दलों के नेताओं को पत्र लिखा कि अब यह जरूरी हो गया है कि आप तत्काल इस विषय पर विचार करें। इसी उद्देश्य से यह बैठक बुलाई गई थी। कई लोगों ने इसके अलग-अलग अर्थ लगाए, लेकिन इसका कोई और उद्देश्य नहीं था। मुझे प्रसन्नता है कि विरोधी पक्ष के सभी लोगों ने इसकी अहमियत को स्वीकार किया। जो लोग नहीं आए—भारतीय कम्युनिस्ट पार्टी, वे भी इसकी महत्ता को तो मानते ही हैं। उनके सामने कुछ और कठिनाइयाँ रही होंगी।

**इस बैठक का एक अर्थ यह भी लगाया गया कि चूँकि विरोधी दल अब इस नतीजे पर पहुँच चुके हैं कि अलग-अलग रहकर कुछ नहीं किया जा सकता है और आप उनके पुराने अध्यक्ष रह चुके हैं, इसलिए उन लोगों ने अलग-अलग आपसे संपर्क किया कि कुछ खास-खास मुद्दों पर एक होकर कुछ कार्यक्रम बनाने या नई पार्टी गढ़ने की कोशिश की जाए ?**

यह सच है कि बहुत-सी पार्टियों के लोगों ने यह इच्छा व्यक्त की कि अगर इस तरह की बैठक हो, तो कोई रास्ता निकल सकता है। लेकिन यह सही नहीं है कि जो जनता पार्टी में थे, सिर्फ वे ही लोग इस बैठक में आए थे। सी पी एम, फारवर्ड ब्लॉक, अकाली दल, नेशनल कॉन्फ्रेंस आदि के लोग भी आए थे। इससे बैठक का उद्देश्य साफ हो जाता है। यह महत्त्वपूर्ण है कि 1980 के चुनाव के बाद पहली बार विरोधी दलों के लोग इतने बड़े पैमाने पर एक साथ बैठे और बातचीत हुई। लोगों को यह महसूस हुआ कि आवश्यकता पड़ने पर विरोधी पक्ष के लोग एक स्वर से जनता की आवाज बुलंद कर सकते हैं।

**जनता के मन में यह जो धारणा है कि विभिन्न व्यक्तित्वों और वर्ग-स्वार्थों के नेताओं के कारण न तो विपक्षी एकता हो सकती है और न एक दल बन सकता है, इस पर आपका क्या सोचना है ?**

यह सही है कि बहुत-से लोग राजनीति की इसी तरह व्याख्या करते हैं कि इस सारी राजनीतिक चाल में उनका क्या स्थान होगा। बहुत-से साथी ऐसे हैं, जो समझते हैं कि समाज उन्हीं के चारों ओर घूमेगा। यह उनकी विकृत बुद्धि का लक्षण है और इससे हम समझते हैं कि सही मार्ग पर पहुँचना संभव नहीं है। लेकिन जैसा समाज है, उसी में से हमें कोई रास्ता निकालना होगा। इन्हीं कठिनाइयों के बीच में से कोई राह निकलेगी।

**आपने समय-समय पर ऐसे लोगों की ओर संकेत किया है, जो पार्टी की टूट के मुख्य कारण रहे थे—जैसे चरण सिंह, जगजीवन राम, मोरारजी देसाई और मधुलिमए। इन्हीं सारे लोगों को ले कर आप फिर आगे बढ़ेंगे, तो क्या पुराने अनुभवों की ही पुनरावृत्ति नहीं होगी ?**

मैं ऐसा नहीं मानता कि केवल चंद लोगों के कारण पार्टी टूटी। इसके अलावा हम लोग अपने अनुभवों से सीखते भी हैं। आपने जिन लोगों का नाम लिया, या जिनका नाम आपने नहीं लिया, मैं मानता हूँ कि उन लोगों ने भी कुछ सीखा होगा। और अगर नहीं सीखा होगा, तो सब लोगों की तस्वीर खुलकर जनता के सामने आ ही गई है और अंततोगत्वा निर्णय तो जनता ही करती है। मुझे जनता के निर्णय पर विश्वास है। इसीलिए मुझे विश्वास है कि

अगर हम लोग गलती भी करेंगे, तो हमें सही राह पर लाने के लिए जनमत एक बड़ी शक्ति है। लेकिन आज जो बिखराव है, उसके कारण हम सही रास्ते पर चलने का प्रयास भी नहीं कर पाते हैं। अतः आगे अगर कोई नया समाज बनाना है या आज की समस्या का हल निकालना है, तो इन व्यक्तियों को धुरी मानकर ही नहीं, बल्कि नई शक्तियों को संगठित करके और सिद्धांतों और कार्यक्रमों के आधार पर जनता को संगठित करके ही हम सही मायने में आगे बढ़ सकते हैं।

**पिछले दिनों चुनावों में लोगों ने जो फैसले दिए या जिस तरह की चीजें चल रही हैं, क्या उनसे यह नहीं लगता कि हिंदुस्तान के लोग ऐसे दल को ज्यादा अच्छा या अपने ज्यादा करीब मानते हैं, जिसका नेता एक हो, जिसका चरित्र एक हो और जो मजबूती के साथ गरीबों और पिछड़ों की बात कर सके ? साथ ही, लोग ऐसे दलों को नापसंद करते हैं, जिनमें कई नेता हों, जो अलग-अलग तरह की बातें करते हों ? अगर ऐसा है, तो आप कैसे कल्पना करते हैं कि सब लोग फिर जुड़ेंगे और कुछ ठोस काम होगा ?**

मैं नहीं मानता कि देश की जनता ने ऐसी कोई धारणा बना रखी है। मूर्ति-पूजक देश है हमारा, इसलिए कभी-कभी हम मूर्तियाँ गढ़ भी लेते हैं, जिनके चारों ओर मँडराना हमारा काम हो जाता है। लेकिन साधारण जनता इस प्रवृत्ति से अब भी अछूती है, ऐसा मैं मानता हूँ। व्यक्तियों का महत्त्व सीमित होता है और उनकी तुलना में सामाजिक शक्तियाँ बहुत अधिक मायने रखती हैं। इसीलिए उन शक्तियों को, जो एक नया समाज बनाना चाहती हैं, संगठित करना ज्यादा महत्त्व रखता है। इस प्रक्रिया में व्यक्ति तो समय-समय पर उभरकर आते ही हैं। हमारी कठिनाई यह है कि कभी-कभी कोई एक व्यक्ति हमारे मानस पर इस कदर छा जाता है कि हम सारी राजनीति को उसी के अनुरूप देखने लगते हैं। यह ठीक नहीं है। आज लोगों के मन में यह बात बैठ गई है कि सरकार कुछ भी करे, करती जाए, कुछ हो ही नहीं सकता, इसे मिटाने के लिए तात्कालिक कदम यह हो सकता है कि विरोधी पक्ष संगठित होकर आवाज उठाए। लेकिन यह भी सही है कि अगर चार-छह लोग इकट्ठे हो जाएँ, तो इससे कोई राष्ट्रीय विकल्प नहीं बन सकता। मान लीजिए, वे लोग मिलकर सरकार बना लें, तो भी यह राष्ट्रीय विकल्प नहीं होगा। राष्ट्रीय विकल्प का मतलब है, राष्ट्र की समस्याओं का समाधान ढूँढ़ने में जो लोग सक्षम हैं, वे राजसत्ता को अपने हाथ में सँभालें। कठिनाई यह होती है कि हम हर कदम को मंजिल समझ लेते हैं। मंजिल पर पहुँचने के लिए कई टेढ़े-मेढ़े रास्तों से गुजरना पड़ता है। यदि हमारा गंतव्य स्पष्ट है और उस गंतव्य तक पहुँचने के लिए हमारे अंदर संकल्प है, तो कभी ऊँचे-नीचे, कभी दाएँ-बाएँ, कभी आगे-पीछे हट कर उस गंतव्य तक पहुँचना होता है। इस बात को सभी समाज-सुधारकों, दार्शनिकों और क्रांतिकारियों ने स्वीकार किया है। कोई सीधी राह मंजिल तक पहुँचा देगी, ऐसा नहीं है।

**अभी जो यह अध्यादेश निकला है कि मजदूर हड़ताल नहीं कर सकते, इसकी रोशनी में आप सरकार को किस दिशा की ओर जाते हुए देखते हैं ?**

इन अध्यादेशों से सरकार के पंगु होने का स्पष्ट संकेत मिलता है। वह आज की समस्याओं के समाधान में स्वयं को असमर्थ पा रही है। सरकार को लोगों के ऐच्छिक सहयोग

पर विश्वास नहीं रह गया है। दमन की शक्तियों के सहारे लोगों की जबान बंद करके अपना काम निकालने की बात जब चलने लगती है, तो ऐसी सरकारें जनतांत्रिक ढंग से तो कुछ कर ही नहीं पातीं, दूसरे तरीके से काम निकालना भी उनके लिए मुश्किल हो जाता है। इस प्रकार के अध्यादेशों से मुझे लगता है कि सरकार के हाथ-पाँव फूल गए हैं। ये अध्यादेश आत्मविश्वास की कमी के परिचायक हैं। मैं नहीं समझता कि इससे सरकार को कुछ अधिक बल मिलेगा या उसकी ताकत बढ़ेगी।

**ऐसे अध्यादेशों का क्या परिणाम होगा ?**

परिणाम दो तरह के आ सकते हैं। हो सकता है, तुरत लोगों के मन में एक भय पैदा हो। लेकिन न तो दुनिया में कहीं ऐसा हुआ है और न होगा कि लोग हमेशा के लिए शांत हो जाएँ। मानव की चेतना को हमेशा के लिए दबाया नहीं जा सकता। अतः लोग फिर इससे अधिक आक्रोश के साथ उभरेंगे। इससे अधिक कठिनाइयाँ पैदा होंगी। निकट भविष्य में ही—यह तो हम नहीं कह सकते, लेकिन यह जरूर है कि इस तरह के अध्यादेशों का परिणाम हमेशा बुरा ही हुआ है।

**क्या इंका के किसी व्यक्ति ने आपसे संपर्क किया है ? उनके बीच किसी तरह की टूट या घुटन का आपको अहसास होता है ?**

कांग्रेस (ई) के किसी व्यक्ति ने मुझसे इस तरह का संपर्क तो नहीं किया है। वैसे मैं कांग्रेस संगठन में बहुत दिनों तक रहा हूँ। कभी-कभी ये लोग मिल भी जाते हैं—रास्ता चलते, ट्रेन में या हवाई जहाज में। आखिरकार इसी देश में रहते हैं। उनसे बातचीत हो जाती है, जिससे आभास होता है कि वे लोग भी अब यह समझने लगे हैं कि इस तरह से देश नहीं चल सकता।

**कांग्रेस-अर्स के हालात पर आपकी क्या टिप्पणी है ?**

कांग्रेस-अर्स में बहुत तरह के लोग हैं। कुछ लोग उसमें गए ही इसलिए थे कि दिन काटना था। लेकिन बहुत-से नौजवान ऐसे हैं, जो एक मिशन के साथ, एक आदर्श के साथ उसमें हैं। उन्होंने महसूस किया कि श्रीमती गांधी ने जो रास्ता अपनाया है, वह सही नहीं है। ये लोग उस राह के विरोध में एक नई राह बनाने के लिए गए हैं। अतः कांग्रेस अर्स को एक लपेट में कोई विशेषण देना ठीक नहीं होगा। उसमें बहुत-से अच्छे लोग हैं, जो संकल्प के साथ कुरबानी के रास्ते पर जाना चाहते हैं। बहुत-से लोग हैं, जो अवसर की तलाश में हैं कि किसी तरह श्रीमती गांधी उनको बुलावा दें और ये घर वापस चले जाएँ। अतः हमें घर वापस आनेवालों और नया घर बनाने वालों में फर्क करना ही पड़ेगा।

**कांग्रेस-अर्स के शरद पवार, अंबिका सोनी, राजमंगल पांडेय या अजय सोलंकी जैसे लोग अगर आपकी पार्टी में आना चाहें, तो क्या आप उनका स्वागत करेंगे ?**

हम तो स्वागत करेंगे ही। ये लोग हमारे परिचित हैं, मित्र हैं। लेकिन सवाल यह है कि ये लोग खुद क्या फैसला करते हैं। मैं पहले से कहूँ, तो कहीं ये लोग यह न समझने लगें

कि मैं अपनी पार्टी को बहुत बड़ा समझता हूँ। अगर ऐसे लोग जनता पार्टी में आएँ, तो जनता पार्टी को शक्ति मिलेगी। जहाँ तक राजमंगल पांडेयजी का सवाल है, मैंने तो उनसे पहले भी कहा था कि जनता पार्टी में आ जाइए। मैं तो यही नहीं समझ पाया कि वे जनता पार्टी छोड़कर गए क्यों !

**अंतिम सवाल। गढ़वाल में फिर जो चुनाव होगा, उसमें विरोधी दलों की और विशेषतः आपकी भूमिका क्या होगी ?**

हमारी पार्टी ने निर्णय किया था कि बहुगुणाजी का समर्थन करेंगे। अब भी वह निर्णय बरकरार है कि हम उनका समर्थन करेंगे। अब जहाँ तक मेरा सवाल है, क्या कहूँ ! जिस तरह बहुगुणा जी कहेंगे, हम करेंगे। ऐसा तो नहीं है कि बहुगुणाजी न भी चाहें, तो भी हम उसे अपने जीवन का उद्देश्य मान लें। वह तो इस पर निर्भर करेगा कि बहुगुणाजी किस तरह की मदद हमसे चाहते हैं !

*रविवार, 23-8-1981*

# मेनका का नेतृत्व स्वीकारना देश के लिए दुर्भाग्यपूर्ण होगा

*आलोक मेहता की बातचीत*

*जनता पार्टी और कर्पूरी ठाकुर के नेतृत्ववाले लोकदल के बीच चल रही एकता वार्ता पिछले दिनों पुनः टूट गई। जनता पार्टी के नेता तब भी यह प्रयास जारी रखे हुए हैं कि विभिन्न प्रतिपक्षी दल एकजुट होकर सत्ता का विरोध कर सकें। लेकिन पार्टी के अध्यक्ष चन्द्रशेखर दूरगामी परिणामों को ध्यान में रखते हुए पार्टी को नए ढंग से आगे बढ़ाने के लिए प्रयत्नशील हैं। वैसे भी चन्द्रशेखर लीक से हटकर राजनीति चलाने में माहिर हैं। कांग्रेस के विभाजन के दौरान युवा तुर्क नेता के रूप में उन्होंने लोकप्रियता हासिल की थी और जनता पार्टी का गठन होने पर भी उन्हीं के नाम पर सर्वानुमति हो सकी। और आज भी चंद्रशेखर भविष्य के प्रति आशावादी हैं। अपनी पार्टी की साख बढ़ाने और सत्ताधारी नेताओं के विरुद्ध जनजागृति के लिए पहली छह जनवरी से पदयात्रा का एक लंबा कार्यक्रम प्रारंभ कर रहे हैं। उनकी 6 महीने की यह पदयात्रा कन्याकुमारी से प्रारंभ होकर दिल्ली में समाप्त होगी। इसी पृष्ठभूमि में सत्ता और प्रतिपक्ष की राजनीति पर पिछले दिनों उनसे की गई बातचीत के अंश यहाँ प्रस्तुत हैं।*

**प्रतिपक्षी दलों की एकता के लिए आपके नेतृत्व में जनता पार्टी द्वारा किए गए प्रयासों को सफलता क्यों नहीं मिल पा रही है ?**

सही बात यह है कि जनता पार्टी में विवाद खड़ा होने पर मैंने अपने मित्रों से कहा था, जनता पार्टी टूटने पर उन्हीं शक्तियों का प्रादुर्भाव होगा, जिनसे संघर्ष के लिए पार्टी बनाई गई थी। लेकिन तब सारे प्रयासों के बाद भी जनता पार्टी विभाजित हो गई। 1980 के चुनावों में भारी पराजय के तत्काल बाद फिर यही बात उठी। उस समय लोग आतंकित थे और समझते थे कि अब एकता के लिए जल्दबाजी नहीं होनी चाहिए। इसके बाद इस विषय पर कई बार वार्ताएँ हुईं और टूटीं। लेकिन कठिनाई यह है कि 1979 में पार्टी टूटते समय जनता पार्टी के विभिन्न नेताओं के बीच आपसी मनोमालिन्य बहुत बढ़ गया था और ऐसे व्यक्तिगत विवाद और पूर्वग्रह अब भी अपनी जगह पर बने हुए हैं। दूसरे, इतनी बड़ी पराजय के बाद भी कई लोगों की महत्त्वाकांक्षाएँ समाप्त नहीं हुई हैं। वैसे यह स्थिति सभी पार्टियों में है। श्रीमती इंदिरा गांधी भी अपनी महत्त्वाकांक्षा के लिए पार्टी को कमजोर कर चुकी हैं। इसलिए मुझे लगता यही है कि जनता पार्टी और अन्य विरोधी दलों की एकता के लिए लोगों का मन बदलना होगा। आज साधारण लोगों को संगठित करने की आवश्यकता है, क्योंकि वे यह महसूस करने लगे हैं कि सरकार उनकी समस्याओं को हल करने में अक्षम है। और इस दृष्टि से कार्यकर्ता सक्रिय भी हो रहे हैं। यह ठीक है कि राजनीतिक पार्टियों के एक होने

से विभिन्न राजनीतिक और सामाजिक शक्तियों को एक प्रभावशाली मंच मिल सकता है। लेकिन नेताओं को एक साथ लाने के प्रयासों की सफलता के बारे में भी मैं अभी निश्चित रूप से कुछ नहीं कह सकता। फिर भी मैं इतना अवश्य मानता हूँ कि अपनी असफलता को सारे देश की असफलता नहीं माना जा सकता है। अक्सर राजनीति में काम करनेवाले यह समझने लगते हैं कि हम इतिहास के पूर्णविराम हैं। हम कुछ नहीं करेंगे, तो देश टूट जाएगा। लेकिन मैं इस तरह की गलतफहमी नहीं पालता।

**विभिन्न दलों के नेता चुनावों के दौरान गठबंधन के लिए तैयार हो जाने का संकेत देते रहते हैं। आप इस तरह के चुनावी गठबंधन को कितना उपयोगी मानते हैं ?**

मेरी तो यह निश्चित मान्यता है कि चुनावी गठबंधन देश की राजनीतिक, सामाजिक और आर्थिक समस्या का कोई स्थायी हल नहीं दे सकते। हमें दो बातों को अच्छी तरह समझना होगा। एक तो सरकार का बदलना समाज का बदलना नहीं है। चुनावों में दो- तिहाई बहुमत पाने के बाद भी श्रीमती गांधी राष्ट्रीय समस्याओं का कोई ठोस हल नहीं निकाल पाई हैं, इसलिए चुनाव के समय या सरकार बदलने के लिए विभिन्न दलों का इकट्ठा होना कोई उत्तर नहीं। हमें इस प्रवृत्ति को बदलना होगा। राजनीति के बारे में नई दृष्टि से सोचना होगा। बहुत-से विरोधी पक्ष विकल्प की बात करते हैं लेकिन यह वैकल्पिक सरकार की बात है। राष्ट्रीय विकल्प देने के लिए हमें जनमानस को बदलना होगा। दूसरे इस बात को अच्छी तरह समझना और स्वीकारना होगा कि चुनाव की दृष्टि से होनेवाला कोई समझौता भारतीय समाज को नए सिरे से बनाने में सहायक नहीं हो सकता है।

**तो आप किस तरह का विकल्प बनाना चाहते हैं ?**

हमारा प्रयास यही है कि कोई राष्ट्रीय विकल्प बने, तो उसमें स्थायित्व हो और उसकी दिशा तय हो। फिर अभीष्ट पाने के लिए दिशा सही होनी चाहिए। बहुत-से लोग कहते हैं कि विरोधी दलों की एकता के लिए जल्दी ही क्या है। जबकि मेरा कहना है कि सही दिशा के साथ वांछित गति भी होनी चाहिए क्योंकि काल किसी की प्रतीक्षा नहीं करता। वहीं मैं यह भी नहीं मानता कि वर्तमान स्थिति बहुत निराशाजनक है और भविष्य अंधकारमय है। मैं जितना घूमता और देखता हूँ लोगों में नई शक्ति, नई जागृति देखने को मिल रही है। हो सकता है कि आज का राजनीतिक नेतृत्व बहुत कुछ नहीं कर पाए। लेकिन मुझे इस बात में संदेह नहीं कि यह समाज को एक नया नेतृत्व देगा।

**इन दिनों विभिन्न दल और उनके नेता श्रीमती मेनका गांधी के सरकार विरोधी अभियान का समर्थन कर रहे हैं। क्या आपको लगता है कि संजय विचार मंच द्वारा तैयार होनेवाला नया नेतृत्व और विकल्प वर्तमान स्थिति को बदलने में सफल होगा ?**

जैसे समाज बदलने के लिए सरकार बदलना कोई मायने नहीं रखता, उसी तरह व्यक्तिगत झगड़ों से देश की राजनीति नहीं बदल सकती। विरोधी पार्टियाँ मेनका गांधी का साथ इसलिए दे रही हैं, क्योंकि इससे श्रीमती इंदिरा गांधी को अधिक बेचैनी होती है। इस नेतृत्व को देश स्वीकार कर लेगा, ऐसा मुझे नहीं लगता। हाँ, यदि स्वीकार कर लेगा तो यह

देश के लिए बहुत दुर्भाग्यपूर्ण होगा। अगर देश इंदिरा गांधी से हटकर संजय गांधी की तरफ जाएगा, संजय के कार्यक्रम और विचारों पर भारत का भविष्य निर्धारित होगा, तो इससे बड़ा देश का दुर्भाग्य और कुछ नहीं हो सकता। मेरी दृष्टि में नया नेतृत्व—उम्र का नेतृत्व नहीं, विचारों, नीतियों और कार्यक्रमों का नेतृत्व होना चाहिए।

**आप जेपी के प्रमुख अनुयायी रहे हैं। इसलिए क्या आपको भी जेपी के अन्य समर्थकों की तरह राजनीति में पैसों के बढ़ते प्रभाव से चिंता नहीं होती ?**

यह बात सही है कि देश में पैसे की राजनीति का प्रयास बढ़ा है, लेकिन यह कुछ समय चलनेवाली प्रवृत्ति दिखती है। यों संभव है कि पैसे के बल पर कोई दूसरा विकल्प भी दिखाई दे और चुनाव भी जीत जाए, लेकिन इस सारी स्थिति से मुक्ति पाने के लिए जनचेतना लाने की आवश्यकता होगी। 1977 में इंदिरा गांधी के पास पैसे की कमी नहीं थी, लेकिन जनचेतना और भावना के कारण उनकी पराजय हुई। इसलिए राष्ट्रीय विकल्प की तैयारी के लिए चुनावों को भी जन आंदोलन का रूप देना होगा। वह जन आंदोलन तभी होगा, जब हम जनता की आवश्यकताओं और आकांक्षाओं के अनुरूप कार्यक्रमों और नीतियों के अनुसार चेतना लाएँगे। राष्ट्रीय विकल्प वही होगा, जो देश की राजनीति को भूख, अशिक्षा, बेरोजगारी, आर्थिक विषमता और असंतोष से जोड़कर उससे उबर पाने की कोशिश करें। चाहे यह काम कोई भी व्यक्ति, पार्टी या संगठन करे। केवल भीड़ जुटाने मात्र से राष्ट्रीय विकल्प नहीं बन सकता।

**आपके नेतृत्व में क्या जनता पार्टी इस तरह की जनचेतना लाने का कोई विशेष कार्यक्रम बना रही है ?**

कार्यक्रम तो बहुत-से बने हुए हैं—लेकिन मैं यह स्वीकार करता हूँ कि हम उन्हें पूरे नहीं कर पाए। मैंने अपने कार्यकर्ताओं से कहा है कि चुनावी राजनीति से हटकर गाँवों में जाकर चेतना लाने के लिए प्रयास किए जाएँ। जैसे गांधी ने जन जागृति के लिए प्रयास किए थे—हम गांधी तो नहीं बन सकते, लेकिन उनके बताए रास्ते पर तो चल सकते हैं। उसे अपने जीवन में उतार सकते हैं। मेरी यह मान्यता है कि सभाओं में जुटनेवाली भीड़ से समाज बदलने का काम नहीं हो सकता। लोगों के पास जाकर, मिलकर और उनमें जागृति लाकर समाज बदला जा सकता है।

**तो क्या इसी कारण आपने पदयात्राओं के कार्यक्रम बनाए हैं ? और क्या आप इसे अपने लक्ष्य तक पहुँचने का सही रास्ता मानते हैं ?**

यह तो केवल एक रास्ता है। मुझे अपनी पदयात्राओं और जनसंपर्क के बाद नए प्रकार का अनुभव हुआ है। इसी से मुझे विश्वास आया कि देश इतना मरा हुआ नहीं है। यहाँ थोड़ी देर के लिए निराशा हो सकती है, सामाजिक विकृतियाँ आ सकती हैं, लेकिन ये सब स्थायी नहीं हैं। इस मामले में मैं बहुत आशावादी हूँ।

**जनता पार्टी के अध्यक्ष के रूप में आपको भारतीय जनता पार्टी के सुसंगठित काडर से चुनौती**

**नहीं लगती है ? विशेष रूप से आपकी पार्टी के पास काडर का अभाव दिखाई देता है।**

वास्तव में जनता पार्टी और भारतीय जनता पार्टी में तुलना नहीं हो सकती, क्योंकि भारतीय जनता पार्टी वह पार्टी नहीं है जो काडर बना रही है—यह काडर 40-50 वर्षों से बना हुआ है। उस बल पर भारतीय जनता पार्टी चल रही है। जनता पार्टी भी अपना काडर बनाएगी। लेकिन भारतीय जनता पार्टी के काडर से घबराने का कोई कारण मुझे नहीं लगता क्योंकि उसकी अपनी सीमाएँ हैं। हम राष्ट्रीय स्वयंसेवक संघ की तरह पूरा संगठन तो खड़ा नहीं कर सकते हैं, लेकिन न तो हम उसे चुनौती मानते हैं और न ही अनुकरणीय।

**लेकिन तब भी पार्टी अध्यक्ष होने के नाते आपको जनता पार्टी में कार्यकर्ताओं की कमी नहीं खटकती ?**

खटकती है, लेकिन इसके लिए किसी भी शक्ति का सहारा नहीं लिया जा सकता।

**आप फिलहाल चुनावी राजनीति से हटकर कार्य करना चाहते हैं, तो क्या दक्षिण के चुनावों में जनता पार्टी सक्रिय रूप से हिस्सा नहीं लेगी ?**

चुनावी राजनीति से बचने का मेरा यह मतलब कदापि नहीं कि हम चुनावों में ही हिस्सा नहीं लेना चाहते। हम दक्षिण के चुनावों में पूरा हिस्सा ले रहे हैं। हम चाहते हैं कि विरोधी पक्ष एक होकर यह चुनाव लड़े, क्योंकि श्रीमती इंदिरा गांधी जिस दिशा में जा रही हैं, उस पर तात्कालिक रोक लगाने के लिए बराबर प्रयास करना होगा।

**क्या अन्य नेताओं की तरह आपको भी लगता है कि इस समय प्रतिपक्ष को कमजोर देखकर श्रीमती गांधी मध्यावधि चुनाव करवा सकती हैं ?**

यह ठीक है कि लोग इस तरह की आशंका कर रहे हैं और हमारी पार्टी में भी यह प्रश्न उठाया जाना है, लेकिन मुझे मध्यावधि चुनाव की कोई संभावना दिखाई नहीं देती क्योंकि श्रीमती गांधी को मध्यावधि चुनाव से विशेष लाभ नहीं हो सकता है और इस समय उनके पास पर्याप्त बहुमत भी है।

*दिनमान, 28 नवंबर, 4—दिसंबर, 1982*

# राजनीतिक तब्दीली ही काफी नहीं

*संतोष भारतीय की बातचीत*

**आपकी पदयात्रा के बारे में आपकी पार्टी के साथी उदासीन क्यों हैं ?**

दो कारण हैं—एक, हम जनशक्ति को संगठित करने की बात तो करते हैं, लेकिन उसमें हमारी आस्था नहीं है। दूसरा कारण व्यक्तिगत है। जो काम हम खुद नहीं कर सकते, उसमें दूसरों को पड़ते देखकर हमारे मन में एक अजीब तरह की ईर्ष्या होती है। तब हम करनेवाले को छोटा समझकर नीचा दिखाने को कोशिश करते हैं। यह दोनों एक ही मन की उपज हैं और उस मन का न अपने पर विश्वास है और न दूसरों पर। ऐसे ही लोग इसका मखौल उड़ाते हैं, जिन्होंने राजनीति का एक ढर्रा अपना लिया है और इसी कारण पार्टी का साधारण कार्यकर्ता यह मान लेता है कि वही नेता होता है, जो हवाई जहाज पर आए, कार में बैठ भाषण दे और चला जाए। वह कल्पना ही नहीं कर पाता कि राष्ट्रीय कहे जानेवाले नेता गाँव-गाँव में पैदल घूमेंगे।

**इस पदयात्रा के बाद क्या कोई कार्यक्रम आपके पास है ?**

हम यह चाहते हैं कि सिर्फ इस पदयात्रा के रास्ते में ही नहीं, बल्कि चिट्ठियाँ भेज करके भी सारे देश में एक लाख नौजवानों की सूची बनाएँ, जिनका नाम और पता हमारे पास हो। जो हमें कोई पार्टी खड़ी करने के लिए नहीं, बल्कि लोगों की समस्या के बारे में सोचने के लिए तथ्य भेजें। हम कुछ पुस्तिकाओं का प्रकाशन करने जा रहे हैं। पहली पुस्तिका होगी—आजादी के बाद हमारे सपने कैसे टूट गए ? यह पुस्तिका दस दिनों में निकल जाएगी, तो उसको हम इन लोगों के पास भेजेंगे। उसके जरिए हम एक नया चिंतन शुरू करना चाहते हैं। इस चिंतन में हमारी पार्टी के लोग ही नहीं, दूसरी पार्टियों के लोग भी रहेंगे। ऐसे बुद्धिजीवियों से, जो पार्टियों की परिधि से बाहर हैं, हम ज्यादा अपेक्षा करते हैं। इस पदयात्रा का उद्देश्य केवल पार्टी को शक्तिशाली बनाना नहीं है। प्रमुख बात तो यह है कि नए ढंग से सोचने की शुरुआत मुल्क में की जाए। इसके लिए मैं यह पदयात्रा कर रहा हूँ। पार्टी के लोग कितना करेंगे, मैं नहीं जानता, क्योंकि पार्टी का रूप आगे चलकर क्या होगा, यह मेरे वश में नहीं। यह तो पार्टी के दूसरे लोग ही निश्चित करेंगे और मैं ऐसा समझता हूँ कि अगर हमारी पार्टी न भी सोचे, तो भी देश में बहुत-से लोग ऐसे हैं, जो समस्याओं पर सोचना चाहते हैं और उनको थोड़े-से भी साधन उपलब्ध किए जाएँ, तो वे आगे बढ़ सकते हैं और काम कर सकते हैं।

**दक्षिण के लोगों में जो उत्साह दिखता है, उसको क्या आप एक नई आशा के रूप में**

**देखते हैं ?**

मैं ऐसा समझता हूँ कि भारत एक ऐसा देश है, जहाँ उत्तर हो या दक्षिण, लोगों की मनोभावनाएँ एक हैं। लोगों की प्रतिक्रियाएँ भी एक समान होती हैं। दक्षिण में थोड़ी-सी कठिनाई भाषा की वजह से हमारे जैसे लोगों को होती है, लेकिन फिर भी भारत की जनता में एक अनोखी शक्ति है। वह अपना हित-अहित पहचानती है। गांधीजी ने बहुत पहले कहा था कि ये लोग अशिक्षित हैं, अनजान नहीं। मैं उनसे वोट लेने नहीं आया हूँ और न ही अपने लिए कुछ, लेकिन उनसे मिल रहा हूँ, उनकी बातें समझने की कोशिश कर रहा हूँ, तो वे बड़ी उदारता से स्वागत करते हैं। इसका कोई अर्थ नहीं निकालना चाहिए। वैसे, मैं समझता हूँ कि जनता पार्टी के प्रति उनकी आस्था बहुत बढ़ रही है। ऐसे भी नारे लगाए जाते हैं कि कल मैं भारत का प्रधानमंत्री होनेवाला हूँ, लेकिन इस तरह की गलतफहमियों को मैं अपने दिमाग में नहीं लाता। इसीलिए सारी कठिनाइयों के बावजूद, बहुत सारी आलोचना के बावजूद, मैं राजनीति में हूँ। यह तो नहीं कहूँगा कि इससे ऊपर उठ चुका हूँ, लेकिन इसका असर मुझ पर कम ही होता है। मैं सिर्फ इतना ही समझता हूँ कि जनता आपको सहयोग देने के लिए तैयार है, अगर आप सच्चे दिल से उसके पास पहुँचने का प्रयास करें।

**आपने अपने भाषण में एक नई बात कही है–जनांदोलन की बात। इस जनांदोलन का मतलब क्या है ?**

जनांदोलन के बारे में इसलिए कहता हूँ कि यह कोई नई बात नहीं है। हमने जब आजादी की लड़ाई लड़ी थी, तो आजाद समाज की कल्पना को लेकर गांधीजी ने सारे आंदोलन आरंभ किए थे। उन्होंने कहा था कि यह देश एक का नहीं करोड़ों का है। ये अगर जगेंगे, तो नया देश बनेगा और यही बात जयप्रकाशजी ने भी कही थी। यह बात तब कही जाती है, जब वे लोग, जिनके हाथ में सत्ता है या जो राजनीति में ऊँचे पदों पर आसीन हैं, जनता की समस्याओं के प्रति बिलकुल उदासीन हो जाते हैं। उस पर सोचते नहीं, विचारते नहीं, इसके दो ही तरीके हैं। या तो उस स्थिति को मानकर आदमी चुप बैठ जाए या उस स्थिति को बरदाश्त न करे। बरदाश्त नहीं करना है, तो जनता के पास जाना होगा। चाहे सत्ता पक्ष के लोग हों या विरोधी पक्ष के लोग, उनमें एक ही भावना रह गई है कि कैसे सत्ता को हथियाएँ। इसके बाद क्या होगा, यह कहने और सोचने की जरूरत नहीं समझते। हम चाहें या न चाहें, हममें शक्ति हो या न हो, इंदिरा गांधी की इस देश की राजनीति पर जो पकड़ थी, वह समाप्त हो चुकी है। उसको बिखरने में देर नहीं लगेगी। केवल बहाने की आवश्यकता है। अगर वह बिखरती है, तो उसके बाद क्या होगा ? क्या हम इतने से ही संतोष कर लेंगे कि इंदिरा गांधी हार गईं, क्या इसी से संतोष कर लेंगे कि कांग्रेस पार्टी बिखर गई ? यह अंतिम लक्ष्य नहीं हो सकता। मैं मानता हूँ कि अगर देश को बचाना है, तो स्वस्थ प्रवृत्तियों को सशक्त बनाना अपने में एक काम है। यह काम जनता को बड़े स्तर पर व्यापक ढंग से आंदोलित या समस्याओं के प्रति जागृत किए बिना अन्य किसी उपाय से हो सकता है, यह मुझे नहीं दिखाई देता। सरकार का परिवर्तन समाज का परिवर्तन नहीं है। सरकार बदल सकती है, केवल निराशा से। सरकार बदल सकती है, केवल जनता के गुस्से से। लेकिन

समाज बदलने के लिए जनता को उसमें भिड़ना पड़ेगा। जनता के संघर्ष में जुटे बिना समाज नहीं बदल सकता। सरकार बदलने का नाटक हमने एक-दो बार देख लिया। अब सारी जिंदगी यह आँखमिचौली करने से कोई लाभ नहीं। कुछ ज्यादा मौलिक परिवर्तन की बात सोचना है, तो जनांदोलन की जरूरत है। हमें अपने सोचने में परिवर्तन करना होगा, क्योंकि कोई भी समाज गोली से नहीं बदलता, कोई भी समाज चुनाव से नहीं बदलता। समाज में परिवर्तन होता है लोगों की इच्छा-शक्ति से। उस इच्छा-शक्ति को पैदा करने के लिए जनांदोलन की आवश्यकता है।

**इस पदयात्रा के क्या नतीजे सामने आएँगे ?**

मैं ऐसा समझता हूँ कि आज की राजनीति कुछ ही समस्याओं पर केंद्रित हो गई है। इससे हटकर राजनीति को मौलिक समस्याओं की ओर मुखातिब करने का प्रयास हम करेंगे और शायद इसमें हमें थोड़ी-बहुत सफलता भी मिल सकती है। मैं नहीं कह सकता, कितनी मिलेगी। कम-से-कम इस पर बहस शुरू की जा सकती है। उसका परिणाम निकलेगा कि नहीं; मैं नहीं जानता। लेकिन आज क्या हो रहा है ? मैं दूसरों को दोष नहीं देता। हमारी पार्टी में क्या होता है ? भाषण देते समय यदि कोई नेता 30 मिनट भाषण देता है, तो उसमें 25 मिनट इंदिरा गांधी की आलोचना करता है। बिना यह सोचे कि हम अगर आज हुकूमत में हो गए, तो क्या करेंगे। इस बारे में कुछ कहने की आवश्यकता भी नहीं समझता। हम यह भी मानते हैं कि जब हम 27 महीने सत्ता में रहे, तो हमने कुछ काम किए। हम अंत्योदय जैसी योजना लाए। लेकिन सामाजिक परिवर्तन करने की जो बात है, सामाजिक ढाँचे को बदलने की जो बात है, उनके लिए हमने क्या किया ? हमने कोई बुनियादी कदम नहीं उठाया। वह कदम उठाने के लिए हमारे मन में तैयारी नहीं थी। मैं व्यक्तियों की बात नहीं करता, एक पार्टी, एक समूह के रूप में सामाजिक परिवर्तन का हथियार बनने की हममें तैयारी नहीं थी। सामाजिक परिवर्तन का हथियार बनने के लिए हमारे मन की तैयारी आज भी नहीं है। इसीलिए हम थोड़ी देर में या तो आसमान में उड़ने लगते हैं या तुरत अपने को बिलकुल गिरा हुआ समझने लगते हैं। देखिए कल से कितना उत्साह हो गया है, कर्नाटक में हमारी मिली-जुली हुकूमत बनने की उम्मीद से।

हम बहुत आसानी से भूल जाते हैं कि आखिर सारे देश की हुकूमत हमारे हाथों में थी, फिर कैसे हमने उसको अपने हाथों से जाने दिया। यह ठीक है और मैं भी कहता हूँ कि 27 महीने में हमने कुछ काम किए। लेकिन सामाजिक परिवर्तन की दिशा में कोई बड़ा काम नहीं किया। मैं मानता हूँ कि 27 महीनों में हमने अगर सामाजिक परिवर्तन के लिए कदम उठाए होते, तो सरकार भी नहीं जाती और देश की राजनीति में भी यह स्थिति न आती। लेकिन कठिनाई यह है कि जो लोग उस समय, हम सब लोग, उस राजनीति को चलाने वाले थे, उनके मन में एक दृढ़ निश्चय नहीं था। संकल्प-शक्ति नहीं थी कि पार्टी और सरकार को सामाजिक परिवर्तन का एक हथियार बनाकर इस अवसर का लाभ उठाएँ। हम सत्ता को बनाए रखने के प्रयास में लगे हुए थे, सत्ता को समाज-परिवर्तन के लिए इस्तेमाल में लाना नहीं चाहते थे।

**क्या आप पार्टी में नए खून को एक बार फिर आगे लाने की कोशिश करेंगे या जो पुराना नेतृत्व है, पुराना संगठनात्मक ढाँचा है, वही चलता रहेगा ?**

मैं नहीं जानता, जनता पार्टी का संगठन किस रूप से आगे चलेगा, क्योंकि मेरे बस का यह नहीं है। लेकिन मैं ऐसा समझता हूँ कि सोचने का पुराना तरीका चाहे मेरा हो या किसी और का, निरर्थक हो गया है। उससे कोई नई दिशा नहीं मिलनेवाली है। हम एक बात भूल जाते हैं कि हर पीढ़ी का अपना एक काम होता है। पुरानी पीढ़ी के लोग अपना काम कर चुके हैं। हम लोग भी अब धीरे-धीरे असंगत होते जा रहे हैं—आज की पीढ़ी की इच्छाओं को अरमानों को पूरा करने में। लेकिन हममें से बहुत ऐसे हैं, जो यह समझते हैं कि अंतिम शक्ति उनके पास है। मैं उन लोगों में से नहीं हूँ। मैं नहीं जानता कि जनता पार्टी किस दिशा में जाएगी। मेरा प्रयास होगा कि जनता पार्टी में नए विचारवाले नवयुवक, जो थोड़ी हिम्मत से काम कर सकें, उनको आगे आना होगा। लेकिन ऐसा मत समझिए कि युवक का अर्थ केवल उम्र में युवक होना है। सोचने के तरीके में जवानी होनी चाहिए, नई जिंदगी होनी चाहिए। हम देखते हैं कि बहुत-से नौजवान भी उसी पुराने ढर्रे पर सोचते हैं। कुछ राजनीतिक प्रसिद्धि मिल गई, तो उसका उपयोग सत्ता पाने में, अपना वैभव बढ़ाने में करते हैं। इनमें और पुराने लोगों में फर्क क्या है ? इसलिए मैं तो यह जरूर चाहूँगा कि नौजवानों को बढ़ावा मिले। लेकिन एक सावधानी के लिए मैं यह भी कहना चाहता हूँ कि युवकों को भी अपने मानस को नए ढंग से ढालना होगा।

**आंध्र और कर्नाटक के चुनावों के बाद देश की राजनीति में किस प्रकार के परिवर्तन आ सकते हैं ?**

दो तरह के परिवर्तन हो सकते हैं। एक तो यह हो सकता है कि आंचलिक राजनीतिक पार्टियों का उदय हो, जो भविष्य के लिए खतरनाक होगा। दूसरे, यह हो सकता है कि जो लोग भारत के भविष्य के बारे में सजग हैं, चिंतित हैं, वे मिलकर एक राष्ट्रीय विकल्प बनाने का प्रयास करें। बड़ी गलतफहमियाँ हो जाती हैं, राष्ट्रीय विकल्प के बारे में। एक सरकार को हटाकर दूसरी सरकार बनाने और राष्ट्रीय विकल्प—दोनों में बड़ा अंतर है। बदलाव एक चीज है और विकल्प दूसरी चीज। विकल्प का अर्थ होता है, समस्याओं के समाधान के लिए एक नया रास्ता और नई दृष्टि। सरकार के बदलाव का मतलब है एक की जगह दूसरी का आना। वह चाहे एक पार्टी की हो, चाहे दूसरी पार्टी की, उससे कोई फर्क नहीं पड़ता। जो सिर्फ सरकार बदलना चाहते हैं, वे यथास्थिति को बनाए रखना चाहते हैं। चाहे वह एक पार्टी के नाम पर हो, चाहे दूसरी पार्टी के। ऐसे लोग कोई राष्ट्रीय विकल्प नहीं दे सकते।

**इंदिरा कांग्रेस की हार के लिए राजीव गांधी किस हद तक जिम्मेदार हैं ?**

मैं यह तो नहीं कहता कि राजीव गांधी ही एकमात्र कारण हैं, लेकिन वह बहुत बड़े कारण हैं। इंदिरा गांधी को यह बात समझ में नहीं आई कि 1975 में इमर्जेंसी के बाद संजय गांधी को बढ़ाकर उन्होंने 1977 में मुँह की खाई। इससे उन्होंने कुछ सीखा नहीं। संजय की मृत्यु के बाद उन्होंने अपने बड़े बेटे को जिस ढंग से बढ़ावा देने की कोशिश की, उसका यह परिणाम होने वाला था। अगर उनको अब भी संतोष नहीं है, तो कुछ और प्रयास करके देखें।

**एक चीज तो आप कह ही सकते हैं कि ऐसे कौन-से लोग हैं, ऐसे कौन-से दल हैं जो...**

मैं किसी दल का नाम नहीं लेना चाहता, लेकिन वे सारे लोग जो रूढ़ियों में विश्वास करते हैं, वे सारे लोग जो आज के आर्थिक संबंधों को बनाए रखना चाहते हैं, वे सारे लोग जो जाति-धर्म और दूसरे संकीर्ण विचारों के कारण मानव-मानव के अंदर अंतर पैदा करना चाहते हैं, वे सारे लोग जो मानते हैं कि मनुष्य-भगवान के यहाँ से प्रारब्ध लेकर आया है और वही उनके भविष्य का निर्णय करेगा, इस तरह के विचारवाले सारे लोग इस परिधि में आते हैं। इस परिधि में वे लोग भी आते हैं, जो आर्थिक दृष्टि से यह समझते हैं कि उत्पादन की शक्ति धन में है; श्रम में नहीं। वे सारे लोग भी इस परिधि में आते हैं, जो समाज की उन शक्तियों की उपेक्षा करते हैं, जो कई सदियों से शोषित, उपेक्षित और लांछित हैं। ये लोग कौन हैं, कौन पार्टियाँ हैं, आप स्वयं निर्णय कर लीजिए।

**तेलुगुदेशम की सफलता आनेवाले दिनों में राष्ट्रीय पार्टियों को महत्त्वहीन तो नहीं बना देगी ?**

बना सकती है। क्योंकि जिनको आप राष्ट्रीय पार्टियाँ कहते हैं, उनकी कोई राष्ट्रीय सोच नहीं है, कोई तरीका नहीं है। केवल सोचने से ही राष्ट्रीय पार्टियाँ नहीं बना करतीं। कोई शून्य तो रहेगा नहीं। अगर राष्ट्रीय पार्टियाँ नए सिरे से कुछ सोचें, तो यह शायद रुक सकता है।

**क्षेत्रीय दलों के उभरने से जो खतरा पैदा हो गया है, उसका सामना करने के लिए सारे राष्ट्रीय दल मिलकर एक दल या एक मंच बनाने की कोशिश क्यों नहीं करते ?**

यह काम नहीं होगा। लेकिन कोशिश करनी चाहिए। जब तक कार्यक्रमों के बारे में, भारत के भविष्य के बारे में एक दृष्टि नहीं होगी, तो ऐसे लोग मिलेंगे और फिर टूटेंगे। इससे बिखराव और ज्यादा बढ़ेगा। इसलिए जल्दबाजी करने की जरूरत नहीं है। मैं ऐसा समझता हूँ कि थोड़ा समय लगे, लेकिन नए लोगों को नए तरीके से समझकर कुछ नई शक्ति पैदा करनी चाहिए। हम कोशिश ही तो कर सकते हैं, प्रयास ही तो कर सकते हैं। कौन जाने कि हमारा प्रयास सफल होगा या नहीं। लेकिन अगर सही मन से प्रयास करें, तो यह भी कम संतोष की बात नहीं कि हमने प्रयास तो किया। लेकिन घबराकर जल्दबाजी में एकता कर लेने से हम नहीं समझते कोई लाभ होगा।

**पिछले चार साल से एक सवाल लोगों के मन में है कि क्यों किसी राजनीतिक दल ने सामाजिक-आर्थिक मुद्दों पर आंदोलन नहीं छेड़ा ? इसका क्या कारण आप समझते हैं, क्योंकि आप आखिर एक राष्ट्रीय नेता हैं ?**

दो वजहें हैं। आज के अधिकतर राजनीतिक दलों की कोई पृष्ठभूमि सामाजिक-आर्थिक सवालों को लेकर लड़ने की नहीं है—केवल दोनों कम्युनिस्ट पार्टियों को छोड़कर। कम्युनिस्ट पार्टियों का दिमाग इस सवाल पर जरूर साफ है, आप उनसे सहमत हों या असहमत।

**लेकिन पिछले चार सालों में उन्होंने भी इस सवाल पर कोई आंदोलन नहीं किया ?**

इसलिए कि वे आंचलिक पार्टियाँ बनकर रह गईं। दो-तीन जगहों पर उनकी, कम से

कम सी.पी.एम. की सरकारें बन गई हैं, इसलिए उन सरकारों को बचाने में ही उनकी सारी शक्ति लगी हुई है। यह मैं उनकी आलोचना करने के लिए नहीं कहता। हमने भी वही काम किया 27 महीने में। सरकार को बचाए रखने में, पार्टी को बनाए रखने में ही हमारी सारी शक्ति लगी हुई थी। हालाँकि हम यह जानते थे कि इससे देश की कोई बड़ी सेवा नहीं हो रही है, फिर भी हम वह काम कर रहे थे। वे भी बेचारे उस घरौंदे में फँस गए हैं, उससे बाहर नहीं निकल पा रहे हैं। दूसरी पार्टियाँ कोई नहीं हैं, जो आंदोलन करतीं। भारतीय जनता पार्टी को सामाजिक परिवर्तन से न कोई मतलब है और न ही उस तरफ उसकी कोई दृष्टि है। कांग्रेस पार्टी में पहले बातें होती थीं, वे भी बंद हो गई हैं, क्योंकि प्रधानमंत्री ने बात करने का जो सिलसिला था, उसे समाप्त कर दिया। जिनमें थोड़ी-सी जान थी, उन्हें 26 जून 1975 को कांग्रेस पार्टी में होते हुए भी जेल में बंद करके उन्होंने सभी कांग्रेसियों को ऐसा सबक सिखा दिया कि बेचारे अब बोलते ही नहीं। बीच में जो लोग बोले (जब हुकूमत में नहीं थे), वे जब से इंदिरा गांधी फिर से सत्ता में आ गई हैं, तब से अपनी ही कही बातों को गलत समझने लगे, यानी सही काम भूल से उन्होंने किया था।

जनता पार्टी में आप जानते हैं कि तरह-तरह के विचारवाले लोग हैं और एक से एक पराक्रमी पुरुष हैं। बहुत-से लोग ऐसे हैं कि इधर-उधर की गठजोड़ को ही राजनीति समझते हैं। जनता पार्टी का संगठन भी इतना छोटा है कि वहाँ राष्ट्रीय आंदोलन की बात नहीं हो सकती। राज्य स्तर पर लोगों ने कुछ प्रयास किए। लेकिन इससे कोई बड़ा परिवर्तन बने, माहौल बने, इसके लिए व्यापक तैयारी होनी चाहिए। लोकदल को, हम समझते हैं, न कोई संघर्ष की जरूरत है, न परिवर्तन की जरूरत है। लोकदल तो यही सोचता है कि सिर्फ सत्ता में कैसे आ जाया जाए। एक दृष्टिकोण तो लोकदल का सही है कि गाँवों की ओर ध्यान जाना चाहिए, लेकिन उन गाँवों में भी जो सबसे उपेक्षित हैं, उनकी उपेक्षा करने में उसको कोई संकोच नहीं होगा। इसलिए वह दृष्टिकोण भी एक गलत दृष्टिकोण बन जाता है।

**तो इसका यह अर्थ निकाला जाए कि हिंदुस्तान में अगर सामाजिक-आर्थिक परिवर्तन के लिए कोई आंदोलन खड़ा करना हो, तो उसके लिए एक नए राजनीतिक दल की जरूरत होगी ?**

या तो किसी गैर-राजनीतिक दल की जरूरत होगी या इन्हीं दलों में से किसी एक दल को अपने को इस तरह की प्रवृत्तिवाले लोगों से मुक्ति पाकर अधिक सशक्त और अधिक क्रियाशील होना पड़ेगा और कम-से-कम अपने दृष्टिकोण को स्पष्ट करना होगा।

**इसमें आपकी क्या भूमिका होगी ?**

कह नहीं सकता। मैं ऐसा समझता हूँ कि अगर जनता पार्टी इस काम को नहीं कर सकती है, तो जनता पार्टी का आगे कोई भविष्य नहीं है। मैं तो कोशिश करूँगा कि जनता पार्टी इस भूमिका को अदा करे। कर पाएगी या नहीं, ऐसा मैं कुछ नहीं कह सकता ।

*रविवार, 23–24 जनवरी, 1983*

# पदयात्रा जनता पार्टी का प्रोग्राम नहीं है

*डॉ. जैनेन्द्र जैन और अनंत श्रीमाली की बातचीत*

**आपकी पदयात्रा को लेकर आपकी पार्टी में मतभेद हैं और इस बारे में समाचार भी छप रहे हैं।**

इस विषय में मुझे तो कुछ मालूम नहीं। उन्हीं लोगों से पूछिए जो मतभेद व्यक्त कर रहे हैं या उन अखबारवालों से जो ऐसे समाचार छाप रहे हैं।

**क्या पदयात्रा पार्टी प्रोग्राम नहीं है ?**

पदयात्रा जैसा प्रोग्राम पार्टी प्रोग्राम नहीं हो सकता, क्योंकि प्रत्येक पार्टी सदस्य तो पदयात्रा नहीं कर सकता। यह निर्णय मेरा है, इसे पार्टी कार्यक्रम के तहत नहीं माना जाना चाहिए। इसका निर्णय इसलिए किया है ताकि जनता के उन वर्गों से मिल सकूँ, उनके साथ चल सकूँ और संपर्क कर उनके दुख-दर्द का अनुभव कर सकूँ, जिनके पास ऐसे वित्तीय साधन या प्रभाव नहीं हैं जो यह बता सकें कि उनकी स्थिति को सुधारने को क्या किया जाए।

**इस पदयात्रा पर रोज कितना रुपया खर्च होता है और उसकी व्यवस्था कौन और कैसे करता है ?**

पदयात्रा के दौरान सारी व्यवस्था गाँव के लोग करते हैं। भारत के शिष्टाचार में मैंने यह नहीं जाना है कि जो व्यक्ति खाना खिलाए, उससे पूछा जाए कि आपने खाना खिलाने में कितना रुपया खर्च किया। यह नई पत्रकारिता का नया शिष्टाचार है, जिसे मैंने अंगीकार नहीं किया है।

**आपने भले ही अंगीकार न किया हो, लेकिन आपकी पार्टी के लोगों ने विवाद तो सारा एकत्रित व खर्च आनेवाले धन पर ही उठाया है।**

अभी तक साढ़े सात लाख रुपए एकत्र हुए हैं। मैं इस निधि से एक ट्रस्ट स्थापित करूँगा।

**इस ट्रस्ट का जनता पार्टी से क्या संबंध होगा ?**

ट्रस्ट पूरी तरह गैर-राजनीतिक होगा।

**इस मसले पर फिर एक सवाल। आपने पदयात्रा तो बहैसियत जनता पार्टी के अध्यक्ष की है, तब फिर... ?**

मैं पहले ही स्पष्ट कर चुका हूँ कि पदयात्रा पार्टी प्रोग्राम नहीं है।

**क्या निकट भविष्य में जनता पार्टी को भंग कर नई पार्टी गठित करने का भी इरादा है ?**

नहीं। ऐसा किसने कहा ?

**पदयात्रा के दौरान ही कहीं आपने कहा है कि राष्ट्रीय और सामाजिक परिवर्तन के मामले में वर्तमान जनता पार्टी सक्षम साधन नहीं है। इसका आशय क्या है ?**

मैं ऐसा मानता हूँ कि जो आदमी या दल अपनी कमजोरियों को नहीं समझेगा, वह अपने को सशक्त नहीं बना सकता। अगर जनता पार्टी सक्षम होती, तो चुनाव ही क्यों हारती ? ऐसे में आत्मनिरीक्षण बहुत जरूरी है और इसे आत्मघात नहीं समझना चाहिए। जो ऐसा समझते हैं, उनकी बुद्धि की बलिहारी है और उनके बारे में मुझे कुछ नहीं कहना।

**भारतीय जनता पार्टी ने भी ऐसा ही कहा है। उसे आप क्यों अछूत समझ रहे हैं ?**

हमने बराबर कहा है कि सब लोग मिलकर ऐसा काम करें, जिससे देश को बचाया जा सके। लेकिन भाजपा के लोग ही हैं, जो यह कहते रहते हैं कि वे किसी के साथ नहीं जाएँगे...।

**मैं फिर आपको बीच में टोक रहा हूँ। यह तो पिछली बात हुई। हाल ही में भाजपा ने लोकतांत्रिक मोर्चे के गठन की बात कही है ?**

वही कह रहा हूँ। हाल ही में भाजपा का जो प्रस्ताव आया है। उसमें ऐसी प्रवृत्तियाँ हैं जो इंदिरा गांधी को शक्तिशाली बनाती हैं। उन प्रवृत्तियों से जब तक वह मुक्ति नहीं पा लेती, तब तक भाजपा को मिलाकर कोई विकल्प बनाना मेरी राय में सार्थक नहीं है।

**असम व पंजाब की समस्याएँ मुँह बाए खड़ी हैं। केंद्रीय सरकार का हाल यह है कि तीन सालों में मंत्रिमंडल का सात बार पुनर्गठन हो चुका है। अब खबर है कि आठवीं... ?**

मैं जानता भी नहीं कि कितनी बार मंत्रिमंडल का पुनर्गठन हुआ। कौन मंत्री कब हटा दिया गया और कौन, कब मंत्री बन गया। इसमें मेरी कोई दिलचस्पी भी नहीं है। इससे देश के ऊपर भी कोई असर नहीं होता।

**अब प्रधानमंत्री ने कहा है कि असम और पंजाब की घटनाओं के पीछे विदेशी हाथ है !**

देश में घट रही घटनाओं के पीछे मैंने तो कोई विदेशी हाथ नहीं देखा। लेकिन मैं जानता हूँ कि ऐसी घटनाएँ जब किसी भी देश में घटित होती हैं तो विरोधी विदेशी ताकतें लाभ उठाने का प्रयास अवश्य करती हैं। लेकिन हमें सोचना चाहिए कि हम विदेशियों के हाथों में क्यों खेलते हैं ? किसी भी राष्ट्रीय समस्या को विदेशी हाथों की देन कहना अपने को समस्या से अलग कर वास्तविकता से मुँह मोड़ना है।

**तब फिर हल क्या है ?**

मेरी राय में असम और पंजाब की समस्याएँ भावनात्मक हैं और उनका समाधान दमन नहीं, बल्कि परस्पर वार्ता से निकाला जाना चाहिए।

**सुना है कि पदयात्रा पूर्ण होने के बाद आप पंजाब और असम जाएँगे ?**

आपने ठीक सुना है।

**पदयात्रा करके या... ?**

नहीं, यातायात के साधनों से।

**क्या आप पदयात्रा से किसी चमत्कार की आशा करते हैं ?**

नहीं, मैं किसी चमत्कार की अपेक्षा नहीं कर रहा। यदि कोई व्यक्ति यह विश्वास करता है कि इस भारत-यात्रा से बड़े पैमाने पर जन उद्वेलन होगा या राष्ट्रव्यापी क्रांति आएगी, तो यह उसका भ्रम है।

**पदयात्रा के दौरान आप जिन-जिन समस्याओं से परिचित हुए हैं और लोगों के दुख-दर्द को देखा है, उसके समाधान के लिए क्या होना चाहिए ?**

समाधान का एक ही रास्ता है जो कि लोग मूक हैं और अपनी पीड़ा को व्यक्त नहीं कर सकते, उनको अभिव्यक्ति देने के लिए ऐसे लाखों नौजवान तैयार हों, जो एक जन आंदोलन तैयार कर देश में नए समाज को बनाने में अग्रसर हो सकें।

**इस मामले में काफी लोग अलग-अलग काम कर रहे हैं। उनको एक सूत्र में कैसे पिरोया जाए ?**

मैं ऐसा प्रयास करूँगा कि ऐसे लोगों को संगठित किया जाए।

**पर यह प्रयास जनता पार्टी में राजनारायण को लाने जैसा न हो कि... ?**

आप गलत समझ रहे हैं। राजनारायण के आने में एतराज क्या है ?

**आपने सन् 80 में बंबई की एक सभा में कहा था कि जनता पार्टी तोड़नेवालों को कभी दोबारा प्रवेश नहीं दिया जाएगा।**

नहीं, मैंने ऐसा कभी नहीं कहा। मैं राजनारायण सहित हर उस व्यक्ति को जनता पार्टी में लेने के पक्ष में हूँ, जो पार्टी को सक्रिय व सबल बनाने के पक्ष में हो। अगर राजनारायणजी यह महसूस करते हैं कि जनता पार्टी को तोड़ना गलती थी और फिर से एकता की जरूरत है, तो मैं नहीं समझता कि उन्हें काम करने का मौका नहीं दिया जाए।

**और अंत में एक सवाल मेनका गांधी पर। आप मेनका गांधी और राष्ट्रीय संजय मंच को किस प्रकार आँकते हैं ?**

न मैं मेनका गांधी को जानता हूँ और न ही मुझे उनके मंच के बारे में कोई जानकारी है। इसलिए आँकने का सवाल ही नहीं पैदा होता।

*दिनमान, 5–11 जून, 1983*

# एकता का आधार राष्ट्रीय मुद्दे होने चाहिए

*लोकपाल सेठी की बातचीत*

**हाल के लोकसभा और विधानसभा उपचुनावों के बाद क्या आप विपक्षी एकता की आवश्यकता महसूस नहीं करते हैं ?**

यद्यपि इन चुनावों में जनता पार्टी को कोई हानि नहीं हुई है, लेकिन मैं तथा अन्य विपक्षी नेता भी यह महसूस करते हैं कि अगर विपक्षी दलों में एकता होती तो चुनाव परिणाम हमारे पक्ष में हो सकते थे।

**उप-चुनावों से कुछ समय पूर्व विपक्षी एकता के कुछ प्रयास आरंभ हुए थे, लेकिन फिर ढिलाई आ गई थी। अब क्या स्थिति है ?**

एक बार फिर प्रयास हो रहे हैं। अखबारों में कुछ नहीं छपने का मतलब यह नहीं कि विपक्षी नेता इस दिशा में कुछ नहीं सोच रहे या प्रयास नहीं कर रहे।

**आप अपनी ओर से कोई पहल करेंगे ?**

अभी मित्र लोग प्रयास कर रहे हैं। अगर आवश्यकता महसूस हुई तो मैं भी लोगों से बातचीत करूँगा।

**बार-बार कहा जाता है कि क्योंकि चुनाव नजदीक आ रहे हैं इसलिए विपक्षी दल सत्ता हथियाने के लिए एक हो रहे हैं। क्या चुनाव के अलावा ऐसा कोई आधार नहीं, जिस पर विपक्ष एक हो सके ?**

अभी तक तो ऐसा ही लग रहा है कि केवल कांग्रेस (ई) को पराजित करने के लिए विपक्षी दल एक होने के लिए उतावले हो रहे हैं लेकिन ऐसी एकता हो, तो वह न ठोस होगी और न ही स्थायी। विपक्षी दलों की एकता का आधार राष्ट्रीय मुद्दे होने चाहिए।

**क्या जनता पार्टी के नेतृत्ववाले संयुक्त मोर्चे और लोकदल-भाजपा के राष्ट्रीय लोकतांत्रिक गठबंधन में निकट भविष्य में कोई एकता हो सकती है ?**

फिलहाल ऐसा नहीं लगता, क्योंकि भाजपा नेताओं का राष्ट्रीय स्वयंसेवक संघ से संबंध एक ऐसा कारण था जिससे जनता पार्टी टूटी और अभी भी इसके नेताओं ने दोहरी सदस्यता के इस प्रश्न पर स्पष्ट रुख नहीं अपनाया है।

**अगर भाजपा राष्ट्रीय स्वयंसेवक संघ से अपने संबंध तोड़ लेती है, तो क्या जनता पार्टी का**

**उससे कोई समझौता अथवा गठबंधन हो सकता है ?**

अगर भाजपा यह कदम उठाती है, तो उससे विपक्षी दलों की एकता आसान हो जाएगी।

**आपके नेतृत्ववाले संयुक्त मोर्चे की क्या स्थिति है ? नीति का प्रारूप तैयार करनेवाली समिति ने क्या प्रगति की है ?**

मधु दंडवते इस बारे में समिति के अन्य सदस्यों से लगातार विचार कर रहे हैं। यह दस्तावेज तैयार करने में अभी कुछ समय और लग सकता है।

**चुनावों की निकटता को देखते हुए क्या आप यह महसूस नहीं करते कि विपक्षी दलों की एकता के प्रयासों की गति धीमी है ?**

हमारे चाहने से भी कुछ जल्दी में नहीं होने वाला। थोथी एकता अधिक नहीं चल सकेगी, फिर भी सभी तरह के प्रयास हो रहे हैं।

*दिनमान, 22–28 फरवरी, 1984*

# जेपी की मूर्तिमान याद

*अनुराग चतुर्वेदी की बातचीत*

**जयप्रकाशजी से आपकी पहली मुलाकात कब हुई ?**

जयप्रकाशजी का घर हमारे जिले में पड़ता है। विद्यार्थी जीवन में मैं कई बार जयप्रकाशजी के गाँव गया। मुझे स्मरण है। जब पहली बार मैंने जयप्रकाशजी को देखा था, जब वे जेल से छूटकर आए थे और बलिया में उनकी पहली सभा हुई थी। मैंने उन्हें दूर से देखा था। 1946-51 के बीच जयप्रकाशजी जब-जब भी गाँव आते, सोशलिस्ट पार्टी के कार्यकर्ताओं की बैठक आयोजित होती और मैं उनमें जाता, लेकिन जयप्रकाशजी से कभी मिला नहीं।

बात 1951 की है। उन दिनों मैं इलाहाबाद विश्वविद्यालय में एम.ए. की कक्षा में पढ़ रहा था। तब जयप्रकाशजी इलाहाबाद आए। उस समय इलाहाबाद में सोशलिस्ट पार्टी के मंत्री गेंदासिंह हुआ करते थे। उन्होंने मुझसे कहा कि जयप्रकाशजी की मीटिंग मैं संगठित करूँ। उन दिनों जयप्रकाशजी का संबंध बहुत-से श्रमिक आंदोलनों से था, जैसे रेलवे, पोस्ट ऑफिस, ऑर्डिनेंस फैक्टरी इत्यादि।

मुझे याद है, हमने जयप्रकाशजी की कई मीटिंगें आयोजित कीं। दिन-भर जयप्रकाशजी मीटिंगों में आते-जाते रहे। गेंदासिंह जी उनके साथ थे। उन्होंने जयप्रकाशजी से कहा कि यहाँ पार्टी की शाखा तो नहीं है, पर चन्द्रशेखरजी ने यह सब काम किया है। रात को जब सभा समाप्त हुई तो जयप्रकाशजी ने कहा कि चन्द्रशेखरजी कौन हैं ? बलिया के ही हैं ? इतने दिनों से मैं बलिया आता-जाता हूँ, मेरी उनकी मुलाकात नहीं हुई है। उनको बुलाइए, इस तरह 5 वर्ष के निकट संबंध के बाद 1951 के जून माह में पहली बार हम जयप्रकाशजी से मिले।

आज तक देश में किसी भी व्यक्ति से मेरा परिचय नहीं कराया गया है, जब तक कि किसी ने यह नहीं कहा कि चन्द्रशेखर कौन है ? उनको बुलवाइए, मैं उनसे नहीं मिला। जयप्रकाशजी से भी मेरा परिचय इस रूप में ही हुआ।

**इससे पहले आपका किन-किन नेताओं से संपर्क था ? क्या तब आप आचार्य नरेन्द्र देव से परिचित थे ?**

आचार्यजी से भी मेरा दूर से ही संपर्क था। नेताओं में यदि मेरा सबसे पहले किसी से संपर्क हुआ था तो वे जयप्रकाशजी ही थे। इससे पहले मैं किसी नेता से व्यक्तिगत रूप से नहीं मिला था।

**जयप्रकाशजी से पहली मुलाकात की स्मृति को आप किस रूप में याद करते हैं ?**

उस समय के जयप्रकाशजी और आज उनके जिस व्यक्तित्व को हम जानते हैं, उसमें बहुत अंतर था। जयप्रकाशजी उस समय 1942 की क्रांति के यश से जाने जाते थे। उनकी सभा में अपार भीड़ होती थी। मैं नया-नया विश्वविद्यालय से निकला था। उस समय जयप्रकाशजी मेरे जैसे आदमी को पूछें, तो मन पर असर अवश्य पड़ता थ। उस समय कोई लंबी बात हुई नहीं थी, क्योंकि आप जानते हैं कि जयप्रकाशजी बहुत कम बातें करते थे। लेकिन मैं ऐसा भी नहीं कह सकता कि मुझ पर ऐसा असर हुआ जिसे मैं जीवन-भर याद कर सकूँ।

**फिर तो मुलाकातों का सिलसिला प्रारंभ हो गया होगा...?**

थोड़े ही दिनों में हमारा निकट का संपर्क हो गया। निकट संपर्क इस मायने में कि मैं खुलकर जयप्रकाशजी से बात करने लगा। कोई भी बात जैसी मुझे लगती थी, मैं उनसे कह देता था। लोहियाजी पार्टी में जिस तरह से काम करते थे, उसके मैं बहुत पक्ष में नहीं था। यह तो नहीं कहूँगा कि खिलाफ था। उस जमाने में जयप्रकाशजी और आचार्यजी लोहिया जी को बहुत महत्त्व देते थे। मैं कभी बातचीत में जयप्रकाशजी से कहता कि आप लोग अनावश्यक रूप से डॉक्टर साहब को महत्त्व देते हैं, तो जयप्रकाशजी कहा करते थे कि आप समझते नहीं हैं। डॉक्टर साहब बहुत विचारवान व्यक्ति हैं, लेकिन पहली बार जयप्रकाशजी के विरुद्ध कुछ लोगों ने बिहार में उलटी-सीधी बातें कीं तो जयप्रकाशजी से पहली बार मैंने सुना कि इस राजनीति में मेरे जैसे आदमी का रहना संभव नहीं है। अगर अपने ही साथी एक-दूसरे पर आक्षेप लगाएँगे, तो कैसे चलेगा ?

**विभिन्न चरणों के जयप्रकाशजी को आप स्मृति में कैसे सँजोते हैं ?**

1952 में जब मैंने जयप्रकाशजी को देखा था, उस समय सोशलिस्ट पार्टी चुनाव हार गई थी, लेकिन शोषित जनता को संगठित करना, नए समाज की रचना के लिए उन्हें उत्प्रेरित करना—यह उनके जीवन का लक्ष्य था।

कुछ लोग कहते हैं हार के कारण, लेकिन मेरा सोचना है कि सोशलिस्ट पार्टी में आपसी छींटाकशी और कलह से जयप्रकाशजी के मन को बहुत दुख पहुँचा। जयप्रकाशजी जो हर चुनौती को स्वीकार करते थे, पार्टी के अंदरूनी कटाक्षों को सहन नहीं कर सके और धीरे-धीरे वे सर्वोदय की ओर मुड़ने लगे। आधुनिक जीवन के आदी जयप्रकाशजी पूरी तरह से गाँव के निवासी हो गए।

हालत कैसी भी हो, जयप्रकाशजी कभी निराश नहीं होते थे। अब जैसे उनकी सभा में उपस्थिति की बात लें। उनकी सभा में कम लोग होते थे तो भी वे उसको आधा-पौन घंटा संबोधित करते थे। इसी तरह उन्हें मैंने कश्मीर के मसले पर तब देखा जब सारा देश उनके खिलाफ था। उनके मन में यह बात विश्वास बनकर उतर गई थी कि शेख अब्दुल्ला के साथ अन्याय हो रहा है। उन्होंने अपनी अकेली आवाज उठाई; बिना इस बात की चिंता किए कि लोग उन्हें बुरा-भला कहेंगे। इसी तरह नागालैंड में शांति-प्रयास किए। मैं उनके प्रयत्नों का अपने तर्क के आधार पर विरोध कर रहा था। मैंने एक बात जयप्रकाशजी में देखी कि उनको

परिस्थितियों को समझने की पकड़ थी। उनके पास एक सूक्ष्म दृष्टि थी, जिससे वे जान लेते थे कि इसका परिणाम क्या होगा ! उस समय राष्ट्र के सामने खड़े होने वाले संकटों में उनकी क्या सार्थक भूमिका हो सकती है, इस पर जयप्रकाशजी ज्यादा चिंतित रहते थे।

जवाहरलालजी की मृत्यु के बाद कांग्रेस के कुछ वरिष्ठ नेताओं ने उनसे कहा कि वे प्रधानमंत्री बन जाएँ। इनमें लालबहादुर शास्त्री स्वयं थे। जेपी का उत्तर था, 'एक बार मैंने सत्ता में जाना नामंजूर किया है, तो अब कैसा सवाल ?'

जयप्रकाशजी के जीवन की एक छोटी-सी घटना है, जब परिस्थितियाँ खराब हो गईं, तो इंदिरा जी ने जयप्रकाशजी से कहा कि आप हमारी मदद कीजिए, विरोधी दलों से बात कीजिए। जयप्रकाशजी ने विरोधी दलों के नेताओं से बात भी शुरू कर दी। उस समय मैं कांग्रेस की चुनाव समिति का सदस्य भी था। जयप्रकाशजी ने मुझसे पूछा, 'आपका क्या खयाल है, कांग्रेस का चुनावों में कितना खर्च हुआ होगा ?' मैंने कहा, 'पैसे के सवाल के बारे में मुझे कोई जानकारी नहीं है। क्योंकि उस जानकारी को मैं रखता नहीं हूँ।' जयप्रकाशजी ने दूसरा सवाल पूछा, 'कांग्रेस पार्टी के उम्मीदवारों को कुछ पैसा दिया गया या नहीं ?' मैंने कहा, 'हाँ, कुछ दिया गया।' उन्होंने पूछा, 'कितना ?' मैंने कहा, 'हर उम्मीदवार को कम-से-कम 70 हजार रुपए दिए गए।' यह मेरी जानकारी में था और तब मैं नजदीक के लोगों में समझा जाता था। ये बातें मैं अनजाने ही बता रहा था। उसका कोई संदर्भ हो सकता है, यह मुझे मालूम नहीं था। तभी जयप्रकाशजी ने अपना सिर पकड़ लिया। वे बोले, 'इंदिरा ने इतनी गलत बात कैसे कही!' मैंने पूछा, 'क्या हुआ ?' तो जेपी ने कहा, 'आज सवेरे मैं इंदिरा से मिलने गया था तो उन्होंने कहा, 'जेपी, हमारे पास तो एक पैसा भी नहीं है।' मुझे अपनी भूल का अहसास हुआ। वे मुझे बताकर पूछते तो मैं चुप रह जाता। झूठ तो नहीं बोलता। उसके बाद जयप्रकाशजी का पूरा रुख बदल गया। जयप्रकाशजी इंदिराजी की एक बात पर सारे विरोध को उनकी तरफ ले जाने को तैयार थे, वहीं दूसरी बात ने पूरी तरह उनका मन बदल दिया।

कुछ बातों को लेकर वे बहुत संवेदनशील थे, उनके ऊपर कौन-सी बात क्या असर डालेगी इसको नापना बहुत कठिन था। जो बात जयप्रकाशजी सही समझते थे उसे विश्वासपूर्वक कहने की उनमें अद्‍भुत क्षमता थी। और असत्य के साथ समझौता करना उन्हें किसी भी रूप में स्वीकार नहीं था। उनके संवेदनशील मन पर छोटी-छोटी बातें भी गहरा प्रभाव डालती थीं। जब गुजरात में छात्रों का आंदोलन चला, तो उन्होंने मुझसे कहा, 'देश रसातल में जा रहा है। लोग सारे मूल्यों को तोड़ रहे हैं, नौजवान कुछ कर रहे हैं, तो मैं जीवन के शेष दिनों में नौजवानों में नए मूल्यों को प्रतिस्थापित करने की कोशिश करूँगा। जयप्रकाशजी ने इस आंदोलन को राजनीतिक आंदोलन बनाने के खिलाफ बहुत कड़ा रुख अख्तियार किया था। विरोधी दलों को इसमें नहीं आने दिया था। उन्होंने इसे नैतिक धरातल पर रखा। उन्होंने दहेज मिटाओ, जनेऊ तोड़ो, जाति-प्रथा तोड़ो—इन सभी मूल्यों को विद्यार्थियों-नौजवानों में भरने की कोशिश की, लेकिन दुर्भाग्यपूर्ण यह था कि सरकारी पक्ष इसको हमेशा राजनीतिक रूप देता था। धीरे-धीरे स्थिति यहाँ तक पहुँच गई कि जयप्रकाशजी के लिए कोई रास्ता नहीं रहा।

**सर्वोदय में जाने के पूर्व जयप्रकाशजी की क्या मनःस्थिति थी ?**

मैं उस समय जयप्रकाशजी की बातों के बिलकुल विरुद्ध था। मैंने बहुत जोर से उनका विरोध किया। जब उन्होंने जीवनदान देने का निर्णय किया, तो मैंने उनसे व्यक्तिगत रूप से बहुत झगड़ा किया। मैंने उन्हें कहा भी कि आप गलत कर रहे हैं। मैं विनोबाजी के आंदोलन के महत्त्व को न तब समझ पाया था, न अब समझ पाया हूँ। भूदान आंदोलन से उनके जुड़ने के बारे में मेरी स्पष्ट धारणा थी। और मैंने कभी वह उनसे छुपाई भी नहीं।

**गैर-राजनीतिक होकर भी जयप्रकाशजी राजनीतिक लगते थे, इसका क्या कारण था ?**

'मैं राजनीति में नहीं हूँ' ऐसा वे नहीं कहते थे, वे कहते थे, 'मैं सत्ता की राजनीति में नहीं हूँ। प्रतिस्पर्धा में नहीं हूँ।' उसका मानना था कि राजनीति से अलग कोई समाज नहीं हो सकता। समाज में व्यक्ति पर राजनीतिक असर होता ही है। लेकिन समाज के बदलने वाली राजनीति में परिवर्तन के वे हामी थे। वे ये बातें शुरू से कहते थे, जब वे 1942 में जेल से छूटे थे।

**प्रभावतीजी से आपके संबंध कैसे थे ? जब जयप्रकाशजी सर्वोदय आंदोलन में शामिल होने वाले थे, तब क्या आप जयप्रकाश नगर आते-जाते थे ?**

प्रभावतीजी से मेरा संपर्क बहुत पुराना है। जयप्रकाशजी जब भी सिताब दियारा (अब जयप्रकाश नगर) आते थे, मैं उनके घर चला जाता था। प्रभावती जी का मेरे प्रति जो व्यवहार था, वह काफी स्नेहपूर्ण था।

पहले मेरी आदत अजीब थी। जो मन में आता था, साफ-साफ कह देता था। यह नहीं सोचता था कि लोगों को बुरा लगेगा या अच्छा लगेगा। तब मैं आज जैसा नहीं था। आपको एक घटना बताऊँ। एक बार जयप्रकाशजी के गाँव में विनोबाजी ठहरे। प्रभावती जी वहाँ थीं। उस जमाने में मैं बलिया जिला प्रजा सोशलिस्ट पार्टी का सेक्रेटरी था। जयप्रकाशजी का संदेश आया कि वे गाँव नहीं आ पाएँगे और बाबा की यात्रा का अच्छा कार्यक्रम बनना चाहिए, मैं कई दिनों से जयप्रकाश नगर में था। जेपी के घर पर ही ठहरा था। साथियों के साथ मिलकर मैंने सारा प्रबंध किया। दो दिन विनोबाजी गाँव में रहे, लेकिन मैं विनोबाजी से मिला नहीं। उस समय मुझे लगता था, विनोबाजी का रास्ता मुल्क को सही राह पर नहीं ले जाएगा और जयप्रकाशजी इस रास्ते पर जाकर गुमराह हो जाएँगे।

मैं जयप्रकाशजी की कोई बात टाल नहीं सकता था, पर उनकी बात को मानकर मैं विनोबाजी के साथ जुट जाऊँ, यह मेरे लिए संभव नहीं था। इस तरह की बातें होती रहती थीं, जयप्रकाशजी हँसकर टाल देते थे।

इसी तरह हमारे एक बहुत अच्छे मित्र हैं—रामनाथ गोयनका। शुरू में इनके प्रति मेरी धारणा बहुत खराब थी। जयप्रकाशजी एक बार बीमार थे, तो मैंने उन्हें अपनी राय बताई। जयप्रकाशजी ने कहा कि आपके रामनाथजी के बारे में इस तरह के विचार हैं, आपने कभी कहा नहीं। मैंने उत्तर दिया कि मुझे इसकी कभी आवश्यकता नहीं पड़ी। आज पूछ रहे हैं, तो आज कह रहा हूँ। इसे मैं और कभी अभिव्यक्त नहीं करूँगा। आपका मैं सम्मान करता हूँ और उनको अपमानित करने की मेरी कोई चेष्टा नहीं है। रामनाथजी यह बात जानते थे

और 1977 में जब आपातकाल के बाद रामनाथजी मिले, तो मैंने उनसे कहा कि पहले के संबंधों को आप भुला दीजिए। आप बिलकुल दूसरी तरह के व्यक्ति हैं, मैंने आपको समझने में भूल की।

**ऐसे और भी कोई व्यक्ति रहे होंगे, जिनके बारे में आपकी और जयप्रकाशजी की राय नहीं मिलती होगी। वे अपनी राय किस रूप में बनाते थे ?**

जयप्रकाशजी की राय किसी व्यक्ति के बारे में कैसी भी हो, वे कभी उसे व्यक्त नहीं करते थे। यह मत समझिए कि जयप्रकाशजी जिससे बहुत अच्छे संबंध रखते थे, उनके बारे में उनकी राय बहुत अच्छी थी। उनकी राय कैसी भी हो, पर उनमें एक प्रकार का शिष्टाचार, मृदुल व्यवहार होता था कि वे कभी अपनी पीड़ा को अभिव्यक्त नहीं होने देते थे। यहाँ तक कि जयप्रकाशजी के बारे में डॉ. राममनोहर लोहिया ने क्या-क्या नहीं कहा, लेकिन जब डॉक्टर साहब की मृत्यु हो गई, तो जयप्रकाशजी फूट-फूट कर रोए। जयप्रकाशजी के व्यक्तित्व में कुछ अजीब बातें थीं।

1975 में उस समय की प्रधानमंत्री श्रीमती इंदिरा गांधी से मैंने एक बार कहा था कि जयप्रकाशजी को देखकर उनके बारे में, उनके व्यक्तित्व के बारे में लोग जो व्याख्या करते हैं, वे बड़ी भूल कर जाते हैं, क्योंकि जयप्रकाशजी के व्यक्तित्व के दो पहलू हैं। जयप्रकाशजी विचारों की खोज में अपने को हरदम बदलते रहते हैं। मार्क्सवादी से लेकर भूदान आंदोलन तक वे हरदम बदलते रहे। बहुत लोगों ने, राजनीतिक समीक्षाकारों ने लिखा कि जयप्रकाशजी कोई दृढ़ विचारोंवाले नहीं हैं। वे अपनी बातों को बदलते रहते हैं, उनमें फिसलन है। उस समय मैंने कहा था, 'जयप्रकाशजी विचारों की खोज में हमेशा नए प्रयोग करते रहे और उनमें बराबर परिवर्तन होता रहता है, लेकिन इससे कोई उनके व्यक्तित्व को आँकेगा, तो हमेशा भूल करेगा। कर्म क्षेत्र में जयप्रकाशजी कितने दृढ़-संकल्पी हैं, इसका आप अनुमान नहीं लगा सकते।'

मैंने उस समय कहा था कि 1942 में बापू ने 'करो या मरो' का नारा दिया था। अधिकांश नेताओं के लिए यह सिर्फ नारा था, लेकिन जयप्रकाशजी के लिए जीवन का संदेश था। वे हजारीबाग जेल की चहारदीवारी कूद गए। जिन्होंने जयप्रकाश को उस समय देखा होगा, जिस तरह का उनका हाव-भाव, उनके रहने का तरीका, जो उनके स्वभाव, भाषण की मृदुलता से परिचित होंगे, वे ऐसा नहीं सोच पाते होंगे कि जयप्रकाशजी हजारीबाग जेल की चहारदीवारी कूदकर यह काम करेंगे। लेकिन कर्म क्षेत्र में जब जयप्रकाशजी उतरते थे, तो अपनी जान की बाजी लगा देना उनके लिए बहुत आसान था।

मैंने इंदिराजी से यह बात कही। उस समय मैं 'यंग इंडियन' संपादित करता था। उसमें मैंने एक लेख लिखा कि जयप्रकाश सत्ता की लड़ाई नहीं लड़ रहे हैं। सत्ता के सहारे आप उन्हें हरा नहीं सकते और अगर आपको यह खयाल है कि जयप्रकाश जनमत को साथ नहीं ले पाएँगे, तो जयप्रकाश अकेले अपने को दाँव पर लगा देंगे। और जयप्रकाश ने अपने को दाँव पर लगा दिया, तो कांग्रेस पार्टी की यह क्षमता नहीं है कि उससे जो बवंडर-तूफान उठेगा उसे रोक सके। जयप्रकाशजी जब देखेंगे कि कोई उनके साथ नहीं है, तो वे प्राणों की बाजी लगा देंगे।

**लहर के विरुद्ध जाने की प्रवृत्ति क्या उनमें शुरू से थी ?**

हाँ, शुरू से ही उनमें यह प्रवृत्ति थी। यह उनके व्यक्तित्व का हिस्सा था, वे जिसे सही समझते थे, उसे अभिव्यक्त करने की उनमें अद्‌भुत क्षमता थी। इस शक्ति को न पहचानने वाला उनसे आपसी व्यवहार में हमेशा भूल कर सकता था। क्योंकि उनके स्वभाव की मृदुलता और उनके निश्चय की दृढ़ता—इन दोनों में इतना बिलगाव था कि यदि उनके व्यक्तित्व को ठीक से न परखा जाए तो आदमी हमेशा यह भूल कर जाता था कि, जो आदमी रोज बदलता रहता है, इसलिए अगर हम थोड़ा जोर लगाएँ, तो यह आदमी फिर बदल जाएगा। यह भूल कई व्यक्तियों ने की।

**आपने जयप्रकाशजी के गाँव सिताब दियारा की कई यात्राएँ की हैं, आपको कौन-सी यात्रा सर्वाधिक याद आती है ?**

हमें सबसे ज्यादा वह यात्रा याद आती है, जब जनता पार्टी की सरकार बन गई थी और जयप्रकाशजी बंबई में बीमार थे। वे जब यहाँ से लौट कर गए तो दो-तीन बार उन्होंने हमसे कहा कि मैं एक बार सिताब दियारा जाना चाहता हूँ। वहाँ जाने की कोई व्यवस्था करो। डॉक्टर लोग सलाह नहीं देते थे। आप कभी जयप्रकाश नगर गए या नहीं, मालूम नहीं, रास्ता बहुत खराब है। कोई सड़क भी नहीं है। जयप्रकाशजी की हालत जब थोड़ी सुधरी तो मैंने पुनः डॉक्टरों से पूछा। उन्होंने कहा कि इन्हें हेलीकॉप्टर से ले जा सकते हैं। उस समय बिहार के मुख्यमंत्री कर्पूरी ठाकुर थे और उत्तर प्रदेश के मुख्यमंत्री रामनरेश यादव थे। इन दोनों से मैंने कहा कि प्रबंध करना चाहिए, मुख्यमंत्रियों ने हेलीकॉप्टर की व्यवस्था कर दी। उस समय मैंने जयप्रकाशजी से कहा कि आप एक बार चलें, लेकिन आप एक रात से ज्यादा वहाँ रुक नहीं सकते। जयप्रकाशजी ने कहा, 'नहीं, एक बार मैं गाँव को देख लूँ और लोगों से मिल लूँ।'

जयप्रकाशजी गाँव गए। गाँव के काफी लोग उनसे मिलने आए। मैंने देखा, बूढ़े लोगों की आँखों में आँसू, बच्चों के मन में उल्लास था। उस समय जयप्रकाशजी के साथ बी.पी. कोइराला भी थे। साथ ही बी.पी. कोइराला की भानजी शैलजा भी थीं। कोइराला परिवार से जेपी का काफी लगाव था। एक रात हम वहाँ रहे। वह यात्रा मैं कभी नहीं भूलता हूँ। जिस तरह से गाँव के लोग आए। उन्होंने ममत्व दिखाया। जयप्रकाशजी जयप्रकाश नगर के लोगों को इस दृष्टि से देखते थे, मानों वे उन्हें अंतिम बार देख रहे हों। इस बात को वे छिपा भी नहीं रहे थे। हर अभिव्यक्ति में वे कहते थे। गाँव के बूढ़े लोगों से वे भोजपुरी भाषा में कहते थे, 'मुझे आपसे मिलने की बहुत इच्छा थी। चन्द्रशेखर जी ने प्रबंध किया।'...'अब तो आप लोगों के दर्शन नहीं होंगे।' मैं इस यात्रा के बाद भी कई बार जयप्रकाश नगर गया हूँ, पर वह यात्रा अविस्मरणीय है। बार-बार वही याद आती है।

**और इब्राहिम पट्टी ?**

इब्राहिम पट्टी जयप्रकाशजी गए हैं। पर वह भी अजीब कहानी है। 1952 या 53 में जब जयप्रकाशजी सर्वोदय की ओर जा रहे थे। उन्होंने एक वक्तव्य दिया था कि हर समाजवादी कार्यकर्ता अपने गाँव जाकर कुछ रचनात्मक कार्य करे। मैंने इस बात को बहुत गंभीरता से लिया और मैं अपने गाँव चला गया। मैंने सोचा, गाँव में क्या करूँ ? बचपन में मेरे पैर में

एक फोड़ा हो गया था, बहुत बड़ा। गाँव में कोई अस्पताल नहीं था। इलाज की कोई भी व्यवस्था नहीं थी। दो लोगों ने मेरे हाथ पकड़े। दो ने मेरे पैर पकड़े और नाई के छुरे से जर्राह ने फोड़े को चीर दिया। फिर नीम की पत्ती उबाल कर, उसमें साफ कपड़ा डालकर बत्ती डाली गई। बत्ती डालने का काम डेढ़ महीने तक चलता रहा। मैं डेढ़ महीने बिस्तर पर पड़ा रहा, तीन महीने मेरी टाँग टेढ़ी रही। यह बात मुझे याद आई। इस तरह जब मैं बी.ए. में पढ़ रहा था तब मेरी माँ को हैजा हो गया, कोई डॉक्टर नहीं पहुँच सका और इसी बीच उनकी मृत्यु हो गई। इस बात का मेरे मन पर इतना असर था कि मुझे बार-बार लगता था कि इस गाँव में एक अस्पताल बनाना चाहिए।

हमारे दो-तीन गाँवों के बीच में एक ऊँचा-सा टीला है, जिस पर लोग कहते थे कि भूत रहता है। मैंने निर्णय लिया कि मैं इसी टीले पर 'डिस्पेंसरी' बनाऊँगा। जयप्रकाशजी उस समय हमारे गाँव आए। उन्होंने 'डिस्पेंसरी' का उद्‌घाटन किया। आज तक वह अस्पताल पूरा नहीं बन सका है। मैं इसे बनाने की कोशिश कर रहा हूँ। आज भी वह थोड़ा बना हुआ है। जब जयप्रकाशजी वहाँ आए, तो ठहरने की कोई जगह नहीं थी। प्राइमरी स्कूल था। वे वहाँ रात को ठहरे। जयप्रकाशजी किसी सभा में समय पर नहीं पहुँच पाते थे। क्योंकि डेढ़-दो घंटे से ज्यादा वे हर सभा में बोलते थे। वे विस्तार से समाजवाद के सिद्धांतों की व्याख्या करते थे। हमारे गाँव में जयप्रकाशजी की सभा में बहुत लोग आए। उस समय वे भूदान के लिए जमीन भी माँगते थे। उन्होंने वहाँ भी जमीन माँगी थी और कुछ लोगों ने उन्हें जमीन दी थी।

**आप दोनों को गाँव से बहुत मोह है। इसकी जड़ें कहाँ हैं ?**

असल में बात यह है कि हम दोनों ऐसे गाँवों में पैदा हुए, जो शहर से एकदम दूर थे और हमें शहर से कोई लगाव नहीं था। जयप्रकाशजी कम-से-कम मध्यम वर्ग से आते थे और उनके परिवार में संपन्नता थी। उनका पटना-बनारस से जुड़ाव था। मैं तो और नीचे तबके से आता हूँ। जेपी अमरीका भी गए थे, पर गाँव के जीवन से वे इतने समरस हो जाते थे, यहाँ तक कि अंतिम दिनों में भी। मैं जब भी गाँव जाता हूँ तो मेरे सोचने-रहने का तरीका सहज हो जाता है। दो-चार दिन तो थकान ही नहीं आती। मनुष्य का मानस परिस्थितियों की वजह से बनता है, जो आसपास होती हैं।

**1952 में जो आम चुनाव हुए थे, क्या उसमें आपने जेपी के साथ प्रचार कार्य किया था ?**

1952 के चुनावों में मैं इलाहाबाद सिटी पार्टी का सेक्रेटरी था। मैंने शहर में चुनाव कार्य किया था। मैंने उनके साथ चुनाव-प्रचार नहीं किया।

**समाजवादी आंदोलन के प्रारंभिक वर्षों में आपको जयप्रकाशजी, आचार्यजी के साथ रहने का अवसर मिला है, वे प्रारंभिक वर्ष कैसे थे ? प्रजा समाजवादी-संयुक्त समाजवादी दल के निर्माण के समय जेपी की क्या भूमिका थी ?**

प्रजा समाजवादी-संयुक्त समाजवादी के निर्माण के समय जेपी सीधे तौर पर पार्टी की राजनीति में नहीं थे। आचार्यजी जरूर पार्टी के अध्यक्ष थे। उस समय मैं बलिया पार्टी का

जिला मंत्री था। डॉ. राममनोहर लोहिया का यू.पी. में प्रबल समर्थन था, इसलिए आचार्यजी और जेपी ने सारी पार्टी डॉक्टर साहब पर छोड़ रखी थी। वहाँ के जितने पदाधिकारी थे, वे लोहिया के साथ चले गए। प्रो. राजाराम शास्त्री, जो काशी विद्यापीठ के अवकाशप्राप्त उपकुलपति हैं, उन दिनों यू.पी. प्रजा समाजवादी दल के अध्यक्ष थे। गेंदासिंह सेक्रेटरी थे। इस बीच में मुझे बलिया में तार मिला कि मैं तुरंत लखनऊ आऊँ। लखनऊ पहुँचने पर आचार्य जी ने कहा, 'सब लोग पार्टी छोड़कर चले गए हैं। दफ्तर पर कब्जा कर लिया है। नया दफ्तर बनाना है। मैंने सोचा है कि आप इस काम को करें, मैंने कहा, 'आचार्यजी, यह मेरे लिए संभव नहीं है क्योंकि उत्तर प्रदेश की राजनीति मैंने कभी की नहीं है। मैं इलाहाबाद और बलिया में रहा हूँ और जो नेता लोग हैं उनसे मेरा कोई परिचय नहीं है। मुझे तो बलिया ही में काम करने दीजिए।' आचार्यजी ने कहा, 'और कोई नहीं है, मैं तो हूँ। आपको मुझ पर भरोसा नहीं है।'

हाँ, आचार्य नरेन्द्र देवजी का व्यक्तित्व ऐसा था, जिसके सामने मैं कोई विवाद नहीं कर सकता था।

**उस स्थिति में जबकि आप हर व्यक्ति को हर बात साफ कह देते थे ?**

हाँ, उस स्थिति में भी, आचार्य नरेन्द्र देव के व्यक्तित्व में कुछ अजीब विलक्षणता थी। ऐसे विलक्षणता मैंने किसी व्यक्ति में नहीं देखी। जयप्रकाशजी से इतना संपर्क, इतना आदर रहा पर आचार्यजी के सामने जाने पर लगता था कि यह व्यक्तित्व ऐसा है जिस तक हम नहीं पहुँच सकते। बहुत निराला व्यक्तित्व।

जयप्रकाशजी महान नेता थे—त्याग, उदारता के प्रतीक ! आचार्यजी महान मानव थे। मैं गांधीजी को जानता नहीं था। जवाहरलाल को भी नहीं। राजनीति में मैं जितने लोगों से संपर्क में आया हूँ, कोई ऐसा नहीं था जिसे देख मेरे मन में यह भाव पैदा हो कि यह महान व्यक्तित्व है, जिससे मुझे घबराहट हो या जिसके सामने मैं बोल न सकूँ। वह एक ही व्यक्तित्व था—आचार्य नरेन्द्र देव। उनमें बहुत सरलता थी। छोटे-से-छोटे आदमी के साथ समानता का व्यवहार करने की उनमें अद्भुत शक्ति थी। विद्वान होते हुए भी साधारण लोगों से वे जिस सहजता से बात करते थे, ये वे कुछ ऐसे गुण थे, जिनके बारे में मैं आज भी नहीं सोच पाता कि एक व्यक्ति उनको अपने में समेटकर ऐसा शांत और शालीन रह सकता है। डॉ. राम मनोहर लोहिया के व्यक्तित्व का मेरे मन पर कभी कोई असर नहीं हुआ।

**क्या आप में और जेपी में कभी मतभेद हुए ? और यदि हुए, तो वे कैसे दूर हुए ? इससे जेपी का मानवीय दृष्टिकोण कैसे उजागर होता है ?**

उनके और हमारे बीच में इस तरह की गलतफहमी कभी नहीं हुई। मैं कितनी ही कटु बात कह दूँ। जयप्रकाशजी ने कभी उसका बुरा नहीं माना। हम दोनों के बीच गलतफहमी होने का प्रश्न ही नहीं उठता, क्योंकि हम दोनों का उस धरातल पर कभी संबंध रहा ही नहीं। यदि कभी उन्हें कोई बात बुरी लगी होगी, तो उन्होंने यह सोचकर कि लड़का है, कोई ध्यान नहीं दिया। मैंने कई बार जेपी को बहुत कटु बातें कहीं। लेकिन कभी मन-मुटाव या अन्यमनस्कता उनकी तरफ से देखी हो, याद नहीं आता।

**आपकी और जयप्रकाशजी की राजनीति के अलावा क्या कभी साहित्य-संस्कृति पर बात होती थी ? किन विषयों पर आप दोनों की चर्चाएँ होती थीं ?**

आपको इस बात से आश्चर्य होगा, पर बात यह है कि जयप्रकाशजी ने मुझसे राजनीति की बात कभी नहीं की है, सिर्फ एक बार जब सरकार बन रही थी, उसे छोड़कर। हमारी तब सिर्फ दस मिनट की बात हुई थी, कौन प्रधानमंत्री बने, क्यों मैं सरकार में नहीं जा रहा। एक बार आपातकाल के पूर्व जयप्रकाशजी ने कहा था, 'चन्द्रशेखर जी, सोचिए, देश की हालत बहुत बिगड़ गई है।' गुजरात में नव-निर्माण आंदोलन के समय जब मोरारजी देसाई ने भूख-हड़ताल की थी, तब गुजरात के सवाल पर मैंने इंदिराजी से बात की थी, जो अखबारों में भी छपी थी। उस समय मैंने जेपी से राजनीति पर बात की।

अक्सर हमारी बातें होती थीं—सामाजिक सवालों पर या राष्ट्रीय स्थिति पर कौन-सी शक्तियाँ आगे बढ़ रही हैं आदि विषयों पर। घरेलू वातावरण में, भोजपुरी में बातें होती थीं। मुझे खराब लगनेवाली घटनाओं का जब मैं जिक्र करता था तो वे उसे समझाने की कोशिश करते थे या हँसकर टाल देते थे। फिर पुरानी बातें और गाँव की बातें होती थीं।

**जसलोक में बीमारी के समय जयप्रकाशजी के साथ जाने का मौका मिला था। उस समय आपके क्या अनुभव रहे ?**

जसलोक अस्पताल की मुझे दो घटनाएँ याद आती हैं। जयप्रकाशजी बेहोशी की हालत से होश में आने लगे थे। तभी हमारे पास जसलोक के एक डॉक्टर आए और बोले, 'आप कृपया इंटेनसिव केयर यूनिट चलिए।' मैं कभी इंटेनसिव केयर यूनिट जाता नहीं था, क्योंकि मुझसे वह सब देखा नहीं जाता था। मैंने पूछा, 'आप मुझे क्यों ले जाना चाहते हैं ?' डॉक्टर ने कहा, 'जेपी को थोड़ी-थोड़ी चेतना आ रही है। जब कोई उनसे मातृभाषा भोजपुरी में बात करता है, तो वे उस पर सहज प्रतिक्रिया देते हैं। आप भोजपुरी बोलें तो उसका असर होगा।' मैं गया, वे थोड़ा-सा बोले। उन्होंने हाँ-ना में जवाब दिए। उस दिन और बाद में भी डॉक्टरों ने मुझे कई बार कहा कि जयप्रकाशजी में मौत से संघर्ष करने की अद्भुत क्षमता है।

दूसरी घटना लंदन से आए एक डॉक्टर से जुड़ी है, उन्होंने जयप्रकाशजी की जाँच की थी। जाँच-पड़ताल के बाद जसलोक के मालिक मथुरादासजी ने उन डॉक्टर के सम्मान में ताजमहल होटल में रात्रिभोज दिया था। उन्होंने आग्रह किया कि मैं जरूर आऊँ, उस डॉक्टर को अच्छा लगेगा। मैं और शरद पवार उसमें सम्मिलित होने गए। शरद पवार ने डॉक्टर से पूछा, 'आपने क्या जाँच-पड़ताल की, आपकी क्या राय है ?' डॉक्टर का जवाब था, 'मुझे आश्चर्य है कि ये जीवित कैसे हैं ? यह दिन और सप्ताह का सवाल नहीं है, बल्कि घंटों का सवाल है।' वहाँ पर डॉक्टर मणि भी खड़े थे। मैंने डॉ. मणि को अलग ले जाकर पूछा, 'डॉ. मणि, ये क्या कह रहे हैं ?' डॉक्टर मणि ने कहा, 'ये ठीक कह रहे हैं। विज्ञान की बात ठीक है। विज्ञान का जानकार यही बात कहेगा। जयप्रकाशजी की यही स्थिति है, लेकिन जो जयप्रकाशजी को जानता है और उनकी इच्छाशक्ति को जानता है, उसकी राय दूसरी होगी। ये मेडिकल साइंस की राय के बावजूद मरेंगे नहीं। वे अच्छे होंगे और पटना जाएँगे।' डॉक्टर मणि ने मुझे एक और बात कही, 'चन्द्रशेखरजी, एक बात ध्यान रखिए, जयप्रकाशजी की मृत्यु होगी तो वह गुर्दे के रोग से नहीं होगी; बल्कि वह हृदय-रोग द्वारा होगी।' मैं उस

समय आश्चर्यचकित रह गया। दो दिन बाद जयप्रकाशजी की हालत में सुधार होने लगा। डॉक्टर मणि ने जयप्रकाशजी की संकल्पशक्ति-जीवनशक्ति को सही रूप में आँका था।

बात अंतिम दिनों की है। मुझे उनके पास जाना था, लेकिन जा नहीं पाया। वे स्वस्थ थे। सवेरे उठे और थोड़ी देर बाद लोग वहाँ गए, तो वे मृत पाए गए। उस समय न कोई कष्ट था, न कोई बीमारी थी।

**मृत्यु के बाद व्यक्ति की स्मृतियों का वट वृक्ष फैलता जाता है। जेपी की मृत्यु के तात्कालिक दुख के बाद अब आपकी याद का क्या स्वरूप है ? वे आपको किन-किन रूपों और स्थानों पर याद आते हैं ? आप उन्हें आसपास कैसे ढूँढ़ते हैं ?**

एक ही बात बार-बार याद आती है जयप्रकाशजी की, इसको मैं जरा पीछे से कहूँगा। जब मैं जेल में था तब एक बार जयप्रकाशजी की हालत बहुत बिगड़ गई थी। मैंने पहली बार बी.बी.सी. पर सुना कि जयप्रकाशजी की हालत बहुत खराब है। उनके जीवन की आशा बहुत कम है। उस समय मैं पटियाला जेल में था। मुझे तनहाई में रखा गया था। मुझे किसी से मिलने की इजाजत नहीं थी। प्रतापसिंह गिल, जो बाद में गोवा के उपराज्यपाल बने, पटियाला जेल में डी.आई.आर. के तहत लाए गए। वे सेना के भूतपूर्व कर्नल थे–लंबे तगड़े और ठाट-बाट वाले। पहले दिन उन्हें किसी ने बताया कि चन्द्रशेखरजी यहाँ हैं, पर उनसे किसी को मिलने की इजाजत नहीं है। आर्मी का यह आदमी सवेरे छह बजे अपने बैरक से निकला और सीधे हमारे बैरक जो बहुत दूर थी, गया। चूँकि वे पहले दिन आए थे, इस कारण वार्डन नहीं समझ पाए कि यह व्यक्ति कौन है ! उन्होंने समझा कि कोई नया अफसर आया होगा। सबके सेल्यूट का जवाब देते वे अंदर आ गए। मुझे जहाँ रखा गया था, वहाँ आधे एकड़ का बड़ा भारी घेरा था। उस घेरे के बाहरवाले दरवाजे पर ताला लगा कर वार्डन खड़ा रहता था। उससे मिलते ही उन्होंने कहा, 'दरवाजा खोलो।' वह पूछ ही नहीं पाया कि आप कौन हैं।

मैं भी गिल साहब को चेहरे से नहीं जानता था। पर इतना जरूर मालूम था कि उन्होंने ही जेपी की पंजाब-यात्रा का आयोजन करवाया था। मैं गया और नमस्कार किया तो उन्होंने हाथ मिलाया और कहा, 'मैं प्रताप सिंह गिल हूँ। कल डी.आई.आर. में पकड़कर लाया गया हूँ।' मुझे बहुत हैरानी हुई। मैंने उनसे पूछा, 'आप यहाँ पहुँच कैसे गए ?' वे बड़े जोर से हँसे और बोले, 'चन्द्रशेखरजी, कोई हमें पहचानता नहीं है। ये सब इस गलतफहमी में हैं कि मैं कोई अफसर हूँ। इसी कारण इन्होंने मुझे यहाँ तक आने दिया। अब बताइए, क्या होगा ?' मैंने कहा, 'आप चिंता मत कीजिए, यहाँ आराम से बैठिए, कुछ नहीं होगा। जब तक आप यहाँ बैठे रहेंगे, कोई अधिकारी आपको यहाँ से जाने के लिए नहीं कहेगा।' वे हमारे पास दो-तीन घंटे बैठे रहे। मैंने उन्हें नाश्ता कराया, चाय पिलाई। उन्होंने जयप्रकाशजी के बारे में कहा कि यह स्थिति हो गई कि जयप्रकाशजी जैसे व्यक्ति की मृत्यु हो जाएगी और कोई जलानेवाला भी नहीं होगा। यह कहते-कहते ही उनकी आँखों से आँसू बहने लगे। मेरे भी मन में कुछ ऐसे ही भाव थे, लेकिन उनका मन रखने के लिए मैंने कहा, 'ऐसा मत समझिए, ऐसा नहीं होगा।' उन्होंने पूछा, 'आपके कहने का क्या आधार है ?' मैंने कहा, 'मेरी मान्यता यह है कि जो आदमी जैसा होता है, जीवन के अंत में उसको वैसा ही सम्मान मिलता है।

जयप्रकाशजी इस लायक नहीं हैं कि उनका इस प्रकार से अंत हो। जयप्रकाशजी ने देश और समाज की निष्काम सेवा की है।' मैं उनका मन ही रख रहा था। मैंने बात को आगे बढ़ाते हुए कहा कि इतिहास के सम्मुख जयप्रकाशजी सही साबित होंगे। यहीं हमारी बात खत्म हुई।

उसके बाद दूसरी बात हमको याद आती है। जब हम जेल से छूटे तो चुनावों की तैयारी के कारण कई दिनों तक पटना नहीं जा पाए। चुनाव के सिलसिले में मैं जयप्रकाशजी से मिलने गया। जयप्रकाशजी ने मुझसे कहा, 'आप तो अकेले रहे।' फिर उन्होंने एक बात कही, 'चन्द्रशेखर, 1942 में अंग्रेजों ने मुझे लाहौर फोर्ट में नजरबंद रखा, लेकिन एक-दो माह बाद उन्होंने हमको और राममनोहर को मिलने की इजाजत दे दी थी। इस बार जेल में रहने पर मैं बहुत एकाकी महसूस करता था। मैंने इन लोगों से कहा कि एक आदमी आप हमारे साथ कर दीजिए। गुलाब के लिए कहा। इनका कहना था कि उसको कैदी की हैसियत से रहना पड़ेगा। मैंने कहा, 'उसे क्यों कैदी बनाते हैं ? आप चन्द्रशेखरजी को हमारे साथ भेज दीजिए।' यह बात बताकर जयप्रकाशजी बोले, 'लेकिन इन्होंने मेरी इतनी बात भी नहीं मानी।' यह कहते समय वे इतने भावुक हो उठे कि उनकी आँखों में आँसू बहने लगे।

तीसरी बात है चुनाव हो जाने के बाद की। सरकार बन जाने के चार-पाँच माह बाद एक दिन मैंने जयप्रकाशजी से कहा कि यह सरकार नहीं चलेगी, पार्टी नहीं चलेगी। मैं त्यागपत्र दे देता हूँ। जयप्रकाशजी ने कहा, 'नहीं, ऐसा मत कीजिए, कोशिश कीजिए, इस पार्टी को चलाना है।'

इसके बाद जब सरकार बनी तब जयप्रकाशजी बंबई के जसलोक अस्पताल में थे। जसलोक से उन्होंने मुझे फोन कराया। उन्हें ऐसा लगा कि मोरारजी भाई ने मुझे सरकार में लेना स्वीकार नहीं किया है। मुझे शायद शामिल होने के लिए कहा न हो। उनके निजी सचिव ने मुझे फोन किया। मैंने उनसे कहा कि जयप्रकाशजी से कहिए कि मोरारजी भाई ने मुझसे कहा था, लेकिन मैंने स्वीकार नहीं किया। जेपी ने फिर दोबारा फोन करवाया और संदेश दिया कि यह बहुत गलत बात है। चुनौती के समय जिम्मेदारी लेनी चाहिए। मैंने उनके सचिव से कहा, 'मैं जयप्रकाशजी से मिलने बंबई आ रहा हूँ।'

अगले दिन मैं जयप्रकाशजी से मिला तो उन्होंने पूछा, 'आप क्यों नहीं सरकार में जाते ?' सरकार बनाने के पूर्व चुनाव-प्रचार के दौरान ही मैंने कुछ बातें जयप्रकाशजी से कही थीं, जिन्हें कहना मैं अब ठीक नहीं समझता। मैंने जयप्रकाशजी से कहा, 'मैंने कुछ दिन पूर्व आपसे इस बारे में बात की थी। आपको याद है ?' उन्होंने कहा, 'हाँ, याद है।' मैंने कहा, 'मेरे उन विचारों के साथ क्या ईमानदारी होगी कि मैं मोरारजी की सरकार में मंत्री बन जाऊँ ?' उन्होंने कहा, 'मैंने इस बात को इस दृष्टि से सोचा नहीं था। आपसे मुझे यही आशा थी। आपने बहुत ठीक किया।' इसके बाद उन्होंने कहा कि आपको पार्टी का अध्यक्ष होना चाहिए। मैं अन्य नेताओं से कहूँगा। मैंने उनसे कहा, 'यह आपके जीवन की बड़ी भारी उपलब्धि थी। अपने लिए नहीं, बल्कि समाज और राष्ट्र के लिए उसमें कोई ऐसा धब्बा नहीं लगे, जिससे हमें दुख हो। अगर आपके कहने से मैं अध्यक्ष बनूँगा तो मेरे मन में एक बड़ा संकोच बना रहेगा। और यदि उन्होंने आपकी बात नहीं मानी तो यह बात असहनीय हो जाएगी।' उनका जवाब था, 'ऐसा कैसे होगा ?' हमारे मित्र ब्रह्मानंदजी ने उन्हें याद दिलाया कि आजादी आने के बाद गांधीजी ने जवाहरलालजी से कहा था कि आचार्य नरेन्द्र देवजी

को पार्टी अध्यक्ष बनाइए। लेकिन जवाहरलालजी ने इस बात को नहीं माना। इस पर मैं बोला, 'मैं आचार्य नरेन्द्र देव नहीं हूँ। आप गांधी नहीं हैं और दूसरे लोग जो आज प्रधानमंत्री हैं, जवाहरलाल नहीं हैं। जब यह उस स्तर पर हो सकता है तब आज तो जरूर हो सकता है। आप उनसे कुछ न कहें।'

30 अप्रैल को जब वे सिएटल जा रहे थे, तो एयर इंडिया के विमान के अंदर जाकर मैं उनसे मिला। उन्होंने हमारे मित्र दयानंद सहाय से कहा, 'चन्द्रशेखरजी भी बड़े जिद्दी हैं, जिद नहीं छोड़ते हैं। हमको पत्र तक नहीं लिखने दिया। पता नहीं, कल लोग किसको अध्यक्ष बनाएँगे ? मेरी राय थी कि इनको ही बनाना चाहिए।' वे परिस्थितियाँ क्या थीं, जिनके चलते मैं अध्यक्ष बन गया, वह अलग बात है। उसके बाद जब जनता पार्टी टूट गई, तब भी जयप्रकाशजी को बहुत पीड़ा हुई।

राजनीतिक नेताओं में आचार्य नरेन्द्र देवजी के बाद जयप्रकाशजी ही एकमात्र ऐसे नेता थे जो कभी-कभी मेरे बारे में सोचते थे। लोगों से पूछते थे कि भई! चन्द्रशेखर जी के क्या हाल हैं ? वे मेरे स्वास्थ्य के बारे में, राजनीति के बारे में चिंतित रहते थे। ऐसे व्यक्ति की जब मृत्यु होती है, तो स्वाभाविक है कि शून्यता का बोध होता है। व्यक्तिगत और राजनीतिक रूप से मेरे मन पर गहरा असर हुआ। लेकिन मुझे एक बात का संतोष हुआ कि जनता पार्टी जिस हालत में टूटी थी और यदि जयप्रकाशजी और अधिक जीवित रहते तो उनके मन को बहुत अधिक क्लेश होता। क्योंकि बीमारी के बीच उनसे यह अपेक्षा करना उचित नहीं था कि वे फिर से स्वस्थ होंगे और राजनीति को नया मोड़ देंगे।

जिस तरह से गांधीजी ने अदम्य साहस और निष्ठा से हमको आजादी दिलाई और गांधीजी के बनाए लोगों ने उनके जीवित रहते हुए उनके सपनों को चकनाचूर कर दिया, उस तरह जयप्रकाशजी ने जिन लोगों को बनाया (हम लोगों को, मैं किसी व्यक्ति विशेष का नाम नहीं ले रहा), उन्होंने उनके सपनों को तोड़ा। इतना ही नहीं किया, बल्कि हमने कोशिश की कि उनके महत्त्व को कम कर दिया जाए। सरदार पटेल और नेहरू ने कम-से-कम गांधी के महत्त्व को नकारने का प्रयत्न नहीं किया। उनकी मृत्यु के बाद बार-बार मेरे मन में एक ही विचार आया कि हमने उन मूल्यों और आदर्शों को विज्ञापित नहीं किया, जिसके वे अधिकारी थे।

**जयप्रकाश नगर में आप जो मूर्ति स्थापित करनेवाले हैं, उसका विचार कैसे आया ?**

जयप्रकाशजी की मृत्यु के बाद श्रीमती इंदिरा गांधी ने एक समिति बनाई थी, जिसमें एस.एम. जोशी, मधु दंडवतें और मुझे सदस्य रखा था। उत्तर प्रदेश और बिहार के मुख्यमंत्री भी उसके सदस्य थे और वे स्वयं उसकी अध्यक्षा थीं। उस समय बहुत लोगों ने मेरे इस समिति के सदस्य होने पर आपत्ति की। मैंने कहा, 'यह बात अच्छी नहीं है। जयप्रकाशजी की स्मृति सँजोने के लिए सरकार यदि कोई कार्य करे तो हमें उसे सहयोग देना चाहिए।' समिति की एक बैठक हुई और उसके बाद कोई बैठक नहीं हुई। मैंने प्रधानमंत्री को इस बारे में कई पत्र लिखे। उस समय दो सवाल प्रमुख थे—पहला था, जयप्रकाशजी का घर, जिसकी दीवारें ईंट की हैं, और वह खपरैल से छाया हुआ है। बरसात आती है और बाढ़ का इलाका है। जयप्रकाशजी जिंदा थे, तब हर साल उसकी मरम्मत करानी पड़ती थी, क्योंकि

आँधी खपरैलों को उड़ा ले जाती है। खपरैलों के नीचे फूस लगा हुआ है। जब वह सड़ जाता है, तो लकड़ियाँ सड़ने लगती हैं। लकड़ियाँ उनके बाप-दादाओं का जो घर है, उस जमाने की हैं। हमने कहा कि इस घर को ठीक रखने की कोशिश की जाए। इंदिराजी ने कहा, 'व्यक्तिगत संपत्ति है, उसमें कैसे कुछ करें ?'

पटना में जयप्रभा अस्पताल उनके जीवन की सबसे बड़ी इच्छा थी। मैंने कहा कि इस अस्पताल को बनाना चाहिए जिसका शिलान्यास जेपी ने किया था। इंदिराजी ने कहा, 'उसे बनाओ'। तब जगन्नाथ मिश्र बिहार के मुख्यमंत्री थे। बाद में चन्द्रशेखर सिंह मुख्यमंत्री बन गए। मैंने कहा, 'हमने सुना है कि वहाँ आपके नाम पर एक मेडिकल इंस्टीट्यूट बन रहा है। दो मेडिकल इंस्टीट्यूट पटना में नहीं बनने चाहिए।' इंदिराजी ने समिति के सामने कहा कि मेरे नाम पर कोई इंस्टीट्यूट नहीं बन सकता। मैं इससे सहमत नहीं हूँ। यह बात बिलकुल गलत है। लेकिन तभी चन्द्रशेखर सिंह (जो उस समय बिहार के मुख्यमंत्री थे) ने सुझाव दिया कि जयप्रभा अस्पताल को उस बड़े अस्पताल का हिस्सा बना दिया जाए। मैं कहना नहीं चाहता था, फिर भी मुझे इंदिराजी से कहना पड़ा, 'यह आपके लिए भी सम्मानजनक बात नहीं होगी और जेपी की स्मृति में बन रहे अस्पताल के लिए भी ठीक नहीं होगी।' उन्होंने कहा, 'आप ठीक कहते हैं। मेरे नाम पर अस्पताल बनाने की कोई जरूरत नहीं है, जयप्रकाशजी के नाम पर ही अस्पताल बने।' लेकिन बिहार के मुख्यमंत्री चन्द्रशेखर सिंह ने कहा, 'नहीं, दो अस्पताल बन सकते हैं।' हमने कहा, 'इसकी संभावना की जाँच करवा लीजिए।' निर्णय लिया गया कि बंबई के शल्य-चिकित्सक शांतिलाल शाह के नेतृत्व में समिति बने जो इसकी जाँच कर ले। शांतिलाल शाह की समिति बनी, पर बिहार सरकार ने उसका कोई कार्यक्रम नहीं रखा। अब स्थिति यह है कि जयप्रभा अस्पताल की हालत खराब है और इंदिराजी की स्मृति में अस्पताल बन रहा है।

1952-53 या 54 में जेपी के सचिव जगदीश भाई ने जयप्रकाश नगर में जेपी का घर बनवाया था और मैनेजर सिंह, विधायक, जो उस समय पार्टी के कार्यकर्ता थे, देखरेख करते थे। ये दोनों कई बार हमारे पास आए और कहा, 'घर को गिरने से बचाना है।' मैंने कहा, 'मैं क्या करूँ', मैं इस सब झमेले में पड़ूँगा नहीं, उनके भतीजे हैं अनिल, हाँ, यदि वे कुछ कहें तो हम कुछ करने को तैयार हैं।' अनिल ने कुछ माह पूर्व कुछ लोगों को कहा कि वे जयप्रकाशजी की संपत्ति का एक ट्रस्ट बनाना चाहते हैं। कुछ लोग सरकार की ओर से आए और उन्हें कहा कि आप ट्रस्ट बनाकर किसी एक विशेष व्यक्ति को दे दें। नहीं तो सरकार को दे दीजिए, वह चलाएगी। अनिलजी ने एक ट्रस्ट बना दिया। तभी उनसे किसी ने कहा कि किसी और को उसका अध्यक्ष बनाइए, लेकिन चन्द्रशेखर को मत बनाइए। उन्होंने उसी दिन एक ट्रस्ट बनाकर मुझे उसका अध्यक्ष बना दिया। ट्रस्ट का रजिस्ट्रेशन हो गया। जयप्रकाशजी का घर और आसपास का पाँच एकड़ का बगीचा ट्रस्ट को दे दिया गया। इस बीच में उत्तर प्रदेश सरकार के लोग मेरे पास आए कि हम जेपी की स्मृति में एक 'मेमोरियल' बनाना चाहते हैं। वे एक नक्शा भी ले आए। लेकिन इस बीच में मैं बंबई की वास्तुशिल्पी ललितादास और श्री दास से आग्रह कर चुका था कि वे जेपी के घर को सुरक्षित रखने की योजना और एक मेमोरियल की योजना बनाएँ। मेमोरियल ऐसा हो कि गाँव में कुछ लोग ठहर भी सकें। एक मूर्ति हो और जेपी के जीवन की कथा चित्रों में हो। उन्होंने एक नक्शा

बनाया। हमने उसमें सुझाव दिए।

जब मैं जयप्रकाश नगर गया तो गाँव के लोगों ने कहा कि इसे जल्दी बनाया जाए। होता यह है कि मेमोरियल बनते-बनते वर्षों लग जाते हैं। मैंने कहा कि हम अक्तूबर, '85 तक इसे पूरा कर लेंगे। मैं 3-4 दिन गाँव में रहा और काम शुरू कराके आया। काम में दिक्कतें हैं, पर हमारी कोशिश जारी है।

**इस पर अनुमानित रूप से कितने रुपए खर्च होंगे ?**

शुरू में हमारी योजना छह लाख रुपए खर्च करने की थी। अब कीमत बढ़ रही है इसलिए कुछ कह नहीं सकता।

**जयप्रकाश नगर के निवासियों की इसमें क्या भूमिका है ?**

गाँववालों ने पहले दिन ही कहा कि वे एक लाख रुपया देंगे और अनाज वगैरह भी देंगे। गाँव के अलावा बलिया जिले के अन्य गाँवों से सहयोग लिया जाएगा। इस बारे में मैंने अभी बाहर के लोगों से संपर्क नहीं किया है।

*धर्मयुग, 11 अगस्त, 1995*

# बदलाव की हवा समाज में खुद पैदा होती है

*कमल सहाय की बातचीत*

**आपने पहले भारत-यात्रा की और अभी पूर्वी उत्तर प्रदेश-बिहार में क्रांति-यात्रा की। दोनों यात्राओं के दौरान आपने गरीबी एवं अभाव का जिक्र किया और उसके लिए सरकारी योजनाओं को दोष दिया। लेकिन क्या इन असंतुलनों और विषमताओं को विकास के मौजूदा ढाँचे में विभिन्न मदों में होनेवाले व्ययों को घटा-बढ़ाकर दूर किया जा सकता है ? या कि विकास की पूरी परिकल्पना को बदलना जरूरी है ?**

केवल मदों में घटाव-बढ़ाव से मामला नहीं निबटेगा। इसको निबटाना होगा सोचने के तरीके में परिवर्तन करके। जब तक मौलिक दृष्टिकोण से हम इस समस्या को नहीं देखेंगे, इसका समाधान नहीं हो सकता। हमारे पास साधन कम हैं और हमारी सबसे बड़ी संपदा हमारी जनशक्ति है। अधिक-से-अधिक जनशक्ति को काम पर लगाया जाए—अगर हमारा यह उद्देश्य है, तो हमें अपनी प्राथमिकताओं में तथा योजनाओं में संपूर्ण परिवर्तन करने की जरूरत पड़ेगी। और इसके लिए सीमित साधनों के उपयोग के मामले में हमारी दृष्टि साफ होनी चाहिए।

**अधिक से अधिक जनशक्ति को काम पर लगाने से आपका तात्पर्य क्या है ?**

जितने लोग काम करने लायक हैं, उन सबको कोई-न-कोई मौका मिलना चाहिए काम करने का। भारत जैसे देश में, जहाँ हम विकास की बुनियादी बातों को पूरा नहीं कर पाए हैं, काम की कमी नहीं है। बाँध बनाने, सड़कें बनाने, पेड़ लगाने आदि-आदि ऐसे काम हैं जिनमें करोड़ों लोगों को काम दिया जा सकता है। अगर हर आदमी को भोजन मिले और हर आदमी को काम मिले, तो लोगों के मन में विश्वास बढ़ेगा और तभी वे पूरे मन से श्रम कर सकेंगे। हमें यह समझना होगा कि विकास की कोई भी प्रक्रिया तभी तेज हो सकती है। जब उसके लिए लोगों की इच्छाशक्ति जगे और लोगों की इच्छाशक्ति को बलवती करने के लिए हमें उन्हें दो रोटी देने का इंतजाम करना होगा और इसके लिए उन्हें काम देना होगा। लोगों को दान में पैसा देकर उन्हें भूख से स्थायी तौर पर छुटकारा नहीं दिलाया जा सकता।

**लेकिन क्या इसके लिए बजट से कई गुना अधिक धन की आवश्यकता नहीं होगी ?**

गांधीजी ने अपरिग्रह की बात की थी—मितव्ययिता ! यह मितव्ययिता कोई नारा नहीं है, बल्कि विकास का एक अंग है, जिसे हमें अपनाना होगा। इस प्रक्रिया में समाज के उन लोगों को, जिन्हें हम समृद्ध लोग कहते हैं, थोड़ा त्याग करना होगा। अगर वे स्वयं कर सकें तो अच्छा होगा, वरना सरकार को वे नियम बनाने होंगे जिनके द्वारा इन समृद्ध लोगों से

त्याग करवाया जा सके। सरकार ही नहीं, हम सब भी जो अनाप-शनाप खर्च कर रहे हैं, उस पर लगाम लगाने की जरूरत है।

**इस अनाप-शनाप खर्च से आपका मतलब ?**

समाज में अपनी गरीबी छिपाने के लिए और अंतर्राष्ट्रीय मंच पर राष्ट्रीय गरीबी छिपाने के लिए हम लोग जो दिखावे के काम कर रहे हैं, उन्हें रोकने की जरूरत है। शहरों में जो सौंदर्यीकरण का काम हो रहा है, पाँचसितारा होटलों में लोगों की भूख की बात को भुला कर समाज को एय्याशी की जिंदगी बिताने की ओर ले जाने की जो कोशिश हो रही है, जिस प्रकार दूरदर्शन और रेडियो पर खपत की वस्तुओं का प्रचार करके लोगों में अनावश्यक वस्तुएँ खरीदने की होड़ को बढ़ावा दिया जा रहा है—ये तमाम बातें ऐसी हैं, जिनसे छुटकारा पाने के लिए भौतिक तथा मानसिक रूप से लोगों को समझाना होगा। उनका मन बदलना होगा। क्या यह सोचने की बात नहीं है कि ठंडे मुल्क के निवासी अंग्रेज यहाँ आए और सैकड़ों साल हम पर हुकूमत करके चले गए, बिना एयरकंडीशनर लगाए, और एक यहाँ के बाबू लोग हैं जो बिना एयरकंडीशनर के कोई काम ही नहीं कर सकते जबकि अपने मुल्क के जिला अस्पतालों में शल्य चिकित्सा के लिए ऑपरेशन थिएटर को ठंडा करनेवाले एयरकंडीशनर नहीं हैं। मैं एयरकंडीशनर के खिलाफ नहीं हूँ, बल्कि मेरा कहना है कि जब तक शल्य चिकित्सा कक्षों में एयरकंडीशनर नहीं लग जाते, तब तक इस तरह की खपत की मानसिकता बढ़ाने की होड़ का क्या मतलब है ? विकास की परिकल्पना बदलकर हमें अपनी गरीबी को चिथड़े डालकर ढाँपने की फूहड़ कोशिश छोड़नी होगी और ईमानदारी से अपनी कमियों को स्वीकारते हुए अभावों और विषमताओं में जकड़े करोड़ों भारतवासियों को सभी संसाधन जुटाकर उबारने की अनथक कोशिश में निष्ठा से जुटना होगा।

**आपकी पार्टी देश में फिर से 1974 और 75 के आरंभ जैसी राजनीतिक हवा बनाने की बात कर रही है, लेकिन उस वातावरण को बनाने में श्रीमती इंदिरा गांधी की राजनीति, जयप्रकाशजी के व्यक्तित्व और निर्दलीय शक्तियों की विशेष भूमिका थी। उन तमाम स्थितियों के अभाव में इस तरह की अपेक्षा कहाँ तक संगत है ?**

दरअसल यह सोचने का पहलू ही गलत है। 1974-75 की राजनीतिक हवा न तो जयप्रकाश नारायण ने बनाई थी, न निर्दलीय शक्तियों ने और न ही इंदिरा गांधी ने। इस तरह की हवा समाज में खुद बनती है और उसके पीछे होती है लोगों के मन की पीड़ा और उनका बढ़ता हुआ असंतोष। जब असंतोष बढ़ता है, तो हवा अपने आप बदलती है और बनती है। सवाल सिर्फ इतना होता है कि उसमें कोई सही नेतृत्व दे पाता है अथवा नहीं। जयप्रकाशजी पहले भी थे, लेकिन वे कोई तूफानी राजनीतिक हवा पैदा नहीं कर सके। श्रीमती इंदिरा गांधी पहले भी थीं, लेकिन 1975 जैसी भूल करने की आवश्यकता उन्हें पहले नहीं पड़ी। वास्तव में समाज में लोग कुछ सीमा तक तो शोषण सहन कर लेते हैं लेकिन इसके बढ़ने पर उनका असंतोष मुखर हो उठता है। ऐसी स्थिति में राजसत्तावाले लोग शोषण की खबरों को दबाकर अपनी गद्दी बनाए रखना चाहते हैं, तो असंतोष और भड़क जाता है। 1974-75 में जयप्रकाशजी जैसा व्यक्तित्व था, मगर आपको याद होगा कि हवा बनाने का

काम उन युवाओं ने किया था जिनको राजनीति का कोई ज्ञान नहीं था। जेपी ने उन्हें नेतृत्व भर देकर दिशा दे दी थी। निर्दलीय शक्तियों की जो बात आप कर रहे हैं, वे हवा बनानेवाली नहीं, हवा के साथ चलनेवाली थीं। शक्ति का अनुमान कभी-कभी हम लोग गलत लगा लेते हैं। विरोधी पार्टियाँ हवा का लाभ उठानेवालों में थीं, हवा बनानेवाली नहीं। हवा बनती है समाज की विसंगतियों से और इसे बनाती हैं समाज द्वारा ही पैदा की जानेवाली शक्तियाँ। और जब ऐसी हवा उठती है, तो नेतृत्व करनेवाले लोग भी मिल जाते हैं। दुनिया में कहीं भी कोई आंदोलन नेतृत्व के अभाव में बैठ गया हो, ऐसी बात तो नजर में नहीं आई है। अब भी कोई-न-कोई शक्ति पैदा होगी और कोई-न-कोई नेतृत्व देनेवाला भी उभरेगा ही। हवा व्यर्थ का हल्ला करने से नहीं बनती। आज केंद्र की सरकार काफी जोरों से अपने पक्ष में हवा बनाने की कोशिश कर रही है, मगर इसका विपरीत परिणाम हो रहा है, उसकी छवि उतनी ही तेजी से खराब हो रही है क्योंकि उसकी तरफ की हवा बनानेवालों ने झोंक में जन-भावनाओं और जन-आवश्यकताओं को दृष्टि में नहीं रखा।

**’74 में जो लोग राजनीति से नहीं जुड़े थे, उन्हीं युवाओं ने आपके अनुसार उस समय की राजनीतिक हवा बनाई थी। आज बारह साल बाद उनमें से अधिकांश अधेड़ हो गए हैं। जनता पार्टी के कार्यक्रमों में इन अधेड़ों और नए शामिल युवाओं की क्या भूमिका आप लोगों ने निर्धारित की है ?**

युवकों को जिम्मेदारी के स्थानों पर रखा जा रहा है और आगे के आंदोलन की जिम्मेदारी भी मुख्यतः युवाओं पर ही होगी। हम इस बार युवाओं को आगे बढ़ाने पर ज्यादा जोर दे रहे हैं। मगर आप यह मत समझिए कि जो युवा हैं वे सब के सब काम करनेवाले भी हैं। इनमें से कई एक तो बिलकुल निकम्मे हैं। केवल नवयुवक होने से बात नहीं बनती। हमारे प्रधानमंत्री भी युवा हैं जो देश की हालत को काफी हद तक बिगाड़ने के लिए जिम्मेदार हैं। राजनीतिज्ञ होने का मतलब है कि मानसिक दृष्टि से साधारण जन के लिए नई दिशा में सोचें। जो युवा सिर्फ अभिजात वर्ग के लिए ही सोचता है, वह समाज बदलने का काम नहीं कर सकता। आज के युवाओं में एक होड़ यह भी लग गई है कि वे धरती पर रहनेवाले लोगों की निर्धनता और अभाव की बात भूलकर केवल विकास की रंगीनियों से ही अपना मानस बनाने में जुट गए हैं। नवयुवक होने मात्र से ही यह समझ लेना कि वे सही काम करेंगे, भ्रामक है। सिर्फ युवा होना ही कोई बड़ी विशेषता नहीं, जब तक कि उनमें समाज की परिस्थितियों का ज्ञान तथा उसका उपयोग साधारण जन के लिए करने की क्षमता न हो।

**एक जागरूक विपक्ष की तरह से आपकी पार्टी की भूमिका क्या रहेगी ?**

एक बार फिर उसी कार्यक्रम की शुरुआत होगी, जो पिछले दिनों बिहार और पूर्वी उत्तर प्रदेश में हमने किया है। यह शुरुआत देश के उन सारे पिछड़े इलाकों में होगी, जहाँ भूख, गरीबी, विषमता और शोषण का बोलबाला है। मैं अभी यह नहीं कह सकता कि परिस्थिति कहाँ, कब और कैसा रुख लेगी। हमारा प्रयास हर जगह होगा, मगर कहाँ कितनी शक्ति उभर सकेगी और कहाँ कितने लोग संगठित होंगे, यह कहना अभी मेरे लिए संभव नहीं है।

*धर्मयुग, 25 मई, 1986*

# राजीव जनता का दर्द नहीं समझते

*रामसेवक श्रीवास्तव की बातचीत*

**विधानसभा चुनावों में विरोधी पार्टियों की जीत के बारे में आप क्या कहना चाहेंगे ?**

राजीव सरकार के बारे में मेरे मन में कोई भ्रम कभी नहीं रहा। राजीव गांधी ने सत्ता हथियाने के लिए हजारों निर्दोषों के कत्ल को एक मामूली घटना माना है। उनके मन में मनुष्य के लिए कहीं कोई संवेदनशीलता नहीं है। संवेदनविहीन राजनीति मुझे हमेशा उस राक्षसी की तरह लगती है, जो लोगों का खून तो चूस सकती है, संजीवनी का वरदान नहीं दे सकती। श्रीमती इंदिरा गांधी की हत्या के बाद की घटनाएँ इस बात का प्रमाण हैं कि राजीव गांधी जनता की पीड़ा समझने में न केवल असमर्थ हैं, बल्कि उसके बारे में सोचना भी जरूरी नहीं समझते।

**बुनियादी सवाल उनकी नीतियों के विश्लेषण का है ?**

उन्होंने जो नीतियाँ अपनाईं, उन सबका उद्देश्य कल्पनाजगत में उड़ान भरना और अभिजात वर्ग के कुछ लोगों में भोग-विलास की प्रवृत्ति जगाना था। हमारी सबसे बड़ी राष्ट्रीय संपदा जनशक्ति है। जिस देश में लोग भूखे, प्यासे, बेसहारा और आरक्षित हैं, वहाँ इस प्रकार की नीतियाँ करोड़ों लोगों के मन में नया राष्ट्र बनाने की प्रेरणा नहीं जगा सकतीं। राजीव गांधी की नीतियों की असफलताओं पर आज किसी को आश्चर्य नहीं होना चाहिए। इतिहास को कोई भी व्यक्ति अधिक दिनों तक भ्रम में नहीं रख सकता। प्रधानमंत्री का असली चेहरा बेनकाब हो रहा है। ऊहापोह की स्थिति में वे लोग हैं, जिन्होंने अनावश्यक रूप से प्रधानमंत्री में संभावनाएँ देखी थीं। आज वे ही लोग हताश, उदास और हतप्रभ दिखाई दे रहे हैं। इतिहास का न्याय अत्यंत कठोर होता है। वह किसी के साथ कोई लिहाज नहीं करता। आज नहीं तो कल, उसका फल भुगतना पड़ता है।

**राष्ट्रीय विकल्प को जयश्री बताते हुए आपने कहा है कि इसमें किसी को अछूत नहीं माना जाएगा। क्या पिछले प्रयोग की असफलता महत्त्वहीन हो गई है ?**

एक समस्या राष्ट्रीय विकल्प की है, दूसरी तात्कालिक संकट की। संकट संविधान और संसदीय लोकतंत्र की मर्यादा पर आया है। इसलिए इससे उबरने के लिए हम बिना संकोच के हर किसी को साथ लेंगे। इसी में विकल्प भी विदित है। राष्ट्र की बुनियादी और प्रमुख समस्याओं के बारे में जिनके समान विचार हैं, वे ही विकल्प बना सकते हैं।

**समस्याएँ हल करने की राजीव सरकार की कोशिशों में कितना दम है ?**

राजीव सरकार के प्रयोग के तरीके और उनकी मनोवृत्ति राष्ट्रीय जीवन में मर्यादा के महत्त्व को नामंजूर करती है। मानवीय मर्यादा से मेरा संतुलन लोगों की भूख, प्यास, बेकारी, बीमारी, विषमता और जाति-धर्म के नाम पर भेदभाव से पैदा होनेवाली समाज की व्याधियाँ हैं। सोचना उनके समाधान के बारे में होगा।

**सोच की दिशा और काम करने का तरीका क्या होगा ?**

इन सवालों पर हम अगर राजीव सरकार की तरह समझौता करेंगे, तो समाज को बदलने में असफल होंगे। मुद्दा ज्यों का त्यों बना रहेगा। जो शक्तियाँ कुंठित समाज में बदलाव लाने की विरोधी हैं, उनसे समझौता करके विकल्प नहीं बनाया जा सकता। याद रखना चाहिए कि हमारे समाज में बहुत-से ऐसे लोग हैं जो आपकी राजनीतिक पार्टियों से जुड़े भले न हों, उनके विचार इन सवालों पर बिलकुल साफ हैं। उनमें राजनीतिक पार्टियों की अपेक्षा अधिक निष्ठा और संकल्पशक्ति है। वे समाज-परिवर्तन के संघर्ष में सहायक हो सकते हैं। उन शक्तियों की अनदेखी नहीं की जा सकती। देश की यह अपार शक्ति आज के संघर्ष से पूरी तरह अछूती है। उन शक्तियों से हम कोई रिश्ता इसलिए नहीं जोड़ पाते क्योंकि यथास्थिति बनाए रखनेवाली शक्तियाँ अधिक सजग और समर्थ हैं। जो नया समाज बनाने की कोशिश करेगा उसे इन शक्तियों के विरोध का सामना करना पड़ेगा। हम अगर घबरा गए, तो अपार जनशक्ति से संबंध जोड़ने में असफल हो जाएँगे।

**ऐसी शक्तियाँ तो सभी पार्टियों में हो सकती हैं ?**

हो सकती हैं। वे नए समाज के निर्माण के लिए तैयार नहीं होंगी। ऐसी शक्तियों को नजरंदाज करना होगा। इसके बगैर राष्ट्रीय विकल्प की कल्पना साकार नहीं हो सकती।

**बाबरी मस्जिद विवाद पर आपकी राय क्या है ? क्या कोई समाधान आपके पास है ?**

सवाल मस्जिद का नहीं, भावनाओं का है। ऐसे सवालों पर विवाद बढ़ाने के बजाय आपसी बातचीत का रास्ता अपनाना चाहिए। इस सवाल पर समय रहते सभी ओर से प्रयास नहीं किया गया और सुलह-समझौते से रास्ता नहीं निकाला गया, तो स्थिति बिगड़ेगी। राष्ट्र को एक नई उलझन का सामना करना पड़ेगा, जो किसी के लिए भी हितकर नहीं होगा।

*दिनमान, 5–11 अप्रैल, 1987*

# सिर्फ राजीव गांधी को हटाने से देश की समस्याएँ हल नहीं होंगी

*प्रीतीश नंदी की बातचीत*

**आपको जनता दल से बाहर करने के जो अभियान चल रहे हैं, उसके बारे में आप क्या सोचते हैं ? हाल का विवाद अजित सिंह के पत्र से संबंधित है, जिसमें रामकृष्ण हेगड़े और विश्वनाथ प्रताप सिंह के उकसाने पर पार्टी से आपको निष्कासित करने की माँग की गई है, क्योंकि आप पर पार्टी के नेतृत्व के बारे में कुछ असम्मानजनक टिप्पणी करने के आरोप हैं।**

मैंने इन सबके बारे में सुना था और अब प्रेस के माध्यम से जान भी गया हूँ। मुझे तो यह पत्र बड़ा ही विचित्र लगता है। सचमुच में ऐसा कोई पत्र है, इसमें मुझे शंका है। और यदि है भी, तो मुझे नहीं लगता कि इसके पीछे कोई एक व्यक्ति है, बल्कि इसके पीछे कई लोगों का हाथ होगा। मगर ये सब विचित्र लग रहा है और मैं अचंभित हूँ। जो मुझे पसंद नहीं करते, मैं उनसे भी परिपक्व राजनीति की उम्मीद करता हूँ।

दूसरी बात यह है कि किस आधार पर वे मेरे खिलाफ अनुशासनात्मक कार्रवाई की माँग कर रहे हैं ? मुझे इस बात का बिलकुल विश्वास नहीं कि वी.पी. सिंह इस हद तक नीचे गिर जाएँगे कि वे मेरे विरोध में उकसानेवाला पत्र लिखेंगे। हेगड़े और अजित सिंह के बारे में मैं कुछ नहीं कह सकता।

**लेकिन अजित सिंह, जो कभी आपके समर्थक रहे हैं, अचानक आपके खिलाफ क्यों हो गए ?**

सचमुच मैं नहीं जानता; पर मुझे नहीं लगता कि कोई भी व्यक्ति, जिसमें तनिक भी राजनीतिक समझदारी होगी, वह ऐसा कदम उठाएगा।

अगर कुछ मसलों पर अनुशासनात्मक कार्रवाई करने की बात है, तो उस पर विशेष ध्यान दिया जाना होगा। यह कोई पुलिस स्टेशन नहीं है, जहाँ आप कोई अपराध दर्ज कराने पहुँच जाएँ। राजनीति में यदि आपका किसी से मतभेद है, तो साधारण शिष्टता है कि पहले आप इस पर बात करें। यह जानना बेहद जरूरी है कि किस बात से वह व्यक्ति इतना परेशान और दुखी है।

अब तक किसी ने मुझे कुछ भी नहीं बताया है, तो कोई कैसे मेरे खिलाफ अनुशासनात्मक कार्रवाई का प्रस्ताव रख सकता है—और बगैर इसे पार्टी में लाए और इस पर चर्चा किए ? दूसरे चुपचाप इसे समर्थन भी दे रहे हैं। अगर हम पार्टी को अराजक तरीके से चलाएँगे, तो एक दिन यह तरीका पार्टी के लिए विनाशकारी होगा। राजीव गांधी की सरकार का जो हश्र हुआ, उससे भी बुरा हमारा हश्र होगा।

**शायद आपके द्वारा अजित सिंह के लिए की गई किसी सार्वजनिक टिप्पणी ने उन्हें उत्तेजित कर दिया है ?**

किस तरह की टिप्पणी की बात आप कर रहे हैं ? मैंने क्या कहा है और किस संदर्भ में ? मेरे विरुद्ध किसी तरह की कार्रवाई करने से पहले इन सारे सवालों को उठाया जाना चाहिए और इस पर विमर्श भी किया जाना चाहिए। हमारी राजनीतिक पार्टी है और इसके कुछ नियम हैं, जो हमारे व्यवहार को निर्देशित करते हैं। कोई भी स्वेच्छा से यह निर्णय नहीं ले सकता कि क्या किया जाना चाहिए। सिर्फ इसलिए कि मैंने कहीं पर जो कुछ कहा, वह उसे पसंद नहीं। उन्हें अपने आरोप को सिद्ध करना होगा, वरना वे चुप रहें।

मैंने पार्टी या किसी व्यक्ति के विरोध में क्या कहा है, उसे उन्हें बताना होगा। इस तरह के पत्र या धमकियों से कोई नतीजा नहीं निकलनेवाला। मैं इन सबसे किंचित् मात्र भी चिंतित नहीं हूँ।

**आपने चंडीगढ़ में कुछ कहा था, जिससे उन्हें तकलीफ हुई। कुछ और भी आपने...**

हाँ, मुजफ्फरपुर में। मैं जानता हूँ, मैंने प्रेस में कुछ पढ़ा था। मैं आपको बताता हूँ कि क्या हुआ था।

मुजफ्फरपुर में मुझसे प्रेसवालों ने पूछा, 'आप अपने समर्थकों और दोस्तों की समस्याओं को दूर करने के लिए कुछ क्यों नहीं करते ?' मैंने कहा, 'मैं इस विषय पर कुछ भी नहीं कहना चाहूँगा, क्योंकि पार्टी खुद समस्या का समाधान निकालने की कोशिश कर रही है।' लेकिन वे अपने प्रश्न पर अडिग रहे। उन्होंने कहा, 'लेकिन आपके समर्थक दृढ़ता से यह महसूस करते हैं कि आप उन्हें नीचा दिखाने की कोशिश कर रहे हैं।' तब मैंने जवाब दिया, 'मैं चाहता हूँ कि इस पार्टी का अस्तित्व बहुत दिनों तक रहे। इसी वजह से मैं सार्वजनिक तौर पर कुछ नहीं कहना चाहता। अगर मैंने ऐसा किया, तो इससे पार्टी में वैमनस्यता को बढ़ावा मिलेगा।'

मेरे शब्द ठीक-ठीक यही थे। क्या ऐसा कहने में आपको कहीं कुछ गलत नजर आता है ? मुझे नहीं लगता कि मैंने कोई बड़ा पाप कर दिया है। कैसे इस तरह का कथन अनुशासनात्मक कार्रवाई का कारण बन सकता है ? क्या उनका दिमाग फिर गया है ? अब चंडीगढ़ में मैंने क्या गलत कह दिया, मैं नहीं जानता। मैं जहाँ भी जाता हूँ, वहाँ का प्रेस मुझसे वही सवाल पूछता है, जिसका जवाब मैंने पहले भी कई बार दिया है, 'क्या आप वी.पी. सिंह को अपना नेता मानते हैं ?' मैंने कहा, 'नहीं।'

अब इसमें क्या गलत है ? अगर मैं वी.पी. सिंह को अपना नेता नहीं मानता, तो क्या ऐसा करना अपराध है ? वे जनता दल के अध्यक्ष हैं और मैंने उन्हें इस रूप में स्वीकार किया है, पर उन्हें अपना नेता मानने के लिए मुझे बाध्य नहीं किया जा सकता। किसी व्यक्ति को अपना नेता मानने का मतलब है कि मैं राजनीति में जिन गुणों और विशेषताओं को धारण और पोषण करता हूँ, उस व्यक्ति में वे सारे गुण एक साथ मौजूद हों। इस केस में ऐसा संभव नहीं है। मगर इसका यह मतलब कतई नहीं कि मैं उन्हें जनता दल का अध्यक्ष भी नहीं मानता !

मैं इस विषय में पूरी तरह निश्चिंत हूँ। मैंने उन्हें वह उदाहरण दिया, जब मैं 1977 में जनता पार्टी का अध्यक्ष बना था। मैंने पूछा कि पार्टी की अध्यक्षता स्वीकारने के बाद क्या मेरे लिए यह उचित होता कि मैं मोरारजी देसाई, चरण सिंह, अटल बिहारी वाजपेयी और जगजीवन राम से यह उम्मीद करूँ कि वे मुझे अपना नेता स्वीकार करें ? किसी पद का कार्यभार सँभालना एक बात है और जनता का नेता होना बिलकुल दूसरी बात।

किसी एक व्यक्ति को खड़ा कर, हर व्यक्ति से यह आशा करना कि हर कोई उसे अपना नेता मान ले, राजनीतिक समझदारी के लक्षण नहीं हैं। लेकिन आपके समूह के कुछ लोग, यानी प्रेस के कुछ लोग, यह सोचते हैं कि ऐसे सवाल का जवाब देना मेरे लिए बेहद शर्मनाक होगा और इसीलिए वे जब भी मुझसे मिलते हैं, यही सवाल बार-बार पूछते हैं। मैं नहीं जानता कि ऐसा वे किसके उकसाने पर करते हैं–लेकिन मैं आपको बता दूँ कि मुझे इस बात पर कोई शर्म नहीं। वी.पी. सिंह मेरे नेता नहीं हैं। मैंने पहले भी बहुत स्पष्ट रूप से यह बात बार-बार कही है। आज फिर मैं बिना किसी शंका के, सबके सामने, अपनी बात दुहरा रहा हूँ। अब मुझे नहीं लगता कि अनुशासनात्मक कार्रवाई के लिए यह कारण पर्याप्त है। लेकिन अगर पार्टी के कुछ लोगों को ऐसा लगता है कि मेरे खिलाफ अनुशासनात्मक कार्रवाई की माँग करके वे लोकप्रियता या प्रचार हासिल कर लेंगे, तो ऐसा करने के लिए उनका स्वागत है। पर ऐसा करके उन्हें कुछ भी हासिल नहीं होगा।

**मेरा अनुमान है कि अजित सिंह सिर्फ एक माध्यम हैं, असली षड्यंत्रकारी तो कोई और है। जब तक उन्हें पार्टी के कुछ लोगों का समर्थन प्राप्त नहीं होगा, वे ऐसी हरकत करने का साहस नहीं कर सकते। क्या आपको ऐसा नहीं लगता ?**

मुझे लगता है कि अजित सिंह ने खुद ही ऐसा कदम नहीं उठाया होगा। जिन लोगों ने उनसे ऐसा करवाया है, वे ही पहले व्यक्ति होंगे, जो उनका परित्याग करेंगे।

**आप ऐसा क्यों कह रहे हैं ?**

क्योंकि राजनीति में कोई व्यक्ति, जिसे संगठन के काम करने के तरीकों की कुछ भी जानकारी होगी, वह ऐसी माँग नहीं करेगा। ऐसी माँग वही कर सकता है, जिसे क्या किया जाना चाहिए, इसकी कोई जानकारी नहीं होती। अगर अजित सिंह ने ऐसा किया है, तो उसके दिमाग में यह बात जरूर किसी और ने डाली होगी। जब मेरे खिलाफ चलाया गया यह अभियान मुँह के बल गिरेगा, तब 'जो कि अवश्यंभावी है', वे लोग अजित सिंह को भी विपत्ति में छोड़ देंगे।

**आरिफ मोहम्मद खान कमेटी की सिफारिशों के विरोध में जो इस्तीफों की बाढ़ आई, उसने आपके समर्थकों में नई शक्ति पैदा की। इसके बाद आप क्या सोचते हैं ?**

मुझे बताया गया कि कोई इस्तीफा नहीं दिया गया है। पार्टी के प्रवक्ता ने यह वक्तव्य जारी किया है कि किसी ने कोई इस्तीफा नहीं दिया है।

**उन्होंने कहा कि वे इस्तीफा इसलिए नहीं दे रहे हैं कि वे पार्टी छोड़ना चाहते हैं, बल्कि वे**

**इस्तीफा इसलिए दे रहे हैं, ताकि वे अपना पक्ष सिद्ध कर सकें कि आप उनकी हानि का प्रयास कर रहे थे। आप जानते हैं और मैं भी कि इस्तीफे वाला पत्र मौजूद है। अब वे इसे स्वीकार करते हैं या नहीं, यह अलग बात है।**

मैं उनके मामलों पर कोई टिप्पणी कैसे कर सकता हूँ ? इस्तीफा वे देना चाहते हैं, पत्र उन्होंने लिखा, तो मैं इस पर क्या कह सकता हूँ।

**क्योंकि यह मामला आपसे संबंधित है। उन्होंने पार्टी छोड़ने की धमकी दी, इसका कारण आप हैं। वे इस बात से परेशान हैं कि आरिफ कमेटी ने शक्ति के सामंजस्य का अधिकार राज्य को दे दिया। पहले आप मुश्किल में थे। अब आप नहीं, आपके साथी मुश्किल में फँसे हैं। अजित सिंह और हेगड़े के पक्ष को ठंडे बस्ते में डाला जा चुका है। इसमें कोई आश्चर्य नहीं कि वे आपसे दुखी हैं।**

प्रीतीश, समस्या बिलकुल साधारण है। उन्होंने उस पक्ष में अपना अभियान चलाया, जहाँ मैं पार्टी में नहीं था। जब उनका यह अभियान असफल हो गया, तब वे मेरे खिलाफ शिकायत कर रहे हैं। यदि उन्होंने मुझे परेशान करने के लिए यह कदम नहीं उठाया होता, तो आज उन्हें इतनी कठिनाइयों का सामना नहीं करना पड़ता। जब सात सदस्यीय कमेटी का गठन हुआ, जब सारी नियुक्तियों को फिर से जाँचने पर वाद-विवाद हुआ, तब मुझे इसकी सूचना भी नहीं दी गई। इस पर सिर्फ देवीलाल और वी.पी. सिंह के बीच विचार हुआ। मैंने समावेश करने के लिए एक नाम का भी सुझाव नहीं दिया। इसका विचार उनके दिमाग में आया। सारे नामों का चुनाव उनके द्वारा किया गया। मैंने सिर्फ उनके विचारों से सहमति जताई और पहले से ही चुने गए नामों को अपनी सहमति दी।

**इन अर्थों में, आपका कोई व्यक्ति उस कमेटी में नहीं है ?**

शायद नहीं, लेकिन जब उनका निर्णय मेरे पक्ष में है, मैं मान सकता हूँ कि वे मेरे मित्र हैं। एक बात मैं आपको बताऊँ कि अगर वे अपने किसी उद्देश्य की पूर्ति के लिए कमेटी बनाते हैं, वह कमेटी वही करेगी जो मैं चाहता हूँ। चाहे वह कमेटी उनके लोगों से बनी हो या गैरे लोगों से, चाहे कुछ लोगों के दिमाग में इसकी जो भी परिभाषा हो, लाभान्वित मैं ही होऊँगा। अगर इस कमेटी में राजनीतिक समझवाले व्यक्ति हों, जिन्हें गलत-सही और अच्छे-बुरे की पहचान है, तो यह जो निर्णय लेगी, वे सारे मेरे हित में होंगे। मुझे इसका विश्वास है। यही वह वजह है कि मैंने कभी अपने लोगों को शामिल करने की किसी से सिफारिश नहीं की। जो सच्चाई और इंसाफ में विश्वास करता है, वह अंततः मेरे पक्ष में होगा। यही वजह है कि मैंने कमेटी गठित करने के किसी विचार पर तर्क नहीं किया, न ही मैंने उस कमेटी में शामिल करने के लिए किसी का भी नाम सुझाया।

**पर आप ये जरूर मानते होंगे कि इस समिति का गठन क्यों किया गया है ?**

निःसंदेह, मैं जानता हूँ। मुझे इसके बारे में संसदीय बोर्ड के सदस्यों के सामने बताया गया था। मेरी पार्टी के वरिष्ठ सहयोगियों द्वारा इस पर साधारण रूप से विचार-विमर्श हुआ। आप उनसे पूछिए। वे लोग आपको बताएँगे कि मैंने एक बार भी यह सलाह नहीं दी कि

समिति को क्या करना चाहिए और क्या नहीं।

**लेकिन जैसे ही सिफारिशें आईं, दूसरे पक्ष ने इस्तीफे की धमकी दे डाली।**

यह उनकी समस्या है, मेरी नहीं। अगर वे अपने पद से हटना चाहते हैं, तो मैं क्यों चिंता करूँ ? वे जहाँ जाना चाहते हैं, उन्हें जाने दीजिए। इस्तीफा देने के पहले तो किसी ने भी मुझसे नहीं पूछा था। संयोग से उनमें से दो-तीन लोगों का दूसरे ही दिन मुझसे संपर्क हुआ था। उन्होंने मुझे बताया कि उन लोगों ने इस्तीफे नहीं दिए हैं। मैं खुश हूँ कि उन्होंने इस्तीफा नहीं दिया है और अगर वे इस्तीफा देते भी हैं, तो भी मैं चिंतित नहीं हूँ।

**क्या आपको नहीं लगता कि उनकी बातों में दोहरापन है ? यही दोहरापन आपकी पार्टी का चरित्र बन गया है ?**

आज यह सिर्फ मेरी पार्टी का ही नहीं बल्कि समूची राजनीति का चरित्र बन गया है। हर जगह स्थितियाँ समान हैं। यह दुर्भाग्यपूर्ण है कि मेरी पार्टी के कुछ लोग भी इसी नियम का अनुसरण कर रहे हैं। इससे यह परिलक्षित होता है कि हर जगह मूल्यों में कितनी गिरावट आ गई है।

इसलिए, सिर्फ मेरी ही पार्टी के लोगों को दोष क्यों दिया जा रहा है ? वे लोग तो सिर्फ उस प्रवृत्ति का अनुसरण कर रहे हैं जिसे दूसरे ने पहले से निर्धारित कर रखा है।

**आपकी पार्टी को ये सब अंततः कहाँ ले जाएगा ? आखिर इसकी शुरुआत ऊँचे आदर्शों से हुई थी।**

मुझे लगता है कि लोग अपने अनुभवों से ही सीखेंगे कि राजनीति में काम करने का यह तरीका गलत है। कुटिलता और गंदे खेल, राजनीतिक लाभ पाने के तरीके नहीं हैं। अगर अपने दुश्मन को हटाना इतना जरूरी ही है, तो उसके कई और आसान व सम्मानजनक तरीके हैं। साथ काम करने का तरीका सबसे अच्छा है। एक-दूसरे को सबक सिखाने की नीति हमें कहीं नहीं ले जाएगी।

**लेकिन पार्टी का अंतर्संघर्ष अपनी चरम सीमा पर पहुँच गया है। आप अचानक ऐसी स्थिति में सुधार कैसे लाएँगे ?**

यह अंतर्कलह जितनी जल्दी खत्म हो, अच्छा है। मैं जानता हूँ कि इससे हमारा कोई लाभ नहीं हो रहा, पर आजकल मेरी सुनता कौन है ?

**आप इन सबसे उदासीन हो, एक तरफ क्यों बैठ गए हैं ? आप क्यों नहीं आगे आते और इस मामले को पार्टी के सामने रखते ?**

(नाराज होते हुए) मैं बिलकुल उदासीन नहीं हूँ। इस पर मैं बिलकुल साफ और स्पष्ट हूँ। जब जनता दल का गठन हुआ था, तब मेरे मन में कुछ शंकाएँ थीं। न तो मैंने उन विचारों को छुपाया, न ही उसे रहस्यमय ढंग से प्रकाशित किया। मैंने सार्वजनिक तौर पर सभी के

सामने अपने विचार रखे, चाहे कोई इसे पसंद करे या न करे। कुछ लोग, जो मुझे अपना दुश्मन समझते हैं, उन कथनों और वाक्यों को, मेरे खिलाफ इस्तेमाल करने की कोशिश कर रहे हैं, पर इससे कोई फर्क नहीं पड़ता। मुझे जो सही लगता था, मैंने वही किया।

**आपके मन में क्या शंकाएँ थीं ? क्या आप उनके बारे में बताएँगे ?**

हाँ, शुरू में ही मैंने सबके सामने यह बात रखी थी कि हमें देश के आधारभूत मुद्दों पर आम सहमति बनानी चाहिए। हम इस पर सहमत होते हैं या नहीं, इसकी जाँच कर लेनी चाहिए। मैं इस पर दृढ़ था। मैंने कहा कि अगर इन मुद्दों पर हमारा सामंजस्य स्थापित नहीं होता, तो सिर्फ व्यक्तित्वों के बीच का समझौता व्यर्थ है। भविष्य में गहरे संकट की आशंका है, इसलिए मैंने चेतावनी दी कि हर व्यक्ति को अपना बलिदान देना होगा। जिन व्यक्तियों का आपने जिक्र किया, न सिर्फ वे लोग बल्कि जो मेरे साथ थे, उन्होंने मेरा विरोध किया। मुद्दे, प्रोग्राम, आदर्श तथा एकता के प्रश्न को दरकिनार कर दिया गया, सिर्फ इसलिए ताकि विपक्ष की एकता बनी रहे। मैं जानता था कि यह सब गलत है, पर मैं अकेला क्या कर सकता था ? उन दिनों कोई भी मुझसे सहमत नहीं होता था। उनका फार्मूला साधारण था। वह यह कि हम सब एक हो जाएँ और राजीव गांधी को हटा दें। राजनीति इतनी सरल नहीं होती। वे केवल एक विकल्प की तलाश में नहीं थे बल्कि गंभीरतापूर्वक इस पर विचार कर रहे थे। जहाँ तक एकता की आवश्यकता थी, मैं उनसे सहमत हुआ। मैं जानता था कि यदि हम एक होंगे, तो राजीव गांधी को जाना ही पड़ेगा। लेकिन न तो तब मुझे विश्वास था और न ही अब है कि राजीव गांधी को हटा देने के बाद देश की सारी समस्याओं का अंत हो जाएगा। यह तो चीजों को आँकने का बड़ा ही सरल तरीका है और मुझे डर है कि मैं इसका हिस्सा न बन जाऊँ।

**बिना किसी ठोस मुद्दे या विचार के आप अपने आंदोलन में लोगों को कैसे शामिल कर पाएँगे ? भले ही आपके पास विपक्ष के लिए मुद्दा आधारित कोई योजना हो, लेकिन आपको वैसे गंभीर उद्देश्यों की भी जरूरत होगी, जिससे एक साधारण इंसान की समस्याएँ व सपने जुड़े हों ? भ्रष्टाचार की बात करने से कुछ नहीं होगा, यह महत्त्वपूर्ण है, लेकिन इससे किसी मुद्दे पर ध्यान खींचना और लोगों को आकर्षित करना कठिन है। विपक्ष ने बोफोर्स केस और बच्चन मामले को चर्चा का विषय बनाकर इससे काफी लाभ उठाया है। आप इससे इनकार नहीं कर सकते।**

हाँ, मैं आपसे सहमत हूँ। राजीव गांधी का निष्कासन हमें अवसर देगा कि हम नए सिरे से प्रारंभ करें। मगर, यदि हमें यह नहीं पता हो कि हमें किस दिशा में जाना है, तो यह और भी विकट समस्या होगी। मैं जानता हूँ, तभी मैं किसी व्यक्ति विशेष में अपनी आस्था दिखाने की बजाय मुद्दों तथा योजनाओं पर जोर देता रहा। हमारे पास पहले से ही सम्मान के लायक कई व्यक्तित्व हैं।

आजकल मैं बार-बार यह उक्ति सुन रहा हूँ कि किसी व्यक्ति की प्रसिद्धि इतिहास का चरित्र बदल देगी। मैं उनका नाम नहीं लेना चाहूँगा, इससे एक और विवाद का जन्म होगा, लेकिन मेरा विश्वास दृढ़ है कि कोई भी व्यक्ति इतिहास का चरित्र नहीं बदल सकता। चाहे

आज वह कितना भी प्रसिद्ध हो। इतिहास में परिवर्तन घटनाओं और मुद्दों से होता है, न कि व्यक्ति से। मैं उन नेताओं से ऊब चुका हूँ, जो हमेशा अपनी प्रसिद्धि के बारे में ही सोचते रहते हैं। वे यही सोचते रहते हैं कि अपनी मीटिंग में उन्होंने कितने लोगों को आकर्षित किया। वे सोचते हैं कि अकेले उनकी प्रसिद्धि से ही विपक्ष की जीत संभव हो जाएगी। मैं इससे बिलकुल असहमत हूँ। ऐसा कभी नहीं हुआ। हाँ, जनता के लिए नेता महत्त्वपूर्ण हैं, क्योंकि वे ही उन्हें प्रेरित और क्रियाशील करते हैं। लेकिन किसी देश का इतिहास उन मुद्दों और फैसलों से तय होता है कि उसमें जनता का हित कितना निहित है। अगर किसी मुद्दे पर हमारी सर्वसम्मति नहीं हुई, जैसा कि अक्सर होता है, तो विपक्ष ज्यादा समय तक जनता का समर्थन हासिल नहीं कर सकता। मेरे ये विचार शुरू से रहे और मैंने इन्हें छिपाने का प्रयास कभी नहीं किया। मैंने कभी किसी राजनीतिक मसले पर निजी राय जाहिर नहीं की। अगर इस आधार पर कुछ लोग मेरे इस्तीफे की माँग कर अपने राजनीतिक कैरियर को आगे बढ़ाना चाहते हैं, तो उन्हें ऐसा करने दीजिए। मुझे इससे कोई भय नहीं है।

हर कोई चाहता है कि वह एक नेता बने। बहुत कम लोग प्रसिद्धि पाने की बजाय यह सोचने में सक्षम होते हैं कि जनता की क्या जरूरतें और समस्याएँ हैं। बहुत कम लोग इस बात पर चिंतित रहते हैं कि हमें देश की विधि-व्यवस्था और शासन कैसे चलाना चाहिए।

**आप देश को कैसे चलाएँगे ?**

हम देश को वापस उसकी पटरी पर लाएँगे। हम आपस में मन-मुटाव करने की बजाय यह देखेंगे कि जनता क्या चाहती है और हम उनके लिए क्या कर सकते हैं। हमारा ध्यान अपनी प्रसिद्धि हासिल करने की बजाय जनता की समस्याओं पर होगा। व्यक्तित्व की लड़ाई से हमारी विश्वसनीयता को कितनी ठेस लगती है, मैं आपको इसका एक उदाहरण देता हूँ। जब राजीव गांधी ने सत्ता सँभाली, तब मुझे छोड़कर अधिकांश विपक्षी नेताओं को उनमें भविष्य की आशा दिखाई दी। उन्होंने राजीव की तारीफों के पुल बाँध दिए। उन्हें ढेरों बधाइयाँ दीं। उन्हें एक देवदूत बना दिया। अब वही लोग राजीव को गालियाँ दे रहे हैं। उनका कहना है कि देश की सारी समस्याओं के लिए वही उत्तरदायी हैं। वे उनके लिए ऐसी ओछी बातें कहते हैं, जिन्हें सुनना मेरे लिए भी शर्मनाक है। क्योंकि मैंने न तो उन्हें कभी देवदूत माना, न ही कभी दानव समझा। मैंने हमेशा उन्हें ऐसे व्यक्ति के रूप में देखा, जिसमें गरीबों की समस्याओं के प्रति कोई संवेदना ही नहीं है। यही कारण है कि वे देश का नेतृत्व नहीं कर सकते। इसीलिए उन्हें उनके पद से वंचित कर दिया जाना चाहिए। यही मेरे विचार हैं, जो पहले थे। मैं किसी व्यक्ति विशेष के विरुद्ध ओछी भाषा इस्तेमाल नहीं कर सकता। अगर लोग इसे मेरी कमजोरी मानते हैं, तो मैं स्वीकार करता हूँ।

**परंतु आप तो विपक्ष में राजीव के हितैषी समझे जाते हैं ?**

यही वजह है कि मैं चाहता हूँ कि वे सत्ता से चले जाएँ। उन लोगों के विपरीत, जिन्होंने राजीव की प्रशंसा में वाक्पटुता का इस्तेमाल किया, मैंने हमेशा यही इच्छा रखी। वे, जो नेता और व्यक्ति के रूप में राजीव की तारीफों के पुल बाँधते थे, वही आज उनकी तीक्ष्ण आलोचना में संलग्न हैं। शायद यह होना तय था।

मेरे विचार स्पष्ट हैं कि राजीव गांधी को उनके पद से हटाया जाए। आपको जरूर पता होगा कि उन्हें क्यों जाना चाहिए। हमें इस बात पर स्पष्ट होना होगा कि हम देश को किस दिशा में ले जाना चाहते हैं। इस संदर्भ में सभी भ्रम में हैं, और यही कारण है कि सभी का ध्यान इससे विपरीत लोगों को संचालित और प्रभावित करने में है। कितने लोगों को शामिल किया जाए और किस पद पर, किसके लोग सफल होंगे और किसके बाहर छूट जाएँगे, बस यही चिंता का विषय बन गया है।

मैं राजनीति में बहुत दिनों से हूँ। मैंने कई लोगों को आते और जाते देखा है। मैं सत्ता का भूखा नहीं हूँ। भविष्य में मेरी ज्यादा रुचि है। ये लोग सत्ता हथियाना चाहते हैं। इन्हें इसकी चिंता नहीं कि भविष्य हमारे लिए कैसी परिस्थितियाँ लाएगा।

**लेकिन आपके लोग भी सत्ता में भागीदार बनना चाहते हैं। वे नाराज़ हैं, क्योंकि आपकी मुद्दों के प्रति गंभीरता और आकर्षण ने, दल के भीतर उन्हें अन्य लोगों से अलग-थलग कर दिया है। कौन मुद्दों की चिंता करता है ? वे आपकी निर्माण और त्याग की नीति में रुचि नहीं रखते।**

नहीं, नहीं। मैं उन्हें अलग-थलग पड़ने नहीं दूँगा— मैं जानता हूँ कि मुझे किस हद तक बर्दाश्त करना है।

**यशवंत सिन्हा, ऋषिकेश बहादुर...**

(रुकावट) मैं किसी व्यक्ति विशेष पर बात नहीं करना चाहता। लेकिन मैं आपको विश्वास दिलाता हूँ कि जो व्यक्ति मुद्दों के सवाल पर मेरा साथ देगा, मैं उसका संरक्षण अवश्य करूँगा। किसी भी कीमत पर मैं उसका साथ दूँगा।

**उस स्थिति में, आपने दल के भीतर चन्द्रशेखर के पक्ष को इतने लंबे समय तक अलग-थलग क्यों पड़ जाने दिया ?**

ये लोग सोचते हैं कि वे चन्द्रशेखर के समूह को दरकिनार कर रहे हैं। ऐसा करते समय वे इस बात को महसूस नहीं कर पाते कि ऐसे सक्षम व कुशल राजनेताओं को एक किनारे कर, वे जनता दल का भविष्य नष्ट कर रहे हैं। वे मेरी जितनी क्षति करना चाहते हैं, उससे भी ज्यादा उनकी हानि होगी। पार्टी की कार्यशैली को न समझ पाने और गलत अनुमान लगाने की वजह से ऐसा होता है। मैं अपने आपको जनता दल में किसी एक पक्ष या एक समूह का नेता नहीं मानता, लेकिन अगर ये लोग किसी सक्षम और अनुभवी कार्यकर्ता या नेता को पार्टी के अंदर अलग-थलग कर देते हैं, तो ऐसा करके वे पार्टी के अहित का कारण बन रहे हैं।

**क्या आप अपने लोगों का पक्ष लेंगे ?**

हाँ, हरसंभव कोशिश करूँगा।

**क्या आपको लगता है कि इस तरह का पक्षपातपूर्ण संघर्ष जनता दल की चुनावी उम्मीदों को**

**प्रभावित करेगा ?**

बेशक करेगा। पर मेरे विचार से इस तरह का अंतर्संघर्ष ज्यादा समय तक नहीं चलना चाहिए।

**आपके ये विचार तो कई दिनों पहले से हैं। लेकिन आपके दल का अंतर्संघर्ष और गहरा व तीव्र होता जा रहा है–और चुनाव भी अब ज्यादा दूर नहीं रह गए हैं।**

चुनाव के पहले सब कुछ, किसी भी तरह, सामान्य करने का प्रयास किया जाएगा।

**'किसी भी तरह' का क्या मतलब है ?**

कुछ समाधान जरूर ढूँढ़ लिया जाएगा।

**लेकिन, तब तक, विपक्ष के सबसे महत्त्वपूर्ण नेता के व्यवहार के प्रति जनता का मोहभंग हो जाएगा।**

अगर विपक्ष के नेता की ऐसी प्रकृति है, तो उनसे लोगों का मोहभंग जरूर हो जाना चाहिए। हमारे ऊल-जलूल खेल से ऊबने का उन्हें पूरा अधिकार है। अगर बेईमान व्यक्ति सच्चा राजनेता होने का स्वाँग रचता है और कल देश के भविष्य का मार्गदर्शन करना चाहता है, ऐसे व्यक्ति की अगर पोल खुल जाए, तो मुझे क्यों कष्ट होगा ? मुझसे पूछिए, तो यह बहुत अच्छा होगा। इससे बेईमानों के मुखौटे उतर जाएँगे। जनता भी सभी के चेहरों पर से नकाब हटाना चाहती है। जितनी जल्दी इनके कारनामे, धोखाधड़ी और बेईमानी सबके सामने आएगी, उतना ही अच्छा है।

**मुझे लगता है कि आपके और देवीलाल के बीच किसी तरह का समझौता हुआ है, जिसके तहत आपने चुनाव खत्म हो जाने पर प्रधानमंत्री पद के उम्मीदवार के रूप में देवीलाल का समर्थन करने का वादा किया है। इसके बदले उन्होंने अजित सिंह, हेगड़े के विरोध में आपका साथ देने का वादा किया है।**

देवीलाल ने मुझसे कभी भी प्रधानमंत्री बनने की इच्छा नहीं जताई। इसलिए आपका ऐसा कहना गलत है। सच यह है कि जब मेरे और देवीलाल के बीच जनता दल में चल रहे अंतर्संघर्ष पर विचार-विमर्श हो रहा था, तो उन्होंने चिंतित होकर मुझसे पूछा था कि क्या किया जाना चाहिए, तब मैंने उन्हें बताया था कि मैं पार्टी का नेतृत्व उस व्यक्ति के हाथ में देखना पसंद करूँगा जिसने राजनीतिक संघर्षों के उतार-चढ़ाव देखे हों। मैं यह स्वीकार करता हूँ कि मैं चाहूँगा कि पार्टी का नेतृत्व देवीलाल जैसा व्यक्ति ही करे। वह एक सच्चे नेता हैं। उन्होंने स्वाधीनता संग्राम और आपातकाल के दौरान अन्याय के खिलाफ कठोर संघर्ष किया। उन्होंने किसानों के हितों की रक्षा व उनकी समस्या के समाधान के लिए आवाज उठाई। आप बताइए, क्या ऐसे नेता का समर्थन मैं नहीं करूँ ?

जब मुझसे पूछा गया कि आप प्रधानमंत्री के रूप में किसे देखना पसंद करेंगे, तब मेरे सामने तीन विकल्प थे। उन तीनों में से देवीलाल ही मुझे योग्य उम्मीदवार नजर आए। मेरे ऐसा कहने के बावजूद मैंने संकेत दिया था कि मेरे ये विचार अंतिम नहीं हैं। हाँ, मैंने सोचा

कि देवीलाल का चुनाव बेहतर होता। मेरी राय का देवीलाल की इच्छा से कोई संबंध नहीं है; बल्कि मैं तो यह भी नहीं जानता कि वे प्रधानमंत्री बनना चाहते भी हैं या नहीं ? इस बात की चर्चा उन्होंने मुझसे कभी नहीं की।

**वास्तव में, वे सार्वजनिक तौर पर इससे हमेशा इनकार करते थे और लोग कहते हैं कि निजी रूप से उनके कुछ और विचार थे ?**

सचमुच मैं इसके बारे में नहीं जानता। मैं तो केवल पूछे गए प्रश्न का उत्तर दे रहा था, लेकिन इसका मतलब यह नहीं है कि हमारे बीच कुछ गुप्त समझौता हुआ था और हमने यह तय किया था कि हम अपने दुश्मनों को पराजित कर पार्टी को अपने हाथों में ले लेंगे और देवीलाल को प्रधानमंत्री बना दिया जाएगा।

**टिकटों के वितरण कैसे हो रहे हैं ? इसके बारे में मुझे बताइए।**

एक समूह या अन्य को, सिर्फ टिकट बाँट देने से चुनाव का परिणाम निश्चित नहीं होगा। हमें ऐसे लोगों का चुनाव करना होगा, जिनका उस क्षेत्र में अच्छा प्रभाव हो और जो वास्तव में सीट जीत सकें। सिर्फ इसी तरीके से हम चुनाव जीत सकते हैं।

**अगर अंतिम समय में कांग्रेस से व्यापक रूप में पलायन होने लगे, तो क्या होगा ?**

यह इस बात पर निर्भर करता है कि छोड़नेवाले लोगों की योग्यता क्या है ? कांग्रेस से किसी ऐरे-गैरे के आने पर उसका स्वागत नहीं किया जा सकता और न ही तुरंत उसे टिकट दिया जा सकता है।

**इसका मतलब है कि चुनाव के पहले कांग्रेस से निकले सभी लोगों को आप जनता दल में शामिल नहीं करेंगे ? तब आप इतनी तत्परता से कांग्रेस के लोगों को लुभाने की कोशिश क्यों कर रहे हैं ? सिवाय मीडिया में प्रचार के, आपको ऐसा करने से क्या मिलेगा ?**

मैं सहमत हूँ। मुझे लगता है कि यदि कांग्रेस से लोगों का पलायन हुआ भी, तो भी हम इन लोगों को अपनी पार्टी का टिकट नहीं दे पाएँगे। इतिहास कुछ व्यक्तियों की इच्छा से नहीं बनता। कुछ ऐसे नियम और प्रक्रियाएँ होती हैं, जिनका पालन आवश्यक है। कांग्रेस से निकले हर व्यक्ति का सिर्फ इसलिए स्वागत नहीं किया जा सकता कि वह कांग्रेस छोड़कर आया है। पाखंड तो पाखंड ही होता है। सिर्फ इसलिए कि वह हमारे दल में शामिल हो रहा है, वह सम्माननीय नहीं हो जाता।

**सीटों के बँटवारे में देरी क्यों हो रही है ? आपसी संघर्ष की वजह से ?**

इस मामले में जो पहल कर रहे हैं, यह प्रश्न आपको उनसे पूछना चाहिए। मैं इन सब मामलों में संलग्न नहीं हूँ।

**तब आप किन बातों में संलग्न हैं ? सिवाय एक कोने में पड़े रहने के, जनता दल में किन मामलों में आपने पहल ली है ?**

मैं बिलकुल भी निष्क्रिय नहीं हूँ। जिन मामलों में भी मुझसे शामिल होने को कहा गया, मैंने सबमें पहल की। मुझसे जो भी करने के लिए कहा जाता है, मैं करता हूँ।

**आप पार्टी के कार्यकर्ता नहीं, बल्कि इसके नेता हैं। आप किसी के कुछ कहने का इंतजार क्यों करते हैं ?**

मुझे यकीन है कि जिन लोगों का मुझमें विश्वास है, जानते हैं कि मुझे आसानी से एक किनारे नहीं किया जा सकता है। मैं उन क्षेत्रों में काम कर रहा हूँ, जो मेरे, मेरी जनता तथा मेरे मित्रों के लिए महत्त्वपूर्ण हैं। चाहे हम दिल्ली में रहें या किसी राज्य में, हमारे बीच कोई संघर्ष नहीं है। हम सिर्फ अपने काम की चिंता करते हैं। मैं पार्टी के कार्यकर्ताओं से हर स्तर पर संपर्क में रहता हूँ।

**आप आजकल नए सिरे से सक्रिय हैं। क्या आपको उम्मीद है कि आपको आगे और समर्थन मिलेगा ?**

क्यों नहीं ! हम लोग अच्छा काम कर रहे हैं। हमें और अधिक जनता का समर्थन क्यों नहीं मिलेगा ?

**क्योंकि 'राजा' चमत्कार करता है और वह आपकी तरफ नहीं है।**

मुझे नहीं लगता कि वास्तव में इससे कोई फर्क पड़ेगा।

**लेकिन मान लीजिए कि राज़ा दूसरे पक्ष के लोगों को भी अपने में मिला लेता है, तो क्या आपके लिए समस्या नहीं हो जाएगी ?**

मेरे लिए समस्या क्यों होगी ? यह पार्टी उसी पर अमल करेगी, जो इसके लिए अच्छा होगा न कि दूसरे या तीसरे लोगों की स्वार्थी इच्छा पर। कोई भी कुछ भी इच्छा रख सकता है और किसी को भी समर्थन दे सकता है– लेकिन जब तक उस समर्थन के पीछे सारी पार्टी की सहमति नहीं होगी, तब तक इसका कोई परिणाम नहीं निकलेगा। आप भी जानते हैं कि इन विरोधी नेताओं के समर्थन का क्या आधार है। वे लोग क्या करेंगे और क्या नहीं, हम इसकी चिंता क्यों करें ?

**आपका मतलब किससे है ? अजित सिंह ? हेगड़े ? जॉर्ज फर्नांडीस ?**

व्यक्ति महत्त्वपूर्ण नहीं है। आप अच्छी तरह जानते हैं कि मैं किसकी बात कर रहा हूँ–लेकिन मैं उनका नाम लेकर उन्हें कोई महत्त्व नहीं देना चाहता। हमें अब मुद्दों पर ही बात करनी चाहिए।

**पार्टी के अंदर के इन संघर्षों के बावजूद क्या आपको लगता है कि राष्ट्रीय स्तर पर किसी समस्या के लिए आप लोगों का एकजुट विरोध होगा ? आखिर विपक्ष के जीतने का यही एकमात्र रास्ता है ?**

मुझे आशा है कि अंतिम समय में हमारी एकता जरूर काम आएगी। विभिन्न पार्टियों से टिकट माँगने आनेवाले अंततः एक जगह आकर संघर्ष के लिए एकजुट होंगे। क्योंकि उन्हें

पता है कि इससे चुनाव परिणामों के अंतिम नतीजे में भारी बदलाव आ सकते हैं। लेकिन यदि ऐसा होगा, तो यह अंतिम समय में होगा।

**दल के भीतर अपनी जीत का दावा करनेवाले विभिन्न समूहों का क्या होगा ?**

मुझे विश्वास है कि अंतिम समय में वे सच्चाई स्वीकार कर लेंगे। कुछ लोगों को छोड़ सभी एकमत होंगे।

**और आपको आशा है कि आपके लोगों को पर्याप्त टिकट मिलेगा ?**

हाँ, मुझे लगता है। आखिर जो जीत सकते हैं, उन्हें तो टिकट दिया ही जाना चाहिए।

**हर विरोधी सोचता है कि वह जीत जाएगा।**

लेकिन हर कोई जानता है कि कौन जीत सकता है।

**भाजपा और राष्ट्रीय मोर्चा के बीच तालमेल के प्रति आपकी क्या धारणा है ?**

कुछ चीजों के प्रति मैं बिलकुल स्पष्ट हूँ—पहला, यदि यह शासन कुछ दिन और चला, तो देश को भयंकर विपत्तियों का सामना करना पड़ेगा। इसलिए राजीव को जाना ही होगा। इसके बाद हमारा अगला लक्ष्य होगा कि कांग्रेस विरोधी मतों में फूट न पड़े। कुछ क्षेत्रों में भाजपा की स्थिति ज्यादा मजबूत है, अतः हमें उन क्षेत्रों में उनके विरोध में अपने उम्मीदवार खड़े करके विपक्ष की जीत की संभावनाओं को क्षीण नहीं करना चाहिए।

**अल्पसंख्यकों के लिए आप लोगों ने जो बड़े-बड़े वायदे किए थे, उनका क्या हुआ ?**

अल्पसंख्यकों या सांप्रदायिकता के सवाल पर हमारा इरादा बिलकुल स्पष्ट है कि हम कोई समझौता नहीं करेंगे।

**भाजपा के साथ कोई समझौता ?**

सिर्फ भाजपा में ही नहीं बल्कि सभी राजनीतिक दलों में सांप्रदायिक तत्त्व मौजूद हैं। ये सभी समय-समय पर बेकार के सुझाव देते रहते हैं, तो अकेले भाजपा को ही क्यों दोष दिया जाए ? हमें अल्पसंख्यकों को आश्वस्त कर देना चाहिए कि संविधान में उनके लिए जो भी प्रावधान किए गए हैं, उनका और उनके हितों की रक्षा हम जरूर करेंगे।

**आपको विश्वास है कि आपके इन वायदों पर वे आसानी से विश्वास कर लेंगे! अगर आप भाजपा का साथ देते हैं, तो आपको अल्पसंख्यकों का मत कैसे मिलेगा ? क्या आप ऐसी आशा कर सकते हैं कि जब आपने भाजपा के साथ पहले से ही एक तालमेल बना रखा है, मुस्लिम या सिख आपके इन वायदों पर विश्वास कर लेंगे ?**

यह इस बात पर निर्भर करता है कि उनसे वायदे कौन कर रहा है। हाँ, यह सच है कि वे ऐसे किसी भी व्यक्ति से इस तरह की उम्मीदें नहीं रखेंगे। आपको यह याद रखना होगा कि हर राजनेता का अपना इतिहास होता है। हम भले इस पर ध्यान न दें, पर हमारी

जनता हर व्यक्ति के बारे में जानती है कि कौन क्या है। वे जानते हैं कि किसके हाथों में उनका भविष्य सुरक्षित होगा। इसलिए ऐसे वायदे उनके द्वारा किए जाने चाहिए, जिन पर अल्पसंख्यकों को पूरा विश्वास और भरोसा हो।

**दूसरे शब्दों में, हम फिर से व्यक्ति विशेष की ओर लौट रहे हैं ?**

हाँ, मगर किसी व्यक्ति विशेष का व्यक्तित्व सिर्फ व्यक्तित्व नहीं होता। यहाँ पर यूँ ही किसी को विशेष सम्मान नहीं मिल जाता; बल्कि उसने पहले कैसे-कैसे काम किए हैं, तुलना होती रहती है। हर व्यक्ति अपने इतिहास या अपने अतीत के आधार पर जाँचा-परखा जाता है, न कि मीडिया द्वारा प्रचारित किए जाने के आधार पर उसके बारे में निर्णय लिया जाता है। आप तो किसी भी साधारण आदमी को हीरो बना दे सकते हैं।

**विपक्ष में हर किसी के पीछे कोई मामला हो, जरूरी नहीं है। और यदि उनमें से किसी का हुआ भी, तो वे प्रेस को इसकी जाँच-पड़ताल नहीं करने देते।**

जिनका कोई अतीत न हो, उनका कोई भविष्य भी नहीं हो सकता।

**बड़ी अच्छी बात कही आपने, मगर इससे किसी समस्या का हल नहीं होने वाला है। क्या आपको लगता है कि आप वामपंथियों के साथ सामंजस्य स्थापित कर लेंगे–जैसा आपने भाजपा के साथ स्थापित करने का दावा किया था ?**

मुझे ऐसी उम्मीद है। अतीत में हमने कई गलतियाँ की हैं। केंद्रीय पार्टी को समर्थन देने के बाद हमें अपनी नीतियों और योजनाओं के आधार पर वामपंथियों के साथ बातचीत की शुरुआत करनी चाहिए थी। तभी मैंने बार-बार कार्ययोजना तथा विचारधारा की जरूरत पर जोर दिया। हमारी निर्णायक सफलता इन्हीं मुद्दों के केंद्र में निहित है, न कि भ्रष्टाचार जैसे मुद्दों पर।

**अगर आप भाजपा के साथ गठजोड़ कर सकते हैं, तो शिवसेना के साथ गठबंधन से आप इनकार क्यों करते हैं ? इन दोनों में क्या अंतर है ?**

शिवसेना ज्यादा उच्छृंखल संस्था है। ये ऐसे हिंदू हैं, जो हठधर्मी हैं, भाजपा ऐसी नहीं है। कम से कम खुलेआम तो वह इस तरह का व्यवहार नहीं करती।

**क्या इससे कोई फर्क पड़ता है कि कौन खुलेआम ऐसे चरित्र रखता है और कौन इसे छिपाता है ? ध्यान देने की बात यह है कि एक ही समय आप एक तरफ भाजपा, तो दूसरी तरफ वामपंथियों के साथ समझौता कैसे कर सकते हैं–और उससे आप इस बात पर अड़े हुए हैं कि आपकी नैतिक मूल्यों में आस्था है ? भाजपा और शिवसेना में आप जो भी अंतर बता रहे हैं, वह आपके दिमाग की उपज है, अल्पसंख्यक आपकी इन दलीलों से प्रभावित नहीं हैं। मैं इस बात पर जोर इसलिए दे रहा हूँ कि आपका आधार पूर्णतः धर्मनिरपेक्ष रहा है। आप किस तरह, एक तरफ अपने आदर्शों से समझौता करने के लिए तैयार हो सकते हैं, और एक तरफ आपका दावा है कि आपकी पार्टी मूल्य-आधारित नीतियों पर चलती है ?**

हमें जीतना है और किसी भी कीमत पर राजीव गांधी की सरकार गिरानी है। यह हमारी पहली प्राथमिकता है। यही वजह है कि हम कांग्रेस-विरोधी दलों से कोई दुश्मनी नहीं रखना चाहते। यही वजह है कि हमने एक ही समय में भाजपा और वामपंथियों–दोनों से हाथ मिलाया है।

**अगर राजीव गांधी से संघर्ष करना इतनी बड़ी प्राथमिकता है, तो आपकी अपनी ही पार्टी के लोग आप पर यह आरोप क्यों लगाते हैं कि आपने विश्वनाथ प्रताप सिंह को गिराने की कोशिश की ? उनका कहना है कि वी.पी. सिंह के खिलाफ सारे जाली पत्र तथा दस्तावेज आपके दोस्त चन्द्रास्वामी की करतूत है। कहा जाता है कि जनता पार्टी का वह समूह, जिसने खुद को विपक्षी मोर्चे से दूर रखा है, वह आपके प्रति निष्ठावान है। आपने राजा पर आक्रमण करने के लिए उनको लगा रखा है।**

मैं नहीं जानता कि ऐसा किस आधार पर कहा जा रहा है। जनता पार्टी के इस समूह के नेता बड़े ही महत्त्वपूर्ण व्यक्ति हैं। उनमें से कुछ तो जनता दल के नेताओं से भी ज्यादा महत्त्वूपर्ण और प्रभावशाली हैं। अगर उन्होंने मोर्चे से बाहर रहने का निर्णय लिया है, तो मैं उन्हें ऐसा करने से मना करनेवाला कौन हूँ ? अगर कुछ निजी धारणाओं के आधार पर जनता दल के नेता उन्हें बाहर रखना चाहते हैं, तो यह मेरा दायित्व नहीं है। वे मासूम बच्चे नहीं हैं कि मैं उन्हें प्रभावित कर लूँगा। हाँ, उनमें से कई लोगों के साथ मेरे निजी संबंध रहे हैं। लेकिन मैं उन्हें इसके लिए तैयार नहीं कर सकता कि वे सिर्फ मेरे आश्वासन पर अपना सब कुछ दाँव पर लगा दें। यह मेरी असफलता है और मैं इसे स्वीकार करता हूँ।

**माइकल हर्समैन के पत्र के मुद्दे पर आपने चंद्रास्वामी और सुब्रह्मण्यम स्वामी की मदद से उन्हें झूठा साबित करने की कोशिश क्यों की ? आपके प्रशंसक सुब्रह्मण्यम स्वामी और देवगौड़ा हर समय रामकृष्ण हेगड़े पर क्यों आक्रामक होते रहते हैं ? यह कैसी युद्धनीति है कि जनता दल में आप अपने ही सहयोगियों पर आक्रमण कर रहे हैं ?**

वे न तो मेरे प्रशंसक हैं और न मेरे अनुयायी। वे लोग दुखी व्यक्ति हैं। वे परेशान व दुखी इसलिए हैं कि इन लोगों ने उन्हें राजनीतिक रूप से नुकसान पहुँचाने की चेष्टा की। वे लोग इसका बदला ले रहे हैं। मेरा इन सबसे कोई मतलब नहीं है। वे लोग भी मेरे मित्र हैं और ये लोग भी मेरे मित्र हैं। अगर ये लोग मेरी सलाह के बावजूद उन्हें गलत दिशा में ढकेल देते हैं, और फिर उन्हें वापस नहीं बुलाने की जिद पर भी अड़े रहते हैं, तो मैं उन्हें इन पर आक्रमण करने से क्यों मना करूँ ? उन्हें इसका प्रतिकार करने का अधिकार है। मैं न तो उनका सहयोग करता हूँ और न ही उन्हें दोष देता हूँ। एक बात मैं स्पष्ट कर दूँ कि मैंने किसी पर आक्रमण करने के लिए उन्हें न तो कभी उत्साहित किया और न ही इसकी सलाह ही दी। वे वही कर रहे हैं, जो उन्हें उचित लग रहा है। अगर जनता दल के कुछ नेता अपने गंदे राजनीतिक स्वार्थ के लिए उनका बहिष्कार करना चाहते हैं, तो यह बेहद स्वाभाविक है कि वे इसका बदला लेंगे।

**आपको जनता दल से निष्कासित करने के लिए इस बात का सहारा लिया जाएगा, इसकी**

**आपको तनिक भी आशंका नहीं थी ? वे खतरनाक कदम आपको जनता दल से अलग करने के लिए थे ?**

मैं यह सब दो साल से भी ज्यादा समय से बर्दाश्त कर रहा हूँ। मेरे खिलाफ लोगों ने कई कदम उठाए, पर ये उनका दुर्भाग्य है कि वे सफल नहीं हो सके। मुझे नहीं लगता कि वे मेरा इससे भी ज्यादा नुकसान कर सकते हैं।

**आप अपने बेहतर भविष्य के लिए कौन-से कदम उठाने जा रहे हैं ? आप जनता दल का और अपना कैसा भविष्य देखते हैं ?**

ये दोनों अपनी जगह सुरक्षित हैं। हमें इसकी चिंता करने की कोई जरूरत नहीं है। जहाँ तक मेरा सवाल है, मुझे नहीं लगता कि अब मुझे कोई कदम उठाने की जरूरत है। मेरा कैरियर ठीक-ठाक चल रहा है। लेकिन एक बात जरूर कहूँगा कि अगर जनता दल को अपना अस्तित्व बचाए रखना है, तो मेरे सभी मित्रों के भविष्य की सुरक्षा होनी चाहिए।

**एक आखिरी सवाल इंडियन एक्सप्रेस द्वारा आपके खिलाफ चलाए जा रहे अभियान के प्रति आपकी क्या धारणा है ?**

आप देश के प्रतिष्ठित और जाने-माने पत्रकार हैं। आप समझ सकते हैं कि वे लोग इस प्रयास में कितना नीचे उतर गए हैं।

**आपको ऐसा क्यों लगता है कि वे लोग आपके खिलाफ हेगड़े के विरोध को समर्थन दे रहे हैं ?**

वे अपने मालिक के इशारों पर नाच रहे हैं। वे सभी मेरे खिलाफ हैं और मैं उनके खिलाफ हूँ। बस, यही बात है।

**उन्होंने आपके, धीरूभाई अंबानी और चन्द्रास्वामी की मीटिंग के बारे में जो लिखा, क्या वह सच है ?**

हर व्यक्ति मेरे बारे में एक बात जरूर जानता है कि मैं किसी से भी मिलने से इनकार नहीं करता। दूसरे मेरे बारे में क्या सोचते हैं, इसकी मुझे तनिक भी परवाह नहीं है।

दो साल पहले आपने चंद्रास्वामी के बारे में पूछा था कि क्या मैं उनका दोस्त हूँ ? मैंने कहा—हाँ। मैंने कभी इससे इनकार नहीं किया। आपके एक सहयोगी ने पूछा कि क्या उनकी कुछ आध्यात्मिक उपलब्धि भी है ? मैंने जवाब दिया कि मुझे इसका पता नहीं है। अध्यात्मवाद मेरा क्षेत्र नहीं है। लेकिन अगर चंद्रास्वामी धोखेबाज भी हैं, तो भी मैं उन पर ऐसे आरोप नहीं लगाऊँगा, क्योंकि वे मेरे मित्र हैं।

मैं इतना पवित्र व्यक्ति नहीं हूँ कि मैं सिर्फ साधु-महात्माओं से ही मिलूँ। मेरे पास जो आता है, मैं उससे मिलता हूँ। मेरे दरवाजे हर व्यक्ति के लिए खुले हैं। मैं देश में किसी भी व्यक्ति से मिलने पर शर्म नहीं महसूस करता, जब तक उसे अपराधी या देशद्रोही साबित नहीं कर दिया जाता।

**लेकिन आपने अपनी पार्टी के कई लोगों को देशद्रोही और अपराधी घोषित किया हुआ है ?**

तो ? अगर मैं उन सबसे मिलता हूँ, तो औरों से क्यों नहीं मिल सकता ? अगर मैं रामनाथ गोयनका जैसे व्यक्ति से मिल सकता हूँ, तो मैं धीरूभाई अंबानी से क्यों नहीं मिल सकता ?

**क्या आप माइकल हर्समैन से मिले थे ?**

यह आप माइकल हर्समैन से ही पूछिए। अगर पिछले 40 वर्षों में मैंने किसी के साथ अपनी मीटिंग को नहीं छुपाया, तो अब मैं ऐसा क्यों करूँगा ?

**क्योंकि विशेष मामले में यह महत्त्वपूर्ण है।**

मैं इस प्रश्न का जवाब नहीं दूँगा।

**क्यों ?**

आप उन्हीं से क्यों नहीं पूछते ?

**मैं आपसे पूछ रहा हूँ ?**

ठीक है, चलिए, मैं इसे इस तरह कहूँगा : मैं एक आदमी से मिला, जो खुद को माइकल हर्समैन कहता था।

**उनकी आपसे क्या बात हुई, आप बताना चाहेंगे ?**

नहीं।

**क्या किसी खास वजह से आप नहीं बताना चाह रहे हैं कि जो व्यक्ति खुद को हर्समैन कहता था, उसने आपसे क्या कहा ?**

कोई वजह नहीं है, बल्कि दो कारण हैं।

**क्या ?**

एक, क्योंकि मैं नहीं जानता कि यह वही माइकल हर्समैन है, जिसके बारे में आप लोग बात कर रहे हैं।

**पर, आपने उसकी तस्वीर हमारी पत्रिका में देखी है। आप उसे आसानी से पहचान सकते हैं।**

हाँ, वह उसी के समान दिखता था। लेकिन एक दूसरा कारण भी है। मैं उस व्यक्ति की बातों पर विश्वास नहीं करूँगा, जो भारत का नागरिक नहीं है।

**अगर आप सत्ता में होते, तो क्या आप कभी भी किसी व्यक्ति, राजनेता, व्यापारी, राजीव गांधी के दोस्त या कर चुरानेवाले के बारे में सब कुछ जानने के लिए वैसे आदमी को किराए पर ठीक करते, जैसा आपने देखा–जो खुद को माइकल हर्समैन कहता था ?**

ऐसा सोचकर भी मुझे नफरत होती है। यह मेरी कल्पना से भी परे है कि कोई व्यक्ति,

चाहे उसका जो भी उद्देश्य हो, किसी विदेशी गुप्तचर का इस्तेमाल करने की भी सोच सकता है। यह सबसे निंदनीय काम है।

**जो सरकार ऐसा करेगी, क्या आप उस सरकार से अपना इस्तीफा दे देंगे ?**

बेशक! और इसका मुझे कोई अफसोस नहीं होगा।

*द इलस्ट्रेटेड वीकली ऑफ इंडिया, सितंबर 10, 1989*

# मेरे टेलीफोन टेप हो रहे थे और कमरे में माइक्रोफोन लगा दिया गया था

*प्रीतीश नंदी की बातचीत*

**जनता दल में इन दिनों क्या हो रहा है ? इतना तनाव क्यों है ?**

कुछ भी नहीं। वास्तव में आम जनता यह आशा कर रही है कि दल के भीतर कुछ न कुछ हो रहा है, जो आकस्मिक उभरकर सामने आएगा। लेकिन सच मानें, पार्टी में ऐसा कुछ भी नहीं हो रहा है।

**सरकार को सत्ता में आए करीब चार महीने हो गए। इस बीच काफी कुछ हुआ। बहुत-से उतार-चढ़ाव आए। तब आप कैसे कह सकते हैं कि कुछ भी नहीं हो रहा है ?**

पहले आप यह बताएँ कि सरकार से आपकी अपेक्षा क्या है ?

**यदि यह सरकार भी आशा के अनुरूप खरी नहीं उतरी, तो विकल्प क्या बचेगा ?**

आप ऐसी अपेक्षा क्यों रख रहे हैं ? सरकार से आपकी अपेक्षा का आधार क्या था ? आपने पहले सरकार की अपेक्षा एक अच्छी और साफ-सुथरी सरकार की ही अपेक्षा क्यों की थी ?

**क्योंकि पिछली सरकार अयोग्य, भ्रष्ट और अनुभवहीन साबित हो रही थी।**

यह ठीक है।

**इसके अलावा पिछली सरकार यथार्थ व सच्चाई की दुनिया से अथवा वर्तमान ज्वलंत मुद्दों से बिलकुल कट गई थी।**

लेकिन किन-किन मायनों में आप सरकार से अपेक्षा रखते हैं कि वह पिछली सरकार से अलग होगी ? कुछ हद तक हम भी गलत हैं, लेकिन कुछ गलती आप जैसे लोगों की भी है, जो सरकार से यह अपेक्षा करते हैं कि वह व्यवहार का बिलकुल नया रूप अपनाए। लेकिन आप ऐसी अपेक्षा रख ही क्यों रहे हैं ? क्या लोग बदल गए हैं और क्या वे तमाम मुद्दों पर पुराना नजरिया अपनाए हुए नहीं हैं ?

**यह ठीक है कि सरकार के साथ वही जनता है, जो पहले थी। लेकिन इस बार जो दल सत्ता में आया है, उसमें आप भी तो हैं! क्या यह एक अच्छा और पर्याप्त कारण नहीं है ?**

देखिए, आप मुझे वह सब कहने पर विवश न करें, जो सच नहीं है। आप मेरे पैर क्यों

खींच रहे हैं ? उपरोक्त वक्तव्य (प्रश्न) से भ्रामक कुछ भी हो ही नहीं सकता। आप भली भाँति जानते हैं कि मैं सरकार में कहीं नहीं हूँ। मैंने सभी बातों से अपने को अलग रखा है। आप नासमझ वाली बात न करें।

**लेकिन आप लोग एक साथ राजीव गांधी के विरुद्ध खड़े हुए थे ?**

यह सही है कि हम लोगों का पहला काम राजीव गांधी की सरकार को बदलना था। वह काम हो चुका है। लेकिन देश में स्थितियाँ ज्यों की त्यों हैं। समस्याएँ खड़ी करनेवाले कारण अपनी जगह पर हैं। तब भला आप यह आशा कैसे करते हैं कि सत्ता में चूँकि दूसरे व्यक्ति हैं, इसलिए इतने दिनों से तैयार की गई स्थितियाँ अचानक बदल जाएँगी ?

**लेकिन क्या नहीं लगता कि यह जो दूसरी सरकार सत्ता में आई है, उसका नजरिया राजीव गांधी की सरकार से बहुत भिन्न नहीं है ? सिवाय इसके कि भ्रष्टाचार के मुद्दे पर इसका रवैया पूर्व सरकार से भिन्न है ?**

हाँ, आप सही हैं। आज जो सरकार है, वह राजीव सरकार से कम ही भ्रष्ट है। आप यह नहीं सुनते होंगे कि कोई खुले रूप से रिश्वत और कमीशन माँग रहा है। लेकिन अगर जनता यह कहती है कि हम कश्मीर और पंजाब की स्थिति पर कुछ नहीं कर रहे हैं, महँगाई को नहीं रोक पा रहे हैं, श्रीलंका और असम की समस्या का समाधान नहीं कर पा रहे हैं, तो हम सीधे तौर पर दोषी हैं। मैं स्वीकार करता हूँ कि भ्रष्टाचार एक प्रमुख समस्या है, लेकिन सिर्फ यही एक समस्या नहीं है। हमें अनेक कठिनाइयों का सामना करना पड़ रहा है। इस तरह के नारों के सहारे सभी सत्ता में आने की कोशिश कर रहे हैं। कारण साधारण है। भ्रष्टाचार हमारी व्यवस्था का दोष है। यह एकदम से नहीं हटाया जा सकता। यदि यही स्थिति बनी रही, तो आप भ्रष्टाचार कम कर सकते हैं या आप ईमानदार रह सकते हैं—लेकिन इसे जड़ से खत्म नहीं किया जा सकता। भ्रष्टाचार नागरिक की आर्थिक विसंगतियों की ही देन है। जहाँ भी बहुराष्ट्रीय प्रणाली अपनाई गई है, भ्रष्टाचार पनपा है, भारत भी उससे भिन्न नहीं है। जो अपने आप को बिलकुल पाक-साफ कहते हैं, वे मूल्य आधारित राजनीति करते हैं। फिर हम नई राजनीतिक व्यवस्था से क्या उम्मीद कर सकते हैं ? कुछ भी गलत नहीं हो रहा है। यह सिर्फ एक मान्यता थी।

**लेकिन इस सरकार से भी कुछ लोग अपने को अलग-थलग महसूस कर रहे हैं, जैसे आप...**

आप तो वास्तविकता को जानते हैं। विरोधी नेताओं के बीच मैं एक बदनाम आदमी के रूप में जाना जाता हूँ। मैं कहता हूँ कि हमें मानव जीवन की सभी बुराइयों से समझौता कर लेना चाहिए। मैं सभी प्रकार के भ्रष्टाचार से समझौता कर सकता हूँ।

**इस सरकार में ऐसे भी लोग हैं, जो दूसरे ढंग से सोचते हैं, जैसा कि आप ?**

अरे छोड़िये भी, आप तो सच जानते हैं, विरोधी नेताओं में मैं सबसे अधिक

अविश्वसनीय बन गया हूँ। मेरे खिलाफ सार्वजनिक जीवन में तमाम गलत तथा भ्रष्ट लोगों के साथ समझौता करने के आरोप लगते रहते हैं। यह भी कहा गया कि मैंने ही इस सरकार की छवि को बिगाड़ा है। क्या आप यह नहीं जानते कि मैं क्या हूँ ? मेरे अलावा सारे लोग संत ही हैं। एक मैं ही हूँ, जो हर विवाद की जड़ हूँ। और इस सरकार की छवि को बिगाड़ रहा हूँ। प्रीतीश जी, मेरी टाँग मत खींचिए, मैं मूर्ख नहीं हूँ और यह जानता हूँ कि आप लोग मेरे बारे में क्या सोचते हैं। एक बात मैं स्पष्ट कर देना चाहूँगा कि मैं इस अच्छी, स्वच्छ और ईमानदार सरकार का हिस्सा नहीं हूँ। इन लोगों के साथ मेरा साथ राजीव शासन के अंत के लिए था। यह इच्छा पूरी हो चुकी है। अब मैं चाहता हूँ कि यह सरकार चले। इसलिए नहीं कि मुझे इस सरकार से व्यवस्था परिवर्तन की अत्यधिक उम्मीद है, बल्कि इसलिए, क्योंकि जनता ने इसके पक्ष में वोट दिया है और हम जनता को निराश नहीं कर सकते।

**अभी नई सरकार का दृष्टिकोण क्या है और क्या हो रहा है ?**

हमें सहयोग तो मिल रहा है, लेकिन हम सिर्फ अपनी सद्भावना व्यक्त कर रहे हैं। लेनिन मैंने काफी अरसा पूर्व लिखा था कि 'सिर्फ इच्छा किसी को किसी लक्ष्य तक नहीं ले जाती, यह हमारे कार्यों का परिणाम है, जो महत्त्वपूर्ण होते हैं।' नई सरकार के गठन के दस दिनों के अंदर इतनी सारी घोषणाएँ हुईं, पंजाब-समस्या का समाधान, श्रीलंका से भारतीय सेना की वापसी, कश्मीर में नए युग की शुरुआत, क्या सारा कुछ गलत था ? यदि आप उत्तराधिकार में कोई सरकार पाते हैं, तो पूर्व की सरकार की सभी घोषणाएँ भी विरासत में मिलती हैं। आप कितने भी संत हों, इन समस्याओं को आप नकार नहीं सकते। यदि आप परिवर्तन लाना चाहते हैं, तो आपको सँभलकर काम करना होगा। सारी प्रक्रिया को धीरे-धीरे बदलना होगा। केवल वक्तव्य जारी करने से व्यवस्थाएँ नहीं बदलतीं।

**आप ऐसा क्यों सोचते हैं कि वे आपकी नहीं सुनते ?**

या तो वे यह नहीं समझते कि वे क्या कर रहे हैं, या उन पर ऐसी ताकतें हावी हैं, जो उनके सत्ता में आने में मददगार थीं, इसके अलावा कोई और कारण नहीं हो सकता।

**वे ताकतें कौन-सी हैं, जो इन्हें सत्ता में लाईं ?**

मैं नहीं जानता। लेकिन आप देख सकते हैं कि कश्मीर में क्या गड़बड़ कर रहे हैं। क्या आप सोचते हैं कि कश्मीर का मसला और पेचीदा होने के बाद देश में रत्ती-भर भी धर्मनिरपेक्षता कायम रह पाएगी ? यह माँग की जा चुकी है कि धारा 370 समाप्त की जाए, फारूख अब्दुल्ला बरखास्त किए जाएँ और जगमोहन को लाया जाए। इनमें से धारा 370 के अलावा सारा कुछ हो चुका है।

अब महम के मुद्दे को लें। जब मेरे पास यह मामला आया, तो मैंने कह दिया था कि आपको सरकार चलाने का सौ दिन का अनुभव है, सो इसे आप ही सुलझाइए; या एक साथ बैठिए और कोई समाधान खोजिए। जनता के पास मत जाइए, क्योंकि इस मुद्दे पर जनता के बीच चर्चा होने पर पार्टी को चोट पहुँचेगी। आप ही बताइए, मैंने क्या गलत कहा था ? इसके तुरंत बाद निखिल चक्रवर्ती और अरुण शौरी बीच में कूद पड़े। उन लोगों ने कहा,

यह सही मौका है और वी.पी. सिंह को अपने मूल्यों पर आधारित राजनीति और शक्ति का प्रदर्शन करते हुए भ्रष्टाचार को उखाड़ फेंकना चाहिए।

अगर कोई सोचता है कि देवीलाल एक बोझ हैं तथा निखिल चक्रवर्ती या अरुण शौरी को सरकार चलानी चाहिए, तो उसे यह बात कहने का साहस भी होना चाहिए। वह दूसरों को दबाने के लिए प्रेस का इस्तेमाल न करे। एक ओर मूल्यों पर आधारित राजनीति की बात करना और दूसरी ओर ऐसे बेतुके काम करना—एक साथ नहीं हो सकता। इस विषय पर मेरा दृष्टिकोण अलग है। अगर आप देवीलाल या किसी अन्य को नाराज करते हैं, तो इस सरकार के पास कई दूसरे मुद्दे हैं, जिन पर काम होना चाहिए। क्यों नहीं उन पर ध्यान देते ? यदि आपकी मूल्यों पर आधारित राजनीति आपको इन कामों को करने से रोकती है, तो भाड़ में जाइए। इसमें मैं क्या कर सकता हूँ ?

किसी ने मेरे सामने चौटाला के त्यागपत्र के बारे में कुछ नहीं कहा। इसलिए यह सवाल भी नहीं उठता कि मैंने इसका समर्थन किया या विरोध। हर रोज समाचारपत्रों में मेरे बारे में जो कुछ भी छप रहा है, वह दुखद है। विश्वनाथ ने इस मुद्दे पर एक शब्द भी नहीं कहा है, लेकिन उस पर किसी ने कुछ नहीं कहा। मैं नहीं जानता कि मेरा नाम हर बार और हर मुद्दे पर क्यों घसीटा जाता है, प्रेस हर मामले में मुझे क्यों लपेटना चाहती है। यह मेरी समझ से परे है।

**आप विरोध क्यों नहीं करते ?**

मैं आज अभी खुलकर इसका विरोध कर रहा हूँ। नेपाल की बात को लीजिए। मैंने संसद में भी यह मुद्दा उठाया है और पहले भी दो बार उठा चुका हूँ। पर उसने कहा, 'यह शुभ नहीं है'। उन्होंने यह भी आश्वासन दिया कि मुझसे सलाह किए बगैर कुछ भी नहीं किया जाएगा। मैंने उन पर विश्वास किया। मैं और क्या कर सकता हूँ ?

**तो क्यों आप वी.पी. सिंह के गणतांत्रिक विश्वास पर संदेह कर रहे हैं ?**

मैं इस पर कुछ नहीं कहूँगा। जब मैं इस सरकार के प्रति शुरू से ही आश्वस्त नहीं हूँ, तो मैं निराश क्यों होऊँगा! मैं आदर्श की बात उन लोगों के लिए छोड़ता हूँ, जो अपने राजनीतिक जीवन के प्रारंभ से ही इसकी दुहाई देते रहे हैं। मैं तो गलत और भ्रष्ट तत्त्वों के साथ हमेशा समझौता करनेवाला जीव हूँ। मैं नई सरकार के आदर्शों के बारे में कैसे कुछ कह सकता हूँ ? राजनीति में थोड़ा-बहुत पाखंड तो समझ में आता है, पूरे तौर पर पाखंड पर आधारित राजनीति मेरी समझ से बाहर है।

**अपनी सरकार की वर्तमान कार्यपद्धति को देखकर भविष्य के बारे में क्या उम्मीद रखते हैं ?**

सरकार चल सकती है। मैं उन लोगों में नहीं हूँ, जो यह समझते हैं कि यह सरकार गिर जाएगी।

**पर तब तो उसकी विश्वसनीयता में कमी आएगी ?**

यह सच तो है, पर इसकी फिक्र किसको है ? कुछ भी हो, आपके अखबार उन्हें बनाते

रहेंगे, इसलिए उनकी विश्वसनीयता को कोई खतरा नहीं है। सरकार को भुगतने के लिए छोड़िए।

**लेकिन अखबार अधिक समय तक समर्थन नहीं करते, जैसाकि हनीमून कम समय का होता है।**

हाँ, यह तो सही बात है, पर कभी-कभी कोई यह नहीं जानता।

**आप समाचारपत्रों से अपना संबंध क्यों नहीं सुधारते ? हो सकता है, आप भी अपनी राजनीति उसी माध्यम से चलाएँ ?**

मैं उतना भाग्यशाली नहीं हूँ। मैं राष्ट्र के समक्ष नैतिकता का विकल्प भी नहीं हूँ। मेरे पास समर्थक अखबार नहीं हैं। मैं तो एक सीधा-सादा राजनीतिज्ञ हूँ, जो धीरूभाई अंबानी सहित हरेक के साथ समझौता करता है। इसलिए कोई मेरे साथ क्यों खड़ा होगा ?

**महम पर आपका नजरिया क्या है ?**

क्या हो सकता है मेरा नजरिया—जैसा कि हमारे कुछ दोस्त और कुछ पत्रकारों ने कहा कि रंजीत और अन्य को निकाला जाए, चौटाला अब बहुमत में नहीं रहे। उनका पूरे हरियाणा पर प्रभाव है। किस आधार पर चौटाला त्यागपत्र देंगे और क्यों ? मैं यह मान सकता हूँ कि जनता दल का आलाकमान इन्हें त्यागपत्र देने के लिए कह सकता है। मैं पूछता हूँ कि आप क्यों चौटाला पर आरोप लगा रहे हैं ? यह फैसला पत्रकारों के किए प्रचार पर नहीं किया जा सकता है। यदि हमारी नीति कहेगी, तो हम उन्हें त्यागपत्र देने के लिए भी कह सकते हैं। आपने यह क्यों कहा कि आपका नजरिया क्या है ? मेरा इस बारे में कोई नजरिया नहीं है। लेकिन मैं चाहता हूँ कि अगर कोई राजनीतिक दल सहयोगियों के त्यागपत्र देने से स्वच्छ हो सकता है, तो कोई भी त्यागपत्र दे सकता है। यह सिर्फ चौटाला तक ही सीमित क्यों रहे ? मुख्य समस्या है कि प्रेस किसी राजनीतिक दल के साथ नहीं, एक सरकार के साथ रहना चाहता है।

**वह देवीलाल वाला वार्तालाप...**

हाँ, क्या आप इस पर चर्चा कर सकते हैं ? क्या कोई सभ्य व्यक्ति इस पर टिप्पणी कर सकता है ? अगर मैं आपसे टेलीफोन पर कुछ बात करता हूँ, तो उसमें अभद्र बातें हो सकती हैं—क्या यह उचित है कि उस व्यक्तिगत बातचीत को छापा जाए ?

**आप मुझे बताइए...**

हर कोई अपने हितों के लिए अपना खेल खेल रहा है। हर कोई वही कर रहा है, जो उसकी ड्यूटी है। मैं नहीं जानता, हो सकता है कि आप भी वही कर रहे हों। आपके अखबार में जेपी के साथ वी.पी. की तुलना करनेवाली एक रिपोर्ट छपी थी, मुझे तो विश्वास ही नहीं हुआ, जब किसी ने मुझे उस रिपोर्ट के बारे में बताया। उसी ने बताया कि यह रिपोर्ट आपने लिखी है। मुझे बहुत दुख हुआ। आपने कहा कि वी.पी. सिंह ने जयप्रकाश के आंदोलन में

बिहार का दौरा किया। आपने यह स्वीकार भी किया। क्या आप मान सकते हैं कि वी.पी. सिंह और जयप्रकाश में तुलना की जा सकती है ?

**आप यह सोचते हैं कि सरकार पर्दे के पीछे से प्रेस के साथ साँठ-गाँठ कर अपना खेल खेल रही है ?**

मैं इस पर कोई टिप्पणी नहीं कर सकता हूँ, पर यह उल्लेखनीय बात है कि सरकार में शामिल लोगों के व्यक्तिगत हितों की प्रेस खुलेआम रक्षा कर रहा है। यहाँ तक कि आपके जैसे पत्रकार भी इसके शिकार हुए हैं। मैं नहीं जानता कि अब मैं किस पर विश्वास करूँ।

**क्या आप इसे कोई गठबंधन मानते हैं ?**

देखिए, मैं कुछ नहीं मानता। मैं बहुत छोटा आदमी हूँ, मुझे मत लपेटिए। मैं पार्टी से निष्कासित होना नहीं चाहता। मैं उन मुद्दों पर चुप रहना पसंद करूँगा, जहाँ मुझसे अधिक ताकतवर लोग जुड़े हुए हैं।

**प्रेस यह अनुमान लगा रही है कि कांग्रेस आपसे जुड़ना चाहती है।**

किसलिए ?

**ताकि आप वहाँ जाकर उसका नेतृत्व करें। कांग्रेस को राजीव से अधिक विश्वसनीय नेता की जरूरत है।**

प्रीतीश, हम एक-दूसरे को ठगना बंद करें। यह मेरे खिलाफ चलाए जा रहे चरित्र-हनन के प्रचार का एक अंग है। इसका उद्देश्य सिर्फ मेरी छवि को बिगाड़ना है। मुझे इन सबों की परवाह नहीं। मैं ऐसे प्रश्नों का उत्तर नहीं दूँगा।

**आप इसका खंडन क्यों नहीं करते ?**

आप सोचते हैं कि मैं कांग्रेस में जाऊँगा ? वे तमाम नेता, जो आज कांग्रेस के खिलाफ बोल रहे हैं, कभी इंदिरा गांधी के पास हुआ करते थे। मैं उस वक्त कांग्रेस छोड़कर आया था। अभी कांग्रेस में कौन-सा नयापन है कि मैं वहाँ जाऊँ ? अगर वे ऐसी अफवाह फैलाना चाहते हैं, तो मैं क्या करूँ ? अगर कोई यह पूछे कि आचार्य नरेंद्रदेव समारोह में मैंने राजीव को क्यों बुलाया और क्यों उनसे बातचीत की, तो मैं इसका जवाब नहीं दूँगा। मैं उस स्तर पर राजनीति नहीं करता। जब राजीव प्रधानमंत्री थे, तो उनके बारे में मेरे अपने विचार थे। आज वह सांसद हैं और कांग्रेस अध्यक्ष भी, इसलिए मैं क्यों उन्हें नजरअंदाज करूँ ? अगर मैं दूसरी पार्टियों के नेताओं से बातचीत कर सकता हूँ, तो उनसे क्यों नहीं ? इसलिए इस विषय पर प्रेस जो कुछ कहता है, उससे मैं भयभीत नहीं हूँ।

**क्या आप मध्यावधि चुनाव के बारे में सोचते हैं...**

कोई नहीं जानता, कम से कम मैं नहीं जानता। एक बात बड़ी ईमानदारी से कहता हूँ कि पार्टी में लोग किसलिए लड़ रहे हैं, मैं यह भी नहीं जानता।

**क्या आप सोचते हैं कि कांग्रेस का एक हिस्सा जनता दल में अथवा जनता दल का एक हिस्सा कांग्रेस में शामिल होगा ?**

मैं नहीं जानता। इस वक्त मुझे ऐसा होने की कोई संभावना नहीं दिखती। लेकिन मैं इस संभावना से पूरी तरह इनकार भी नहीं करता। ऐसा हो सकता है, और यह तब होगा, जब लोग राष्ट्र की समस्याओं के लिए अपने आपको संबोधित करेंगे, व्यक्तियों का नया तालमेल और किसी नई ताकत का जन्म अलग-अलग चीजें हैं। राजनीतिक शक्ति और राजनीतिक व्यक्तित्व दोनों अलग-अलग हैं।

**देश में आज सर्वाधिक प्रभावी कौन-कौन-सी ताकतें हैं ?**

सर्वाधिक महत्त्वपूर्ण सांप्रदायिक शक्तियों का बढ़ना है। यह स्पष्ट कर दूँ कि यह किसी खास पार्टी की वजह से नहीं है।

**इसका समाधान क्या हो सकता है ?**

यह प्रश्न आप उन लोगों से पूछिए, जो सरकार चला रहे हैं। वैसे मेरे खयाल में लगातार समझौता करना आपको कहीं का नहीं छोड़ेगा। समस्या का हल किसी निर्णय पर अड़ना है।

**इसमें प्रेस कोई भूमिका निभा सकता है ? आप लगातार यह कह रहे हैं कि प्रेस राजनीतिक दंगल का महत्त्वपूर्ण खिलाड़ी है।**

जब कोई भी अपनी सीमा से बाहर जाता है, तो नतीजा एक ही होता है। चाहे वे पत्रकार हों या राजनीतिज्ञ। आज दोनों ही अपनी-अपनी सीमाओं से बाहर जा रहे हैं। वे जल्द ही देश को उस स्थिति में पहुँचा देंगे, जहाँ से वापसी कठिन होगी।

**क्या आपको इस सरकार में आने के लिए किसी भूमिका की उम्मीद है ?**

आदमी उम्मीदों पर जिंदा है और हरेक को यह उम्मीद होती है कि जीवन में उसे कुछ करना है। जिस दिन आप यह समझें कि आपके लिए करने को कुछ नहीं है, आपके पास आत्महत्या के अलावा कोई और विकल्प नहीं होगा।

**अपनी भूमिका सुनिश्चित करने के लिए आप क्या कर रहे हैं, ताकि शक्ति का नया संतुलन बने ?**

इस मुद्दे पर अभी बात नहीं की जा सकती। तब तक के लिए देश के वर्तमान शासकों को अपनी शुभकामनाएँ देता हूँ। मैं उन्हें तब तक समर्थन देता रहूँगा, जब तक कि समर्थन देना मेरे लिए असंभव नहीं हो जाए। मैं एक बात और कहे देता हूँ। वे मेरी सहनशीलता की परीक्षा ले रहे हैं और मेरे धैर्य की अंतिम सीमा को नापना चाहते हैं। मैं अपने आपको उत्तेजित नहीं होने दूँगा। मैंने उन लोगों को बहुत छूट दे रखी है और मैं देखूँगा कि वे किस सीमा तक जाते हैं।

**आप प्रेस से काफी नाराज हैं...**

हाँ, मैं बहुत ही नाराज हूँ। मैं सिर्फ नाराज ही नहीं, बल्कि मर्माहत भी हूँ। मुझे ऐसे पवित्र पेशे के लोगों से ऐसे सस्ते बर्ताव की उम्मीद नहीं थी। मुझे किसी से समर्थन की अपेक्षा नहीं है। लेकिन मुझे यह बुरा लगता है कि जान-बूझकर तथ्यों को लोग तोड़-मरोड़ कर पेश करते हैं। मुझे आधारहीन कहानियों पर गुस्सा आता है। यह धंधा काफी लंबे समय से चल रहा है। मुझ पर पिछले दो वर्षों से गलत ढंग से हमला किया जा रहा है। यह सारी कार्रवाई कुछ लोग अपने राजनीतिक मालिकों को खुश करने के लिए करते हैं। जब परीक्षा की घड़ी आती है, तो प्रेस कहाँ चला जाता है ? जब सरकार का नेता चुना गया, तब भारतीय प्रेस का आदर्श कहाँ था ? कहाँ कोई खड़ा हुआ और किसी ने भी यह नहीं कहा कि गलत हुआ।

**कई पत्रों ने इस पर टिप्पणी की थी। हो सकता है, उस वक्त क्रोधित होने के कारण आपने ध्यान नहीं दिया हो...लेकिन अगर आपको बेहतर स्थिति की उम्मीद नहीं है, तो आप उनका समर्थन क्यों कर रहे हैं ?**

मैं इस सरकार का इस कारण से समर्थन कर रहा हूँ, क्योंकि राजनीति संभावनाओं का खेल है। हाँ, मैं यह भी नहीं चाहता कि राजीव शासन जारी रहे। लेकिन मेरे अलावा आज की सत्तारूढ़ पार्टी के अनेक लोग कभी न कभी राजीव गांधी से भी सद्गुणसंपन्न (?) रहे हैं। एक मैं ही हूँ, जो इन गुणों से संपन्न नहीं हूँ। इन दिनों वे सभी लोग अपने-अपने गुणों का बखान करने में जुटे हैं।

...कहीं कुछ मर्यादा शेष है। कुछ के पास तो अपना लक्ष्य है। उन लोगों ने मेरे साथ जो कुछ भी किया है, यदि मैं उसका दसवाँ हिस्सा भी प्रतिक्रिया व्यक्त करता, तो बंधु लोग मुझे कोड़ों से पीटते। आप वी.पी. की तुलना जेपी से करते हैं। आपको राजनीति का क्या ज्ञान है ? मैं और आप, दोनों एक साथ बिहार में थे। मैंने उनकी सभाओं की भीड़ देखी है। मुझे इस बात से मानसिक तौर पर धक्का लगता है कि आप इन लोगों की तुलना जेपी से कर सकते हैं। प्रेस को सच बोलना होगा। आप लगातार किसी एक के राजनीतिक हितों की रक्षा नहीं कर सकते।

**आप किसी खास समाचारपत्र समूह से नाराज हैं और हरेक के प्रति नाराजगी जाहिर करते हैं...**

अब मैं सार्वजनिक तौर पर यह हमला करनेवाला हूँ। अब बहुत हुआ। आप अपने प्रेस के अन्य लोगों से बात कीजिए। वे ही आपको बताएँगे कि मैं आप जैसे चंद मित्रों के अलावा किसी से बात नहीं करता। मैं इन पत्रकारों के ऐसे गंदे खेल से तंग आ चुका हूँ, इसलिए मैं साक्षात्कार नहीं देता। मैं उनसे बात नहीं करता। मैं पत्रकार सम्मेलनों का आयोजन नहीं करता, मैं उन लोगों से चिंतित नहीं हूँ। आप कहते हैं कि मैं रूखा हूँ। मुझे इस बात का दुख है कि मैं अपने आपको आप लोगों की दुनिया में नहीं पाता। किसी के पास इतनी भी शालीनता नहीं है कि वह तथ्यों की जाँच कर ले। लगातार झूठे और बेबुनियाद तथ्य छपते हैं और मुझ पर हमला होता है। अफवाहें फैलाई जाती हैं। प्रेस के दायित्व पालन का क्या यही रास्ता है कि वह किसी के चरित्र को ध्वस्त कर दे ? मैंने कई बार वी.पी. सिंह से इस

मुद्दे पर बातचीत की। कहा, हम एक साथ बैठकर अपनी समस्याओं को सुलझा लें। हर मुद्दे को प्रेस तक ले जाना ठीक नहीं। लेकिन मेरी सुनता कौन है ? यह समझा जाता है कि चौटाला का समर्थन करनेवाला मैं एकमात्र व्यक्ति हूँ। मुझे एक भी ऐसा नाम बताइए, जिसने चौटाला की निंदा की हो ?

**अजित सिंह !**

वी.पी. सिंह उससे इस्तीफा देने को क्यों नहीं कहते ? अगर वी.पी. सिंह यह समझते हैं कि वह प्रेस का इस्तेमाल कर आज देवीलाल, कल चन्द्रशेखर, परसों अजित सिंह पर हमला करते रहेंगे और इससे उनकी ताकत बढ़ेगी, तो मुझे कुछ नहीं कहना। वह सोचते हैं कि वह जेपी से बड़े हैं। यह उनकी समस्या है, मैं क्या कर सकता हूँ ? यदि कोई इसी ढंग से सफल होता है, तो बाद में उसे तानाशाह या फासिस्ट बनने से कौन रोकेगा ? तब यह मत कहिएगा कि मैंने चेतावनी नहीं दी थी। वह निखिल चक्रवर्ती, जो ऊँचे मूल्यों और आदर्शों का दावा करते हैं, कहते हैं—चन्द्रशेखर अब तक सेंट्रल हॉल के चुनाव को भूल नहीं पाए हैं, इसीलिए वह देवीलाल की मदद पर वी.पी. सिंह को हर मामले में फँसाना चाहते हैं। चाहे वह मेहम का मामला हो, या नेपाल का—अब भला नेपाल और वी.पी. सिंह के बीच क्या लेना-देना ! निखिल चक्रवर्ती नेपाल के मुद्दे पर वी.पी. के दृष्टिकोण को जानते होंगे, पर मैं नहीं जानता था। वी.पी. ने मुझसे नेपाल के मामले में कभी कुछ नहीं कहा, न ही इस विषय पर हम दोनों में कोई मतभेद हुआ।

**यह तो हम लोगों के साथ आपके संपर्क में रहने के बेहतर कारण हो सकते हैं...**

आप मुझे बख्श क्यों नहीं देते ? या थोड़ी देर के लिए भूल क्यों नहीं जाते कि चन्द्रशेखर नाम का कोई व्यक्ति है भी। मुझे अकेला ही छोड़ दीजिए।

**आपको एकांत क्यों चाहिए ?**

क्योंकि मुझे यह नहीं मिलता। अब टेपरिकॉर्डर बंद कीजिए, मैं आपको कुछ और भी बताऊँगा।

**क्या ?**

आप ऊँचे आदर्शों वाली और मूल्यों पर आधारित सरकार की बात करते हैं। क्या आप जानते हैं कि उन लोगों ने मेरे टेलीफोन टेप कर रखे हैं ? इतना ही नहीं, उन लोगों ने मेरे कमरों में भी सुनने के खुफिया उपकरण लगा रखे हैं। मैंने खुद एक उपकरण से इसकी जाँच की है। क्या यही मूल्यों पर आधारित राजनीति है ?

**अन्य कुछ कैबिनेट मंत्रियों ने भी ऐसी ही शिकायतें की हैं।**

कौन-सी शिकायत...27 राजनीतिज्ञों के टेलीफोन टेप किए गए हैं। उनकी हर बातचीत सुनी जाती है। मुझे यह बताया गया था कि मैंने मुफ्ती से भी इस मुद्दे पर बातचीत की है।

**उन्होंने क्या कहा ?**

अगर मैं सच को उधेड़ने लगूँ, तो यह सरकार संकट में पड़ जाएगी।

**यदि यह सही है, तो सरकार को संकट में पड़ना ही चाहिए। नजर रखने का यह बहुत ही तिरस्कृत तरीका है।**

आप खुद खोज लें। कुछ भी नहीं बदलता, भले ही मूल्यों की कितनी भी बातचीत हो। वही गंदा खेल अब भी जारी है। इस खेल के तौर-तरीके भी वही हैं, सिर्फ अभी खिलाड़ी नए हैं।

*प्रभात खबर, 11 अप्रैल, 1990*

# मैं किसी पाखंड का अंग बनना नहीं चाहता

*रंजना कक्कड़ की बातचीत*

**वर्तमान राष्ट्रीय परिदृश्य को आप किस नजर से देखते हैं ?**

मेरी समझ से वर्तमान राष्ट्रीय परिदृश्य बहुत शोचनीय है। सभी मोर्चों पर स्थिति बदतर है। आर्थिक स्थिति तेजी से बिगड़ रही है। मुद्रास्फीति व महँगाई इस देश की जनता का जीवन दूभर कर रही है।

कानून-व्यवस्था के मोर्चे पर भी यही शोचनीय स्थिति उभर रही है। यदि आप पंजाब व कश्मीर का सवाल लें, तो देखेंगी कि इसमें कोई सुधार की अपेक्षा स्थिति और चिंताजनक हुई है। असम की घटनाएँ उस क्षेत्र के ही नहीं, वरन पूरे देश के लोगों के दिमाग में संदेह पैदा कर रही हैं। इस प्रकार पूरी स्थिति बहुत सुखद नहीं। किंतु भारतीय जनता संकट की किसी भी स्थिति को एक नई दिशा देने में हमेशा कामयाब रही है। उम्मीद है कि कुछ बेहतर घटित होगा।

**किंतु नई सरकार से जो आशाएँ थीं, वे उसके साढ़े चार माह के शासन के बाद भी कुछ पूरी होती नजर नहीं आ रही हैं। क्या इसका यह कारण नहीं कि जो पार्टी सरकार चला रही है, वह एकजुट नहीं है ?**

यह सवाल आपको उनसे करना चाहिए जो सरकार चला रहे हैं। मैं इस समय इस सवाल का जवाब देना नहीं चाहता। मैं उनकी गलती निकालना नहीं चाहता और जो कुछ किया जा रहा है, उसमें मुझे प्रशंसा के लिए कुछ नजर नहीं आ रहा है।

**आप स्थिति में सुधार के लिए क्या कर रहे हैं ?**

मैं एक अदना-सा इन्सान हूँ, मैं क्या सुधार कर सकता हूँ ! किंतु जब भी किसी सवाल पर मेरी राय-सलाह माँगी जाती है, मैं भरसक उसे देता हूँ।

**अपने को अलग-थलग करके क्या आप समझते हैं कि आपसे जिस भूमिका की आशा थी, उसे आप अदा कर रहे हैं ?**

ऐसा नहीं है कि जो कुछ घटित हो रहा है, उससे मैं बेखबर हूँ। किंतु आप मुझसे जो करने को कह रही हैं, वह मैं कर नहीं सकता। मैं जनता दल का एक साधारण सदस्य हूँ। इस नाते मुझसे जब जो राय माँगी जाती है, मैं देता हूँ। मैं इसे मुद्दा नहीं बनाना चाहता, क्योंकि यह जतलाने की लगातार कोशिश हो रही है कि पार्टी और सरकार की सहज कार्रवाइयों में बाधक मैं ही हूँ। इसलिए मैं किसी पर इल्जाम नहीं लगाना चाहता। मैं महज

देश की खुशहाली चाहता हूँ, भले ही इसका मतलब यह हो कि मुझे जनता से दूर रहना चाहिए।

**यह नौबत कैसे आई ?**

मैं समझता हूँ कि जिन लोगों ने स्थिति को इस मुकाम तक पहुँचाया है, उनकी मेरे प्रति सदाशयता नहीं है। उनकी न तो मैं शिकायत करना चाहता हूँ, न प्रशंसा। वे मुझे नहीं पसंद करते और मैं उन्हें नहीं पसंद करता।

**अपने को अलग-थलग रखकर आपने क्या मुख्यधारा से अपने को काट नहीं रखा है ?**

मैं यह नारा कई बार सुन चुका हूँ। अगर किसी व्यक्ति को हाशिए पर डालने से देश की तरक्की होती है, तो इससे उसे बुरा नहीं मानना चाहिए। बहुतेरे मुझे हाशिए पर डालने की कोशिश करते रहे हैं। किंतु उनके दुर्भाग्य से मैं हाशिए पर नहीं होने जा रहा हूँ। यदि मैं मध्यधारा या मुख्यधारा में भी रहूँ, तो इस समूची स्थिति में मैं क्या कर सकता हूँ ? मुझसे मेरे कार्यक्षेत्र के बाहर की स्थितियों के प्रबंध की आशा नहीं करनी चाहिए। मैं दूसरे के मामलों में दखल नहीं देता। मैं इस देश का एक नागरिक हूँ और जो मैं कर सकता हूँ, कर रहा हूँ।

**पर क्या आप नहीं समझते कि आप विभिन्न हितों-घटकों वाले जनता दल को एकजुट करने और वक्त की चुनौती का मुकाबला करने में कारगर भूमिका निभा सकते थे ?**

मैं ऐसा नहीं कर सकता, क्योंकि मैं जनता दल के पदाधिकारियों का स्थानापन्न नहीं हो सकता। जब तक मैं जनता पार्टी का अध्यक्ष था, तब तक मैं पार्टी के फैसलों के लिए जिम्मेदार था। जनता दल के फैसलों के लिए मैं जिम्मेदार नहीं हूँ।

**आपने स्वयं कोई आधिकारिक पद लेने से इनकार किया है या ऐसी स्थितियाँ निर्मित की गई हैं ?**

इसका लेखाजोखा आप लें। यह जो भी हो, पर है एक सच्चाई और मैं किसी विवाद में नहीं उलझना चाहता।

**आपकी प्रेस से सामान्यतः क्यों ठनी रहती है ?**

मुझे नहीं मालूम। आप प्रेसवालों से पूछें। यह उनकी 'तथ्यपरक' रिपोर्टिंग है।

**कभी आपको जेपी का वारिस माना जाता था। मगर आज यह नौबत क्यों आई कि आपकी छवि पार्टी-तोड़क की-सी बनने लगी ?**

मैं नहीं समझता कि प्रेस किसी की छवि को बना-बिगाड़ सकता है। प्रेसवाले बहुत ज्यादा अटकलबाजी करते हैं।

**क्या निकट भविष्य में आपको राजनीतिक शक्तियों के समीकरणों में बदलाव की संभावना**

**नजर आती है ?**

राजनीतिक शक्तियों के समीकरणों में बदलाव की दिशा में फिलहाल मुझे कोई कदम उठता नजर नहीं आता, क्योंकि राजनीतिक शक्तियों के पुनरेकीकरण का मतलब है राजनीतिक स्थितियों के बारे में ताजा सोच-विचार। महज चंद लोगों का गठजोड़ शक्तियों का पुनरेकीकरण नहीं। दुर्भाग्य से इस देश में राजनीति अथवा प्रेस के अधिकांश लोगों को देश के सामने दरपेश मसलों की चिंता नहीं। प्रेस को इसमें ज्यादा दिलचस्पी है कि कौन किसके साथ शामिल हुआ, कौन किससे बात कर रहा है ? किसकी किससे खिचड़ी पक रही है ? मैंने आज जैसा जाहिल व पक्षधर प्रेस कभी नहीं देखा। चन्द्रशेखर बुरे आदमी हो सकते हैं; किंतु अगर वे किसी समस्या पर कुछ कह रहे हैं, तो उस पर विचार करने, प्रकाशित करने के लिए थोड़ा समय-स्थान तो देना ही चाहिए। वे समस्याएँ चन्द्रशेखर या किसी राजनीतिज्ञ के व्यक्तित्व की अपेक्षा जनता के लिए अधिक सार्थक हैं; किंतु प्रेस को इसमें कोई रुचि नहीं।

**क्या राजनीतिज्ञों की इन समस्याओं में रुचि है ?**

मुझे पता नहीं। समस्याओं को उजागर करने का अर्थ है—विवादों में पड़ना। और इससे प्रेस का कोपभाजन बनना पड़ता है। यदि किसी विषय पर आपका कोई विचार ही नहीं है, तो आप अच्छे इन्सान हैं। यदिं आपका कोई विचार प्रेस पर नियंत्रण करनेवालों को पसंद नहीं, तो प्रेस का कोपभाजन बनना स्वाभाविक है।

**अल्पसंख्यक सरकार की मौजूदा हकीकत को देखते हुए क्या स्थितियाँ शक्तियों के पुनरेकीकरण के लिए विवश नहीं करेंगी ?**

आप चाहे जितना घुमा-फिराकर सवाल करें, किंतु मैं इस सरकार के कामकाज के बारे में कोई टिप्पणी नहीं करने जा रहा हूँ। आप खुद नतीजा निकालें। किंतु यदि राष्ट्र को जिंदा रखना है, तो हमें समस्याओं से दो-चार होना ही पड़ेगा। हम उन हमलों से भाग नहीं सकते, जो लंबे समय से दरपेश हैं।

**भाजपा के वर्चस्व और वामपंथ की तुलनात्मक कमजोरी का आप कैसे मूल्यांकन करेंगे ?**

मैं वामपंथ की तुलनात्मक कमजोरी को नहीं मानता। कम्युनिस्ट जगत की घटनाओं से ऐसी धारणा बलवती हुई है कि वामपंथ कमजोर हो गया है; किंतु मैं इसे बड़ा सतही फैसला समझता हूँ। जब मैं वामपंथ की बात करता हूँ, तो इसका मतलब मात्र भाकपा-माकपा से नहीं। वामपंथ का इस देश में फलना-फूलना लाजिमी है। 50 फीसदी से ज्यादा लोग जब तरह-तरह से मुसीबतजदा हों, तो वामपंथ के अलावा कोई विकल्प नहीं। रही भाजपा की बात, तो जब लोगों के सामने कोई मंजिल या दिशा नहीं होती, तो वे धर्म, जाति आदि जैसे भावनात्मक मुद्दों की ओर उन्मुख होते हैं। भाजपा ने इसका लाभ उठाया है। इसमें कोई गलती नहीं, क्योंकि वे इस प्रकार की राजनीति को आगे बढ़ाते रहे हैं। उनकी समझ से ऐसे नारे राष्ट्र के अस्तित्व के लिए आवश्यक हैं। स्थिति का उनका यह अपना मूल्यांकन है। यदि हम सामाजिक-आर्थिक समस्याओं से नहीं जुड़ते-जूझते, तो लोगों का धर्म-जातिगत समीकरणों से जुड़ना लाजिमी है।

**आप अपनी मूल्य-आधारित राजनीति के लिए प्रख्यात हैं !**

(तेजी से बात काटते हुए) मैंने कभी मूल्य-आधारित राजनीति की बात नहीं की है।

**किंतु सिद्धांतों, नैतिकता की तो की है ? इसके बाद हाल में चंद औद्योगिक घरानों व कुख्यात लोगों से आपके रिश्तों की चर्चा का क्या अर्थ है ?**

मैं क्या जवाब दूँ ? जो लोग उनसे मेरा रिश्ता जोड़ रहे हैं, वही यह जवाब दे सकते हैं। मुझसे जो भी मिलना चाहता है, मैं ना नहीं करता—वह चाहे कोई व्यक्ति हो या औद्योगिक घराना। मैं अपने दोस्तों को सार्वजनिक रूप से स्वीकार करता हूँ। यह कोई नई बात नहीं। मेरे समूचे राजनीतिक जीवन की सच्चाई है। यदि कुछ लोग यह सोचते हैं कि वे अपने निंदा-अभियान से मुझे अपना मित्र या शत्रु चुनने को बाध्य करेंगे, तो यह उनकी भूल है।

**ऐसा लगता है कि लोगों को पहचानने में आप हमेशा भूल करते हैं, क्योंकि जब भी आपने किसी की सरपरस्ती की, उसी ने बाद में आपको धोखा दिया और आगे निकल गया ?**

क्या आप सोचती हैं कि जिसने मुझे छोड़ा, वह मुझसे आगे निकल गया ? आपके पैमाने से हरेक सामाजिक आरोही एक सफल राजनीतिज्ञ होता है। शुक्र है, मैं इस कोटि में नहीं आता।

**मेरा यह मतलब नहीं था; किंतु आपने सदैव धोखा खाया है। ऐसा क्यों ?**

यह स्थिति प्रायः उन लोगों के सामने आती है जो महज अपने लिए नहीं, बल्कि दूसरों के लिए भी राजनीति करते हैं। किंतु क्या आप एक नाम भी बता सकती हैं, जिसके समर्थक मित्र उसके वफादार सिद्ध हुए हैं ? गांधी से नेहरू व पटेल ने पल्ला झाड़ा था। जेपी से तमाम जनता पार्टी के नेताओं ने कन्नी काटी थी और वे सब महान राजनीतिज्ञ थे। उनकी तुलना में मैं तो कुछ भी नहीं। इसलिए यदि कोई मंत्री अथवा पार्टी पद के मोह में चला गया, तो मैं क्यों परवाह करूँ ? मैं स्वयं तो उसका आकांक्षी था नहीं। वैसे अगर किसी ने कुछ पाया, तो इसका मतलब यह नहीं कि मैंने कुछ खोया है।

**एक ओर आप मूल्य-आधारित राजनीति की बात करते हैं और दूसरी तरफ देवीलाल जैसों से गठजोड़ करते हैं, जिन्होंने कई बार आपको धोखा दिया है ?**

देवीलाल के धोखे के सवाल पर आप भूल कर रही हैं। जो देवीलाल करते हैं, वह उनकी तर्ज की राजनीति है और उसके लिए वे जिम्मेदार हैं। किंतु यह गठजोड़ क्या है ? देवीलाल हमारी पार्टी के एक वरिष्ठ नेता हैं। यदि आप उनके साथ गंदा खेल खेलें और मैं उसका विरोध करूँ, तो यह देवीलाल का समर्थन नहीं है। यह गलत राजनीति करनेवालों को सही करने की कोशिश है। यह देवीलाल को प्रोत्साहित करना नहीं, चालबाजी की राजनीति करने वालों को हतोत्साहित करना है। यह दलील मेरी समझ के बाहर है कि मेरा देवीलाल से गठजोड़ है और ऐसा करके मैं मूल्यरहित राजनीति कर रहा हूँ। क्या पहले जो देवीलाल से जुड़े थे, वे दूध के धुले थे और मूल्य-आधारित राजनीति कर रहे थे ? कम-से-कम मैंने

देवीलाल से किसी पद या हैसियत के लिए गठजोड़ नहीं किया। अगर देवीलाल से मेलजोल अपराध है, तो यह हर समय और हर व्यक्ति पर लागू होना चाहिए। तीन महीने में देवीलाल अपराधी नहीं बन गए हैं। यह सच है कि मैंने चौटाला के इस्तीफे के मुद्दे पर कहा था कि मैं जनता दल के मसले को सार्वजनिक या प्रेस का मुद्दा नहीं बनाना चाहता। किसी ने भी जिसमें, विश्वनाथ प्रताप शामिल हैं, देवीलाल से नहीं कहा कि वे चौटाला से इस्तीफा दिलाएँ। यह भी सही है कि मैंने जनता दल की एक बैठक में कहा था कि महम को सार्वजनिक मुद्दा न बनाएँ। जो भी बहस करनी है, उसे पार्टी मंच पर करें। और इसकी व्याख्या ऐसे की गई कि मैंने देवीलाल से साँठगाँठ करके मूल्यरहित राजनीति शुरू कर दी है। जिन लोगों ने होंठ सिले रखे, वे क्या मूल्य-आधारित राजनीति के अलंबरदार हैं ?

**आरोप है कि...**

(गुस्से में टोकते हुए) मुझे ऐसे सभी आरोपों का और उनके फैलानेवालों का अच्छी तरह पता है। मैं इतना ही कह सकता हूँ कि ये आरोप फैलानेवाले या तो पहले दरजे के झूठे हैं या पागल हैं। आरोप क्या है ? सिर्फ यही कि मैं देवीलाल की आड़ लेकर विश्वनाथ प्रताप सिंह को अपदस्थ करना चाहता हूँ। यदि मेरा इरादा सरकार गिराने का होता, तो मैं देवीलाल व विश्वनाथ प्रताप सिंह के बीच खाई चौड़ी करने का प्रयास करता। उसका उलटा न करता। फिलहाल मेरा मूल्यांकन है कि न सिर्फ देवीलाल, बल्कि कोई भी यदि पार्टी छोड़ता है, तो यह पार्टी और सरकार के लिए प्राणघाती होगा। और मैं चाहता हूँ कि यह सरकार रहे, क्योंकि उसमें मेरा कुछ भी दाँव पर नहीं लगा। अगर यह (सरकार) बनी रहती है, तो मुझे कोई हलुआ-पूड़ी नहीं मिलेगा। न ही इसके गिरने से मेरा कोई सत्यानाश ही होगा। बहरहाल जो लोग बेबुनियाद आरोप लगा रहे हैं, क्या वे महान आत्माएँ हैं ? उनमें से ज्यादातर सामाजिक अपराधी हैं। प्रेस भी इस भ्रम में है कि उसके तमाम सदस्य महात्मा हैं। मैं बताना चाहता हूँ कि कोई भी प्रेस का आदमी या प्रकाशन संस्थान कम से कम मौजूदा सरकार को समर्थन देने के मामले में देवीलाल का स्थानापन्न नहीं हो सकता।

**देवीलाल के प्रधानमंत्री को लिखे पत्र व देवीलाल व इंडियन एक्सप्रेस समूह के मध्य मचे घमासान पर आपकी क्या राय है ?**

इंडियन एक्सप्रेस ने इस बारे में जो घृणित रवैया अपनाया है और जिस प्रकार की रिपोर्टें छापी जा रही हैं, वे तो किसी प्रकार की प्रतिक्रिया के काबिल भी नहीं हैं। पत्र के बारे में तो देवीलाल ही बेहतर बता सकते हैं।

**इसके पहले संसद में आपके फोन टेपिंग के मुद्दे पर भी जबर्दस्त विवाद उठा था। आपने सीबीआई से सहयोग न करने का निर्णय क्यों लिया ?**

गुप्तचर विभाग जो फोन टेप करता है, उसकी जाँच का काम सीबीआई करे, यह इसी देश में संभव है। मैं ऐसे पाखंड का अंग नहीं बनना चाहता।

**अब मामला विशेषाधिकार समिति को सौंप दिया गया है। क्या इससे समस्या का कुछ हल**

**निकलेगा ?**

मुझे परवाह नहीं, यह मुद्दा कहाँ जाता है और इसका क्या बनता है ? मैंने न तो विशेषाधिकार समिति और न ही सीबीआई से जाँच की माँग की थी। जो जिसके मन में आ रहा है, कर रहा है। मेरा इससे कुछ लेना-देना नहीं।

**जनता दल अध्यक्ष के चुनाव में आपके सुझाव क्या हैं ?**

मुझे किसी भी नाम पर आपत्ति नहीं। चाहे जो भी चुना जाए, मुझे मान्य है।

*माया, 15 जून, 1990*

# बिना परिवर्तन सुधार संभव नहीं

*उदयन शर्मा की बातचीत*

**सरकार आंदोलनकारी बच्चों के साथ जिस निर्दयता से पेश आ रही है, उसकी वजह क्या है ?**

जब यह आंदोलन शुरू हुआ, तभी सरकार को बातचीत का रास्ता अख्तियार करना चाहिए था। इतने विलंब से आधे मन से बातचीत की बात शुरू हुई। विद्यार्थियों ने जो रुख अपनाया है, उससे स्पष्ट है कि उनके मन में घोर निराशा है। सरकार के प्रति क्षोभ भी है। जिस अमानवीय तरीके से इस आंदोलन के साथ बर्ताव किया गया है, उससे यह मन बना है।

**एक केंद्रीय मंत्री ने कल मुझसे कहा कि आंदोलन कहाँ है, पचास-सौ लड़के हैं, वे ऊधम कर रहे हैं। दो-तीन डंडा पड़ेगा, ठीक हो जाएँगे, इस मानसिकता का क्या जवाब है ?**

इस सरकार में अगर इस तरह के गैरजिम्मेदार मंत्री न होते, तो आंदोलन इस रूप में न पहुँचता। अक्सर अपने पूर्वग्रहों के कारण हम सत्य स्वीकारने को तैयार नहीं होते, जिस किसी मंत्री ने यह बात कही, वह पूर्वग्रह से ग्रस्त है। पचास हों या पाँच, अगर एक भी लड़का अपनी जान देने को तैयार है, जलकर मरने को तैयार है, तो पचास लोग भी देश और समाज के लिए बहुत बड़ी समस्या खड़ी कर सकते हैं।

**आरक्षण तमिलनाडु और कर्नाटक में पहले से है। यू.पी. में पिछले साल करीब 18 फीसदी किया नारायण दत्त तिवारी ने। पिछले 40-42 सालों में आरक्षण के विरुद्ध समाज में हिंसक प्रतिक्रिया कभी नहीं हुई। इस बार ऐसा क्यों हुआ ?**

मैं फिर कहता हूँ कि लोग रिजर्वेशन या पिछड़ों के उत्थान के खिलाफ नहीं हैं। जिस प्रकार से रिजर्वेशन किया गया और रिजर्वेशन करने के पीछे सरकार की जो षड्यंत्रकारी मंशा थी, उससे लोग अवगत हो गए हैं। इस रिजर्वेशन का ऐलान समाज बदलने के लिए नहीं, क्षुद्र राजनीतिक कारणों की वजह से किया गया। यह वजह थी पार्टी का अंदरूनी मामला। अगर यही रिजर्वेशन शालीनता से किया जाता, तो मुझे नहीं लगता कि लोगों को इतनी आपत्ति होती। सरकार नौकरियों में आरक्षण दे रही है, वे नौकरियाँ हैं कहाँ ? न किसी को कुछ मिल रहा है, न कोई कुछ खो रहा है। लेकिन लोगों के मन में अपमान की भावना घर कर गई है। इसी वजह से आंदोलन को इतना बल मिला है। अगर समाज के पिछड़े वर्गों को कोई सुविधा देनी है, तो सुविधा देने के लिए कोई प्रस्ताव रखते हैं, और उसकी भाषा किसी विजयी या दिग्विजयी की भाषा नहीं हो सकती है। उसकी भाषा एक विनम्र प्रयास की भाषा होनी चाहिए। जिस तरह से घोषणा की गई, उसमें घोषणा और उसकी भाषा में

कोई तारतम्य नहीं था। इससे लोगों के मन में यह धारणा बैठ गई कि सरकार ने विश्वासघात किया है।

**लेकिन रोज सुबह अखबारों–टी.वी. में प्रधानमंत्री और उनके मंत्रियों के भड़कानेवाले बयान देखने-पढ़ने को मिलते हैं कि लड़के बात करें, पर हम मंडल आयोग पर एक इंच पीछे नहीं खिसकेंगे। ऐसे सौहार्द का वातावरण कैसे बनेगा ?**

मैं नहीं समझ पा रहा कि ऐसे बयान क्यों दिए जा रहे हैं। सरकार जो भी करना चाहती है, उसे करने की सुविधा और पूरा अवसर उसके पास है। वह करे, पर करने का आभास देकर लोगों को चिढ़ाने की क्या आवश्यकता है ? दरअसल छोटे दिलों के लोग बड़े पदों पर बैठे हैं, इनमें आत्मविश्वास की कमी है। तुलसीदास की एक चौपाई है–'सूर समर करनी करहि कहि जनावे आप, विद्य माँगरण पाय के काँयर करे प्रलाप'। यह प्रलाप आत्मविश्वास का द्योतक है। सरकार कोई काम करे, पर उसकी उद्घोषणा इस लहजे में करे कि लोग चिढ़ें या उनमें कुंठा पैदा हो, तो यह गलत है। फिर हमें यह नहीं भूलना चाहिए कि जब कभी अराजकता की स्थिति होती है, उसमें नुकसान गरीब और पिछड़े तबके का होता है। गरीब को लाभ तभी मिलता है, जब समाज में स्थिरता हो। अगर ये लोग किसी खूनी क्रांति की कल्पना करते हों, तो मुझे कुछ नहीं कहना; पर प्रजातांत्रिक पद्धति में काम सहमति से होते हैं, तनाव पैदा करके नहीं।

**अगर आप पर लड़कों से बात करने की जिम्मेदारी होती, तो आप कैसे बात करते ?**

यह अजीब-सी बात है। बात करने के लिए मामले को इस संगीन हाल तक पहुँचने ही नहीं देना चाहिए। अगर मैं भी उन्हीं परिस्थितियों में होऊँ, जिसमें आज ये हैं, तो मेरे लिए भी लड़कों से बात करना मुश्किल होगा। बात करना इस पर बहुत निर्भर करता है कि मेरे बारे में लड़कों की क्या राय है और लड़कों के प्रति मेरी क्या भावना है। बातचीत करने के लिए षड्यंत्रकारी रणनीति की नहीं वरन् भावनाओं की जरूरत होती है।

**अयोध्या के मामले पर आपका सौ फीसदी समर्थन मुलायम सिंह यादव को है। पर आपने पिछले दिनों भाजपा को भी बातचीत के लिए मना लिया। यह कैसे संभव हुआ ?**

राजनीति में सब संभव है, अगर आप अपनी बात बिना किसी दुराव के कहने को तैयार हों। मैंने सबसे यही कहा कि दो बातें हैं–पहली बात हमारा यही प्रयास होना चाहिए कि सबको समझा-बुझाकर सहमति के आधार पर इस समस्या का हल निकालें। दूसरी बात है कि सरकार या किसी मुख्यमंत्री का कर्त्तव्य क्या है ? सरकार को कहीं समझौते की बात से चलना पड़ता है, तो कहीं प्रशासनिक कड़ाई भी बरतनी पड़ती है। मैंने सभी से यह कहा कि मुलायम सिंह यादव एक मुख्यमंत्री हैं। अगर वे कानून-व्यवस्था कायम रखने के लिए मुख्यमंत्री के कर्त्तव्य का निर्वाह करते हैं, तो इसमें किसी को आपत्ति नहीं होनी चाहिए। अगर आप उन्हें सहयोग नहीं दे सकते, तो वितृष्णा भी नहीं होनी चाहिए।

मुलायम सिंह भी इस राय के हैं कि बातचीत से मामला सुलझे। हममें से कोई यह नहीं कहता कि अयोध्या में मंदिर नहीं बनेगा। लेकिन मेरा और मुलायम सिंह का सिर्फ यह कहना

है कि मंदिर बनाने के लिए मसजिद गिराना जरूरी नहीं है। अगर कोई मसजिद गिराने की बात बिना दूसरे पक्ष की सहमति के करता है, तो वह समाज में तनाव पैदा करने की बात करता है। प्रत्येक राज्य सरकार का कर्त्तव्य है कि कोई किसी दूसरे की संपत्ति या अधिकार क्षेत्र में हस्तक्षेप न करे। सरकार नागरिकों को संरक्षण देने के कार्य से अलग कैसे हो सकती है ? मेरे खयाल से भाजपा भी इस अंतर को समझती है। चूँकि मुलायम सिंह उनकी बात से सहमत नहीं हैं, इसलिए वे मुख्यमंत्री पद के दायित्व का निर्वाह भी न करें! मुलायम सिंह ने भाजपा के नेताओं का अनादर कभी नहीं किया है। व्यक्तिगत सम्मान को रखते हुए अगर लोगों से बात की जाए, तो सहयोग का रास्ता हमेशा निकलता है, चाहे राजनीतिक सवालों पर कितने ही मतभेद हों।

**लेकिन आभास यह होता है कि आप और मुलायम सिंह इस प्रश्न पर 'गेंग अप' कर गए हैं। ऐसा क्यों है ?**

गेंग अप करने का कोई सवाल नहीं है। अयोध्या के सवाल पर मेरी और मुलायम सिंह की राय एक है, यह सही है। वी.पी. सिंह की राय क्या है, यह मैं नहीं जानता, पर हमसे अलग राय अभिव्यक्त तो उन्होंने की नहीं है। यह कोई जरूरी नहीं है कि मेरी और मुलायम सिंह की सब बातों पर राय एक होती है। हमारा-उनका पुराना परिचय है।

**राष्ट्रीय एकता परिषद की उपसमिति में आपने किन बातों पर सभी पक्षों में एक राय बनाई थी ?**

एक बात यह थी कि अदालत के फैसले को 'एक्सपीडाइट' करें और उसका सब लोग आदर करें। आदर करने में और मान लेने में फर्क है। भाजपा ने यह कभी नहीं कहा कि हम अदालत के फैसले का आदर नहीं करेंगे। लेकिन उन्होंने यह जरूर कहा था कि कुछ बातें हैं, जिन बातों को पार्टी के लोगों से मनवाने में मुश्किल आती है, क्योंकि धार्मिक मामलों पर लोगों की भावनाएँ उलझी होती हैं। कभी-कभी लोग तार्किक बातें नहीं मानते हैं। मैंने कहा कि इसी में आपको अपने प्रभाव का प्रयोग करना है। लेकिन वे कहते थे कि प्रभाव का प्रयोग करने के बावजूद वे कितनी दूर तक मनवा सकते हैं, कह नहीं सकते। मैंने उनकी बात उचित मानी। मेरा मानना था कि इस प्रयास का अगर प्रचार हो गया, तो ये लोग अपने प्रभाव का इस्तेमाल नहीं कर सकेंगे, पर मकसद को खत्म करने के लिए शब्दों के हेर-फेर को गलत तरह से पेश करके समिति के सभी लोगों के प्रयास पर पानी फेर दिया।

**पर यह बात लीक हुई क्यों ?**

इसका जवाब सरकार को देना है, मुझे नहीं। मुझे लगता है कि इस सरकार में बहुत-से ऐसे लोग हैं, जो समाचारपत्रों में शोहरत पाने के ज्यादा उत्सुक हैं। वे समस्या के समाधान में रुचि नहीं रखते हैं। वे नहीं जानते कि प्रचार सुख क्षणिक सुखदायी होता है। अपनी प्रशंसा सुनने में हर आदमी को सुख का अनुभव होता है; पर इस मानसिकता से राष्ट्रीय समस्याओं का समाधान नहीं होता है।

**कश्मीर के मामले में आपकी एक अलग राय रही है। जनता दल सिर्फ यह कह रहा है कि कांग्रेस ने हालात बिगाड़े। अगर ऐसा है, तो नौ महीनों में हालात और कैसे बिगड़े ?**

पहला उसूल यह ध्यान में रखिए कि राष्ट्र के किसी भी अंचल की समस्या का समाधान तब तक नहीं खोजा जा सकता, जब तक कि वहाँ की जनता को इस प्रयास से न जोड़ा जाए। अगर सौ फीसदी न भी हो तो दस, बीस या पच्चीस फीसदी लोग अवश्य जुड़ने चाहिए। कश्मीर में हमने ऐसी नीति अपनाई कि वहाँ पर जो लोग इस काम में हमारा साथ देनेवाले हो सकते थे, उन्हीं को हमने अलग-थलग कर दिया। फारूख अब्दुल्ला कैसे भी थे, क्या उनकी राजनीति थी, मैं इस विवाद में नहीं पड़ना चाहता। पर फारूख अब्दुल्ला भारत के साथ जुड़े हुए थे और इस बात को वे जोरदारी से कहते थे। राजीव गांधी और फारूख अब्दुल्ला ने बहुत गलतियाँ की होंगी, लेकिन इनके साथ घाटी के 30 प्रतिशत लोग तो ऐसे थे, जो कहते थे कि हम भारत के अभिन्न अंग हैं। फारूख का अपमान करके आपने इन 30 फीसदी की जुबान बंद कर दी, जो खुल्लमखुल्ला आपके साथ थे।

मैं यह नहीं कहता कि सरकार हमेशा समझौता ही करे। जब आप प्रशासन चलाते हैं, तो कभी-कभी राज्य को दमन की शक्तियों का इस्तेमाल भी करना पड़ता है। कभी-कभी युद्ध भी करने पड़ते हैं। मैंने शुरू में ही कहा था कि कश्मीर घाटी में फौज का इस्तेमाल भी करना पड़े, तो करिए, पर फारूख अब्दुल्ला से कराइए। क्योंकि मुफ्ती साहब के जरिए यह काम आत्मघाती होगा। हम दुनिया-भर में कहते थे कि कश्मीर में चुनी सरकार है। इतने सालों बाद हमें ध्यान आया कि यह सरकार गलत तरीकों से चुनी गई थी। यह मेरी राय में गलत है। अब कहते हैं कि मात्र मोरारजी भाई के जमाने में कश्मीर घाटी में सही चुनाव हुआ, तो उसमें दस फीसदी योगदान तो मेरा भी था। तब जीता कौन था और उस सही चुनाव के विरोधी आज कहाँ हैं ? मगर जो लोग फारूख अब्दुल्ला पर आरोप लगाकर कहते हैं कि राजीव गांधी के समय गलत चुनाव हुआ, वे उस तथाकथित गलत चुनाव के समय राजीव गांधी के साथ सौ फीसदी थे। इन्हें अब याद आया है ?

शासन चलानेवालों को एक बात याद रखनी चाहिए कि पुरानी सरकार की गलतियों के नाम पर अपनी निष्क्रियता छिपाना कोई राजनीति नहीं है। जो राजा पुराने राजा की कमजोरियों पर स्वयं को जीवित रखना चाहता है, वह कभी राष्ट्र का भला नहीं कर सकता। अगर राजीव गांधी की सरकार ने गलतियाँ न की होतीं, तो जनता हमें शासन क्यों सौंपती ? हमें इन गलतियों को सुधारने के लिए हुकूमत मिली थी। इन गलतियों का मंत्रोच्चार कब तक करते रहेंगे ?

**आप लोगों को जोड़ने की बात करते हैं, पर कश्मीर घाटी में तो स्थानीय प्रशासन की शासन में से भागीदारी ही खत्म की जा रही है ?**

जब हम गलत राह पकड़ लेते हैं, तो वह हमें अभीष्ट से और दूर ले जाती है। यह सरकार बियाबान में भटका ऐसा मुसाफिर है, जो अपनी मंजिल से दूर होता जा रहा है। मैं यह नहीं मानता कि कश्मीर के लोगों को अभी समझाया-बुझाया नहीं जा सकता।

**जब आपकी पार्टी की सरकार बनी थी, तब पंजाब के बारे में आप लोगों ने यही तर्क दिए**

**थे। पर जिस तरह इन नौ महीनों में वहाँ हत्याएँ हुईं, वैसी कभी नहीं हुई फिर ?**

पंजाब ! हमसे न पूछिए। जब सरकार बदलती है, तो नई से लोगों को अपेक्षाएँ होती हैं। पंजाब के लोगों ने हमारी सरकार आने पर सोचा था कि कोई नई राह पकड़ी जाएगी। नई सरकार के सामने राजीव गांधी की तरह कोई ऐसी विरासत नहीं थी, जिससे झिझकना पड़े। लेकिन हुआ क्या कि हमने वहाँ बेहद जल्दी दिखाई। भावनात्मक भाषणों और कविताओं से समस्याएँ हल नहीं होतीं।

पंजाब के बारे में अखबारों ने लिखा कि अब हल निकलनेवाला है, क्योंकि चुनावी भाषणों में हम हर समस्या का हल 15 या 30 दिनों में करने का वायदा कर रहे थे। हमने क्या किया ? चुनाव में जो बात लोगों को आकर्षित करने के लिए कही गई, थोड़े दिनों बाद उसी पर विश्वास करने लगे। जो चुनावी भाषण हुकूमत में आने के बाद किसी अर्थ के नहीं रह गए थे, हम उन्हीं को दोहराकर गलत रास्ते पर चले गए। अच्छा या बुरा जैसा भी था, राजीव गांधी ने पंजाब में एक शासनतंत्र बनाया था। जब तक हम नया तंत्र न बना लेते, हमें इसी ढाँचे से प्रशासन चलाना था। तब उस ढाँचे का मखौल उड़ाना या उसकी निंदा करना अक्लमंदी की बात नहीं थी। इस बेवकूफी का परिणाम यह हुआ कि इस प्रशासनतंत्र में जो अधिकारी थे, उनके हाथ-पाँव फूल गए। उन्होंने काम करना बंद कर दिया। दूसरी तरफ सिमरनजीत सिंह मान को एकदम चढ़ाकर उम्मीदें बाँध दीं। हमारे प्रधानमंत्री उनसे मिलने लगे। तसवीरें छपने लगीं। प्रधानमंत्री के प्रिय अखबार छापने लगे कि बस, कल समझौता हो जाएगा। यह देख प्रशासन ने समझा कि जब मान ही मुख्यमंत्री बननेवाले हैं, तो इनको ज्यादा महत्त्व दो। प्रधानमंत्री और मान में बातें हुईं और अब मान कहते हैं कि उनके साथ किए गए वायदे पूरे नहीं हुए हैं, इस पर लड़के मान पर शक करने लगे। वे घबड़ाकर वही भाषा बोलने लगे, जो भाषा ये लड़के उनसे बुलवाना चाहते थे। यानी हमने प्रशासन को निकम्मा कर दिया और मान की प्रतिष्ठा लड़कों में खत्म करा दी। अब हालत यह है कि प्रकाश सिंह बादल हमारे साथ हैं पर बात चलती है कि अमरिंदर सिंह को मुख्यमंत्री बना दो, तो कभी चरचा चलती है कि भंग विधानसभा कैसे पुनर्जीवित हो यानी बिना सोचे-समझे गैरजिम्मेदारी की बातें। यह सरकार केवल प्रचार-माध्यमों से नई आशाएँ जगाना चाहती है। इसी से लोगों में वितृष्णा बढ़ती है। पंजाब और कश्मीर में हम यही कर रहे हैं। बार-बार राज्यपाल बदलते हैं। हर समय राज्यपालों को भेजना, फिर वापस बुलाना, इससे संकल्पहीनता जाहिर होती है। हमें शासन चलाना होगा। अगर बातचीत से सुलझ जाए, तो बातचीत का रास्ता। अनिवार्य हो जाए, तो कठोर निर्णय लेने चाहिए। जब कठोर निर्णय का समय आता है, तो प्रधानमंत्री झिझक जाते हैं। जब बातचीत का समय आता है, तब अनावश्यक-अनर्गल प्रलाप करके लोगों के मन में शंका पैदा कर देते हैं।

**लेकिन असम में उल्फा के लोग पैसा वसूली के वक्त सरकारी अधिकारियों के नाम देते हैं कि पैसा किसके पास जमा करें। राजस्थान के मुख्यमंत्री ने ऐसी घटनाओं की पूरी सूची दी है पर आपकी पार्टी की सरकार यहाँ एकदम चुप क्यों है ?**

क्या कहूँ! मेरी राय स्पष्ट है। मैं बहुत पहले इस बारे में गृहमंत्री और प्रधानमंत्री को आगाह कर चुका हूँ। निर्णय तो उन्हीं लोगों को लेना है। स्थिति गंभीर है। भारत सरकार

और असम सरकार को तत्काल निर्णय लेने होंगे। जहाँ तक मेरी राय है, मैं समय-समय पर अपनी सरकार को बताता रहा हूँ। अब वे इसे कहाँ तक उपयोगी समझते हैं, वे ही जानें।

**आपके विरुद्ध एक आम चर्चा है कि आप प्रधानमंत्री बनना चाहते हैं। क्या यह सच है ?**

मैंने ऐसी इच्छा तो किसी से व्यक्त की नहीं है कि मैं प्रधानमंत्री बनना चाहता हूँ; पर राजनीति में रहकर कोई कहे कि अगर मैं प्रधानमंत्री बनूँगा, तो देश की सेवा करूंगा, इसमें क्या हर्ज है।

**अगर कभी गंभीर हालात में राष्ट्रपति आपको सरकार बनाने का निमंत्रण दें, तो स्वीकार करेंगे ?**

यह 'हाइपोथेटिकल' सवाल है। इसका जवाब यही है, तभी इसका उत्तर मिल सकता है। पर जनता दल के जो लोग यह प्रचार कर रहे हैं कि मैं प्रधानमंत्री बनना चाहता हूँ, अपने भय और शंका के कारण कर रहे हैं। इसलिए ये लोग मुझसे सशंकित न हों पर ये लोग यह भी जान लें कि यह देश बिना प्रधानमंत्री के रहेगा, यह भी गलत है। कोई न कोई प्रधानमंत्री तो बनेगा ही।

**आप प्रधानमंत्री बनें या न बनें, पर क्या दिल्ली में थोड़ा परिवर्तन आवश्यक नहीं है ?**

दिल्ली में परिवर्तन थोड़ा नहीं, बहुत आवश्यक है। अब बहुत बड़ा परिवर्तन किए बिना देश की स्थिति को सँभाला नहीं जा सकता है। यह परिवर्तन किस दिशा में हो और कैसे हो, यह बहस का मामला हो सकता है। अब बिना परिवर्तन के कोई सुधार होना संभव नहीं है।

**1974 में जब कांग्रेस की हालत खराब थी, तब आप कांग्रेस में थे। तब श्रीमती गांधी को आप आगाह करते थे। 1990 में स्थिति ज्यादा खराब है। दोनों स्थितियों में क्या अंतर महसूस करते हैं ?**

अंतर यह है कि इंदिरा गांधी के खराब स्थिति में होने के बावजूद, सरकार बिगड़ी होने के बावजूद, वह सरकार ऐसी थी कि मेरे बोलने के बाद भी चल सकती थी। उसमें इतना स्थायित्व था। आज की सरकार में यह बिलकुल नहीं है। मैं इसलिए चुप रहता हूँ कि मेरे बोलने पर यह सरकार चल नहीं सकती है। सत्य झेलने का इस सरकार में माद्दा नहीं है। जब मैं श्रीमती गांधी के सामने बोल सकता था, तो अब न बोलना कोई कमजोरी नहीं है। मैं संकोचवश नहीं बोल रहा हूँ। मेरा बोलना परिस्थितियों को और खराब करना होगा। श्रीमती गांधी की उस सरकार और इस सरकार में कोई तुलना नहीं है। उस सरकार की आलोचना करके उसमें सुधार की कोशिश की जा सकती थी, इस सरकार की आलोचना करके इसे पंगु बनाया जा सकता है।

**क्या इस सरकार में सुधार की कोई संभावना नहीं है ?**

मुझे वर्तमान सरकार में सुधार की कोई संभावना नहीं दीखती।

**1989 में लोकसभा चुनाव के बाद आप वी.पी. सिंह के प्रधानमंत्री बनने के विरुद्ध क्यों थे ? क्या आप इसी कारण नेता पद का चुनाव लड़ना चाहते थे ?**

मैं नेता पद का चुनाव इसलिए लड़ना चाहता था क्योंकि मैं एक खास व्यक्ति को नेता बनाए जाने को पार्टी के हित में नहीं मानता था। नतीजे सामने हैं। हो सकता है, मैं हार जाता, पर मेरे चुनाव लड़ने से ये लोग भयभीत क्यों थे ? देखिए, मैं जिसे अपना नेता नहीं मानता, उसे 'सिंबोलिक' विरोध प्रदान करना मेरा राजनीतिक धर्म था। हो सकता है, आप कहें, यह तो खुद को धोखा देना है पर बात यह नहीं है। कम से कम भविष्य में मुझ पर यह आरोप तो नहीं लगेगा कि मैंने उनका तब समर्थन किया था और अब समर्थन नहीं करता। इसीलिए मैं देवीलाल के नाम के लिए चुनाव न लड़ने पर सहमत हो गया था। मैं देवीलाल को विश्वनाथ प्रताप सिंह से बेहतर व्यक्ति मानता हूँ। मैं आज भी मानता हूँ कि देवीलाल इस सीमित पसंद में (यानी वी.पी. और देवीलाल के बीच) बेहतर प्रधानमंत्री साबित होते। यह ठीक है कि वे ज्यादा पढ़े-लिखे नहीं हैं। वे आभिजात्य वर्ग के नहीं हैं। पर इस आदमी का राजनीतिक जीवन संघर्षों से भरा पड़ा है। यह भी ठीक है कि उनमें स्थायित्व नहीं है, पर उनका राजनीतिक जीवन अच्छे कामों के लिए किए संघर्षों का है। लोग मुझसे बार-बार पूछते हैं कि वी.पी. सिंह के विरोध का कारण पूछने पर मैं चुप रह जाता हूँ कि मैं देवीलाल को बेहतर कैसे मानता हूँ ? मेरा सिर्फ यही कहना है कि देवीलाल जैसे भी हों, अगर वे प्रधानमंत्री होते, तो आज यह दुर्गति न बनती। मेरा राजनीति में न तो किसी से व्यक्तिगत द्वेष है और न ही प्रेम।

**अब आप विश्वनाथ प्रताप सिंह को प्रधानमंत्री के रूप में कैसे आँकते हैं ?**

मैं जिस तरह विश्वनाथ प्रताप सिंह को आँकूँगा, वह असलियत के नजदीक नहीं होगा। या तो मैं उनको अपनी अवधारणा के आधार पर आँकूँगा या पार्टी का आदमी होने के कारण उनकी प्रशंसा करूँगा। दोनों सत्य से परे होंगे। किसी प्रधानमंत्री को आँकने के लिए उसके प्रति जनमत का क्या रुख है, उस पर जाना होगा। प्रधानमंत्रीजी के बारे में आज उन विद्यार्थियों का क्या रुख है, जो उन्हें कंधों पर बैठाकर दिल्ली यूनिवर्सिटी में घुमाते थे ? उनके बारे में अखबारवालों की आज क्या धारणा है, जो उनको नया मसीहा और फकीर मानते थे ? उनके बारे में भारतीय जनता पार्टी का क्या रुख है, जो उन्हें देश का मसीहा मानती थी ? आज उनके बारे में वामपंथी पार्टियों की क्या राय है, जो उनके 'नेचुरल एलाई' थे ? देश के बुद्धिजीवियों की, अध्यापकों की आज क्या राय है और गरीब तबके के लोग आज उनसे कितना सम्मोहित हैं ? आकलन इन लोगों से पूछकर लगाइए और उसी के आधार पर आप वास्तविकता के नजदीक होंगे और उसी को मेरा आकलन भी मान लीजिए। पर मेरी राय से आकलन मत करिए।

**बोफोर्स और फोन टेपिंग...आपकी पार्टी ने चुनाव के समय बोफोर्स का काफी हल्ला किया था। वी.पी. सिंह ने तो 15 से 30 दिनों तक में सब कुछ करने का वायदा किया था। इसका क्या हुआ ?**

बोफोर्स की चर्चा मैंने न तब की थी, न आज करता हूँ। चुनाव से पहले जब इसकी

बहुत चर्चा थी, तब मैंने कहा था कि भ्रष्टाचार एक समस्या है पर यह कोई आसमान से नहीं टपका है। भ्रष्टाचार सामाजिक व्यवस्था की देन है। सामाजिक व्यवस्था को बदले बिना भ्रष्टाचार को आप नहीं हटा सकते। यह आश्चर्य भारत जैसे देश में ही संभव है कि सरकार का एक मंत्री अचानक कहने लगे कि प्रधानमंत्री भ्रष्ट था और जनता इस पर तालियाँ बजाने लगे। दुनिया के किसी भी देश में जहाँ संसदीय लोकतंत्र है, कोई इस बात को स्वीकार नहीं करता। जिन लोगों ने बोफोर्स को देश की राजनीति का मुद्दा बनाया था, यह सवाल उनसे पूछा जाना चाहिए। इसके बारे में उत्तर या तो मुफ्ती साहब दे सकते हैं, जिनके पास सीबीआई है या प्रधानमंत्री जी दे सकते हैं, क्योंकि इस विषय में वे ही सबसे ज्यादा जानते हैं। मैंने तो प्रारंभ से ही इस बारे में जानने की कोई कोशिश नहीं की थी, क्योंकि मैं जानता था कि ये मृग मरीचिका है, जिसके पीछे लोग भ्रमित होकर दौड़ रहे हैं। अगर ऐसा नहीं था तो लोगों को भ्रमित करके दौड़ रहे थे।

**क्या आपका फोन अभी भी टेप होता है ?**

मुझे नहीं मालूम, पर दो बातें मैं कह सकता हूँ जो आरोप मैंने पहले फोन टेपिंग का लगाया था, वह सौ फीसदी सच था और दूसरा यह कि आपके सामने ही एक सीनियर अफसर का फोन आया है कि आपका ग्यारह बजे से मेरे यहाँ हाई फ्रीक्वैंसी फोन टेपिंग शुरू हो रहा है।

*संडे आब्जर्वर, 30 सितंबर, 1990*

# अब खामोश रहना देश की मर्यादा-भविष्य के लिए ठीक नहीं होगा

*हरिवंश की बातचीत*

**श्रीमती इंदिरा गांधी 'गरीबी हटाओ' के मुद्दे पर 1971 में चुनाव जीतीं। जब वह गरीबी उन्मूलन के रास्ते से हटने लगीं, तो आपने खुले रूप से उनका विरोध किया। आज आपका दल राज कर रहा है, पर जिन चुनावी वायदों, आर्थिक आश्वासन के बल वह सत्तारूढ़ हुआ, वे अधूरे हैं, पर आप मुखर होकर अपने दल द्वारा दिए गए आश्वासनों को पूरा करने के लिए कुछ कर नहीं रहे हैं, क्यों ?**

वह युग दूसरा था। श्रीमती इंदिरा गांधी में आत्मविश्वास था। वह देश की समस्याएँ समझती थीं, अपने तरीके से वह उनका समाधान भी करना चाहती थीं। मुझे यह कहने में कोई संकोच नहीं कि जहाँ तक समस्याओं की समझदारी का सवाल था, श्रीमती गांधी गिने-चुने नेताओं में से एक थीं। इंदिरा गांधी में एक ही कमजोरी थी। वह सत्ता को अपने हाथ में रखना चाहती थीं। जितनी सत्ता उनके हाथ में थी, शायद वह उससे संतुष्ट नहीं थीं, शायद सत्ता पर एकाधिकार की बात उनके मन में बसी हुई थी। मेरी दृष्टि से इस कारण वह राजनीति में गलत रास्ते पर चली गईं।

आज परिस्थिति बिलकुल भिन्न है। समस्याएँ बिलकुल जटिल हैं। गलतियाँ पिछले कई वर्षों में हुई हैं, उनसे पेचीदगी बढ़ी है। उन पेचीदा सवालों को हल करने के लिए जो समझदारी चाहिए, उसका सर्वथा अभाव दिखाई पड़ता है। जो आज सत्ता में हैं, उनको उसका कोई वास्तविक ज्ञान नहीं। समस्याओं से उलझकर उनका समाधान ढूँढ़ने के बजाय समस्याओं से दूर हटने की कोशिश हो रही है। इसके लिए ऐसे तरीके अपनाए जाते हैं, जो नई समस्याएँ पैदा कर देते हैं। मेरे लिए कठिनाई यह हो जाती है कि ऐसे समय में विरोध किस बात का करें ? विरोध या समर्थन तो तब होता है, जब समस्या से ऊपर उठकर कोई बात करे-कहे या कदम उठाए। एक समस्या से मुँह छिपाने के लिए दूसरी समस्या खड़ा करनेवालों का न तो विरोध संभव है, न समर्थन, क्योंकि वे जिस पद पर हैं, वहाँ से यह काम भली भाँति कर भी सकते हैं। हम तो सलाह ही दे सकते हैं कि गलत रास्ते पर न जाओ, उतना काम मैं कर रहा हूँ। लेकिन सारा ढाँचा इतना कमजोर हो गया है कि लगता है, हमारे जैसे व्यक्ति अगर खुलकर विरोध करने लगें, तो जो कुछ है, कहीं वह भी टूट न जाए। इस कारण जो भी संकोच है, वह इसी कारण है।

व्यक्तित्व में न स्थिरता है (जो सत्ता में है), न समस्याओं की समझदारी है, न किसी जटिल समस्या का समाधान करने की क्षमता है, न किसी चुनौती के सामने कुछ समय तक

खड़ा रहने का सामर्थ्य ही है। ऐसे समय में मैं उहापोह में हूँ, यह बात सही है।

**इस उहापोह के कारण ही विभिन्न मुद्दों पर आप चुप हैं ?**

नहीं, मैं चुप नहीं हूँ। मैं अपनी बातें कहता रहता हूँ। मैं उसी पार्टी में हूँ, जिस पार्टी की सरकार है। पार्टी के अपने दायरे के अंदर अपनी बातें कहते रहता हूँ। पर लगता है कि एक समय ऐसा आ जाएगा (शायद आ गया), जब इन बातों को मुझे खास रूप से जनता के सामने कहना पड़ेगा। अब तक मैं संकोच करता रहा हूँ, पर बहुत दिनों तक खामोश रहना देश के भविष्य व मर्यादा के लिए सही नहीं होगा।

**हाल में जनता दल के कुछ वरिष्ठ सांसदों ने नेतृत्व परिवर्तन की माँग की है। दिल्ली में ऐसा कहा जा रहा है कि इसके पीछे आपका व देवीलालजी का वरदहस्त है ?**

मैं नहीं जानता, यह क्यों और कैसे कहा जा रहा है। मैं इतना जानता हूँ कि राजनीति में जो बातें मैं कहता-करता हूँ, उन्हें छिपाता नहीं। आज से कुछ पहले से ही लोगों के मन में गुस्सा था, रोष था, एक असंतोष था। उस असंतोष को व्यक्त करने के लिए लोग बार-बार अपनी बातें कहने का प्रयास करते थे। मुझसे भी कहते थे, मैंने बार-बार उन्हें मना किया, कहा कि धीरज रखिए, शायद लोग सही रास्ते पर आ जाएँ। यह बात सही है कि पिछले एक-डेढ़ महीने से मैंने लोगों को मना करना बंद कर दिया है। कुछ करने को नहीं कहा है। लेकिन पहले जो लोग कुछ करना चाहते थे, उनको रोकता था, अब किसी को मैं रोकता नहीं हूँ। मैं यह नहीं चाहता कि जिस कमजोरी का शिकार मैं हूँ, उस कमजोरी का शिकार दूसरे भी बने रहें।

**आरक्षण के सवाल पर दोनों पक्षों से उत्तेजक बयान आ रहे हैं, इस पर आपका क्या कहना है ?**

आपने ऐसा सवाल उठाया, जिसके बारे में निर्णय करना मुश्किल होता है। आप जानते हैं कि मैं आरक्षण का समर्थक हूँ। आज से नहीं, पिछले कई दशकों से मैंने यह बात बार-बार कही है कि हमारे देश का दुर्भाग्य है कि यहाँ जाति-प्रथा है। कुछ जातियाँ पिछड़ी हैं, वही गरीब भी हैं। 40 वर्षों में हम कोई बहुत अंतर नहीं ला पाए हैं, इन लोगों के जीवन में। इसलिए जाति के आधार पर आरक्षण पूरी तरह समाप्त कर दिया जाए, इसका समर्थक मैं नहीं हूँ। लेकिन यह भी सही है कि इस देश में जिस तरह से विकास हुआ है, उससे कुछ ऐसी जातियाँ, जिन्हें अगड़ी जातियाँ कहते हैं, उनमें भी गरीब लोग हैं। इसलिए मैंने बार-बार कहा है कि आरक्षण ऐसा होना चाहिए, जिसमें जाति और आर्थिक पिछड़ापन दोनों का समन्वय हो। लेकिन वह काम नहीं किया गया। अब बिना सोचे-समझे एक आरक्षण सिद्धांत लागू करने की बात कही गई। लागू नहीं हुआ, उसमें भी सच्चाई, ईमानदारी नहीं दिखाई देती। एक ओर सार्वजनिक सभाओं में इतनी जोर से घोषणा की जाती है, वहीं दूसरी ओर जब उच्चतम न्यायालय इस पर रोक लगाने की कोशिश करता है, तो (सरकारी महाधिवक्ता) चुप रहते हैं। हर व्यक्ति को भ्रम में रखना, किसी व्यामोह में रखना, एक तरीका बन गया है। मुझे समझ में नहीं आता कि इसके बारे में क्या कहें।

**भाजपा की रथयात्रा के बारे में आपकी क्या राय है ?**

कई वर्षों से ये लोग राममंदिर बनाने की बात कह रहे हैं। भाजपा जरा धीमे स्वर में कह रही थी। बजरंग दल और विश्व हिंदू परिषद के लोग जोरों से कह रहे थे। भाजपा का इन्हें मूक समर्थन था। मैं समझता था कि मंदिर बनाने में किसी को विरोध नहीं है। मैं तो केवल इतना कहता हूँ कि बड़ा मंदिर बनाओ, विराट बनाओ, राम के मंदिर के अनुरूप बनाओ, लेकिन मैं यह कभी समझ ही नहीं सकता कि क्या यह राम की मर्यादा के अनुकूल है कि किसी दूसरे धर्म के पूजास्थल को समाप्त करके उसकी जगह मंदिर बनाया जाए। मंदिर बने, मसजिद टूटे नहीं। अगर ऐसा कोई रास्ता निकल जाए, तो सभी लोग एकजुट होकर एक भाव, एक दृष्टि से, एक साथ मिलकर मंदिर बना सकते हैं। ऐसा लगता है कि मंदिर बनाने पर जोर कम है, मसजिद तोड़ने पर बल ज्यादा दिया जा रहा है।

अगर 500 वर्षों के इतिहास को ठीक करने की कोशिश की जाएगी, तो फिर उसका कहीं अंत नहीं होगा। मेरी समझ में इतिहास (पुराने) को बदलने की बात जो करता है, इतिहास कभी उसे माफ नहीं करता है। मंदिर-मसजिद-गुरुद्वारों की परंपराओं को नहीं तोड़ना चाहिए, उनमें राजनीतिक हस्तक्षेप नहीं होना चाहिए, यह बात मैं आज से नहीं, अरसे से कह रहा हूँ। अमृतसर के स्वर्ण मंदिर में फौज ले जाने की बात उठी थी, तब भी मैंने यह बात कही थी। मंदिर बनाने की बात करनेवालों से मेरा नम्र निवेदन है कि मंदिर बनाएँ, भव्य मंदिर बनाएँ, पर मसजिद तोड़कर नहीं।

**जनता दल की सरकार के गठन के समय जो लोग वी.पी. सिंह के बारे में स्पष्ट राय व्यक्त करने के लिए आपको कोसते थे, आज उनकी उम्मीद-भरी निगाहें आप पर हैं। ऐसी स्थिति में देश के लिए आपका सपना क्या है ?**

सपने से कोई बात नहीं बनती। सबसे बड़ी गलती हमारे प्रधानमंत्री की थी कि वह समझते थे कि देश की समस्याओं का समाधान कोई कविता है या सपना। यह एक जीवंत यथार्थ है, वास्तविकता है। यह यथार्थ लोगों की भावनाओं से जुड़ा है। उसको समझे बिना उन समस्याओं का समाधान नहीं ढूँढ़ा जा सकता।

मैं ऐसा समझता हूँ कि देश में एक ही तरीका है और वह तरीका कभी समाप्त नहीं हो सकता। उसमें अजस्र शक्ति है। हम लोग लोगों को समझा-बुझाकर रास्ते पर लाने की कोशिश करें, तो लोग मान भी जाते हैं। आपसी तालमेल सद्‌भावना से भी रास्ता निकाल देते हैं। दुख के साथ मुझे कहना पड़ रहा है कि किसी भी समस्या के बारे में ऐसा प्रयास नहीं किया गया। अगर कहीं हुआ भी, तो उसमें दिखावा ज्यादा था, वास्तविकता कम। इस कारण समस्याएँ उलझती गईं। आज भी अगर लोगों के सामने कठिनाइयाँ रखी जाएँ, उन्हें वस्तुस्थिति बताई जाए, या उन्हें कहा जाए कि इन कठिनाइयों की भागीदारी आपकी भी है, आपको भी इसमें हिस्सेदारी लेनी पड़ेगी, तो मुझे पूरा विश्वास है कि देश के लोग पूरा सहयोग करेंगे। रास्ता निकल आएगा।

**आपकी सरकार के मंत्रियों की कार्यशैली, तामझाम कांग्रेसी सरकार के मंत्रियों से**

**कितनी भिन्न है ?**

सही बात यह है कि मैं समझ ही नहीं पाता कि कौन-सी शैली अपनाई गई है। इस कारण इनकी तुलना कांग्रेस के मंत्रियों से करना मेरे लिए बड़ा कठिन है। लेकिन मुझे लगता है कि सरकार में जिस तरह का नेतृत्व मिल रहा है, उसी आधार पर मंत्रिगण भी काम कर रहे हैं। अपने विभाग के अधिकारियों-कर्मचारियों के साथ तालमेल बैठाने में ही शायद ज्यादा समय जाया होता है। नीतियों के बारे में बहुत कम चर्चाएँ हुई हैं। कोई ऐसा नीतिगत अंतर दिखाई नहीं पड़ता। जब तक नीतिगत अंतर दिखाई नहीं दे, तब तक कार्यशैली में अंतर हो नहीं सकता। जहाँ तक व्यक्तिगत बातें हैं, उनमें मैं नहीं जाना चाहता।

इतना जरूर है कि पुरानी सरकार में राजसत्ता का जो दिखावा था, वह इस नई सरकार के आने पर कम हुआ। लेकिन मुझे दुख के साथ कहना पड़ रहा है कि धीरे-धीरे यह बढ़ रहा है, क्योंकि परिस्थितियाँ वैसे ही बढ़ती जा रही हैं। पहले लोगों का जनता दल के प्रति काफी सद्भाव था, स्नेह था, सहयोग था, विश्वास था। ज्यों-ज्यों परिस्थितियाँ बिगड़ती जा रही हैं, कानून-व्यवस्था की हालत खराब हो रही है। स्वाभाविक है कि मंत्रियों की सुरक्षा के सवाल उठ खड़े हुए हैं। इस कारण वही पुरानी तामझाम, वही पुलिस की दौड़धूप दिखाई पड़ती है, इसलिए लोगों के मन पर इसका बुरा असर पड़ता है।

**अपने राजनीतिक हितों को दरकिनार कर पंजाब और कश्मीर पर आपने निस्संकोच अपनी स्पष्ट राय व्यक्त की। लेकिन पंजाब समस्या के समय आपकी सरकार नहीं थी, अब तो आपकी सरकार है, लेकिन उसने अनसुना क्यों किया ?**

मुझे ऐसा लगता है कि सरकार जब बनी, तो उस समय हमने समस्याओं के मूल में जाने का प्रयास नहीं किया। हम सब कुछ यह सोच-समझकर कहते रहे कि पुरानी सरकार ने गलती की है। पुरानी सरकार के लोग खिलाफ हैं। यह इसलिए कहा जाता रहा कि पुरानी सरकार की आलोचना करने से स्वतः लोगों का सहयोग मिल जाएगा। लेकिन चुनाव जीतने के लिए यह राजनीति ठीक है, देश चलाने के लिए बहुत दूर तक यह राजनीति कारगर नहीं होगी।

आपने कश्मीर का सवाल उठाया। जब कश्मीर में सरकार थी, तब अधिक नहीं तो कम से कम 25-30 फीसदी लोग ऐसे थे, जो फारूक अब्दुल्ला, नेशनल कान्फरेंस, कांग्रेस आदि से जुड़े हुए थे, वे सीधे अपने को भारत से जुड़ा हुआ कहते थे। अब हमारी हालत यह है कि यह कहनेवाला कोई वहाँ मिलेगा, यह कह पाना मुश्किल है। कम से कम आज तो ऐसा कहनेवाला कोई नहीं है। कारण यह है कि हमने जाने-अनजाने वहाँ जो कुछ था, उसे समाप्त कर दिया। नया कुछ बना नहीं सके। जिन लोगों के सहारे बनाने की कोशिश की, वह मूल रूप से गलत बात थी। मैंने यह बात कही थी, पर मेरी बात सुनी नहीं गई। मुझे इसका अफसोस नहीं कि मेरी बात नहीं सुनी गई, बल्कि उसकी बड़ी भारी कीमत आज राष्ट्र को चुकानी पड़ रही है।

पंजाब के बारे में भी तत्कालीन प्रधानमंत्री इंदिराजी को बार-बार मैंने कहा था कि सब कुछ कीजिए, स्वर्ण मंदिर में फौज न भेजिए। फौज भेजने के सवाल पर सिख मानस बहुत अलग-थलग महसूस करने लगेगा। उनमें एक अलग रोष पैदा होगा। अगर इससे बच सकें, तो बेहतर होगा। अनावश्यक रूप से उस समय पौरुष का प्रदर्शन किया गया। मुझे एक बात

पर आश्चर्य होता है कि जहाँ राष्ट्र के भविष्य का सवाल हो, जहाँ लोगों के मन दुखाए गए हों, जहाँ भावनाएँ भड़की हों, वहाँ सत्ता में बैठे लोग पौरुष का प्रदर्शन क्यों करते हैं ? जो कुछ उन्हें करना हो, नीतियों का निर्धारण करना हो, सख्ती के साथ, दृढ़ निश्चय के साथ कहना हो, वे कहें, लेकिन अभिव्यक्ति में कटुता और उसमें चुनौती की भाषा बोलने की एक नई परंपरा चल निकली है। मुझे बार-बार तुलसीदास की वह चौपाई याद आती है–'सूर समर करनी करै, कहि न जनावहि आप...'

राजनीति में प्रलाप की जो भाषा है, इसकी आज बहुत बढ़ोतरी हुई है। इससे समस्याएँ जटिल होती जा रही हैं।

पंजाब की समस्या है। 1984 में राजीव गांधी इसी मुद्दे पर चुनाव जीते। इंदिरा गांधी की मौत हुई, मौत से एक बड़ी कटुता पैदा हुई। देश में, उन्हें सहानुभूति मिली, तो पंजाब में कटुता लेकिन तीन-चार महीनों में राजीव गांधी ने एक ऐसा कदम उठाया जो मेरी दृष्टि में गलत था। लोंगोवाल से समझौता कर लिया। बरनाला की सरकार बनी। हम जब हुकूमत में आए, तो हमारे लिए बड़ी सद्भावना थी। नौजवान भी कोई रास्ता निकालना चाह रहे थे। वहाँ के लोग अपेक्षा कर रहे थे कि यह सरकार आपसी बातचीत, सद्भाव से कोई नया रास्ता निकालेगी, लेकिन आज पंजाब में हमारी क्या हालत है ? हमारे साथ न बादल हैं, न सिमरनजीत सिंह मान हैं। जो नौजवान अपने को आतंकवादी कहते हैं या जिन्हें हम आतंकवादी कहते हैं, वे तो बिलकुल अलग-थलग हैं।

हमारी सरकार बनने के बाद भी हम वही भाषा दोहराते रहे, जो चुनावों के दौरान दोहराई थी कि जो कुछ गलत हुआ, वह पुरानी सरकार ने किया। अगर उस सरकार ने गलतियाँ न की होतीं, तो नई सरकार कैसे बनती ? नई सरकार तो तभी बनी, जब लोगों ने पुरानी सरकार की गलतियों को मान लिया। जो कुछ विरासत में हमने पाया, वह अच्छाई-बुराई दोनों है। हमारा कर्त्तव्य है कि बुराइयों को दूर करें।

ऐसी भाषा बोलना, जो कुछ लोगों को अच्छी लगे या कुछ लोगों को यह अहसास कराए कि आप में चुनौती स्वीकार करने की अजेय शक्ति है। यह आत्मविश्वास की कमी का कारण है। आत्महीनता का परिणाम है, सामर्थ्य का लक्षण नहीं। इससे बहुत-से लोग पीड़ित हैं, इन्हें सही समय पर सही भाषा बोलने का अंदाज-कुशलता या आत्मविश्वास नहीं है। आदमी में जब आत्मविश्वास होता है, तो उसे कठोर भाषा बोलने की आवश्यकता नहीं पड़ती।

**एक विचित्र तथ्य है कि जनता दल के ही कुछ लोग आपके खिलाफ षड्यंत्र कर रहे हैं, लेकिन जब भी संसद में संवैधानिक संकट का अवसर आता है, आप सभी दलों से सरकार को बचाने, सहयोग करने की सबसे पहले अपील करते हैं। पिछली लोकसभा में पंजाब विधेयक पर भी आपने ऐसा किया ?**

जनता दल के कुछ लोगों में भय समाया हुआ है। जैसा मैंने कहा कि आदमी में जब कमजोरियाँ होती हैं, तो उसे चारों तरफ अपनी ही छाया भूत दिखाई देती है। मुझे ऐसे लोगों के बारे में न कुछ कहना है, न इसकी मुझे कोई चिंता है। लेकिन यह सरकार को बनाने की बात नहीं बल्कि यह राष्ट्र के भविष्य का सवाल है। विकट परिस्थिति देश के

सामने हो, समस्याएँ उलझी हुई हों, उस संसद में अगर मैं भी बैठा हूँ, तो किसी को बचाने-बनाने या बिगाड़ने की बात नहीं करता, जो सही समझ में आता है, वह कहता हूँ।

लेकिन कुछ अजीब बात हो गई है कि हम सही समय पर सही कदम उठाने की बात सोच ही नहीं पाते। न पंजाब के संदर्भ में सोच पाए, न कश्मीर के संदर्भ में। जब हमने मना किया था कि जगमोहनजी को कश्मीर न भेजिए, तो हमारे स्वराष्ट्रमंत्री, प्रधानमंत्री की जिद हो गई कि नहीं, उन्हें भेजना ही है। छह महीने में अचानक उन्हें हटा दिया। जब मैंने कहा कि नेपाल में जनता का आंदोलन चल रहा है, उसका समर्थन करना चाहिए। शुरू में तो इन्हें अच्छा लगा। जब आंदोलन तेजी पर हुआ, तो इन्हें ऐसा लगा कि सरकार राजशाही से समझौता करने जा रही है। जब आंदोलन कामयाब हो गया, तब उन लोगों ने कहा, आपने सही कहा था। ऐसे ही कश्मीर का सवाल है। हम लोगों के सामने एक चुनी हुई सरकार थी फारूक की। कैसे चुनी हुई थी, यह मैं नहीं जानता। चूँकि कश्मीर की बात अंतर्राष्ट्रीय मानस में भी उलझी हुई है। हम बार-बार यह कहते रहे कि वह चुनी हुई सरकार है। हम जनता की इच्छा के बल वहाँ राज करते हैं। हमारे सत्ता में उच्च पदों पर आसीन लोग अगर यह कहने लगें कि वह चुनाव ही भ्रष्ट तरीके से हुआ, तो हम क्या कहेंगे ?

**कल तक देवीलाल की जो आरती उतारते थे, आज उन्हें चीख-चीखकर 'विलेन' बता रहे हैं, क्यों ?**

देखिए, देवीलालजी राष्ट्रीय आंदोलन के व्यक्ति हैं। आजादी की लड़ाई लड़े। उन्होंने निरंतर संघर्ष किया। अब उनके तरीके क्या हैं, इस बारे में मुझे कुछ नहीं कहना है, न मैं कोई बहुत बड़ा उनका पक्षधर हूँ। लेकिन एक ऐसे आदमी का, जिसका सारा जीवन संघर्ष में बीता, जिसने जनता दल को सफल बनाने में बड़ा योगदान दिया, उसे व्यक्तिगत रूप से अपमानित कर हमें क्या मिलेगा, यह मेरी समझ में नहीं आता। विचारों का विरोध करना एक बात है; लेकिन जब उनसे काम निकालना हो, तो उनकी चाटुकारिता करना, जब काम निकल जाए, तो उनको तिरस्कृत करना, यह राजनीति मैंने नहीं सीखी है।

**बढ़ती महँगाई के खिलाफ आक्रोश उपज रहा है, लेकिन सरकार मूकदर्शक बनी हुई है ?**

मेरे मित्र मधु दंडवतेजी (वित्तमंत्री) तो आश्वासन दे रहे हैं कि वह जल्द ही इस पर काबू पा लेंगे। यह सही बात है कि महँगाई का सवाल बड़ा जटिल है। यह सही है कि लोगों के मन में इससे बड़ा आक्रोश-क्षोभ है। लोग पीड़ित-दुखी हैं। मुझे नहीं लगता कि जिन तरीकों को हमने अपनाया है, उनसे महँगाई कम हो सकती है।

**क्या जनता दल सरकार भी 1979 की तरह जनता पार्टी के रास्ते पर नहीं जा रही है ?**

देखिए, दोनों में कोई तुलना नहीं है। जब मैं ऐसा सुनता हूँ, तो बड़ा दुख होता है। 1979 में जो जनता सरकार थी, उसने अनेक समस्याओं का समाधान किया। उसने एक माहौल

बनाया। मरे हुए जनतंत्र को दुनिया के सामने फिर लाकर खड़ा कर दिया। उस समय जनता पार्टी का जो नेतृत्व था, उसकी अपनी राष्ट्रीय तस्वीर थी। उनमें आपसी विवाद था, लेकिन टुच्चापन नहीं था। छोटापन नहीं था। आपसी विरोध में वह सरकार चली गई, यह दुखद बात है।

*प्रभात खबर, 11 अक्टूबर, 1990*

# ठाकुर, ब्राह्मण को वर्चस्व देने की बात करना आज सही नहीं है

*जोसेफ गाथिया की बातचीत*

**इन दिनों पाकिस्तान के भारत पर संभावित हमले की चर्चा चारों ओर हो रही है। क्या वाकई पाकिस्तान हमला करेगा, आपकी राय क्या है ?**

यह एक ऐसा विषय है, जिस पर मेरे लिए राय व्यक्त करना संभव नहीं है, क्योंकि पाकिस्तान से कितना खतरा है, यह सूचना सरकार को ही हो सकती है, लेकिन मेरी राय अगर आप जानना चाहते हैं, तो अगर कोई ऐसा खतरा हो, तो उसे कम करने की कोशिश की जानी चाहिए। पाकिस्तान और हिंदुस्तान दोनों देशों के बीच लड़ाई दोनों देशों के लिए भयावह परिणाम लाएगी। अगर पाकिस्तान की सरकार कोई गलत काम भी करे, तो भारत में अगर सद्‌बुद्धिवाले लोग हों, तो उनका प्रयास यह होना चाहिए कि उस वातावरण को शांत करने के लिए प्रयास करें। वातावरण को और उग्र बनाने का प्रयास करना और उसके द्वारा दुनिया में अपनी बहादुरी का इजहार करना एक मूर्खतापूर्ण काम है। जिस काम में अगर जिया साहब लगे हों, तो राजीव गांधी को नहीं लगना चाहिए, मेरी राय है। बाकी खतरा कितना है, इसके बारे में रॉ के लोग, मिलिटरी, इंटेलिजेंस और प्रधानमंत्री ही बता सकते हैं। यदि कोई खतरा है, तो उसका मुकाबला करने के लिए राष्ट्र हरदम तैयार है। हम लोग उसमें पूरी तरह से साथ देंगे। लेकिन कुछ माहौल ऐसा बन रहा है कि दोनों तरफ से बहादुरी का परिचय देने का प्रयास ज्यादा हो रहा है। उसमें जिया साहब ज्यादा नम्रता से बात कर रहे हैं और हमारे प्रधानमंत्री जरा उग्रता से बात कर रहे हैं, यह अच्छी बात नहीं।

**यह भी चर्चा है कि पाकिस्तान द्वारा भारत-पाक सीमा पर उत्पन्न की जा रही खतरे की स्थिति को देखते हुए ही विश्वनाथ प्रताप सिंह को वित्त मंत्रालय से हटाकर रक्षा मंत्रालय सौंपा गया है, इसके पीछे...**

(बीच में ही बात काट कर), वी.पी. सिंह और राजीव गांधी दोनों के व्यक्तित्व को मैं इतना महत्त्व नहीं देता, क्योंकि उनसे भारत के भविष्य पर कोई असर नहीं पड़नेवाला है। इसलिए मुझे कुछ नहीं कहना है।

**मुस्लिम बॉयकाट के कारण देश के ऊपर मँडरा रहे खतरे को आपने कैसे टाला ? आपकी पार्टी के सैयद शहाबुद्दीन इस मामले में शामिल थे ?**

मेरी एक राय है। सिर्फ इस समस्या से किसी वर्ग को उत्तेजना होती है, तो मेरा यह कहना है कि उस उत्तेजना को कम करने का प्रयास करना चाहिए। समाज का कोई वर्ग, यदि उसके एतराज सही हैं, तो और बात है। अगर गलत्त एतराज पर उत्तेजित हो, तो उसका

**की जानी चाहिए। संसदीय प्रणाली के प्रति आपका क्या रवैया है ?**

प्रणालियाँ किसी देश को नहीं बनातीं। उन प्रणालियों को चलानेवाले जो लोग हैं, उनकी क्षमता पर प्रणालियाँ भी चलती हैं। चाहे संसदीय प्रणाली हो, चाहे अध्यक्षीय प्रणाली हो—दोनों प्रणालियों के गुण-दोष का विवेचन संविधान सभा ने किया था। इस पर काफी लंबी चर्चा हुई। मुझे दुख इस बात का होता है कि राजनीति से निरक्षर लोग कुछ ऐसी बातें चलाते हैं, जिससे मालूम होता है कि कोई नई शुरुआत कर रहे हैं। संविधान सभा में बहस के दौरान डॉ. अंबेडकर ने इन प्रणालियों के गुण-दोष की विस्तृत चर्चा की थी और उस समय उन्होंने कहा था कि अध्यक्षीय प्रणाली में अस्थायित्व आता है। जो चुन लिया जाता है, वह चार-पाँच साल बना रहता है। जो संसदीय जनतंत्र है, उसमें जो जनता के प्रतिनिधि हैं, उनको हमेशा जनता के सामने उत्तर देने के लिए विवश होना पड़ता है, तो उन पर दबाव पड़ता है। इसमें उत्तरदायित्व का बोध होता है। उन्होंने कहा था कि भारत जिस स्थिति में है, उसे देखते हुए जनता के चुने हुए प्रतिनिधियों की 'एकाउंटेबिलिटी' (जिम्मेदारी) जरूरी है। इसलिए संसदीय जनतंत्र इस देश के लिए ज्यादा उपयुक्त है। उस समय राजेन्द्र बाबू और जवाहरलाल जैसे लोग थे। वे जनता के प्रति उत्तरदायित्व चाहते थे, और जैल सिंह और राजीव गांधी को जो लोग ज्यादा स्थायित्व देने की बात करते हैं, उनकी बुद्धि पर तरस आता है।

**इन दिनों राष्ट्रपति जैल सिंह ऐसे बयान दे रहे हैं, जैसे वे विरोधी पक्ष के नेता हों ! यदि वे दोबारा राष्ट्रपति चुनाव लड़ना चाहें, तो क्या आपकी पार्टी उन्हें समर्थन देगी ?**

राष्ट्रपति का चुनाव एक पार्टी का सवाल नहीं है। यह राष्ट्रीय सवाल है।

**पर क्या आप उन्हें समर्थन देंगे ?**

मैं अन्य विरोधी दलों से बात करके कोई जवाब दे सकता हूँ। लेकिन जहाँ तक ज्ञानीजी का सवाल है, उनके विरुद्ध मुझे कुछ नहीं कहना है। यदि उन्हें सब समर्थन करें, तो मुझे कोई एतराज नहीं; बल्कि मैं स्वागत ही करूँगा। लेकिन आज मैं कोई निर्णय नहीं दे सकता।

**इस विषय पर अभी कोई चर्चा नहीं चली है ?**

नहीं, अभी तक कोई चर्चा नहीं हुई है।

# 21वीं सदी की बात बेमानी है

*सुशील वर्मा की बातचीत*

**आप इंदिरा गांधी के शासन काल और राजीव गांधी के शासन काल के विपक्ष की भूमिका के बारे में क्या सोचते हैं ?**

देखिए, विपक्ष की भूमिका शासक के बदलने के कारण नहीं बदलती। विपक्ष की भूमिका इस बात पर निर्भर करती है कि देश की हालत क्या है ? लोगों की आवश्यकताएँ क्या हैं और सरकार इन्हें कहाँ तक पूरा कर पाती है। मगर दुर्भाग्य हमारे देश का यह रहा है कि सरकारों ने अधिकतर जनता के बुनियादी सवालों की तरफ कम ध्यान दिया है। उन सरकारों ने कोशिश की है कि देश को ऐसे सवालों में उलझाया जाए कि जनता की भावनाएँ भड़कें। यह श्रीमती गांधी के शासन काल में भी हुआ था। मैं जब श्रीमती गांधी के साथ था, तब मैंने उनसे कहा था कि इस तरह के काम से शायद चुनाव जीता जा सकता है, हुकूमत में बना रहा जा सकता है, लेकिन लोगों का सहयोग और सहकार नहीं पाया जा सकता। यदि सही मायने में जनतंत्र चलाना है, तो लोगों का ऐच्छिक सहयोग और सहकार अनिवार्य है। इसके बिना यह देश नहीं चलेगा। अगर चलाने की कोशिश की जाएगी तो आंदोलन भड़केंगे। तब दमन की शक्तियों का सहारा लेना पड़ेगा, परिस्थितियाँ बिगड़ेंगी। लेकिन एक बात है कि इंदिरा गांधी काम कुछ करें, बात हरदम गरीब की करती रहती थीं। राजीव गांधी ने बड़ी खूबी से दिखावे को या इस मुखौटे को उतार दिया है। वे दावा करते हैं कि हमें अपने देश को 21वीं सदी में ले जाना है, जबकि 21वीं सदी में 70 करोड़ जनता को नहीं जाना है, बल्कि उन लोगों को जाना है जो कि 20वीं सदी की सुविधाएँ प्राप्त कर चुके हैं। जिस ढंग से 65 फीसदी लोग निरक्षर हैं, 50 फीसदी लोग गरीबी की रेखा से नीचे हैं, जहाँ पर 80 फीसदी लोग बीमार पड़ने पर दवा नहीं करवा पाते हों, जहाँ 2.5 करोड़ पढ़े-लिखे नौजवान आज भी बेरोजगार हों, उस देश को 21वीं सदी में ले जाने की बात बेमानी है। हमारी ऐसी कोशिश होनी चाहिए कि 21वीं सदी आते-आते हम अपने देश के किसी भी व्यक्ति के चेहरे पर उदासी नहीं रहने देंगे। कोई गरीब गाँव बिना पानी के नहीं रहेगा। हमारे देश में कोई निरक्षर नहीं रहेगा। अगर इन उद्देश्यों को लेकर और इस मंजिल को सामने रखके हम अपनी नीतियाँ बनाते तो हम समझते कि हम सही मायने में 21वीं सदी में जा रहे हैं, क्योंकि मेरे मत से हमारी सबसे बड़ी धन-संपदा हमारी जन-शक्ति है, लेकिन इसके उलटे हमारी सरकार देश को 21वीं सदी में ले जाने के लिए परमाणु बम, कंप्यूटर, सोफिस्टिकेटेड टेकनालॉजी आदि की बात करती है।

श्रीमती गांधी भी बाहर की मदद लेती थीं। कभी-कभी यह लगता था कि वे किसी

राष्ट्र की तरफ झुकाव रखती हैं। लेकिन इंदिरा गांधी ने नीति-निर्धारण में कभी ऐसी स्थिति नहीं आने दी जहाँ नीति का फैसला हमारी सीमाओं के बाहर हो या बाहर की आर्थिक और राजनीतिक शक्तियाँ हमको नीतियों को निर्धारित करने में मजबूर कर सकें। यह सामर्थ्य इंदिरा गांधी ने अपने हाथों से कभी नहीं खोई, लेकिन राजीव गांधी जो नीतियाँ अपना रहे हैं, उसका यह परिणाम होगा कि आगे चलकर वे चाहें या न चाहें, नीति-निर्धारण इनके हाथ में नहीं रहेगा। इंदिरा गांधी ने बराबर स्वदेशी और स्वावलंबन पर जोर दिया। बराबर छोटे उद्योगों को बिगाड़ने से रोकने के लिए कदम उठाए। भले ही उन्होंने कोई बड़ा सहारा उन्हें न दिया हो, लेकिन उनका विनाश भी नहीं होने दिया, जबकि राजीव गांधी की नीतियों से हमारे मौलिक सिद्धांत और आदर्श समाप्त हो रहे लगते हैं।

**इसका मतलब हम यह मानें कि इंदिरा गांधी की नीतियाँ और उनकी कार्यशैली राजीव गांधी से बेहतर थीं ?**

मेरे विचार में इंदिरा गांधी लोगों के ज्यादा नजदीक थीं। उनकी नीतियाँ ज्यादा सशक्त थीं, मगर कोई यह नहीं कह दे कि मैं उनकी प्रशंसा कर रहा हूँ।

**इंदिरा गांधी के शासनकाल में विपक्ष का जो तेवर था, वह राजीव गांधी के शासन काल में दिखाई नहीं देता है। वह अब गुमसुम है ?**

गुमसुम कहाँ है, वह तो राजीव की तारीफ कर रहा है।

**ऐसा क्यों ?**

आप देखिए कि विपक्ष और जनता 1971-72 में इस तरह इंदिरा गांधी की भी तारीफ कर रहे थे। मेरा मत है कि अभी वक्त लगेगा राजीव गांधी को समझने में। आज से 6 महीने पहले जब मैं यह कहता था कि पंजाब-समझौता होना चाहिए, तब न विपक्ष समर्थन करने को तैयार था और न ही आप लोग।

**चाहे पंजाब-समझौता हो या असम-समझौता, क्या आप मानते हैं कि समस्याएँ हल हो गईं ?**

मैंने यह कहा था कि हमारी सरकार ने बुनियादी सवालों को टाल करके इन समझौतों का नारा दिया। लेकिन समझौतों का स्वागत होना चाहिए।

**राजीव गांधी की नीतियों के बारे में अन्य विपक्षी नेताओं के अलावा आपकी पार्टी के राम कृष्ण हेगड़े तारीफ कर रहे हैं ?**

यह आप उनसे ही पूछिए कि वे राजीव-नीतियों के बारे में क्या सोचते हैं ? आप यह अच्छी तरह समझ लीजिए कि मेरा राजीव से कोई व्यक्तिगत द्वेष नहीं है। मैं इनको जानता तक नहीं हूँ। राजीव सुंदर हैं, असुंदर हैं, अच्छे हैं, बुरे हैं—इससे मुझे कोई मतलब नहीं है।

**क्या आप यह नहीं जानते कि राजीव का विपक्ष के प्रति काफी नरम रुख है ? इंदिरा गांधी जहाँ विपक्ष को बिलकुल तरजीह नहीं देती थीं...!**

आप देखिए कि इंदिरा गांधी से हमारी इतनी लड़ाई नहीं हुई। उन्होंने मुझे जेल तक भेज दिया, लेकिन उन्होंने कभी मुझे देश का दुश्मन नहीं कहा। मगर राजीव ने तो कहा है कि मैं देश का दुश्मन हूँ। वह किस विपक्षी नेता को तरजीह देता है, यह आप उससे पूछिए।

**जैसे आडवाणीजी ने मुझे बताया था कि राजीव हम लोगों से सीखना चाहता है। उसका यह कहना है कि इंदिरा गांधी जो गलतियाँ कर चुकी हैं...?**

मैं उन सौभाग्यशाली लोगों में नहीं हूँ जो राजीव को सिखाने की कोशिश करें। असल बात यह है कि वह न हमसे कोई शिक्षा ग्रहण करना चाहता है और न ही मुझे उसे कोई शिक्षा देने की तमन्ना है। (धीरे से हँसते हैं)।

**राजीव गांधी ने राष्ट्रीय और अंतर्राष्ट्रीय मसलों पर जो रवैया अपनाया है, उसके बारे में आप की क्या राय है ?**

उन्होंने बड़ी चालाकी और बहुत खूबसूरती से अपनी यह छवि उभारने की कोशिश की है कि वे सभी उलझी हुई समस्याओं का बहुत कम समय में समाधान कर लेंगे। यह बात केवल असम, पंजाब तक ही सीमित नहीं है, सुनते हैं कि चीन सीमा-विवाद भी वे जल्दी ही हल करनेवाले हैं। सरकारी आँकड़ों के जरिए यह भी बताया जाता है कि जो लोग गरीबी की रेखा के नीचे थे, वे तेजी के साथ ऊपर आ रहे हैं। तो कुल मिलाकर निष्कर्ष निकलता है कि जिस तरह से एक अच्छी कंपनी का सेल्समैन अपनी चीजों की तारीफ करके लोगों का मन लुभा लेता है, उसी तरह राजीव गांधी ने अच्छी कामयाबी हासिल की है, लेकिन साहब, राष्ट्र की समस्याएँ जरा मुश्किल होती हैं। बड़ा मुश्किल है दुनिया का बदलना।

**अब कुछ अलग सवाल करना चाहूँगा। क्या आपको लगता है कि वाकई भारत को पाकिस्तान से खतरा है ?**

यह एक ऐसा सवाल है जिसका मैं कोई भी जवाब नहीं दे सकता। क्योंकि खतरा कितना है, यह तो सरकार ही बता सकती है, लेकिन मैं सोचता हूँ कि अगर पाकिस्तान से खतरा है, तो उसे कम करना ही दोनों देशों के हित में है। मेरा मत है कि हमारा देश और पाकिस्तान अभी इस स्थिति में नहीं है कि कोई बड़ी लड़ाई लड़ी जा सके। छुट-पुट लड़ाई लड़ के छवि बनाने की कोशिश में हमने जो कुछ उपलब्धियाँ हासिल की हैं, वे समाप्त हो जाएँगी।

इसलिए लड़ाई से इस उप-महाद्वीप को बाहर रखने की हर संभव कोशिश होनी चाहिए।

**अब मैं आपसे कुछ व्यक्तिगत सवाल करना चाहूँगा। आपने अपनी भारत-यात्रा के दौरान एक**

**ट्रस्ट बनाया था। मैं जानना चाहूँगा कि वह आजकल क्या काम कर रहा है ?**

इस ट्रस्ट के द्वारा भारत-यात्रा केंद्र खोले गए हैं, जहाँ थोड़ा-बहुत काम हो रहा है।

**तेजी के साथ काम क्यों नहीं हो पा रहा है ?**

यह काम ऐसा नहीं है जिसमें तेजी के साथ काम हो सके। यह कोई भाषण का काम नहीं है। जैसे जमीन लेकर डेयरी लगाना, पेड़ लगाना या गाँव के विकास का काम करना—इन कामों में तेजी कैसे आ सकती है, दूसरी बात यह है कि इन कामों में कोई शोहरत भी नहीं मिलती। इसलिए बहुत-से लोग गाँव में जाकर काम करने के लिए तैयार नहीं होते। राजनीति में भाषण देना आसान है, मगर गाँव में जाकर, उन्हीं लोगों के बीच में बैठकर, उन्हीं के स्तर पर काम करना बहुत मुश्किल है।

**यह सवाल बार-बार किया जाता है कि वह चन्द्रशेखर अब कहाँ है, जो भारत-यात्रा के दौरान था ?**

(तैश में आकर) आप लोगों ने ही मेरी वह छवि बनाई थी। फिर आप लोगों ने उसे बिगाड़ भी दिया। लेकिन मैं वही हूँ। मुझ पर कोई असर नहीं हुआ। आप लोग मेरे और ट्रस्ट के खिलाफ क्या-क्या छाप देते हैं ?

**सुनते हैं कि गुड़गाँव के भोंड़सी गाँव में आपका जो विशाल आश्रम है, उसकी जमीन हरियाणा सरकार की देन है। इस बारे में कई विवादास्पद खबरें छपी हैं, लेकिन आपने कभी उनका खंडन नहीं किया ?**

(तैश में आकर) मैं खंडन क्या करूँ ? मैं उन खबरों पर कभी कोई प्रतिक्रिया नहीं देता, जो बिना तथ्यों की पड़ताल किए लिखी जाती हैं। हमको भोंड़सी में सरकार ने कोई जमीन नहीं दी। ग्राम-सभा ने जमीन दी करीब 35 एकड़। हरियाणा सरकार ने तो अड़चनें डाली थीं, लेकिन वह कामयाब नहीं हो सकी, क्योंकि जमीन के मामले में ग्राम-सभा ने सर्वसम्मति से फैसला लिया था। भारत-यात्रा ट्रस्ट ने उस जमीन पर 4 लाख रुपया की लागत से एक डिस्पेंसरी बनाई थी। 3 लाख रुपया की लागत से एक बाँध बनाया। भारत सरकार की स्कीम है कि ऐसा कोई भी व्यक्ति, कोई संस्था या ग्राम-सभा जो बाँध बनाए, उनको शत-प्रतिशत ग्रांट दी जाती है, लेकिन आज तक हरियाणा सरकार ने हमें एक पैसा नहीं दिया।

**आप अपने क्षेत्र बलिया में आचार्य नरेंद्र देव शिक्षा संस्थान और एक अस्पताल बनवा रहे हैं। इनके लिए आपको धन कहाँ से मिला है ?**

अस्पताल के बारे में मैं कहना चाहूँगा कि यह बात 1953 की है, जब मैं विश्वविद्यालय को छोड़ करके समाजवादी दल का कार्यकर्ता बना। तब जयप्रकाशजी ने कहा कि अब लोग अपने गाँव में जाकर कोई रचनात्मक कार्य करें। तब मैंने अपने गाँव में एक अस्पताल खोलने के बारे में सोचा। तब 1953 में ही जयप्रकाशजी ने अस्पताल का शिलान्यास किया। इसके बाद मैं राजनीति में फँस गया। काम अधूरा पड़ा रहा। फिर 1970-71 में (जबकि मैं कांग्रेस

पार्टी में था) एक संन्यासी ने इस काम को करने का बीड़ा उठाया। उन्होंने एक रजिस्टर्ड सोसायटी बनाई। उस समय उत्तर प्रदेश के मुख्यमंत्री पं. कमलापति त्रिपाठी थे। मैंने उनसे इस डिस्पेंसरी के लिए मदद देने को कहा। तब उन्होंने मुझे सुझाव दिया कि डिस्पेंसरी के बजाय एक रूरल मेडिकल सेंटर बनाओ, मैं तुम्हारी मदद करूँगा। तब उत्साह में भरकर मैंने 75-80 हजार रुपया इकट्ठा किया। तभी अचानक कमलापति त्रिपाठीजी हट गए। तब मैंने अपने बूते पर 25-30 लाख रुपए इकट्ठे किए जिनसे अस्पताल का आधा हिस्सा तैयार हुआ। फिर इंदिरा गांधी की सरकार आ गई, जिसने इनकम टैक्स एक्जंपशन का सर्टिफिकेफट नहीं दिया, जिस कारण हम एक साल तक कोई काम नहीं कर सके। हमने सरकार से एक्जंपशन के लिए दरखास्त दी हुई है लेकिन हमारी कोई सुनवाई नहीं हो रही है।

अब मैं आपको नरेंद्र देव शिक्षा संस्थान के बारे में बताता हूँ। हमारे एक उद्योगपति मित्र हैं—विजय बहादुर। इन्होंने यह योजना बनाई कि बलिया में एक महिला विद्यालय बनाया जाए। उन्होंने ही यह जमीन तय की थी। मैंने उनसे वह जमीन ले ली। लोगों से धन और ईंट लेकर मैंने शिक्षा संस्थान की चारदीवारी बना दी है।

कुछ लोगों को काफी कष्ट होता है, जब कोई काम मेरे जरिए होता है।

**जैसे कौन लोग हैं ?**

इसके बारे में कुछ नहीं कहूँगा। अच्छा, मैं आपसे पूछता हूँ कि जो पत्रकार भोंड़सी के बारे में अखबारों में छाप रहे हैं, क्या उनका नैतिक कर्त्तव्य नहीं होता कि वे ग्राम-सभा के प्रस्ताव को देखें ? आप पूछ रहे हैं, तो मैं बता रहा हूँ, नहीं तो मैं परवाह नहीं करता हूँ, क्योंकि मैं जानता हूँ कि 'न्यूज पेपर्स कैन नोट मेक सी, कैन नोट अनमेक सी'। मेरी बड़ी प्रशंसा अखबार में हुई है, बड़ा विरोध भी हुआ है। अखबारवाले मुझको डरा नहीं सकते। मुझे उत्साहित भी नहीं कर सकते। यह आप अच्छी तरह समझ लीजिए, चुनाव हार गया तब से मैं पत्रकार लोगों से बहुत कम मिलता हूँ। मुझे अब अखबारों में अपनी शोहरत की जरूरत नहीं है। बहुत शोहरत मिल चुकी है।

**सुनते हैं कि भजनलाल आपके मानस-पुत्र हैं... ?**

(हँसते हुए) भजनलाल मेरे मानस पुत्र कैसे हो सकते हैं ? वे मेरी बिना इजाजत के पूरी जनता सरकार लेकर कांग्रेस में चले गए। पुत्र तो ऐसा कर सकता है, लेकिन मानस-पुत्र ऐसा हरगिज नहीं करेगा।

**राजनीति में आपके कुछ ऐसे लोगों से नजदीकी रिश्ते हैं, जिनकी राजनीतिक छवि धूमिल है—जैसे सूर्यदेव सिंह ?**

जब से हमारे साथ उनका संबंध हुआ है, तब से उन्होंने क्या कुकर्म किया है, आप हमें बताइए ? यह क्या बात हुई कि आप लोग सूर्यदेव सिंह के खिलाफ लिख रहे हैं, तो मैं यह कह दूँ कि मैं सूर्यदेव सिंह से परिचित नहीं हूँ ? वे हमारी पार्टी के विधायक हैं, उनके परिवार के साथ मेरे नजदीकी रिश्ते हैं। कुख्यात तो मैं ही हूँ तो मैं क्या करूँ, क्या

आत्महत्या कर लूँ ? जैसे एक बड़े पत्रकार ने लिख दिया कि मैं भी भोंड़सी में अफीम की खेती कर रहा हूँ, लेकिन मैं इसके बावजूद कुख्यात नहीं हो पाता हूँ, यह अलग बात है, लेकिन कोशिश तो की ही जाती है। पदयात्रा के बारे में आप देखिए कि जब विदेशी अखबारों ने खूब लिखा, तब आप लोग जागे। यह भी कहा गया कि मैं चलता नहीं हूँ। ढोंग करता हूँ।

# संसद के भीतर की राजनीति सब कुछ नहीं है

*अनुराग चतुर्वेदी की बातचीत*

**दस वर्ष बाद बिलकुल बदली हुई स्थितियों में आप जनता पार्टी के निर्माण को किस तरह से याद करते हैं। क्या आप आज भी जनता पार्टी को बदलाव की पार्टी मानते हैं ?**

सही बात यह है कि दस वर्ष पहले जिन परिस्थितियों में जनता पार्टी का जन्म हुआ था, वे परिस्थितियाँ सामान्य राजनीतिक परिस्थितियाँ नहीं थीं। सारा देश तानाशाही की कगार पर खड़ा था और सभी लोग, जो जनतंत्र में विश्वास करते थे या जिनको जनतंत्र से किन्हीं भी कारणों से लगाव था, मिल-जुलकर तानाशाही की ताकतों को परास्त करने के लिए अंतिम संघर्ष कर रहे थे। दस वर्ष पूर्व लोगों के मन में जनता पार्टी को बनाने का अदम्य साहस और लगन थी। अब वे परिस्थितियाँ नहीं हैं।

उन दिनों को जब मैं याद करता हूँ, तो एक बात मन में आती है कि देश की जनता अपनी आजादी की हिफाजत के लिए कितनी दूर तक जा सकती हैं। लेकिन साथ ही यह बात भी है कि उन्हें इस बात का विश्वास होना चाहिए कि उनकी आजादी पर सही रूप से खतरा आ गया है। जब खतरे का अहसास उनको होता है तो उसी के अनुरूप उससे बचने के लिए उनमें शक्ति भी पैदा होती है। उस समय जनता की शक्ति जनता पार्टी को बनाने में लगी थी।

**उस समय जनता पार्टी में जो नेता आ गए थे, उनके बारे में आपकी क्या धारणा है ?**

जनता पार्टी में कई नेता तो विवशता से आए, जो आपातकालीन स्थिति की चपेट में आ गए थे, जिनके सामने कोई चारा नहीं था। भविष्य के लिए इन लोगों में कोई स्पष्ट कर्त्तव्य या दृष्टि नहीं थी। इस कारण एक रूप में लोकशक्ति का सही मायने में प्रतीक थी जनता पार्टी और दूसरे रूप में, जनता पार्टी परिवर्तन का हथियार नहीं बन सकती थी, यह बात हमें शुरू से ही समझनी चाहिए थी। कोशिश यह होनी चाहिए थी कि हम जनता पार्टी को परिवर्तन का हथियार बनाने का प्रयास करते। लेकिन उसके पूर्व ही जो राजनीतिक शक्तियाँ जनता पार्टी में एकत्र हुई थीं वे अपना सही रूप दिखाने लगीं। और जनता पार्टी का बिखराव हो गया।

जनता पार्टी अपने तात्कालिक गंतव्य तक तो पहुँच सकती थीं लेकिन दूरगामी राजनीति पर उसका जो परिणाम होना चाहिए था, वह इस कारण नहीं हो सका। क्योंकि कई लोग जनता पार्टी में इकट्ठा हुए थे। उनके पास भविष्य के लिए कोई संतुष्ट कल्पना नहीं थी। विभिन्न दिशाओं में जानेवाले लोग एक साथ नहीं चल पाए।

**क्या जनता पार्टी के विखराव का नकारात्मक प्रभाव नहीं पड़ा ? इस विखराव के कारण**

**बदलाव की शक्तियाँ कितनी कमजोर हुईं ?**

पड़ा, बहुत पड़ा। जनता पार्टी के बिखराव का नकारात्मक प्रभाव इसलिए भी ज्यादा पड़ा क्योंकि उस समय लोगों के मन में एक विश्वास पैदा हो गया था कि पहली बार बदलाव हुआ है। केंद्र में पहली बार सत्ता पलटी थी, इस कारण लोगों में एक आशा जग गई थी। जनता पार्टी के बिखराव से इन आशावान लोगों को बहुत बड़ा धक्का लगा। इससे जनमत पर बड़ा असर पड़ा। वह असर तो आज तक नहीं मिटा है। जनता पार्टी बदलाव की पार्टी तब तक बन सकती है, जब हम यह जान लें कि हम कितनी दूर तक लोगों के साथ जा सकते हैं। और कितनी दूर तक अपने विचारों या अपने गंतव्य में स्पष्टता ला पाते हैं, इसकी बहुत आवश्यकता है। हम यह नहीं कहते कि आज जो जनता पार्टी है, वह सामाजिक परिवर्तन का हथियार बनने की स्थिति में पहुँच चुकी है।

**आपकी राय में जनता पार्टी की सरकार असफल क्यों हुई ?**

जनता पार्टी के टूटने का जो खास कारण दिखाई देता है, वह तो व्यक्तियों का टकराव था। लेकिन इससे भी बड़ा कारण था, राष्ट्रीय सवालों पर समझ के लिए कोई एकता नहीं थी। इसलिए भी बिखराव ज्यादा सुगम हो सका। मान लीजिए, हम लोग राष्ट्रीय समस्याओं पर एक दृष्टि से सोचते, तो शायद हमें टूटने में हिचक होती। लेकिन जब व्यक्तिगत सवाल ही प्रमुख रह जाते हैं, सिद्धांतों या कार्यक्रमों का कोई प्रश्न ही नहीं उठता, तो बिखराव सुगम हो जाता है। जनता पार्टी के साथ भी यही हुआ।

**लेकिन हाल ही में जनता पार्टी शासन में प्रमुख पद पर रहे जिम्मेदार लोग ही जेपी को भी भला-बुरा कहने लगे, जेपी ने जनता पार्टी के निर्माण में महत्त्वपूर्ण भूमिका निभाई थी, ऐसे वक्तव्यों पर आपकी क्या प्रतिक्रिया है ?**

यह भारतीय राजनीति की बड़ी विकृति और विडंबना है। यही तो हमारी राजनीति का द्वंद्व है। यह पहली बार नहीं हो रहा है। गांधीजी के साथ भी यही हुआ था। गांधीजी ने एक राजनीति चलाई थी, परिवर्तन की राजनीति। इस राजनीति के तहत उन्होंने कहा था कि सत्ता की राजनीति में वे भागीदारी नहीं करेंगे। गांधीजी ने जिन्हें सत्ता सौंपी, उन्होंने गांधीजी के साथ दगा किया। ठीक यही बात जयप्रकाशजी के साथ हुई। जयप्रकाशजी ने भी परिवर्तन का एक संकल्प लिया, एक लड़ाई लड़ी। जयप्रकाशजी ने जिन्हें सत्ता सौंपी, वे भी जयप्रकाशजी के बारे में तरह-तरह की बातें कहने लगे। जहाँ तक व्यक्तियों का सवाल है, वे अपनी जगह पर हैं, क्योंकि उन लोगों की तुलना मैं नहीं करना चाहता कि उस समय कौन व्यक्ति क्या था और आज वह क्या है। इसमें जमीन-आसमान का अंतर है। लेकिन यह बात कि सत्ता से बाहर रहकर व्यक्ति अपनी इच्छा के अनुसार सत्ता का संचालन कर सकता है, गलत साबित हुई है। गांधीजी के साथ यह हुआ, जयप्रकाशजी के साथ यह हुआ। इसका यह अर्थ भी हुआ कि सत्ता से बाहर रहकर व्यक्ति समाज-सुधार की बात करता है, तो बार-बार असफल रहता है। इसके दो कारण हैं—पहला, सत्ता में आने के बाद सत्ताधीशों को अपने बारे में गलतफहमी हो जाती है। यह कोई आज की बात नहीं है। चिरंतन काल से ही यह बात रही है। कल अगर शायद मैं सत्ता में आऊँ, तो मेरे साथ भी हो जाए। दूसरा

गांधीजी और जयप्रकाशजी ने जिन्हें सत्ता सौंपी, उन्होंने सत्ता प्राप्त करते समय तो इन दोनों का बहुत गुणगान किया, परन्तु असल में उन्हें गांधीजी और जयप्रकाशजी के सिद्धांतों से कोई लगाव नहीं था। वह लगाव नहीं था, जो सत्ता के रास्ते से ऊपर उठकर उन्हें सिद्धांतों के रास्ते पर चलने की प्रेरणा देता। इस तरह की आलोचनाओं से हम अपने मानस की प्रवृत्तियों का इजहार करते हैं। गांधीजी या जयप्रकाशजी की कोई आलोचना करे, तो उनके व्यक्तित्व में कोई कमी नहीं आएगी।

**पिछले दस वर्षों में जनता पार्टी की क्या उपलब्धि रही ?**

पिछले दस वर्षों में दो-तीन वर्ष तो हुकूमत के थे। उसमें यह बात सही है कि तमाम कमजोरियों के बावजूद जनता पार्टी ने एक नए रूप में सत्ता चलाने का कार्य प्रारंभ किया। उस समय जनता सरकार के जो मंत्री थे, उनका जनता से ज्यादा लगाव था। आज जो दुराव और एक बड़ी खाई है, वह नहीं थी। कम-से-कम गाँवों की ओर, ग्रामीण क्षेत्रों की ओर, छोटे उद्योगों की ओर सोचने का काम उस दौरान हुआ। जो मौलिक सवाल हैं—गरीबी के, पिछड़ेपन के—उनको हल करने की दिशा में कम-से-कम विचार किया गया। लोगों में आपसी सहयोग से काम करने की प्रवृत्ति भी जगी। पड़ोसियों के साथ रिश्ते अच्छे बने। हमारी सरहदों पर जो संकट हैं, वे उस जमाने में नहीं दिखाई देते थे। देश में तनाव की स्थिति नहीं थी। लेकिन उसके बाद का जो काल है, वह बहुत दुखद है। एक तो जिस तरह से जनता पार्टी टूटी, वह हम सबके लिए लज्जा की बात है। फिर जो चुनाव हुए, उसमें श्रीमती गांधी का वापस आना देश की राजनीति के लिए सबसे बड़ा धक्का था। अगर इंदिरा गांधी अपने पिछले अनुभवों से कुछ सीखतीं और अपने काम करने के तरीके को बदलतीं, तो वे भारतीय राजनीति पर अमिट छाप छोड़तीं। लेकिन 1980 में एक बार मैंने कहा था कि मैं जितना इंदिरा गांधी को समझ पाया हूँ, उसके अनुसार, श्रीमती गांधी स्वयं के बारे में कई गलतफहमियों की शिकार थीं। वह सारे समाज को, वह सारे राष्ट्र की भावना को बदल सकती थीं, परंतु अपने को बदलने की उनकी इच्छा नहीं थी, अपने को सुधारने की शक्ति उनमें नहीं थी। इसी कारण वे फिर से पुराने रास्ते पर चलीं। लेकिन तब तक विरोध पक्ष बिखर गया था। जेपी जैसा कोई व्यक्ति नहीं था। धीरे-धीरे उस तरह का विरोध भी नहीं हुआ। फिर भी श्रीमती गांधी ने देश को अस्थिरता की स्थिति में पहुँचा दिया। इसी कारण देश को आज इतने बुरे दिन देखने पड़ रहे हैं।

जब जनता पार्टी टूटी और '80 के चुनाव के जब आशाजनक परिणाम नहीं निकले, तो हमारे कुछ दूसरे साथी, जो बिखराव के बाद हमारे साथ थे, उन्होंने भी जनता पार्टी से अलग होने का निर्णय लिया। भारतीय जनता पार्टी के लोगों को लगा कि वे पुराने रास्ते पर चलकर अधिक कारगर हो सकते हैं, पर वे एक बात भूल गए कि श्रीमती गांधी ने एक तरीका अपना कर देख लिया था और दूसरा तरीका वे अवश्य अपनाएँगी। मैंने 1980 में पत्रकारों को कहा था कि किसी को भी इस देश में अब अपना शासन लाना है, तो उसे धार्मिक उन्माद पैदा करना होगा। दुनिया के किसी राष्ट्र में धार्मिक उन्माद, भाषायी उन्माद और जातीय उन्माद के बगैर तानाशाही नहीं आ सकी। तब मैंने यह भी कहा था कि श्रीमती गांधी अगर बदलती नहीं हैं और पुराने रास्ते पर चलती हैं, तो वे देश के बहुमत के धार्मिक उन्माद को उभारने

की कोशिश करेंगी और उस होड़ में भारतीय जनता पार्टी के लोग सफल नहीं हो सकते थे, यह बात जानी हुई थी, पर उन्होंने यह बात तब नहीं स्वीकारी। इस टूट से जनता पार्टी को एक और धक्का लगा।

**इस विभाजन के बाद जनता पार्टी के अस्तित्व पर ही प्रश्नचिह्न लगने आरंभ हो गए थे। इस संदर्भ में सारनाथ सम्मेलन और उसके बाद जनता पार्टी की क्या गतिविधियाँ रहीं ? क्या आप इस प्रगति से संतुष्ट रहे ? भारत-यात्रा मंजिल पर पहुँचने के बाद क्यों असफल हो गई ?**

1981 में हमारी पार्टी के कई साथी भी यह बात कहते थे, जिसका आज कोई मतलब नहीं है। 1981 में सारनाथ में हमारी पार्टी का सम्मेलन हुआ। इस सम्मेलन में बड़ी संख्या में कार्यकर्ताओं ने उत्साह दिखाया, उससे एक नई भावना जगी।

1983 में जब कन्याकुमारी से दिल्ली की पदयात्रा चली, तो पार्टी में फिर नए सिरे से उत्साह आया, प्रेरणा आई। उसी समय संयोग से कर्नाटक में हमारी सरकार बन गई। एक भरोसा हुआ। लेकिन हरेक प्रतीकात्मक कार्यक्रम को लक्ष्य मान लिया जाता है, यह हमारे यहाँ की एक बहुत बड़ी भूल है। यह भूल पार्टी और राजनीतिक दलों के लोग तो करते ही हैं, पर हमारे देश में राजनीति के जो व्याख्याकार हैं, वे भी यह भूल करते हैं।

जब कोई कार्यक्रम सफल होता है, तो लोगों का उससे उत्साह बहुत बढ़ जाता है। उससे बहुत उम्मीदें लगा लेते हैं, लेकिन उस समय जो भारत-यात्रा हुई, उसका एक ही अर्थ था—मैंने बार-बार अपने भाषणों में भी इस पर जोर दिया कि इससे एक बात पता चली। अगर हम जनता के पास जाएँ और उनकी समस्याओं का जिक्र करें, तो जनता हमारा साथ देने को तैयार है। कितनी दूर तक हम साथ जाएँगे, किस हद तक उनकी समस्या से अपने को जोड़ेंगे, इस पर हमारी सफलता निर्भर करती है। 1984 में जिन परिस्थितियों में लोकसभा के चुनाव हुए, उन परिस्थितियों का जिक्र मैं नहीं करना चाहता, पर 1980 के चुनावों में जो डर था, उस डर को श्रीमती गांधी ने 1980 से '84 के बीच मूर्त रूप दिया और उनकी हत्या के बाद वह भावना चरम पर पहुँच गई और उसका लाभ उठाकर आज के प्रधानमंत्री भारी बहुमत से विजयी हुए। इस तरह की राजनीति से वोट प्राप्त किए जा सकते हैं, सरकार पर हावी हुआ जा सकता है, लेकिन समस्याओं का हल नहीं किया जा सकता। यह बात मैं काफी समय से कह रहा हूँ।

**लेकिन चुनावों के बाद प्रधानमंत्री का स्तुतिगान शुरू हो गया।**

चुनावों में सफलता मिलने के बाद सरकारी पक्ष की बात छोड़िए, विरोधी पक्ष भी जैसे हत्प्रभ हो गया। हत्प्रभ होना मैं समझ सकता हूँ, लेकिन यशोगान करने की कोई जरूरत नहीं थी। जहाँ समाचार-पत्रों ने, वहीं हमारे विरोधी पक्ष के लोगों ने भी प्रधानमंत्री की हर बात को स्वीकार कर लेना अपना धर्म समझ लिया। और बहुत-सी बातों को बिना समझे स्वीकार ही नहीं किया, बल्कि प्रशंसा भी की; जैसे—पंजाब-समझौता, असम-समझौता। विपक्ष के किसी भी नेता ने यह जानने की कोशिश नहीं कि इसके पीछे क्या बात है, इसे क्रियान्वित करने में कितनी अड़चनें आएँगी, और चारों ओर से यशोगान होने लगा। उस समय मैंने जरूर कोशिश की कि यह रुके। मैंने कहा कि वास्तविकता वह नहीं है, जो आज दिखाई दे रही

है। वास्तविकता का सामना जब हम करेंगे, तब कठिनाइयाँ ज्यादा दिखाई देंगी। जैसा होता है, इसे मेरी ही कमजोरी माना गया। यह समझा गया कि जो शक्ति और क्षमता इस नए प्रधानमंत्री में है, उसका मैं सही मूल्यांकन नहीं कर पा रहा हूँ।

**लेकिन पार्टी और देश दोनों ही जगह आपने लहर के विरुद्ध जाकर अपनी बात रखी। नवंबर '84 के दिल्ली के दंगों पर आपकी राय पार्टी के बहुमत से अलग थी। क्या आप पार्टी में अकेले पड़ गए हैं ?**

यह बात दिखाई पड़ती थी। अखबारों ने भी इसके बारे में लिखा। पार्टी में जब-जब बहस-मुबाहिसे हुए, तब पार्टी के बहुमत ने कहा कि जो हम कह रहे हैं, वही सही राय है। होता यह है कि जब एक हवा चलती है लोगों की, तो उस हवा में कुछ पाना या उसके विरुद्ध खड़े हो पाना मुश्किल होता है। जब पार्टी के नेता उसके बारे में कोई विवेक नहीं रख पाते, तो साधारण कार्यकर्ता तो तुरंत अभिभूत हो ही जाता है और इसका उसके ऊपर असर पड़ता ही है।

लेकिन यह जनता पार्टी के लिए नई बात नहीं है। किसी पार्टी में कोई आदमी एक अलग तरह की बात करता है, तो उसे विरोध का सामना करना पड़ता है और अगर वह उसमें विचलित हो जाए, तो शायद अपनी बात कहने में असमर्थ हो जाए, लेकिन जनता पार्टी में इस तरह की बात नहीं थी। कार्यकर्ता भी तब नहीं समझे, तो अब समझ गए, क्योंकि यह स्थिति दूसरे नजरिए से देखने की कोशिश थी और इसमें कोई दुराग्रह नहीं था। पर कई बार व्यक्तिगत आलोचना का शिकार होने के बावजूद इस तरह की बातें कहनी चाहिए, ऐसी मेरी मान्यता है। मैं सही भी हो सकता हूँ, गलत भी हो सकता हूँ। लेकिन राजनीतिक कार्य करनेवालों के लिए मैं इस बात को जरूरी मानता हूँ कि उनमें इतना साहस होना चाहिए कि वे जिस बात को सही मानें, उसे निर्भीकता से कहें। तात्कालिक रूप से इसका गलत असर हो सकता है, पर सही दृष्टि से सोचने के लिए इस तरह की प्रवृत्ति आवश्यक है। मान लीजिए, हम गलती पर हैं, तो वाद-विवाद करके गलती सुधारी जा सकती है और सही बात है, तो पार्टी के लोग भी इस बात का अहसास करते हैं कि वे किसी विशेष मुद्दे के बारे में गलत थे।

**लेकिन विपक्ष भी पिछले साल बहुत कमजोर हो गया। शरद पवार और फारूख अब्दुल्ला ने कांग्रेस के सामने आत्मसमर्पण कर दिया। अपने फारूख अब्दुल्ला को 'आउट ऑफ द वे' जाकर समर्थन दिया। क्या इसे अपनी राजनीतिक भूल मानते हैं ? अपने मित्र शरद पवार के कांग्रेस में जाने को आप क्या मानते हैं ?**

मैं जिम्मेदार हो सकता हूँ। अब जैसे फारूख अब्दुल्ला हैं। मैं समझता हूँ, उन्हें गलत तरीके से हटाया गया। एक राजनीतिक काम करनेवाले कार्यकर्ता के नाते उस गलती का विरोध करना हमारा अधिकार है, फिर वे चाहे फारूख अब्दुल्ला हों या एन.टी.आर. हों। जब फारूख को गलत तरीके से हटाया गया, तो हमने विरोध में आवाज उठाई, क्योंकि वे ऐसी परिस्थितियाँ थीं, जिनमें सरकारी क्रिया-कलाप का समर्थन करना मेरे लिए संभव नहीं था। पर इसके बाद क्या होता है, फारूख की भूमिका क्या है, इस बात को आज की स्थितियों

में देखना ठीक नहीं है। यह सही मूल्यांकन नहीं होगा।

शरद पवार हमारे बहुत पुराने मित्र हैं। मैं समझता था कि शरद पवार में राजनीतिक कार्य करने की क्षमता है, पर साथ ही मैं यह भी मानता हूँ कि किसी से विरोध की राजनीति विवशता में नहीं कराई जा सकती। विरोध की राजनीति संकल्प से होती है। हाँ, सरकार पक्ष की राजनीति विवशता में हो सकती है, मजबूरी में हो सकती है, लाचारी है तो भी हो सकती है। उसमें तो घिसटते चलते हैं। विपक्ष के लिए तो बड़ा संकल्प चाहिए, निश्चय चाहिए और जब यह संकल्प नहीं है तो इस संकल्प का प्रत्यारोपण नहीं हो सकता है। कोई दूसरा व्यक्ति आपको इसमें मदद नहीं कर सकता। जब तक कोई व्यक्ति हमारे साथ—व्यक्तिगत नहीं, राजनीतिक रूप से—कार्य करता है, उसका साथ देना कोई गलत काम नहीं है। और मान लीजिए, अगर वह साथ छोड़कर चला जाता है, तो बहुत निराश या उत्साहित होने की जरूरत भी नहीं है।

**विपक्षियों का कांग्रेस में मिल जाना और कांग्रेस के भ्रष्ट लोगों का जनता पार्टी में आना, उनसे चुनावी समझौता होना, यह जनता पार्टी के लिए नई बात है। आप इस स्थिति को कैसे देखते हैं ?**

दो बातें हैं—पहली यह कि फारूख और शरद को विपक्ष का नेता कहना सही नहीं है। विपक्ष न तो व्यक्तियों का होता है, न राष्ट्रीय पक्ष की पार्टियों में होता है। विपक्ष तो सरकारी पक्ष की भूमिका से बनता है। जब तक सरकारी पक्ष जन-आकांक्षाओं को पूरा नहीं करता, तब तक विपक्ष रहता है। आज के राजनीतिक दल विरोध करें या न करें, कल कोई दूसरी शक्ति उभर सकती है। इसलिए आज के विपक्षी नेताओं, विरोधी पार्टियों की पृष्ठभूमि में कल के विपक्ष के बारे में सोचना ठीक नहीं है। दुनिया में कोई सत्तारूढ़ दल विपक्ष की ताकत से नहीं गिरता, बल्कि अपनी कमजोरी से गिरता है और इसी में नए विपक्ष और नए विकल्प की शक्तियाँ पैदा होती हैं। एक विपक्षी कांग्रेस में चला गया, इससे आज का विपक्ष कमजोर हो गया, ऐसी बात नहीं है। आज का विपक्ष कमजोर हो गया, लेकिन अगर विपक्ष जन-भावनाओं का इजहार करने में सक्षम है, तो हमारे जैसे नेता भी सत्तापक्ष में चले जाएँ, तो विपक्ष कमजोर नहीं होगा।

जहाँ तक कांग्रेसी लोगों से चुनावी समझौता करने की बात है, हमें दोनों सवालों को एक करके नहीं देखना चाहिए। चुनावी तालमेल एक राजनीतिक आवश्यकता है, जो आज के विपक्ष की कमजोरी भी हो सकती है। विपक्ष का संगठन व्यापक नहीं है और पूरे राष्ट्र में फैला नहीं है। और हर जगह चुनाव लड़ने की स्थिति में नहीं है। संसदीय राजनीति में हर समय कहीं-न-कहीं समझौता करना पड़ता है।

**लेकिन आप मेनका गांधी को जनता पार्टी में लाने के लिए भरपूर कोशिश कर रहे हैं ?**

मेरा न तो किसी के बारे में मोह है, न मैंने किसी को आमंत्रण दिया है। समाचार-पत्रों में जो आता है, उसकी जिम्मेदारी मेरी नहीं है। मैंने किसी को जनता पार्टी में लाने के लिए कोई प्रयास नहीं किया है। मान लीजिए, कल चुनाव होते हैं और कांग्रेस में रहे कुछ लोग हमारे साथ आते हैं, समझौता करते हैं, तो इसमें बुरा क्या है ?

**जब जनता पार्टी ने कुछ नेताओं को पार्टी से निष्कासित किया, तो उन्होंने कई बार आप पर आरोप लगाए, परंतु इस बार आप पर माफिया और चंद्रास्वामी से संबंध रखने का आरोप लगाया गया है। आप इन आरोपों का सार्वजनिक रूप से खंडन क्यों नहीं करते ? इन आरोपों के बारे में आपका क्या कहना है ?**

गाली का जवाब मैं गाली से क्या दूँ ? माफिया क्या है, कौन है, मैं नहीं जानता। मैं सार्वजनिक जीवन में हूँ, मुझसे कई लोग मिलते हैं, मैं कई को जानता हूँ। अब चंद्रास्वामी हैं, इसका मुझसे क्या संबंध है ? मैं चंद्रास्वामी को 17 साल से जानता हूँ, जब वे इंदिरा गांधी के पास आया करते थे। मैं कई लोगों को जानता हूँ, पर मैंने आज तक किसी स्वामी की सलाह पर राजनीति की हो तो बताइए और स्वामी राजनीति को बदल सकते हैं, यह बात मैं स्वीकार नहीं करता हूँ। किसी एक व्यक्ति से मेरा परिचय है और उस आदमी पर अखबारों में आरोप लग रहे हैं, तो मैं यह कैसे कह दूँ कि इस आदमी से हमारा परिचय नहीं है ? 1971-72 से मैं चंद्रास्वामी को जानता हूँ। बाद में चंद्रास्वामी जब जयप्रकाशजी के पास आने लगे तब भी मैं उनसे मिलता था, लेकिन इससे ज्यादा मेरा उनसे कोई संबंध नहीं था, मैं कभी उनकी बात सुनता भी नहीं था और मैं चंद्रास्वामी को गाली देना राष्ट्रीय कर्त्तव्य नहीं समझता। उनकी जो बात करते हैं, वे स्वामी और स्वामियों के चक्कर में पड़े लोग हैं। मैं तो किसी के चक्कर में नहीं पड़ा हूँ, लेकिन मेरा उनसे परिचय है और इस परिचय को मैं अस्वीकार कर दूँ, क्योंकि उनके आलोचक कुछ बोल रहे हैं, इस तरह का स्वभाव मेरा नहीं है।

**जनता पार्टी ने क्षेत्रीय पिछड़ेपन को लेकर जेल भरो आंदोलन चलाया। इधर स्वामी अग्निवेश को पार्टी ऑफिस से निकाले जाने का समाचार प्रमुखता से छपा। स्वामी अग्निवेश को जबरन क्यों निकाला गया ?**

यह बात गलत है कि स्वामी अग्निवेश को जबरन निकाला गया या उसमें मेरा हाथ है। मैं तो उस दिन दिल्ली से बाहर था। जहाँ तक समाचारपत्रों की बात है, उत्तर प्रदेश और बिहार के जो अखबार थे, चाहे वे अंग्रेजी के हों या हिंदी के, सभी आंदोलन के समाचार दे रहे थे। दिल्ली के अखबारों में (जरूर) इस घटना का जिक्र हुआ, दिल्ली के अखबार सारे भारत के अखबार नहीं हैं।

यह चर्चा दिल्ली के अखबारों में ही हुई। लखनऊ और पटना के अखबारों में तो आंदोलन की खबरें आईं।

अब माफिया की बात करें। 1977 में जनता पार्टी ने सर्व-सम्मति से सूरजदेव को चुनाव में उम्मीदवार बनाया। उस समय मेरा उनसे इतना ही परिचय था कि वह बलिया से आते थे। इमर्जेंसी के दिनों में वे जेल में गए थे। माफिया की वजह से गए थे या और किसी कारण, परंतु वे जेल में थे। जनता पार्टी ने सर्व-सम्मति से उनका नाम भेजा। इसमें मेरा कोई हाथ नहीं है। चुनाव के बाद वे एम.एल.ए. हो गए। एम.एल.ए. होने के बाद भी उन्हें माफिया का आदमी नहीं कहा गया। 1979 में जब जनता पार्टी टूट गई और वहाँ के कई लोग कांग्रेस में चले गए, जिनमें बलिया के भी कई लोग थे, तब इन्होंने मना कर दिया। 1980 के बाद जब फिर कई लोग जा रहे थे, तब सारे सरकारी दबाव को ठुकराकर वह हमारी पार्टी में रहे।

अखबार इतनी बातें लिखते हैं, पर आज तक भी 'क्रिमिनल केस' में वे जेल नहीं गए हैं।

इंदुभाई और भाई वैद्य को लोग माफिया कहें और उसको अखबार के लोग छापें, तो इसमें मैं क्या कहूँ ? भाई वैद्य और इंदुभाई भी माफिया के हैं, इस पर मैं क्या कहूँ ?

**पिछले दो वर्षों के दौरान आपको उप-चुनावों में लड़ने के लिए पार्टी की ओर से काफी प्रस्ताव आए, पर आपने उन्हें अस्वीकार कर दिया। क्या आप संसदीय राजनीति से विमुख होते जा रहे हैं या बलिया से ही चुनाव लड़ने का निर्णय कर चुके हैं ?**

बलिया में चुनाव हुआ, तो मुझे ही वहाँ से चुनाव लड़ना पड़ेगा, क्योंकि मैं वहाँ से चुनाव लड़ा था। परंतु संसद के भीतर की राजनीति ही सब कुछ है, यह मैं नहीं मानता। हजार-डेढ़ हजार लोगों की राजनीति के परे भी बहुत कुछ है। हमें जनशक्ति के लिए कार्य करना चाहिए। उपचुनाव ही सब कुछ नहीं है।

*रविवार में प्रकाशित*

# मैं हिंसा का रास्ता अपनाने से भी पीछे नहीं हटूँगा

*ऑनलुकर की बातचीत*

**ऐसा कहा जाता रहा है कि उत्तर प्रदेश के चुनाव में कांग्रेस ने 60 करोड़ रुपए खर्च किए। जब राजनीतिक पार्टियाँ इतने बड़े पैमाने पर खर्च करती हैं, तो इसकी कीमत भी उन्हें जरूर चुकानी पड़ती होगी। क्या इन सबमें बदलाव लाने की कोई गुंजाइश है ?**

यह बेहद नाजुक मसला है। राजनीतिक दल इतने बड़े पैमाने पर धन क्यों खर्च करते हैं, इसके पीछे दो कारण हैं—पहला, निर्वाचकों की बहुत बड़ी संख्या बेहद अशिक्षित व अभावग्रस्त है, जिससे पैसे के द्वारा आसानी से उनको अपने हित में झुकाया जा सकता है। दूसरे, निर्वाचन कोष से संबंधित नियमों में कुछ खामियाँ हैं। अगर आप अपना पैसा खर्च करते हैं, तो उसका हिसाब रखते हैं। पर यदि राजनीतिक दल खर्च करते हैं, तब उसका कोई हिसाब नहीं रखा जाता। इसे बदलना होगा।

**कोई विकल्प ?**

राजनीतिक दलों को आपस में, इस विषय पर, आम सहमति बनानी होगी। एक सलाह और है कि राजनीतिक दलों को इस बात से सहमत होना चाहिए कि उन्हें निश्चित रकम से ज्यादा नहीं खर्च करना है। हमें वाहनों का इस्तेमाल भी रोकना होगा।

**हमारी जो राजनीतिक व्यवस्था है, जहाँ सिर्फ राजनीतिक दलों को नीतियाँ निर्धारित करने और उन्हें लागू करने का अधिकार है, वहाँ उन संगठनों के लिए क्या अवसर होंगे, जिन्हें जयप्रकाश नारायण जैसे लोग खड़े करते हैं ?**

आज भी जेपी एक विशेष भूमिका निभा रहे हैं। उनकी तरह का संगठन भी समाज की खतरनाक बीमारियों जैसे 'भ्रष्टाचार' से लड़ने और उसके खिलाफ जनमत तैयार करने में विशेष भूमिका निभाएगा। लेकिन जब तक स्थायी रूप से काम करनेवाले संगठन तैयार नहीं होते, तब तक इसकी पूर्ण संभावना व्यक्त नहीं की जा सकती। वर्तमान राजनीतिक व्यवस्था में नीतियों को लागू करना एक राजनीतिक प्रक्रिया बन गई है। इस तरह के संगठन किसी पार्टी में विश्वास नहीं करते और न ही किसी राजनीतिक द्वेष या विवाद में शामिल होते हैं। इस तरह इनका महत्त्व सीमित हो जाता है।

**राजनीतिक दलों के प्रति जो असंतोष व्याप्त है, क्या उसका कारण यह है कि उनके द्वारा किए गए वायदे को पूरा नहीं किया गया ?**

हाँ, हमारी जो राजनीतिक पार्टियाँ हैं, उन्हें लगता है कि गरीब जनता को ऊँचे-ऊँचे

(झूठे) वायदे कर धोखा दिया जा सकता है। जनता को अपनी जरूरतों को पूरा करने के वायदे चाहिए और इसी कारण आज तक इतने सारे वायदे किए जाते रहे। हमारी राजनीतिक पार्टियों को इतनी-सी बात नहीं पता कि वायदे करके वे जनता की इच्छाओं को इतने बड़े पैमाने पर जगा देते हैं कि उनके लिए इन वायदों को पूरा करना मुश्किल हो जाता है और इससे लोगों में निराशा पनपने लगती है। इसके अलावा मीडिया भी दलों की असफलता को बेनकाब करता रहता है।

**लगता है कि शिक्षा में आपकी बहुत आस्था है** ?

हाँ, शिक्षा के जरिए ही इन लोगों को जागरूक बनाया जा सकता है। हर समाज अपना दुश्मन खुद पैदा करता है। यही मार्क्सवादी चिंतन है और आप या दूसरे इसे पसंद करें या न करें, और पता नहीं, आपको विश्वास हो या न हो, हर समाज इसी तरह आगे बढ़ता है। यह निराशा समाज के अंतर्विरोध का परिचायक है और करोड़ों गरीब भारतीयों के असंतोष को दूर करके ही इस समस्या का समाधान हो सकता है। सफलता अवश्यंभावी है। जो अनजाना है वो यह है कि इस सफलता का श्रेय इंदिरा गांधी को जाएगा या चंद्रशेखर को। अगर पार्टियाँ अपने कर्त्तव्य से विमुख हो जाएँ, तो भी कोई प्रलय नहीं आएगा, क्योंकि मुझे भारत की 56 करोड़ जनता में पूरा विश्वास है।

**भूमि सुधार का प्रभाव इतना उपेक्षित क्यों रहा** ?

इच्छाशक्ति की कमी थी।

**आपका मतलब राजनीतिक इच्छाशक्ति से है** ?

हाँ, राजनीतिक इच्छाशक्ति, लेकिन इससे भी महत्त्वपूर्ण खुद में दृढ़ विश्वास का अभाव था। होता यह है कि जिन उपायों को हम लागू करना चाहते हैं, हम उनके बारे में निश्चिंत भी नहीं होते और जैसे ही थोड़े विरोध का सामना करना पड़ता है, हम अपना प्रयास बीच में ही अधूरा छोड़ देते हैं। हाल की गेहूँ के टेक-ओवर संबंधित असफलता को ही लीजिए। भूमिपतियों तथा बड़े अनाज व्यापारियों के विरोध करने पर हमने सामना करने की बजाय उनके सामने घुटने टेक दिए।

**व्यापक जनादेश वाली कांग्रेस पार्टी में जब इसी इच्छाशक्ति का अभाव है, तब यह काम कौन करेगा** ?

आपको इस पहलू पर गहराई से विचार करना होगा। इस दल में जितने सदस्य हैं, सभी की राजनीतिक विचारधारा अलग-अलग है और इन विभिन्न मतों से सामंजस्य बैठाने में दल अपनी दिशा खो बैठता है। किसी भी राजनीतिक दल में चार विशेषताएँ होनी चाहिए—अद्ध आदर्शवादिता, बद्ध उद्देश्य, सद्ध योजना एवं दद्ध नेतृत्व। सिर्फ पहली तीन विशेषताएँ होने से ही काम नहीं चलता, बल्कि एक दृढ़निश्चयी नेतृत्व भी अति आवश्यक है।

हालाँकि इस तरह का जनादेश कोई नई बात नहीं है। 1962 में पंडित नेहरू ने इससे भी बड़ा जनादेश (364 सीटें) पाया था, लेकिन जब चीन का युद्ध हुआ, हमने महसूस किया

कि हम कितने कमजोर व असहाय हैं। सच यह है कि पार्टी में दृढ़निश्चय की कमी है। दल के रूप में तो कांग्रेस पार्टी जरूर बड़ी है, किंतु एक ताकत के रूप में देखा जाए, तो बेहद कमजोर है।

**आप पार्टी में किस तरह सुधार लाएँगे ?**

पहला, उन सभी को, जिन पर भ्रष्टाचार के आरोप लगे हैं, पार्टी से निष्कासित करने का कठोर निश्चय लेकर। अभी तक यह कदम नहीं उठाया गया है और आज पार्टी की सबसे बड़ी समस्या है कि पार्टी में विश्वसनीयता का घोर अभाव है। दूसरे, मैं लोगों से कुछ भी नहीं छिपाऊँगा। मेरी जो भी कठिनाइयाँ हैं, उसे मैं जनता के सामने रखूँगा और उन्हें समझाऊँगा। यह देश उन गरीब लोगों का है, जहाँ 57 प्रतिशत जनता गरीबी रेखा के नीचे रहती है और 73 प्रतिशत जनता अशिक्षित है। नीतियों को लागू करने और इन लोगों की मदद करने के लिए यदि निरंकुश ताकत का भी इस्तेमाल करना पड़े, तो मेरी पार्टी जरूर करेगी।

**क्या उसी उद्देश्य की प्राप्ति फासिस्टवादी तरीकों से नहीं हो सकती ?**

नहीं, भारत जैसे विशाल देश में कोई तानाशाह सफल नहीं हो सकता और मैं आपको आश्वासन देना चाहूँगा कि फासीवाद नहीं आ रहा। मैं बस इतना चाहता हूँ कि कांग्रेस पार्टी अपने को बचाए रखने के लिए सारे जरूरी कदम उठाए। अगर इसे कठोर निर्णय भी लेना पड़े, तो हिचकना नहीं चाहिए।

**हमारी स्थिति दिनोंदिन खराब होती जा रही है। गरीबी रेखा से नीचे जनता का अनुपात बढ़ता जा रहा है।**

अगर ऐसा है, तो यह अच्छा है, क्योंकि जब तक सुविधाभोगी लोग यह महसूस नहीं करेंगे कि गरीबी का क्या मतलब है, तब तक यह देश प्रगति नहीं कर सकता। यह एक प्रकार की सामाजिक उपलब्धि होगी।

**घटनाएँ जिस तरह से हो रही हैं और उसी तरह जारी हैं, उससे यह लगने लगा है कि बिना हिंसा के कोई ठोस बदलाव नहीं लाया जा सकेगा।**

सच है, निजी तौर पर मैं अहिंसा से बदलाव लाना पसंद करूँगा, पर सच पूछिए, तो किसी भी सामाजिक आंदोलन के लिए हिंसा या अहिंसा का रास्ता अप्रासंगिक हो गया है। ध्यान देने की बात यह है कि साधारण व्यक्ति तक हर नीति तथा योजनाओं का लाभ पहुँचना चाहिए।

**यानी आप किसी भी हिंसक बदलाव से इनकार नहीं करते ?**

नहीं, नहीं करता...और यदि यही एकमात्र उपाय बचता है, तो मैं इसका बहिष्कार नहीं करूँगा। मैं इससे बचना जरूर चाहूँगा, लेकिन अंततः इससे इनकार भी नहीं करूँगा। अगर हमें दृढ़ और कठोरतम उपाय अपनाने पड़े, तो भी हमें इससे पीछे नहीं हटना चाहिए।

# यदि भाजपा सरकार बनी तो स्थिर नहीं रहेगी

*विभांशु दिव्याल और अरुण पांडेय की बातचीत*

**आगामी चुनावों का महत्त्व क्या है ? क्या आप इन चुनावों से किसी बेहतर भविष्य की उम्मीद कर रहे हैं ?**

कतई नहीं। चारों ओर घोर निराशा है। कहीं से भी आशा की किरण नहीं दिखाई दे रही। पिछले चुनावों के बाद देश को एक त्रिशंकु लोकसभा मिली थी। चौदह पार्टियों ने मिलकर संयुक्त मोर्चा की सरकार बनाई। कांग्रेस और माकपा ने बाहर से समर्थन दिया। देवगौड़ा प्रधानमंत्री बने। कांग्रेस ने अचानक उनकी सरकार गिरा दी। फिर हफ्ते भर की सौदेबाजी के बाद इन्द्रकुमार गुजराल प्रधानमंत्री बने। उनका और कांग्रेस अध्यक्ष का रिश्ता मधुर था। उम्मीद थी कि गुजराल की सरकार लम्बे समय तक चलेगी। जैन आयोग की अंतिम रिपोर्ट फरवरी, 1998 में आनेवाली थी लेकिन अचानक कांग्रेस ने जैन आयोग की उस अंतरिम रिपोर्ट को मुद्‌दा बनाकर गुजराल की सरकार भी गिरा दी, जिस रिपोर्ट का तथ्य और साक्ष्यों से दूर-दूर तक का कोई रिश्ता नहीं था। कांग्रेस से लेकर भाजपा तक ने अपनी सरकार बनानी चाही। जब किसी की सरकार न बन सकी, तब राष्ट्रपति को लोकसभा भंग कर चुनाव कराना पड़ा। इन चुनावों के पहले सभी राजनीतिक दलों ने आधारहीन, सिद्धांतविहीन एवं राजनीतिक मर्यादाओं से परे जाकर सब कुछ किया। इनके ये प्रयास जब असफल हो गए, तब मध्यावधि चुनावों की घोषणा करनी पड़ी। ऐसे में मेरे जैसा आदमी इन चुनावों से किसी बेहतर भविष्य की उम्मीद नहीं कर सकता। पिछले दो सरकारों को बनाने और गिरानेवाले प्रकरणों से यदि हमारे नेता कुछ सबक लेकर अपनी-अपनी भूमिकाओं का पुनर्निर्धारण करते और फिर चुनाव में जाते तो जरूर कुछ उम्मीद बँधती, लेकिन ऐसा किसी ने नहीं किया।

**चुनाव बाद की राजनीतिक स्थिति का आकलन आप किस रूप में करते हैं ?**

एक नहीं, इस बार दस-बारह लोग प्रधानमंत्री पद के उम्मीदवार हैं। भाजपा ने अपना एक उम्मीदवार जरूर घोषित किया है लेकिन वह भी हर किसी से समझौता करने को आतुर है। जो भाजपा नैतिकता और आदर्शवादिता की बात करती थकती नहीं थी, आज वही भाजपा ऐसा कोई भी काम नहीं कर रही जो नैतिक मानदंडों के विरुद्ध न हो। चुनाव परिणाम क्या होंगे और किसको कितनी सीटें मिलेंगी, इसका फैसला तो अंततः मतदाता को करना है लेकिन मैं इतना जरूर कह सकता हूँ कि चुनाव के बाद बिखराव की प्रवृत्ति बढ़ेगी। संसद को संचालित करना और ज्यादा कठिन हो जाएगा। यदि भाजपा और उसके सहयोगी दलों की सरकार बनती है तो उस सरकार का रिमोट कंट्रोल तत्काल आर.एस.एस. के हाथ में

पहुँच जाएगा, जिससे सरकार में शामिल दलों में मनमुटाव बढ़ेगा और वह सरकार स्थिर नहीं रह पाएगी। कुल मिलाकर यह कि मौजूदा चुनावों में जिन नेताओं की भूमिका महत्त्वपूर्ण है, उनके व्यवहार को देखते हुए किसी सुखद स्थिति की कल्पना नहीं की जा सकती।

**यदि भाजपा और उसके सहयोगी दलों को पर्याप्त सीटें मिल जाती हैं, तो फिर वह स्थायी सरकार क्यों नहीं दे सकती ?**

एक बात ध्यान में रखिए कि सिर्फ सीटों अथवा बहुमत से ही स्थायित्व नहीं आता। 1971 से लेकर 1984 तक भारत को चार सरकारें ऐसी मिली थीं जिन्हें पूर्ण बहुमत हासिल था। 1971 में श्रीमती इंदिरा गाँधी, 1977 में जनता पार्टी, 1980 में फिर श्रीमती गाँधी और 1984 में राजीव गाँधी की सरकारें रिकॉर्ड बहुमत हासिल कर अस्तित्व में आई थीं, लेकिन इनमें से कोई स्थिर नहीं रही। भाजपा के बारे में बात करने का कोई अर्थ नहीं, क्योंकि उतनी सीटों तक वह पहुँच भी नहीं सकती। दरअसल, राजनीति को जन-समस्याओं से जोड़े बिना स्थायित्व की परिकल्पना हमेशा एक झूठ साबित होगी।

**कुछ राजनीतिक समीक्षकों का मानना है कि इन चुनावों के बाद धार्मिक एवं जातीय उन्माद में कमी आएगी और कुल मिलाकर यह देश हित में होगा। आपकी क्या राय है ?**

यह सच है कि लोग अब धर्म और जाति की राजनीति से ऊब चुके हैं और आनेवाले दिनों में धार्मिक-जातीय उन्माद न सिर्फ कम होगा, बल्कि धीरे-धीरे समाप्त भी होगा। लेकिन राजनीतिक दलों के आचरण से यह संकेत नहीं मिलता कि वे इस बार के चुनावों में इन मुद्दों को नहीं उठाएँगे। चुनावी भाषणों में आज भी सारे नेता उन्माद भड़काने का ही प्रयास कर रहे हैं। किसी शुभ संभावना की उम्मीद तभी होती, जब इन नेताओं का आचरण उसके अनुरूप होता। इसलिए मुझे नहीं लगता कि इन चुनावों में जाति या धर्म का सहारा नहीं लिया जाएगा। सच तो यह है कि चुनावों की तारीख जैसे-जैसे नजदीक आती जाएगी, वैसे-वैसे इसके बढ़ने की प्रबल आशंका होती जाएगी। भाजपा भी यह काम जोरों से करेगी।

**लेकिन भाजपा के चरित्र में तो एक बदलाव दिख रहा है। वह अब मुसलमानों के प्रति नरम रुख रखने का आश्वासन दे रही है...?**

देखिए, यह देश 1952 से लेकर आज तक आश्वासनों पर ही जिंदा है। हर आश्वासन के बाद आशाएँ जगती हैं और फिर खंडित हो जाती हैं। आशाओं के खंडित होने से तनाव, कुंठा और बिखराव की प्रवृत्ति में भारी वृद्धि होती है। आज भारतीय जनता पार्टी आश्वासन दे रही है। उसके नेता कम से कम मुस्लिम हितों की बात कर रहे हैं। अच्छा है, लेकिन मैं नहीं मानता कि जिन सिद्धांतों पर इस पार्टी का अस्तित्व टिका है, उसकी छाया से वह कभी मुक्त हो पाएगी।

**समाजवादी और कांग्रेसी पृष्ठभूमि के कई लोग इधर भाजपा में शामिल हुए। इसका विश्लेषण आप कैसे करेंगे ?**

राजनीति में इन दिनों भगदड़ मची हुई है। अधिकांश नेताओं ने राजनीति को लाभ

का जरिया मान लिया है। आज जो लोग भाजपा में जा रहे हैं, कल को पाँसा पलटा तो यही लोग किसी दूसरे खेमे में जा खड़े होंगे। मुझे उनकी इस कार्यवाही पर कोई आश्चर्य नहीं होता। हाँ, कुछ मन उदास जरूर होता है जब मैं देखता हूँ कि लंबे समय से राजनीति में रहनेवाले लोग अचानक अपनी वैचारिक निष्ठाएँ बदल लेते हैं। व्यक्तियों के संदर्भ में बदलाव तो समझ में आता है लेकिन सैद्धांतिक-वैचारिक निष्ठाओं का उलट-फेर मेरे जैसे व्यक्ति के समझ से परे है। यह सब देखकर तो यही लगता है कि राजनीति व्यक्तिगत लाभ अर्जित करने का खेल मात्र रह गई है। आदर्शों और मूल्यों का अब कोई महत्त्व नहीं रह गया है।

**बाबरी मसजिद से लेकर ब्लू स्टार ऑपरेशन और सिख विरोधी दंगों तक पर कांग्रेस ने खेद व्यक्त किया है। उसके इस खेद प्रकरण पर आपकी टिप्पणी क्या है ?**

खेद व्यक्त करना अच्छी बात है, लेकिन उसके साथ ही मन में बदलाव भी लाना पड़ता है। कभी-कभी खेद प्रकट करने से भी मन का बदलाव होता है, लेकिन हमेशा नहीं। आज यदि कांग्रेस के लोग सिर्फ पुरानी बातों को भुलाने के लिए खेद व्यक्त कर रहे हैं, तो उन्हें यह नहीं भूलना चाहिए कि घाव गहरे हैं और उन्हें कोई भी इतनी जल्दी नहीं भूल सकता। इसलिए सिर्फ खेद प्रकाश की नहीं, बल्कि मन में बदलाव की जरूरत है। जो लोग ब्लू स्टार ऑपरेशन और बाबरी मसजिद को ढहते देखते रहे, अब वही लोग अपने निर्णयों में अपराधबोध देख रहे हैं और सुधरना चाहते हैं, तो मैं कहूँगा कि वे लोग यह काम सच्चे मन से करें, दिखावे के लिए नहीं। सिर्फ कांग्रेसवालों से ही नहीं, बल्कि मैं यही बात उन बाला साहेब ठाकरे के बारे में भी कहूँगा, जिन्होंने मसजिद ढहाने के बाद अब वहाँ मंदिर नहीं, राष्ट्रीय स्मारक बनाने का बयान दिया है।

**सारे दल विदेशी पूँजी निवेश और आर्थिक उदारीकरण के मुद्दे पर लगभग एकमत हैं, जबकि आप इसका विरोध कर रहे हैं। आखिर आपके इस विरोध का तर्क क्या है ? क्या इस मुद्दे को केंद्र में रखकर कोई नया राजनीतिक मंच बनना चाहिए ?**

जिस दिन आर्थिक उदारीकरण की नीति को मंजूरी दी जा रही थी, उसी दिन मैंने संसद में कहा था कि आर्थिक मामलों में यदि हम बाहरी हस्तक्षेप स्वीकार कर लेते हैं, तो फिर राजनीतिक मामलों में हमें बाहरी हस्तक्षेप स्वीकार करने के लिए तैयार रहना होगा। मेरी बात कटु लगेगी लेकिन बेहद अफसोस के साथ मैं कह रहा हूँ कि पहली बार भारतीय राजनीति में प्रकट नहीं तो प्रच्छन्न रूप से बाहरी हस्तक्षेप असरदार हो रहा है। वह हस्तक्षेप इतना प्रभावशाली है कि उसके समक्ष खड़ा होने की हिम्मत बहुत कम राजनेता कर सकते हैं। यह बात मैं इसलिए कह रहा हूँ क्योंकि मैंने अपने प्रधानमंत्रित्वकाल में उसका मुकाबला किया है। मैं किसी पार्टी या नेता के बारे में कुछ टिप्पणी नहीं करना चाहता, लेकिन मुझे मालूम है कि बाहरी शक्तियों के समक्ष अधिकांश लोग घुटने टेकने को मजबूर हैं। तोते की तरह ये लोग आर्थिक उदारीकरण की रट लगा रहे हैं। इन पले हुए तोतों ने वर्तमान के लिए भारत के भविष्य को आज दाँव पर लगा दिया है।

**आप न तो अपने संबंधों को छिपाते हैं और न ही अपने विचारों को। क्या नहीं लगता कि इसका काफी खामियाजा भुगतना पड़ा ?**

देखिए, राजनीति में मुझे कोई खामियाजा उठाना ही नहीं पड़ा। जो लोग यह समझते हैं कि राजनीति में किसी बड़े पद पर पहुँच जाना और उस पर बने रहना राजनीति की सबसे बड़ी उपलाब्ध है, उसे मैं स्वीकार नहीं करता। यदि मैं कोई बात कहता हूँ तो उसका परिणाम भुगतने के लिए सदैव तैयार भी रहता हूँ। एक बात आपको और बता दूँ कि बड़े से बड़े राजनेता के जीवन का दस प्रतिशत भाग ही राजनीति होती है। नब्बे प्रतिशत हिस्से का निर्माण समाज और उसके व्यक्तिगत संबंध करते हैं। जो व्यक्ति इन संबंधों को नकारता है वह अन्ततः आत्म प्रवंचना का शिकार हो जाता है। राजनीति में पर्दे के पीछे मिलना एक स्वाभाविक प्रक्रिया हो गई है, जिसे मैंने कभी स्वीकार नहीं किया। 1967 से लेकर अब तक इकतीस वर्ष हो गए। बड़े-बड़े नेताओं ने मुझ पर तरह-तरह के आरोप लगाए, लेकिन कुछ हासिल नहीं हुआ। हाशिए पर पहुँचाने के लिए भी प्रयास किए गए। पद के लिहाज से मैं भी भले ही हाशिए पर हूँ लेकिन राजनीति की दृष्टि से आज भी मैं अपने आपको केंद्र में पाता हूँ। मैंने जो कहा, उसे धीरे-धीरे मेरे प्रबल विरोधियों ने स्वीकार किया। इसे मैं अपनी कम बड़ी उपलब्धि नहीं मानता।

**वर्तमान राजनीतिक माहौल में आप अपनी भूमिका किस रूप में देख रहे हैं ?**

राजनीति राज्य चलाने का शास्त्र है और राज्य का कर्तव्य है लोगों की आवश्यकताओं को पूरा करना। भूख, बेरोजगारी, अशिक्षा, बीमार की दवा और मानव मर्यादा का सवाल आज भी हमारे समक्ष केंद्रीय समस्या है। जब मैंने राजनीति में पहला कदम रखा था, तब भी यही सवाल थे। इसलिए जो मेरी भूमिका तब थी वही आज भी है। व्यक्ति की भूमिका हर रोज नहीं बदला करती। मैंने इन सवालों को उठाता रहूँगा उसे कोई सुने या न सुने, माने या न माने। अकेला हो सकता हूँ लेकिन मेरी आवाज को कोई दबा नहीं सके, इसके लिए प्रयास करता रहूँगा। आज नहीं तो कल, लोगों को मेरी बात सुनने के लिए मजबूर होना पड़ेगा। बलिया मेरा लोकसभा क्षेत्र है। वहाँ के मेरे एक कवि मित्र हरिहर ओझा ने मुझे अपनी एक कविता सुनाई। मुझ पर लिखी गई उनकी चंद पंक्तियाँ मेरी भूमिका को स्पष्ट करने के लिए पर्याप्त हैं—'तार-तार जिंदगी किसी के हम चले, दुःख भरे सितम के जाम पीके हम चले, क्यों न हो बुलंद मेरे कारवाँ की चाल, मर के भी चले तो जैसे जी के हम चले !'

**चुनावों के पहले 'जनमोर्चा' नाम का राजनीतिक मंच बना। आप भी उसमें शामिल हुए। आखिर उसके पीछे सोच क्या थी ?**

उसके पीछे न तो कोई बड़ी भारी सोच थी और न ही उसका खास सैद्धांतिक आधार था। मतों के विभाजन को रोकने के लिए मंच बनाने की पहल शंकर सिंह बाघेला ने की थी। फिर कांशीरामजी और लालू प्रसाद से बात हुई। सबने कहा कि मिलकर कुछ काम होना चाहिए लेकिन वह बात बहुत आगे नहीं बढ़ पाई और औपचारिकता मात्र का निर्वाह ही हो सका। वैसे भी 'जनमोर्चा' बनाने में मेरी कोई खास भूमिका नहीं थी। उसमें मैं केवल एक मूक भागीदार ही था।

**क्या चुनाव बाद इस तरह का कोई मंच बनाने की पहल आप करेंगे ?**

मैं कुछ करूँ या न करूँ, ढेर सारे राजनीतिकों के लिए समस्या बना रहता हूँ, इसलिए मैं कोई पहल नहीं करूँगा और अपने आपको पीछे ही रखूँगा, लेकिन देश की बुनियादी समस्याओं के समधान हेतु जो लोग कुछ करना चाहेंगे, उनके लिए मैं हमेशा तैयार रहूँगा। महज सत्ता में भागीदारी के लिए कोई मंच तैयार करने का प्रयास मैं नहीं करने जा रहा।

**सोनिया गाँधी राजनीति में आईं और सिंह ने बोफोर्स प्रकरण पर उन्हें क्लीन चिट दिया। इन दोनों घटनाओं पर आपकी टिप्पणी क्या है ?**

सोनिया गाँधी भारत की नागरिक हैं। कांग्रेस पार्टी से वह किसी-न-किसी रूप में सम्बद्ध रही हैं। सक्रिय राजनीति में आने का निर्णय उनका खुद का निर्णय है। इस पर मुझे कोई आपत्ति क्यों होगी ? राजनीति में सक्रिय होना उनका अधिकार है। रही बात विश्वनाथ प्रताप सिंह की, तो उनके बयानों पर मैं कोई प्रतिक्रिया व्यक्त करना नहीं चाहता।

**ऐसा लगता है कि चुनाव बाद दो परिस्थितियाँ सामने आएँगी। एक तरफ भाजपा के नेतृत्व में सरकार बनाने की पहल होगी तो दूसरी तरफ गैरभाजपा दल सरकार बनाने का प्रयास करेंगे। क्या आप भी कुछ पहल करेंगे ?**

देखिए, मैं न किसी के विरोध में हूँ और न ही किसी पहल में मेरी दिलचस्पी है। यह जरूर है कि जिन सवालों को मैं उठाता रहा हूँ, उन सवालों को केंद्र में रखकर कुछ करने के लिए यदि कोई सरकार बनाता है तो उस सरकार के साथ रहूँगा, लेकिन आगे बढ़कर भागीदारी नहीं करूँगा।

*राष्ट्रीय सहारा (हस्तक्षेप), 7 फरवरी, 1988*

# पहल नहीं करूँगा लेकिन चुप भी नहीं बैठूँगा

*अरुण पांडेय की बातचीत*

**आप सरकार गिराने और बनाने की राजनीति के विरोधी रहे हैं। आपने कहा था कि सिर्फ भाजपा विरोध का नारा देना जनतंत्र की भाषा नहीं है। लेकिन अभी हाल में आपने भाजपा गठबंधन की सरकार को गिराने का बयान दिया। आखिर ऐसा क्यों ?**

मैंने उस दिन सिर्फ इतना ही कहा था कि जो लोग भारतीय जनता पार्टी के दर्शन से सहमत नहीं हैं, उन्हें एकजुट होकर भाजपा गठबंधन की सरकार को हटाने का प्रयास करना चाहिए। भाजपा के प्रति न तो मेरे मन में कोई कुंठा है और न ही अटलजी के प्रति कोई दुराव या असम्मान है। मैं जब इस सरकार को हटाने की बात करता हूँ तो इसके पीछे कुछ ठोस तर्क हैं। भारत शांति, अहिंसा और मानव संवेदनशीलता का देश रहा है। आजादी के आंदोलन के दौरान और उसके बाद पचास वर्षों में अपनी एक परम्परा स्थापित की थी। गैरकांग्रेसवाद के नाम पर सरकार उन परंपराओं के शुभ पक्ष को तिलांजलि दे रही है। शांति और अहिंसा की जगह वह भारतीय जन को उन्माद का पाठ पढ़ा रही है। सुरक्षा का खतरा दिखाकर मनगढ़ंत तथ्यों के आधार पर परमाणु परीक्षण किया गया। जिस भाजपा ने अपने घोषणा पत्र में लिखा था कि देश की सुरक्षा के लिए एक 'राष्ट्रीय सुरक्षा परिषद' का गठन किया जाएगा और उस परिषद के सुझावों के आधार पर सुरक्षा की रणनीति तैयार की जाएगी, उसी भाजपा ने परमाणु परीक्षण कर दिया। राष्ट्रीय सुरक्षा परिषद के गठन और उसके सुझावों की नौबत ही नहीं आई। जनता से एक बात कहना और फिर उससे अलग हटकर व्यवहार करना सरकार चलाने की मर्यादा के खिलाफ है। परमाणु परीक्षण की इस एक नासमझी ने हमारी शताब्दियों पुरानी परंपरा को नष्ट कर दिया। हर कोई जानता है कि परमाणु हथियार सुरक्षा नहीं, विध्वंस के अस्त्र हैं। आखिर अब हम किस मुँह से उन देशों के विरुद्ध आवाज उठाएँगे, जिनके पास परमाणु अस्त्र हैं ? मैं जानता हूँ कि मेरी यह बात कई लोगों को बुरी लगेगी, लेकिन मुझे इसकी परवाह नहीं है।

ठीक इसी तरह यह सरकार धर्म के सवाल पर भी उन्माद भड़काना चाहती है। मंदिर बनाने के सवाल पर जब चर्चा हुई तो सरकार ने कहा कि विपक्ष के लोग इसे अनावश्यक मुद्दा बना रहे हैं। इससे बड़ा मिथ्या आचरण मैंने अपने जीवन में कभी नहीं देखा। विपक्ष नहीं, खुद संघ परिवार के लोगों ने ही इस मुद्दे को उठाना शुरू किया। कहीं विश्व हिंदू परिषद, तो कहीं बजरंग दल और कहीं आर.एस.एस. के लोग मंदिर बनाने का बयान देने लगे। प्रधानमंत्री संसद में न्यायालय के फैसले को सर्वोच्च मानने का वक्तव्य देते हैं और उन्हीं की पार्टी के एक प्रवक्ता मंदिर बनाने के लिए संविधान संशोधन की बात कहते हैं। क्या ऐसे दोमुँहेपन वाली सरकार का बने रहना देशहित में उचित होगा ? मैं नहीं कहता कि

देश की मौजूदा आर्थिक स्थिति के लिए भाजपा सरकार ही जिम्मेदार है, लेकिन उसके द्वारा स्वदेशी का झूठा प्रचार करना कहाँ से न्यायसंगत है ? खुद संघ परिवार से ही जुड़ा संगठन 'स्वदेशी जागरण मंच' कहता है कि यह सरकार स्वदेशी के खिलाफ काम कर रही है। उसी विश्व बैंक और आई.एम.एफ. के इशारे पर बजट बनाना, सरकार चलाना और इसे स्वदेशी की संज्ञा देना भ्रम पैदा करने के अलावा कुछ नहीं है। परमाणु परीक्षणों के बाद से लगातार रुपये की कीमत गिर रही है। विदेशी कर्ज बढ़कर करीब 112 अरब डॉलर हो गया है। डॉलर के मुकाबले रुपये के (चार रुपये) कमजोर होने मात्र से ही इस कर्ज में करीब 448 अरब रुपये की वृद्धि हो गई है। सार्वजनिक क्षेत्र को निजी क्षेत्र और विदेशी बहुराष्ट्रीय कंपनियों के हवाले किया जा रहा है और सरकार स्वदेशी का राग अलाप रही है। आखिर यह दोमुँहापन क्यों ? सार्वजनिक क्षेत्र की कंपनियों को बेचकर कोई नया कारखाना खोलने या विदेशी कर्ज को पाटने का काम यह सरकार नहीं कर रही है बल्कि वह सरकारी खजाने को गैरजरूरी मदों में दैनंदिन खर्च कर रही है। क्या अटल सरकार धन-दुरुपयोग का यह रवैया 'बिगड़ा नवाब जागीर बेचकर जश्न मनाए' जैसा नहीं ? केंद्र-राज्य संबंधों की स्थिति खतरनाक हद तक जा पहुँची है। राज्य सरकारें केंद्र के खिलाफ रोज-ब-रोज बयान दे रही हैं। टकराव बढ़ रहा है। इस टकराव के गंभीर दुष्परिणाम हो सकते हैं। ऐसे में मेरे जैसा आदमी चुप नहीं रह सकता।

**भाजपा का कहना है कि लालू को बचाने के लिए आपने ये तर्क दिए हैं...?**

मैं एक ही बात कहना चाहता हूँ। आखिर यह कौन-सा तरीका है कि केंद्र सरकार अपनी पार्टी की राज्य सरकारों को छोड़कर अन्य सभी राज्य सरकारों के यहाँ की कानून-व्यवस्था की जाँच के लिए केंद्रीय दल भेजे और दल की रिपोर्ट उसके मनमाफिक न हो तो दल के अफसरों का तबादला कर दे ? राज्यों की स्थिति जानने के लिए केंद्र के पास कई तरीके हैं। कई खुफिया एजेंसियाँ हैं, जो तकरीबन हर रोज केंद्र को रिपोर्ट देती हैं। ऐसे में विशेष दल भेजने की आखिर जरूरत क्या है, सिवाय इसके कि गैरभाजपा राज्य सरकारों को संकट में डाला जाए, उसे बर्खास्त किया जाए। कानून-व्यवस्था की सबसे बुरी स्थिति उत्तर प्रदेश की है। वहाँ क्यों नहीं केंद्रीय दल भेजा गया ? इसका जवाब भाजपा के पास नहीं है।

**तो क्या आप मानते हैं कि भाजपा सरकार को हटाने के अलावा अब कोई दूसरा विकल्प नहीं बचा है और उसकी जगह किसी की भी सरकार बन जानी चाहिए ?**

उन्माद और टकराव बढ़ाने के अलावा इस सरकार के सौ दिनों की कोई उपलब्धि नहीं रही। क्या आपने कहीं सुना है कि किसी देश का प्रधानमंत्री अपनी सुरक्षा के लिए अमरीका के राष्ट्रपति को पत्र लिखे ! यह कहे कि हमें पाकिस्तान और चीन से खतरा है। इतना ही नहीं, उस व्यक्ति (ब्रजेश मिश्र) को प्रधानमंत्री अपना प्रधान सचिव बना दे जो उसकी पार्टी संगठन के किसी निकाय में काम करता हो ! परमाणु परीक्षण करने के बाद देश के वैज्ञानिक और अफसर राजनेता की तरह प्रेस को संबोधित करने लगें ! अटलजी मेरे मित्र हैं। वह एक सफल विदेशी मंत्री भी रहे हैं। क्या उन्हें नहीं मालूम कि किसी देश का रक्षामंत्री यह बयान नहीं देता है कि परमाणु अस्त्रों का 'बटन' किसके हाथ में रहेगा, इसका फैसला तथाकथित

राष्ट्रीय सुरक्षा परिषद करेगी ? आखिर इस किस्म का आचरण क्यों किया जा रहा है ? क्या यही हमारी परंपरा रही है ? इसलिए इन स्थितियों में मैं भाजपा सरकार का समर्थन नहीं कर सकता। उसे सुझाव देने का कोई अर्थ भी नहीं है क्योंकि वे 'महान' लोग हैं। जिस सरकार को न आप सुझाव देने की स्थिति में हों और न ही उसका समर्थन करने की तो फिर उसे हटाने के अलावा कोई दूसरा विकल्प नहीं बचता। रही बात सरकार बनाने की तो एक ऐसी सरकार बननी चाहिए जो मौजूदा सरकार जैसा काम न करे। मैं भाजपा का नहीं, उसकी 'करनी' का विरोधी हूँ, इसलिए इस सरकार को हटाकर ऐसी कोई सरकार बनाने का समर्थन नहीं कर सकता जो भाजपा सरकार जैसा ही 'कुकर्म' करे !

**इसके लिए क्या आप कोई ठोस प्रयास कर रहे हैं ?**

देखिए, मैं अपनी ताकत जानता हूँ। लोकतंत्र में सरकार गिराने और बनाने का मसला मूलतः एक 'नंबर का खेल' होता है। मेरे पास सांसदों की वह संख्या नहीं है जिसके आधार पर सरकार गिराई जा सकती है। इसलिए मैंने अपनी ओर से न तो कोई पहल की है और न करूँगा। लेकिन इसका अर्थ यह नहीं है कि मैं बोलूँगा भी नहीं। जो सच है, उसे पहले भी कहता रहा हूँ और आगे भी कहता रहूँगा।

**जब आप कोई प्रयास नहीं कर रहे हैं तो फिर पत्रकारों को बुलाकर आपने सरकार गिरानेवाला बयान क्यों दिया ?**

कुछ दिन पहले की बात है। मेरे यहाँ तीन-चार पत्रकार लोग आए और यूँ ही बातचीत शुरू हो गई। इन बंधुओं ने मुझसे हुई बातचीत के आधार पर दूसरे दिन अपने-अपने अखबारों में खबर लिखी। मेरे पास फोन आने लगे। सभी लोग बातचीत के लिए समय माँगने लगे। कुछ ने शिकायत के लहजे में यह भी कहा कि आप गुपचुप तरीके से कुछ लोगों से मिल लेते हैं और हम लोगों को नहीं बुलाते। उनकी शिकायत मुझे उचित लगी और एक दिन मैंने सभी पत्रकारों को बुला लिया। जो मुझे कहना था, कहा। जब कुछ पत्रकारों ने मुझसे पूछा कि भाजपा सरकार को गिराने के लिए क्या कांग्रेस को पहल करनी चाहिए ? तब मैंने कहा, अवश्य करनी चाहिए। चूँकि कांग्रेस मुख्य विपक्षी दल है इसलिए उसे भाजपा गठबंधन की सरकार गिराने और नई सरकार बनाने की पहल करनी चाहिए। कांग्रेस के कुछ लोगों को यह बात बुरी लगी। उस दिन मैंने अपनी ओर से सरकार गिराने का कोई बयान नहीं दिया था। मैं समझता हूँ कि पत्रकारों द्वारा पूछे गए सवाल का मैंने सही उत्तर दिया। मैं यह तो नहीं कह सकता था कि कांग्रेस एक निकम्मी और सरकार गिराने में असफल रहनेवाली पार्टी है, इसलिए वह कोई पहल नहीं कर सकती !

**उस दिन के बाद क्या आपकी कांग्रेस या अन्य दल के नेताओं से कुछ बातचीत हुई ?**

न मैंने किसी से संपर्क किया और न ही इसकी कोई जरूरत समझता हूँ। अखबारों में विभिन्न पार्टियों के नेताओं की प्रतिक्रियाएँ पढ़ता रहता हूँ। किसी का फोन आता है तो बातचीत हो जाती है। इससे अधिक कुछ नहीं। उस दिन भी जब पत्रकारों ने पूछा तभी मैंने उसका जवाब दिया। मैं अन्य लोगों की तरह यह नहीं कहता कि कांग्रेस को नेतृत्व सँभालना

चाहिए या उसे कुछ और करना चाहिए। मैंने जो कुछ कहा है उसकी पहले से कोई ठोस योजना नहीं बनाई थी।

**आपके बयान के दूसरे दिन मुलायम सिंह और लालू यादव एक हो गए और नया मोर्चा बना लिया। क्या उनसे आपकी कोई बातचीत हो रही है ?**

वे दोनों लोग एक हुए, इसकी मुझे खुशी है। अन्य लोगों से भी बातचीत कर वे लोग सबको इकट्ठा करना चाहते हैं। मैं इसे अच्छा मानता हूँ, लेकिन इस बारे में उन लोगों से मेरी कोई विशेष बातचीत नहीं हुई है, बल्कि विभिन्न पार्टियों के कुछ लोगों से मैं हमेशा बातचीत करता रहता हूँ। यहाँ तक कि भाजपा में भी कई लोग ऐसे हैं जो अपनी ही पार्टी के कार्यों को उचित नहीं मानते। इन सभी लोगों से भी मेरी बात होती रहती है। इसका अर्थ यह नहीं कि सब लोगों को मिलाकर मैं कोई नया मोर्चा या पार्टी बनाने जा रहा हूँ।

**क्या आपको नहीं लगता कि राजनीतिक जोड़-तोड़ की बजाय कुछ बुनियादी सवालों को लेकर एक व्यापक जनआंदोलन छेड़ा जाना चाहिए ?**

आज की राजनीति उन समस्याओं से हटकर जनता के जज्बातों को उभारने का एक हथियार बन गई है। अगर आंदोलन छेड़ना है तो सबसे पहले इन जज्बातों को छोड़कर देश की मूल समस्याओं को केंद्र में ले आना होगा किंतु मैं मानता हूँ कि कोई भी दल यह सब करने को तैयार नहीं है। आंदोलन तो तभी चल सकता है जब इस देश में एक नई सोच पैदा हो। मैंने भाजपा के लोगों से भी कहा था कि कुछ सवालों पर सहमति बनाकर कुछ किया जाना चाहिए। लेकिन उन्हें लगता है कि जो उनके सिद्धांतों से असहमत है वह राष्ट्रद्रोही है। ऐसे में मेरे जैसा आदमी किसी से राष्ट्रभक्ति का प्रमाणपत्र लेने को तैयार नहीं होगा। अगर अमरीका का बनाया अणु बम भी विनाश का हथियार है तो भारत का अणु बम भी विध्वंस का ही हथियार कहा जाएगा। इस पर कोई हमें राष्ट्रद्रोही कहता है तो कहे, उसकी मुझे कोई चिंता नहीं। मैं उस हर हथियार, उस हर कल्पना, उस हर सोच और दर्शन के खिलाफ हूँ जो इन्सान को मौत का पैगाम देता है।

**क्या आपको आनेवाले दिनों में किसी नए राजनीतिक ध्रुवीकरण या नई राजनीतिक पहल की संभावना दिखाई पड़ रही है ?**

आनेवाले दिनों में क्या होगा, यह कहना बड़ा मुश्किल है। आज जैसी ऊहापोह की स्थिति है और राजनीति में सक्रिय लोगों का चिंतन है, उसमें कोई आशा की किरण नहीं दिखाई पड़ती। लेकिन हमारा देश बहुत पुराना है। जब चारों ओर अँधेरा दिखाई पड़ता है तो अचानक कहीं न कहीं से आशा की किरण दिख जाती है। जब सारी कठिनाइयों के बावजूद हमारा जनतंत्र पिछले पचास वर्षों से निश्चित दिशा की ओर बढ़ रहा है, तो तय मानिए कि मौजूदा कठिनाइयों से भी वह जरूर उबरेगा। अब कोई मुझसे यह पूछे कि वह कैसे होगा, तो इसका आज मेरे पास उत्तर नहीं है।

*राष्ट्रीय सहारा (हस्तक्षेप), 4 जुलाई, 1998*

# केवल औपनिवेशिक मुल्क में ही विदेशी मूल के प्रधानमंत्री संभव हैं

*नीरजा चौधरी की बातचीत*

*चन्द्रशेखर संख्या के हिसाब से भले ही महत्त्वहीन पार्टी का नेतृत्व करते हों पर जब कभी भी सरकार गिरती है, तो वे अखबारों में छाए रहते हैं। इस बार भी यह समझा जाता है कि उन्होंने ही समाजवादी पार्टी के अध्यक्ष मुलायम सिंह यादव को सोनिया गांधी के नेतृत्व में बननेवाली कांग्रेस सरकार को समर्थन नहीं करने के लिए समझाया। नीरजा चौधरी को दिए साक्षात्कार में वह कहते हैं कि विदेश में जन्मे नागरिकों को ऊँचे पद से बाहर रखा जाए। वह इस बात पर जोर देते हैं कि सोनिया गांधी के नेतृत्व को समर्थन नहीं करने का फैसला मुलायम सिंह यादव का अपना फैसला था। वे समझते हैं कि सोनिया गांधी के त्यागपत्र का नाटक और इसके बाद त्यागपत्र वापस लेना पार्टी पर प्रतिकूल असर दिखलाएगा।*

**यद्यपि आपने भाजपा सरकार के विरुद्ध मतदान किया, लेकिन आप सोनिया गांधी की अपेक्षा अटल बिहारी वाजपेयी को पसंद करते हैं !**

मैंने कभी नहीं कहा कि मैं सोनिया से ज्यादा वाजपेयी को पसंद करता हूँ। फिर भी मैं समझता हूँ कि भारत सरकार को जिस तरीके से बदला गया है, वह नहीं होना चाहिए था, क्योंकि यह सरकार के प्रति विश्वास प्रस्ताव था। मुझे यह घोषणा करनी होगी कि मेरा विश्वास इस सरकार में था। मैंने इस सरकार का समर्थन इसलिए नहीं किया क्योंकि इस सरकार ने कोई काम नहीं किया है। यह सत्य है कि सोनिया गांधी को प्रधानमंत्री बनाने के बारे में मुझे दुविधाएँ हैं। इस बात को मैंने नजदीकी मित्रों के समक्ष व्यक्त किया था। राजनीतिक स्थिति काफी विषाक्त हो गई है और उस बिंदु पर पहुँच गई है जहाँ संसदीय लोकतंत्र को खतरा है। इस तरीके के माहौल में सोनिया गांधी का सबसे आगे आना और अधिक तनाव बढ़ाता है। यह मेरी सूझ थी और मैंने कांग्रेस के अपने मित्रों से कहा कि इस प्रक्रिया में तेजी नहीं लानी चाहिए।

**लेकिन आपके विचार शरद पवार और दूसरे लोगों जैसे नहीं हैं, जो चाहते हैं कि केवल भारत में ही जन्मे लोगों को ऊँचे पद मिलने चाहिए ?**

परंपरा और संवैधानिक प्रथा के अनुसार बहुत सारे देशों में अपनी धरती पर जन्मे व्यक्ति ही ऊँचे पद पर होते हैं। मुझे इस तरीके के उदाहरण याद नहीं हैं, जहाँ विदेश में जन्मे व्यक्ति सबसे ऊँचे पद पर पहुँचे हैं। केवल उपनिवेशों में यह अपवाद है। इस तरह की कल्पना स्वतंत्र

समाज में नहीं की जा सकती। यह किसी नैतिकता के विरुद्ध नहीं है। इस सवाल पर पक्षपातहीन ढंग से विचार-विमर्श करना चाहिए था। दुर्भाग्य से यह उन्माद का विषय बन गया है। लोग पुतला जला रहे हैं और आत्मदाह के बिंदु पर जा रहे हैं। कांग्रेस पार्टी की जो परंपरा रही है, उससे ऐसी आशा नहीं की जा सकती। यह प्रतीत होता है कि हम लोग उस बिन्दु पर पहुँच गए हैं जहाँ बिना मर्यादा के कुछ नहीं कर सकते।

**क्या आप समझते हैं कि चुनाव में राष्ट्रीयता मुद्दा होगी ?**

यह इस बात पर निर्भर करता है कि इस विवाद को कितना घसीटा जाता है। यह प्रचार करने का मुद्दा उन लोगों के लिए भी नहीं है, जिन्होंने इसे उठाया है; बल्कि उन लोगों के लिए है, जो उनका विरोध करते हैं।

**पवार ने एक नया राष्ट्रीय विकल्प तैयार करने की बात की है, क्या आप इसे समर्थन करेंगे ?**

मैं भारतीय राजनीति में एक नई ताकत पैदा करनेवाली किसी भी चेष्टा का समर्थन करता हूँ। भारतीय जनता पार्टी और कांग्रेस ने देश के आगे कुछ चीजें रखी हैं, जो वर्तमान परिस्थिति में बहुत प्रासंगिक नहीं हैं। संस्कृति का पुनर्जागरण और सांप्रदायिकता का नारा काल्पनिक मुद्दे हैं। जनता की बुनियादी समस्याएँ असली मुद्दा हैं। जो समूह जनता के मुख्य मुद्दे को हल करने की बात करता है, मैं उसका निश्चित रूप से समर्थन करता हूँ।

**तब क्या आप यह महसूस करते हैं कि पंथनिरपेक्षवाद बनाम साम्प्रदायिकता आज की प्रासंगिक बहस का विषय है ?**

धर्मनिरपेक्षता प्रासंगिक है, लेकिन इस नारे के रूप में नहीं कि इसके पीछे जनता की और दूसरी समस्याओं को ढँक दिया जाए। धर्मनिरपेक्षता पर तुच्छ तरीके से विचार किया जाता है, यह अच्छा नहीं है।

**इसका क्या अर्थ है ?**

मेरे विचार से किसी भी तरीके की हठधर्मिता चाहे वह धर्म, जाति, भाषा के नाम पर जनता में तनाव फैलाती हो, गलत है। धर्मनिरपेक्षता एक जीवनशैली है, जिसमें हम लोग एक दूसरे को बर्दाश्त करते हैं।

**क्या आप समझते हैं कि आक्रमण का मुख्य केंद्र भाजपा या कांग्रेस होना चहिए ?**

उन सभी चीजों के खिलाफ लड़ाई होनी चाहिए जो भारतीय नहीं हैं। उदाहरण के तौर पर लें तो देश में एक माहौल बनाया जा रहा है कि राष्ट्र समस्याओं से जूझ रहा है। यह निर्दयी संसार है। हमको समस्याओं से बचाने कोई नहीं आएगा। आत्मनिर्भरता, स्वदेशी और स्वावलंबन नारा नहीं है, ये आर्थिक रणनीति है। हमारे पास संसाधन स्रोत के रूप में मानव शक्ति है और अगर हम कड़ी मेहनत करें तो एक नया भविष्य तैयार कर सकते हैं।

**तारिक अनवर जैसे लोग उन कांग्रेसियों को पुनर्गठित करने की बात करते हैं जो समय-समय पर पार्टी छोड़ चुके हैं।**

मैं नहीं समझता कि ये लोग किसके बारे में बात करते हैं। मैं उन सभी का स्वागत करता हूँ जो कुछ अलग प्रकार का कार्य करना चाहते हैं।

**कांग्रेसी, जिसमें आप भी हैं, आप 1977, 1987, 1999 में पार्टी छोड़कर बाहर आए। 1999 उन सबसे कैसे भिन्न है ?**

1977 में कुछ समय लगा और यह 1999 में अचानक यह हुआ। जबकि चुनाव होने को हैं और जिसके लिए अधिक तैयारी भी नहीं है। लेकिन अब आधुनिक मीडिया भी आ गया है, जो चुनावी समर की झलकियों के रूप में टेलीविजन स्क्रीन पर सारे विश्व में दिखाएगा कि कैसे एक व्यक्ति के पार्टी नेतृत्व के लिए मारपीट, आत्मदाह और भूख हड़ताल तक हो जाती है। जाहिर है, यह सब देखकर वे लोग दुखी होंगे जो लोकतंत्र के भविष्य के लिए चिंतित हैं। लोकतंत्र में इस तरह की विषाक्त परिस्थिति जहाँ मारपीट, आत्मदाह, भूख-हड़ताल एक व्यक्ति के पार्टी नेतृत्व के लिए किया जाता है, अगर पार्टी एक आदमी पर निर्भर हो जाती है, तो वह कैसे कुछ कर सकती है ?

**क्या पवार, संगमा और अनवर के निकलने से कांग्रेस की क्षति होगी ?**

शरद पवार की महाराष्ट्र में मजबूत पकड़ है। कुछ लोग कहते हैं कि महाराष्ट्र के आधे कांग्रेसी उसके साथ जा सकते हैं। यह सभी इस पर निर्भर कर सकता है कि किस तरह का मेलजोल तैयार किया जाता है।

**ऐसा क्यों होता है कि ज्योंही आपके नाम की चर्चा होती है, लोगों को यह भय उत्पन्न होता है कि सत्ता पाने के लिए आप सभी को पीछे छोड़ देंगे ?**

मैं यह नहीं समझता हूँ और न मैं इसके लिए किसी के पास गया हूँ। शरद पवार ने पार्टी छोड़ी और मुझे बातचीत के लिए आमंत्रित किया। मैंने उनके साथ कोई विचार-विमर्श शुरू नहीं किया और न किसी के द्वारा उनसे संपर्क करने की कोशिश ही की। यह कहा जा रहा है कि मुलायम सिंह यादव को मैंने ही सोनिया गांधी को समर्थन करने से मना किया। यह सत्य है कि मुलायम सिंह यादव और मेरे विचार सोनिया गांधी की नागरिकता के सवाल पर एक-से थे। हम लोगों ने इस पर विचार किया, लेकिन यह मुलायम सिंह यादव का अपना फैसला था।

**आपके विचार से सोनिया गांधी को क्या करना चाहिए ?**

सोनिया गांधी को इस मुद्दे पर इन तीनों नेताओं से बातचीत करके उनकी सोच को समझना चाहिए था। उनको कांग्रेस पार्टी में एक तरह से उन्माद की स्थिति बनने देने के लिए इजाजत नहीं देनी चाहिए थी। इसका असर पार्टी के भविष्य पर पड़ेगा। यह कांग्रेस पार्टी के लिए लाभकारी नहीं है। मेरी सलाह की उनको जरूरत नहीं है।

**सरकार गिरने के बाद आपकी उनसे लंबी मुलाकात हुई थी ?**

इसकी पहल उनके द्वारा की गई थी। मैं सबसे मिलूँगा जो मुझसे मिलना चाहते हैं। वह (सोनिया गांधी) काफी शिष्ट और सम्मानित हैं।

**नए राष्ट्रीय मोर्चे की तैयारी में कौन-कौन शामिल हो रहे हैं ?**

इसमें मुलायम, लालू, शरद पवार, बीजेडी और समता शामिल हो सकते हैं।

**क्या समता...?**

हाँ, वे मुझसे ऐसा करने की बातें कहते हैं। हेगड़े, ममता, देवगौड़ा और जे.एच. पटेल; हाँ, इसके बाद जीएस तोहड़ा, नेशनल कान्फ्रेंस, ओ.पी. चौटाला, लोकतांत्रिक कांग्रेस और टी.डी.पी. भी हैं।

**क्या जयललिता भी हैं ?**

हाँ, जयललिता ! अगर वे नहीं, तो डी.एम.के.।

**और बी.एस.पी. के बारे में क्या राय है ?**

मैं नहीं समझता कि बी.एस.पी. इस मोर्चे में आएगी।

**तो क्या यह केवल क्षेत्रीय दलों के लिए प्लेटफार्म होगा ?**

हो सकता है। क्षेत्रीय पार्टियों को नजरअंदाज नहीं किया जा सकता। ये ताकतवर बल के रूप में आगे बढ़ रहे हैं। ये चमकते सितारे हैं।

**लेकिन इस समूह में नेतृत्व के लिए दावेदार बहुत हैं।**

दावेदारी करने में कोई हानि नहीं है।

**क्या इस समूह का एक स्वाभाविक नेता है ?**

यहाँ कोई स्वाभाविक नेता नहीं। वैसे अटल बिहारी वाजपेयी भी भाजपा के स्वाभाविक नेता नहीं हैं। सोनिया गांधी भी कांग्रेस की स्वाभाविक नेता नहीं हैं। स्वाभाविक नेताओं का युग चला गया। स्वाभाविक नेता वे हैं जो आंदोलन से उभरते हैं।

**लेकिन इस तरह के समूह का कौन नेतृत्व करेगा ?**

मैं नहीं कह सकता। नेताओं की कमी नहीं है।

**क्या आप किसी को नेता के रूप में स्वीकार करेंगे ?**

मैं पवार, मुलायम, ममता, देवगौड़ा में से किसी को स्वीकार करूँगा। मैं नेता रहूँगा... चाहे प्रधानमंत्री और सांसद रहूँ या न रहूँ।

*इंडियन एक्सप्रेस, 1 जनवरी, 1999*

# सरकार गिराइए, लेकिन भागवत मुद्दे पर नहीं

*अरुण पांडे की बातचीत*

**भागवत प्रकरण पर संसद में चर्चा की जाए या नहीं, इसको लेकर जो सर्वदलीय समिति बनी थी, उसकी अध्यक्षता करने से आपने इनकार क्यों कर दिया था ?**

समिति बनने से पहले मैं लोकसभा में अपनी राय व्यक्त कर चुका था। मैंने कहा था कि सुरक्षा जैसे संवेदनशील मामले में थोड़ी एहतियात बरती जानी चाहिए। उस पर खुली चर्चा न तो उचित है और न ही देशहित में है। बहस की माँग जायज थी। भागवत प्रकरण से जुड़े दस्तावेजों को कुछ वरिष्ठ राजनेतागण देख-समझकर निर्णय लें, यह बात भी समझ में आ रही थी, लेकिन बिना दस्तावेज देखे और मामले को समझे-बूझे संयुक्त संसदीय-समिति (जेपीसी) के गठन का मुझे कोई औचित्य नहीं समझ में आ रहा था। जब सभी दलों के नेता अफवाहों के आधार पर ही अपनी राय बना चुके थे तब सर्वदलीय समिति बनाना और उसकी अध्यक्षता की जिम्मेदारी लेने का मुझे कोई तुक नहीं दिखा। इसीलिए मैंने उस सर्वदलीय समिति की अध्यक्षता स्वीकार नहीं की।

**भागवत प्रकरण से संबंधित दस्तावेजों को देखने-पढ़ने के बाद खुद आपका निष्कर्ष क्या है ?**

दस्तावेजों को देखने-पढ़ने की नौबत ही नहीं आई। दस्तावेजों को देखने का सवाल उठा था लेकिन भागवत के एक हलफनामे और 'महान' नेताओं की बयानबाजियों के चलते सब कुछ ठहर-सा गया। कांग्रेस और वामपंथी अड़ गए कि दस्तावेज देखने के बाद भी हम संयुक्त जाँच समिति (जे.सी.पी.) की माँग करेंगे। ऐसे में कोई मूर्ख सरकार ही होगी, जो दस्तावेज भी दिखा दे और जेपीसी की माँग भी स्वीकार कर ले। हाँ, एक बात पर मेरी राय बिल्कुल स्पष्ट है। एडमिरल भागवत की बर्खास्तगी के तौर-तरीके या निर्णय-प्रक्रिया में खामी हो सकती है लेकिन इसको लेकर नौसेना प्रमुख या उनके परिवार के लोग अखबारों में बयानबाजी करने लगें, इसकी इजाजत कतई नहीं दी जा सकती। भागवत को आपत्ति थी तो उन्हें अपनी आपत्तियों को राष्ट्रपति के समक्ष रखना चाहिए था। वे राष्ट्रपति से न्याय की अपील करते तो बात समझ में आती लेकिन इसके बजाय समाचारपत्रों के जरिये आंदोलन की घोषणा करना एक ऐसा अनुचित कार्य था, जो भविष्य के लिए भयावह साबित हो सकता है।

**जब आप प्रधानमंत्री थे, तब भागवत नौसेना उप-प्रमुख थे। कहा जा रहा है कि उस समय भी आपने राष्ट्रपति से इनकी बर्खास्तगी की सिफारिश की थी ?**

नहीं, यह बात सही नहीं है। मुझे अपनी याददाश्त पर भरोसा है। अगर मैंने ऐसा किया

होता तो वह घटना याद जरूर रहती। हाँ, मैंने उस समय एक नौसेना अधिकारी के बारे में जरूर कहा था लेकिन वह भागवत नहीं, कोई और था। मसला भी बर्खास्तगी का नहीं, दूसरा था। दरअसल, उस अधिकारी ने कोई राजनीतिक वक्तव्य दे दिया था, जो मुझे उचित नहीं लगा, इसलिए मैंने अपने रक्षा सचिव से कहा था कि उन अधिकारी महोदय से पूछा जाना चाहिए कि वे ऐसा वक्तव्य क्यों दे रहे हैं। ध्यान रहे कि यह बात मैंने राष्ट्रपति से नहीं, अपने रक्षा सचिव से कही थी। वह मसला भी बेहद मामूली था। जैसाकि मैं अखबारों में पढ़ रहा हूँ, अगर वैसी बात होती तो शायद राष्ट्रपति से कहने की बजाय मैं भागवत को बुलाकर खुद उनसे बातचीत करना पसंद करता।

**पूर्व प्रधानमंत्री देवगौड़ा आपके पुराने मित्र हैं। उन्होंने रक्षा सौदों में हेराफेरी को लेकर जार्ज फर्नांडीस पर कुछ गंभीर आरोप लगाए हैं। उनके आरोपों पर आपकी क्या राय है ?**

किसके पास क्या प्रमाण है और क्या नहीं, इसके बारे में मुझे भी उतनी ही जानकारी है जितनी अखबारों में छप रही है। न तो देवगौड़ा ने मुझे कोई कागजात दिखाए हैं और न ही जार्ज ने। जो अखबारों में छप रहा है, उससे दो बातें उभरकर आ रही हैं। मामला टैंकों के खरीद का है। जार्ज कह रहे हैं कि टैंकों के खरीद की शुरुआत का सिलसिला देवगौड़ा के जमाने से हुआ था। देवगौड़ा का कहना है कि उनके नहीं, गुजराल के समय हुआ था। अब जार्ज फर्नांडीस का कहना है कि टैंक खरीद को लेकर अभी केवल सहमति-पत्र (मेमोरेंडम ऑफ अंडरस्टैंडिंग) पर हस्ताक्षर हुए हैं। टैंकों की जाँच बाकी है। जाँच पूरी हो जाने के बाद ही खरीदारी होगी। सिर्फ मुझे इतना ही पता है। अब अंदरखाने में क्या हुआ है या क्या हो रहा है, न तो मुझे मालूम है और न ही इसको जानने में मेरी दिलचस्पी है।

**अक्सर रक्षा सौदों में दलाली या कमीशनखोरी का सवाल उठता रहता है, आखिर सच क्या है ?**

देश के सभी वरिष्ठ पत्रकार और सांसद भली भाँति जानते हैं कि रक्षा सौदों में कमीशन लिया भी जाता है और दिया भी जाता है। विश्व के सारे देशों में कमीशन की प्रथा कायम है। भारत में भी ऐसा होता है। आज से नहीं, 1947 से ही यह प्रथा चली आ रही है। यह कमीशन कौन लेता है, कितना लेता है और अंततः हजारों करोड़ की यह धनराशि कहाँ जाती है—इसका कोई आधिकारिक लेखा-जोखा नहीं रखा जाता। कमीशन की प्रथा इसलिए भी समाप्त नहीं हो सकती क्योंकि दुनिया की सभी बड़ी रक्षा कंपनियों और सरकारों ने इसे वैधता प्रदान कर रखी है। ऐसे में किसने कितना कमीशन खाया, इसकी मुझे कोई जानकारी नहीं। चूँकि मेरे जमाने में कोई सौदा नहीं हुआ था, इसलिए कम से कम मैं कह सकता हूँ कि मैंने कोई कमीशन नहीं खाया है। लेकिन यह कहना कि कमीशन नहीं लिया जाता, सरासर झूठ है।

**क्या अपने प्रधानमंत्रित्वकाल के दौरान आपने इस पर रोक लगाने का कोई प्रयास किया था ?**

झूठ बोलने की मेरी आदत नहीं है। मैंने कमीशनखोरी पर रोक लगाने का कोई प्रयास नहीं किया था। हाँ, एक बात मैंने कही थी, जो उस समय के राष्ट्रपति द्वारा दिए गए

अभिभाषण में भी मौजूद है। कोई चाहे तो उसे पढ़ सकता है। दरअसल, अपने अधिकारियों से गहन विचार-विमर्श के बाद मैंने कमीशन में मिलनेवाली धनराशि के जरिये एक 'नेशनल रिकंस्ट्रक्शन फंड' (राष्ट्रीय पुनर्निर्माण कोष) बनाने का प्रस्ताव रखा था ताकि कमीशन की राशि को कानूनी रूप दिया जा सके। कमीशनखोरी या भ्रष्टाचार के किसी भी मामले में शुरू से ही मेरी स्पष्ट मान्यता रही है कि यह काम संसद का नहीं, जाँच एजेंसियों का है। बिना किसी दबाव के निष्पक्ष जाँच के जरिये प्राप्त निष्कर्षों के आधार पर ही कार्रवाई की जानी चाहिए। मुकदमा चलना चाहिए। यह न कर बेवजह बयानबाजी करने और एक-दूसरे पर कीचड़ उछालने से न तो देश का भला होता है और न ही भ्रष्टाचार रुकता है। इसीलिए बोफोर्स प्रकरण पर जब पत्रकारों ने मुझसे पूछा था तो मैंने कहा था 'दिस इज पुलिस सब-इंस्पेक्टर जॉब, प्राइम मिनिस्टर इज नथिंग टू डू इट।' मेरे इस वाक्य पर काफी बावेला मचा। पिछले दिनों भी जब मैंने भ्रष्टाचार के अन्य मामलों पर ऐसी ही राय व्यक्त की तो लोगों ने मुझे 'भ्रष्टाचारियों को शरण देनेवाले संकटमोचक' जैसी उपाधियों से अलंकृत किया। मैं सुनता रहा। चूँकि मैं सही था और हूँ, इसलिए लोगों की बातों की परवाह नहीं करता। मजेदार किस्सा तो तब सामने आया जब सीबीआई डायरेक्टर जोगिन्दर सिंह बोफोर्स दस्तावेजों का बक्सा लेकर भारत लौटे और उस पर संसद में बहस शुरू हुई। जसवंत सिंह ने बोफोर्स दस्तावेजों को सदन के पटल पर रखने की माँग की तभी तत्कालीन कानून मंत्री रमाकान्त खलप ने उठकर सदन को सूचना दी कि वी.पी. सिंह के जमाने में ही भारत और स्विस सरकार के बीच एक सहमति-पत्र पर इस आशय का हस्ताक्षर हो चुका है कि ये दस्तावेज सिर्फ पुलिस ही देख सकती है, संसद या अखबार के लोग नहीं। यदि दस्तावेजों के देखने के बाद पुलिस को लगे, तो वह मामले को अदालत के हवाले कर सकती है। सारे सांसद चुप रह गए। जोगिन्दर सिंह का बक्सा आज भी रखा पड़ा है। अब संसद में बोफोर्स के बारे में कोई आवाज नहीं उठाता। मैं जो बात 1987 से ही कह रहा था, वह बात गलत थी और जब स्विस कोर्ट ने कह दिया तो वह सही हो गई। यह तो दशा है हमारे देश के 'महान' नेताओं की।

**क्या यह सच है कि राजीव गाँधी ने अपने जमाने में 'मिडिल मैन' वाली अवधारणा समाप्त कर दी थी ? रक्षा सौदों में उस समय कोई बिचौलिया नहीं रहा ?**

अब देखिए, राजीव गाँधी के बारे में मुझसे कुछ मत कहवाइए। उन्होंने 'मिडिल मैन' न होने का बयान दे दिया था और शायद इसीलिए उनके खिलाफ बोफोर्स का मामला भी उठ गया। अति (उत्साह) में उन्होंने कह दिया था कि वे या उनके किसी संबंधी ने कमीशन नहीं लिया है। उन्हें यह नहीं कहना चाहिए था। यदि वे सिर्फ यह कह दिए होते कि कमीशन लिया गया या नहीं मुझे नहीं, मालूम तो तय मानिए कि बोफोर्स पर इतना भारी विवाद नहीं उठता। एक बात मैं जरूर कहना चाहूँगा कि बोफोर्स प्रकरण से देश का हित कम, अहित ज्यादा हुआ है। मात्र 65 करोड़ के कथित कमीशन के चलते देश के करीब एक हजार करोड़ रुपए बर्बाद हो गया। न तोप बनी और न ही गोले बने।

**ऐसा लग रहा है कि भागवत मुद्दे पर सरकार गिर भी सकती है। ऐसे में आप चुनाव चाहेंगे**

**या कोई वैकल्पिक सरकार...?**

देखिए, इस सरकार से मेरा कोई लगाव नहीं है। इसे मैं निहायत निकम्मी सरकार मानता हूँ। यह जितनी जल्दी गिर जाए, उतना ही अच्छा है, लेकिन एक नौसेना प्रमुख की बर्खास्तगी या बहाली के मुद्दे पर सरकार गिराने को मैं अत्यंत अनुत्तरदायित्वपूर्ण कार्य की संज्ञा दूँगा। यदि सरकार गिराना ही है तो गिरानेवालों को किसी दूसरे मुद्दे की तलाश करनी चाहिए। रही बात चुनाव और वैकल्पिक सरकार की, तो देश में बड़ी-बड़ी पार्टियाँ हैं। मैं तो अकेला हूँ। सरकार बनी तो उसे भी देख लूँगा और चुनाव हुआ तो लड़ भी लूँगा। वैसे ज्यादातर सांसद चुनाव नहीं चाहते इसलिए उनकी भावनाओं को भी समझा जाना चाहिए। कुल मिलाकर मुझे एक बेहद ऊहापोहवाली स्थिति सामने दिख रही है। मेरा आकलन गलत भी हो सकता है लेकिन चुनाव हुआ तो एक बार फिर त्रिशंकु संसद ही अस्तित्व में आएगी।

**कुछ लोगों की राय है कि भाजपा-कांग्रेस से इतर एक नए राजनीतिक मोर्चे के गठन की पहल आपको करनी चाहिए ?**

देखिए, आज की राजनीति जहाँ पहुँच चुकी है, वहाँ मैं किसी नई पहल के लिए अपने आपको अक्षम पाता हूँ। लोगों की भावनाओं को भड़काकर राजनीति करना मैं अभी तक सीख नहीं पाया हूँ। उम्र के जिस मोड़ पर हूँ शायद, चाहकर भी वह नहीं सीख सकता। मौजूदा राजनीति में संख्या की दृष्टि से जो लोग सक्षम हैं, उन्हें मेरे व्यक्तित्व से बेहद गुरेज है और मेरी खुद की दिक्कत यह है कि मैं चाहकर भी किसी से प्रार्थना नहीं कर सकता। शायद यही वजह है कि नए राजनीतिक ध्रुवीकरण को अंजाम देने के लिए मैं पहल नहीं करना चाहता। बावजूद इसके देश के कुछ ज्वलंत सवालों पर आम राय बनाने की कोशिश मैं करता रहूँगा, चाहे सफलता मिले या न मिले।

**कुल मिलाकर आखिर भागवत प्रकरण का अंत क्या होगा ? क्या आप इस मुद्दे पर संयुक्त संसदीय समिति (जेपीसी) बनाने के पक्ष में हैं ?**

इस प्रकरण के अंत का उतना महत्त्व नहीं है जितना कि इसके चलते सरकार की निरीहता सामने आ रही है और अंततः देश की मर्यादा पर प्रश्नचिह्न लग रहा है। कुल मिलाकर यह देश हित में नहीं है। मेरी अटल सरकार के प्रति कोई सहानुभूति नहीं है लेकिन बेहद भारी मन से कह रहा हूँ कि भागवत को मुद्दा बनाकर जो लोग सरकार गिरा सत्ता में आना चाहते हैं, उन्हें भी इन्हीं चीजों का सामना करना पड़ेगा। रही बात जेपीसी के गठन की तो मैं इसके खिलाफ हूँ। सिर्फ अफवाहों के आधार पर जेपीसी की माँग करना उचित नहीं है। माँग करनेवालों को सबसे पहले उन प्रश्नों को सामने लाना चाहिए जिनकी वे जाँच कराना चाहते हैं। ऐसे प्रश्नों को सूत्रबद्ध करने का काम न तो कांग्रेस के लोग कर रहे हैं और न ही वामपंथी या अन्य विपक्ष के लोग। इसलिए जेपीसी के गठन का फिलहाल कोई तुक कम से कम मुझको नहीं लगता।

*राष्ट्रीय सहारा (हस्तक्षेप), 10 अप्रैल, 1999*

# हम किसी की सरकार गिराने नहीं निकले हैं

*शंभुनाथ सिंह की बातचीत*

*पूर्व प्रधानमंत्री चन्द्रशेखर देश के कुछ उन गिने-चुने राजनेताओं में से एक हैं जो अपनी समझ की दृढ़ता और बेबाकी के लिए जाने जाते हैं। चार पूर्व प्रधानमंत्रियों द्वारा जनजागरण के नाम पर जो अभियान चलाया जा रहा है, उसके असली सूत्रधार चन्द्रशेखर ही हैं। हालाँकि वे इसका श्रेय लेने से विनम्रतापूर्वक इनकार करते हैं और वीपी सिंह, एचडी देवगौड़ा और इन्द्र कुमार गुजराल को पूरा महत्त्व और श्रेय देते हुए उनकी प्रतिबद्धता और योगदान की प्रशंसा करते हैं। लेकिन सच्चाई यह है कि इस समूचे अभियान की रूपरेखा और रणनीति चन्द्रशेखर के आवास 3, साउथ एवेन्यू लेन पर ही तैयार हुई। पिछले लगभग दो महीनों से चन्द्रशेखर पैर की चोट और आँख के ऑपरेशन के कारण बिस्तर पर पड़े हैं—जहाँ उनका कुशल-क्षेम पूछने के लिए आनेवाले शुभचिंतकों में देश के अन्य पूर्व प्रधानमंत्री भी शामिल हैं। इन्हीं व्यक्तिगत मुलाकातों के क्रम में यह विचार पैदा हुआ कि यदि अपने-अपने अहं को स्थगित करके देश के पूर्व प्रधानमंत्री राष्ट्रीय और जनसमस्याओं को लेकर सम्मिलित रूप से कोई अभियान चलाएँ तो उसका बड़ा प्रभाव हो सकता है। लेकिन जो लोग पूर्व प्रधानमंत्रियों की इस मुहिम को सहानुभूतिपूर्ण ढंग से देखते हुए यह निष्कर्ष निकाल रहे हैं कि जैसे कोई व्यक्ति नौकरी से अवकाश ग्रहण कर सामाजिक कार्यों में अपने को व्यसत रखकर अपनी सार्थकता और आत्मसंतोष खोजता है, उसी तरह पूर्व प्रधानमंत्री गण भी कर रहे हैं; या जो लोग यह मान रहे हैं कि यह पार्टीविहीन, भूमिकाविहीन और चुके हुए राजनेताओं द्वारा अपनी अप्रासंगिकता दूर करने की एक षड्यंत्रकारी मुहिम है, जिसके जरिये वे अराजकता को बढ़ावा देने और फिर उस अराजकता का लाभ उठाकर राजनीतिक रूप से पुनर्जीवित होने का नया सपना देख रहे हैं। ऐसे दोनों ही श्रेणी के लोग अपनी मान्यताओं के बंदी ही माने जाएँगे। क्योंकि राजनीति अपने आप में एक ऐसा कर्म है जिसमें कोई 'रिटायरमेंट' नहीं होता और कैरियर के पूर्वार्द्ध और उत्तरार्द्ध की सक्रियता के चरित्र में कोई बुनियादी फर्क नहीं होता। कई राजनेता तो शारीरिक रूप से अशक्त और अक्रिय होने के बावजूद दिमागी रूप से पर्याप्त गतिशील और सक्रिय होते हैं। बहरहाल, अपने इस सामूहिक अभियान का उपहास उड़ानेवालों से चन्द्रशेखर पलटकर यह पूछने से नहीं चूकते कि यदि उन लोगों का अभियान इतना ही निरर्थक है तो उससे घबराने या उसका नोटिस लेने की क्या जरूरत है। प्रस्तुत है इस अभियान के विभिन्न पहलुओं और गुत्थियों पर शम्भूनाथ सिंह की बेलाग बातचीत :*

**चन्द्रशेखरजी, देश में पहली बार ऐसा हो रहा है जब चार पूर्व प्रधानमंत्री कोई 'फोरम' बना**

**रहे हैं। इसकी जरूरत और उद्देश्यों के बारे में कुछ बताएँगे ?**

'फोरम' जैसा तो कुछ नहीं है। लेकिन देश जिन हालात से गुजर रहा है उसे देखते हुए यह जरूरत जरूर महसूस हुई कि यदि देश के प्रधानमंत्री जैसे जिम्मेदार पद पर रह चुके वरिष्ठ लोग विकराल होती बुनियादी समस्याओं पर एकजुट होकर कुछ बोलें और जनता को अपने स्वाभाविक अधिकारों के प्रति सचेत करते हुए उन्हें लामबंद करें तो उसका बड़ा प्रभाव पड़ सकता है और इस तरह जनविरोधी नीतियों और कार्यक्रमों पर अंकुश लग सकता है। हम यह नहीं मानते कि एक बार प्रधानमंत्री बन जाने के बाद राजनेता की देश और जनता के प्रति कोई जिम्मेदारी नहीं रह जाती बल्कि इसके उलटे हम तो यह सोचते हैं कि देश के इस सर्वोच्च पद पर रह चुकने के बाद किसी राजनेता की जिम्मेदारी और बढ़ जाती है। लेकिन ऐसा मत सोचिए कि हम पूर्व प्रधानमंत्रियों की कोई राजनीतिक पार्टी बनाने जा रहे हैं। हमारा अभियान शुद्ध रूप से देश हित से प्रेरित है और ऐसे तमाम लोग जो यह महसूस करते हैं कि देश की बहुसंख्यक जनता, गरीबों, मजलूमों, किसान-मजदूरों और निम्न मध्यवर्ग को प्रभावित करनेवाली समस्याएँ खतरनाक बिंदु पर पहुँच चुकी हैं, वे अपने संकुचित राजनीतिक हितों से ऊपर उठकर हमारे साथ सहभागिता कर सकते हैं। उनका स्वागत है।

**ठीक है कि यह सिर्फ पूर्व-प्रधानमंत्रियों का कोई क्लब नहीं है और इसमें और लोग भी शामिल हो सकते हैं। लेकिन क्या इस दिशा में कोई प्रगति हुई है ? मेरा मतलब यह जानना है कि क्या अन्य पार्टियों और गठबंधनों के कुछ नेताओं से इस बाबत कोई बात हुई है और वे अपनी पार्टी से ऊपर उठकर आप लोगों के साथ आने और जन-जागरण करने को तैयार हैं ? जहाँ तक मुझे लगता है आपकी बिरादरी के ही एक अन्य पूर्व प्रधानमंत्री पीवी नरसिंह राव अपनी पार्टी की वजह से ही आप लोगों के अभियान से जुड़ते-जुड़ते रह गए ?**

हमें लगभग हर पार्टी और गठबंधन के संवेदनशील लोगों की ओर से सकारात्मक संदेश और उत्साहवर्धक प्रतिक्रियाएँ मिल रही हैं, लेकिन मैं उन सबका नाम तो आपको अभी नहीं बता सकता। सही समय आने पर सब मालूम हो जाएगा। जहाँ तक नरसिंह राव जी का सवाल है उसकी स्थिति की गलत व्याख्या की जा रही है और उससे मनमाने निष्कर्ष निकाले जा रहे हैं। उनसे हमारा पूरा विचार-विमर्श होता है, उनके सुझावों पर गौर किया जाता है और मैं आपको विश्वास दिलाना चाहता हूँ कि वे हमारी चिंताओं से अलग नहीं हैं, दिल से साथ हैं। और जैसा कि मैंने पहले कहा और बार-बार कह रहा हूँ कि हमने कोई अलग से राजनीतिक पार्टी नहीं बनाई है कि लोग अपनी-अपनी पार्टियाँ छोड़कर उसमें शामिल होने लगेंगे।

**आपको जिन पार्टियों और गठबंधनों के लोगों से उत्साहवर्धक प्रतिक्रियाएँ मिल रही हैं क्या उसमें केंद्र में सत्तारूढ़ गठबंधन के कुछ घटक दल भी शामिल हैं या फिर विपक्ष की भूमिका में बैठी कांग्रेस और अन्य दलों के लोग हैं ? मतलब यह कि आप लोगों की इस राजनीतिक सक्रियता से भविष्य में सत्तारूढ़ गठबंधन को ज्यादा नुकसान उठाना पड़ सकता है या विपक्षी पार्टियों को ?**

हम किसी को नुकसान पहुँचाने के लिए अभियान नहीं चला रहे हैं बल्कि देश की

बहुसंख्यक जनता के हितों की हिफाजत करने के लिए और उसे फायदा पहुँचाने के लिए अभियान चला रहे हैं। लेकिन इतना तो स्वाभाविक है कि जब वास्तविक समस्याओं को लेकर कोई आंदोलन शुरू होता है और वह प्रचंड रूप लेने लगता है तब राजनेताओं और राजनीतिक दलों पर यह दबाव तो बनता ही है कि वे अपनी भूमिका और पक्षधरता पर पुनर्विचार करें। आखिर राजनीति हवा में नहीं होती, वह जनता के बीच ही होती है और कोई भी राजनेता व राजनीतिक दल यह 'अफोर्ड' नहीं कर सकता कि जनता की नजर में उसका जनविरोधी चेहरा उजागर हो। ऐसे भी लोग भयभीत हो सकते हैं जो राजनीति तो जनहित के नाम पर कर रहे हैं पर वास्तव में उनका मौजूदा स्टैंड और कारगुजारियाँ जनता को और बदहाल बनाने के काम आ रही हैं। सचमुच आज देश के सामने जैसा गंभीर संकट उपस्थित है वैसा इससे पहले कभी नहीं था लेकिन इससे बढ़कर चिंता की बात यह है कि इस संकट को स्वीकार्य और मोहक बनाने की एक मुहिम-सी चल रही है। जब इस मुहिम का पर्दाफाश होगा और जाने-अनजाने इसमें शामिल लोगों की शिनाख्त होने लगेगी तो सारे समीकरण और गँठजोड़ उलट-पुलट हो जाएँगे।

**आप किस संकट की बात कर रहे हैं, जरा साफ-साफ बताएँ ?**

देखिए, संकट तो चौतरफा है। हर मोर्चे पर स्थिति भयावह होती जा रही है। लेकिन सबसे गंभीर चुनौती आर्थिक मोर्चे पर है। दशक भर के उदारीकरण के प्रयोगों के परिणाम सामने हैं। नब्बे के दशक में उदारीकरण की नीतियों को लागू करते समय हमें बताया गया था कि नियोजित विकास का रास्ता छोड़ने और देश की अर्थव्यवस्था और भारतीय समाज को विकसित औद्योगिक देशों से जोड़ने की बड़ी जरूरत है वरना हम सभ्यता के विकास में बहुत पीछे छूट जाएँगे। इसके वकीलों ने यह तर्क दिया था कि भारत की आर्थिक समस्याएँ विदेशी पूँजी और सलाह से हल कर ली जाएँगी। बहुराष्ट्रीय कंपनियाँ नई तकनीक लाएँगी जिससे रोजगार के अवसर बढ़ेंगे और सभी क्षेत्रों में उच्च उत्पादकता का नया कीर्तिमान स्थापित किया जाएगा जिससे देश में समृद्धि आएगी।

इसके लिए वांछित आर्थिक वातावरण बनाने की गरज से एकाधिकार विरोधी भारतीय कानून को खत्म कर दिया गया, आयात शुल्क में कटौती की गई, मुक्त विश्व व्यापार की बाधाएँ दूर की गईं, लघु उद्योगों को दिया गया संरक्षण खत्म कर दिया गया और खाद्यान्न व उर्वरक पर दी जानेवाली राजकीय सहायता में कमी की गई। लेकिन क्या आर्थिक नीतियों में किए गए इन परिवर्तनों से हमें अपना बहुप्रचारित लक्ष्य हासिल करने में कोई मदद मिली।

अगर हम उदारीकरण वाले नब्बे के दशक की तुलना इसके पहले के गैर-उदारीकरणवाले अस्सी के दशक से करें तो हमारी राष्ट्रीय आय की विकास दर में कोई वृद्धि नहीं दिखती। 1991-99 में कृषि क्षेत्र की विकास दर 1981-1990 की 4.04 प्रतिशत की तुलना में केवल आधी रह गई। नब्बे के दशक की औद्योगिक विकास दर 5.8 प्रतिशत थी जबकि इसके पहले के दशक में यह 7.7 प्रतिशत थी। बिजली उत्पादन और उसकी क्षमता में भी गिरावट आई और रोजगार की स्थिति पहले के मुकाबले बहुत खराब हो गई। अस्सी के दशक की तुलना में नब्बे के दशक में देश के आयात में दोगुनी वृद्धि हो गई और बाहर से जो भी थोड़ा-बहुत

विदेशी निवेश हुआ उससे क्षेत्रीय विषमताएँ बढ़ गईं। इससे समाज के उन वर्गों में, जो पहले से ही बुनियादी सुविधाओं से वंचित थे, और अधिक निराशा बढ़ी जिसके चलते हिंसा की घटनाएँ बढ़ने लगीं।

विडंबना यह है कि सभी बुनियादी क्षेत्रों में अर्थव्यवस्था की विफलता की स्वीकारोक्ति के बावजूद यह कुतर्क किया जा रहा है कि हमें आर्थिक सुधारों के दूसरे चरण को और तेजी से शुरू करना चाहिए। इस तरह अनर्गल दलीलों के जरिये उदारीकरण के पक्ष में नया उत्साह पैदा करने की कोशिश की जा रही है।

**लेकिन क्या यह भी एक विडंबना ही नहीं है कि आप जिन लोगों के साथ जनजागरण का अभियान शुरू कर रहे हैं उनमें से सभी उदारीकरण के प्रबल समर्थक रहे हैं। अपने प्रधानमंत्रित्वकाल में ही नहीं राजीव गाँधी के वित्तमंत्री के रूप में भी विश्वनाथ प्रताप सिंह ने उदारीकरण को देश के आर्थिक विकास के एक कारगर हथियार के रूप में पेश किया। पीवी नरसिंह राव तो खैर इसके पर्याय ही माने जाते हैं और उनकी व मनमोहन सिंह की जोड़ी को उदारीकरण का सबसे बड़ा झंडाबरदार माना जाता है। देवगौड़ा और गुजराल को उस तरह खुलकर शासन करने और नीतियों को लागू करने का मौका नहीं मिला लेकिन इन लोगों की छवि भी उदारीकरण के समर्थक की ही है। ऐसे में आपके अभियान, खासकर आर्थिक पुनर्रचना के स्वदेशी ढाँचेवाले अभियान की विश्वसनीयता क्या अंतर्विरोधी नहीं लगती ?**

आपका प्रश्न वाजिब है। लेकिन इसमें वैसी कोई विसंगति नहीं है जैसी आप ढूँढ़ने की कोशिश कर रहे हैं। मेरी अपनी एक समझ है और मैं उस पर वर्षों से कायम हूँ। मैं नहीं बदल रहा हूँ। लेकिन आप देखिए कि लोग बदल रहे हैं। जिन लोगों का नाम आप ले रहे हैं, उनके विचार इस बीच काफी बदले हैं, बल्कि बदलने को मजबूर हुए हैं। ऐसा इसलिए हुआ है क्योंकि उदारीकरण से जिन नतीजों की इन लोगों को उम्मीद थी वैसा कुछ भी नहीं हुआ। यह एक विध्वंसकारी प्रयोग साबित होकर रह गया। आपको ध्यान होगा कि अपने कार्यकाल के आख़िरी वर्षों में आते-आते नरसिंह राव भी उदारीकरण को मानवीय चेहरा देने की बात करने लगे थे क्योंकि स्वयं उन्हें ही यह अमानवीय लगने लगा था। अभी हाल में ही एक अंग्रेजी दैनिक में लेख लिखकर उन्होंने यह स्पष्ट कर दिया कि आर्थिक सुधारों की दिशा और दशा ठीक नहीं है।

क्या इससे आपको किसी परिवर्तन के संकेत नहीं मिलते। उदारीकरण का मनमोहन सिंह से बढ़कर कोई समर्थक नहीं हुआ लेकिन आज वे भी इसकी आलोचना करने को विवश हैं। क्या आप यह नहीं मानते कि परिणामों और अनुभवों की रोशनी में व्यक्ति के विचारों में परिवर्तन भी हो सकते हैं। अब लोग यह महसूस करने लगे हैं कि क्या ये तथाकथित आर्थिक सुधार जीरा और धनिया आयात करने के लिए किए गए थे।

उदारीकरण के चक्कर में हमारे सार्वजनिक क्षेत्र की भूमिका को जिस तरह नकारा जा रहा है और उसे हास्यास्पद करार दिया जा रहा है वह बहुत ही दुर्भाग्यपूर्ण है। क्या मिश्रित अर्थव्यवस्था में निजी क्षेत्र को फलने-फूलने और आगे बढ़ने के अवसर उपलब्ध नहीं थे। लेकिन उपाय ऐसा किया जा रहा है कि रोग के साथ-साथ रोगी ही खत्म हो जाए। इसे सहन

नहीं किया जा सकता। आजादी के मूल्यों और सपनों के साथ विश्वासघात किया जा रहा है। राष्ट्रीय स्वाभिमान के साथ छल हो रहा है।

**आर्थिक के अलावा और कौन-कौन से बिंदु हैं जिन्हें आप लोग जनजागरण के लिए चुनना पसंद करेंगे ?**

जैसा कि मैं पहले संकेत कर चुका हूँ कि संकट चौतरफा है और लगभग हर मोर्चे पर स्थिति विकट हो चुकी है इसलिए शुरुआत चाहे जिस मोर्चे से हो, धीरे-धीरे सभी मुद्दे उसमें सिमट ही जाएँगे। दरअसल पूरी अराजकता हो गई है। देश सामाजिक विखंडन की ओर बढ़ता जा रहा है।

**कहीं आपका संकेत बिहार की ओर तो नहीं है ?**

क्या यूपी, क्या बिहार—सब जगह तो अराजकता ही दिखाई दे रही है। लेकिन बिहार के बारे में मैं इतना जरूर कहना चाहूँगा कि मौजूदा केंद्र सरकार वहाँ जिस तरह के चौंकानेवाले प्रयोग कर रही है, वह ठीक नहीं है। कहीं न कहीं उसमें राजनीतिक प्रतिशोध की बू आ रही है। वरना ऐसा कैसे हो सकता है कि एक ही अभियोग में राबड़ी को जमानत दी जा रही है और लालू को जेल भेज दिया जा रहा है। क्या इससे लालू समर्थकों में यह संदेश नहीं जाएगा कि उसके नेता को जान-बूझकर सताया जा रहा है। इस मामले में मीडिया एकतरफा हो चुका है और जाँच एजेंसियों की साख संदिग्ध हो रही है। लोकतंत्र में राजनीतिक नैतिकता का तकाजा है कि न्याय होता हुआ दिखना भी चाहिए।

**क्या आप लोग केंद्र सरकार के विरुद्ध बिहार के मामले को एक 'टेस्ट केस' के रूप में इस्तेमाल करने की कोई रणनीति बना रहे हैं।**

पूरा देश एक टेस्ट केस बन चुका है।

**संविधान समीक्षा के मुद्दे को आप किस तरह देखते हैं ?**

यदि समीक्षा कराना जरूरी ही था तो पार्लियामेंट में बाकायदा प्रस्ताव लाना चाहिए था। आश्चर्य होता है यह देखकर कि जो लोग बाबा साहब अम्बेडकर की कसमें खाते हैं, वे भी कुर्सी के मोह में संविधान समीक्षा की मौजूदा योजना पर तालियाँ बजा रहे हैं। यह इसी देश में संभव है और अटल बिहारी वाजपेयी के 'महान' राजनीतिक नेतृत्व में ही संभव है कि संविधान जैसी चीज की समीक्षा अराजनीतिक ढंग से और अराजनीतिक लोगों द्वारा कराई जाए।

**क्लिंटन की भारत यात्रा को एक उपलब्धि माना जा रहा है। क्या मौजूदा विश्व-व्यवस्था में इससे हमारी धाक कुछ बढ़ सकती है ?**

दुनिया में किसी देश की प्रतिष्ठा अपने आत्मविश्वास, आत्मनिर्भरता और स्वाभिमान से बढ़ती है। हमारी विदेश नीति का मूल आधार हमारी अपनी सोच थी और दुनिया के बारे में हमारे दृष्टिकोण, हमारे मूल्य और हमारे राष्ट्रीय हित किसी शीतयुद्ध से नहीं पैदा हुए थे

बल्कि हमारे अपने विश्वासों से पैदा हुए थे। लेकिन मौजूदा सरकार का व्यवहार बहुत दयनीय साबित हुआ। ऐसा लगता है कि हमारी सरकार ने अमरीकी प्रभुत्ववाली एक ध्रुवीय दुनिया के सिद्धांत को स्वीकार कर लिया है। वरना संसद के दोनों सदनों को संबोधित करते हुए राष्ट्रपति क्लिंटन यह कहने का साहस नहीं करते कि अमरीका ने कारगिल की ऊँचाइयों से पाकिस्तान को अपनी फौजें वापस बुलाने के लिए विवश कर दिया। ऐसा कहकर वे भारतीय शक्ति और स्वाभिमान को निरर्थक साबित कर रहे थे और अमरीकी शक्ति और उसके इस्तेमाल की प्रासंगिकता को पूरी नग्नता से जाहिर कर रहे थे।

जिस क्षेत्र को अमरीका दुनिया का सबसे खतरनाक बिंदु बताता हो वहाँ उसके राष्ट्रपति का आना दरअसल अहसान जताने जैसा ही है और उसके इस अहसान के बोझ से हमारी सरकार पूरी तरह दबी हुई दिखाई देती है। हमारे सांसदों और आमंत्रित अतिथियों ने संसद के केंद्रीय कक्ष में संयम और शालीनता की सभी मर्यादाएँ तोड़ते हुए क्लिंटन के सामने जैसा बचकाना व्यवहार किया, उसे देखते हुए यह सोचकर आश्चर्य होता है कि क्या हम कभी एक महान राष्ट्र की गरिमा के अनुरूप आचरण कर पाएँगे। देश की प्रमुख उद्योग संस्था सीआईआई ने चेल्सिया क्लिंटन के स्वागत में अखबारों में पूरे पृष्ठ का विज्ञापन छापा और उन्हें इस बात के लिए धन्यवाद दिया कि वे अपने पिता को साथ ले आई हैं। हमारे विदेशमंत्री भी जिस तरह उन्हें होली खेलने के लिए अगवानी करके जोधपुर ले गए वह कूटनीतिक दृष्टि से आश्चर्यजनक था।

लेकिन सबसे चौंकानेवाला बर्ताव तो अंग्रेजी मीडिया का था जो इस यात्रा से संबंधित छोटी-छोटी बातों को नमक-मिर्च लगाकर उछाल रहा था जबकि उसके मुकाबले अमरीकी अखबारों ने इसके लिए बहुत कम जगह खर्च की। शायद वे हमें इतना महत्त्वपूर्ण नहीं समझते कि इधर ज्यादा ध्यान दें। कोई भी स्वाभिमानी राष्ट्र ऐसा व्यवहार कैसे कर सकता है।

**मान लीजिए कि आपका जनजागरण अभियान सफल हो जाता है और कोई ऐसी स्थिति बनती है कि आपमें से किसी को सरकार का नेतृत्व करना पड़े तो उसका नेता कौन होगा ? आप सभी लोग तो प्रधानमंत्री भी रह चुके हैं।**

देखिए, हम किसी की सरकार गिराने और बनाने के लिए नहीं लड़ रहे हैं। लेकिन इतना जान लीजिए कि हमारे बीच किसी भी मुद्दे पर कोई मतभेद नहीं है।

**ऐसा इसलिए लगता है क्योंकि 1989 में राष्ट्रीय मोर्चा की सरकार के गठन के वक्त आपने वीपी सिंह के नेतृत्व का विरोध किया था और बाद में अलग होकर खुद अपने नेतृत्व में सरकार बनाई थी।**

गड़े मुर्दे उखाड़ने का कोई फायदा नहीं है। हमारे व्यक्तिगत रिश्तों में कभी कोई कटुता नहीं थी और अब राजनीतिक रिश्तों में भी किसी किस्म का कोई विभेद नहीं है। पूरा सामंजस्य है क्योंकि आज हमारे सामने सत्ता का नहीं व्यवस्था परिवर्तन का लक्ष्य है। यह एक बड़ी और स्थायी महत्त्व की चुनौती है जिससे निपटने के लिए पार्टी, वर्ग, क्षेत्र जाति और धर्म से ही नहीं सत्ताकांक्षा से भी ऊपर उठना आवश्यक है।

*यंग इंडियन, 22 अप्रैल, 2000*

# सुप्रीम कोर्ट को अपनी सीमा में रहना चाहिए

*अरुण पांडेय की बातचीत*

**इधर हाल के दिनों में कई अवसरों पर केंद्र तथा राज्य सरकारें आतंकवादियों या अपराधियों के समक्ष समर्पण करती नजर आईं। इसके लिए आप किसे दोषी मानते हैं।**

किसी एक सरकार या घटना को इसके लिए जिम्मेदार नहीं ठहराया जा सकता। देश में कानून-व्यवस्था की स्थिति जैसे-जैसे बिगड़ती जा रही है वैसे-वैसे नई समस्याएँ खड़ी हो रही हैं। बदलती परिस्थितियों के अनुसार समस्याओं के समाधान के लिए कदम उठाना हर सरकार की विवशता होती है। सरकारों पर भरोसा करके चलना पड़ता है। जो व्यक्ति जिम्मेदारी के पद पर बैठा है वह समस्या की अहमियत समझता है। यह मानकर चलना चाहिए कि वह सही फैसला करेगा। ऐसे नाजुक मसलों पर सरकार की कार्रवाई के विरुद्ध टिप्पणी करने से समस्या सुलझने की बजाय उलझती है।

**तो क्या वीरप्पन मामले को लेकर उच्चतम न्यायालय ने जो टिप्पणी की है वह गलत है ?**

उच्चतम न्यायालय के लोग न वहाँ की परिस्थितियों को जानते हैं और न ही यह मसला उनके कार्यक्षेत्र में आता है। अगर हर आदमी अपने कार्यक्षेत्र का अतिक्रमण कर उच्च आदर्शों की व्याख्या करने लगेगा, तो स्थिति और बिगड़ेगी। उच्चतम न्यायालय को अपनी सीमा में रहना चाहिए। उसे यह कहने का अधिकार नहीं प्राप्त है कि अमुक सरकार को कुर्सी छोड़ देनी चाहिए। मुझे नहीं मालूम कि उच्चतम न्यायालय के विद्वान न्यायमूर्ति के पास वीरप्पन और कर्नाटक-तमिलनाडु के राज्य सरकारों की पहल के बारे में क्या जानकारी है और किस आधार पर उन्होंने फैसला दिया है लेकिन इतना जरूर कहूँगा कि हर व्यक्ति और संस्था को अपनी परिधि में ही रहना चाहिए।

**तो फिर कर्नाटक राज्य सरकार जो कर रही है, उससे क्या आप पूरी तरह सहमत हैं ?**

देखिए, दिल्ली में बैठकर किसी के खिलाफ बोल देना बहुत आसान है। बहुत कम लोगों को पता है कि अकेले बंगलूर शहर में लगभग 20-25 लाख तमिल भाषी रहते हैं। पाँच-छह साल पहले एक घटना हुई थी जिसमें करोड़ों की संपत्ति नष्ट हुई थी और करीब पचास लोगों की जान गई थी। आज अगर राजकुमार जैसे व्यक्ति पर कोई घातक हमला होता है तो कितने लोग मरेंगे कोई नहीं जानता। कर्नाटक के मुख्यमंत्री विषम परिस्थिति का सामना कर रहे हैं। वह जितना संयम और धैर्य से काम कर रहे हैं उसकी सराहना होनी चाहिए। बिना जाने-समझे उनके विरुद्ध विचार व्यक्त कर देना बड़बोलापन के अलावा और कुछ नहीं है। मेरी स्पष्ट मान्यता है कि इस तरह की विषम परिस्थितियों में अनावश्यक बयानबाजी से बचा

जाना चाहिए। यह बात मैंने विमान अपहरण के समय भी तब कही थी जब आरएसएस के कुछ लोगों ने 'हिंदू कायरता' वाला वक्तव्य दिया था।

**इसका अर्थ यह हुआ कि इन दिनों सख्त बनाम नरम राज्य की जो बहस चल रही है उसे भी आप फालूत मानते हैं ?**

देखिए, राज्य राज्य होता है उसे 'सख्त और नरम' के खाँचे में बाँटना अपने को समझ में नहीं आता। किसी भगवान ने नहीं, लोगों ने राज्य बनाया है। जब लोगों को लगा कि वह अपनी कुछ समस्याओं का समाधान खुद नहीं कर सकते तो उन्हीं लोगों ने अपने कुछ अधिकारों को कुर्बान कर विभिन्न संस्थाओं का गठन किया। यह मानकर चला गया कि निश्चित सीमा का उल्लंघन करने पर राज्य दंडित भी कर सकता है। राज्य की पूरी अवधारणा मनुष्य की विवशता और सहयोग–दोनों का प्रतीक है। जैसे-जैसे विकास होता गया, वैसे-वैसे विवशता खत्म होती गई और सहयोग की भावना बढ़ती गई। राजशाही के बदले लोकशाही अस्तित्व में आई। राज्य का दमनकारी स्वरूप समाप्त हुआ और एक-दूसरे के प्रति सहयोग की भावना प्रबल हुई। इसका अर्थ यह नहीं कि लोकतांत्रिक राज्य को दमन का अधिकार नहीं है। जो शक्तियाँ मानवता के विरुद्ध काम करने लगती हैं तो उनके विरुद्ध कठोर कदम उठाना राज्य का कर्तव्य हो जाता है। 'हार्ड और सॉफ्ट स्टेट' का मेरे लिए इतना ही अर्थ है।

**कुछ लोगों का कहना है कि भारतीय राज्य असहाय हो गया है, क्या आप इससे सहमत हैं ?**

मैं यह नहीं मानता कि भारतीय राज्य बिल्कुल अशक्त हो गया है। मैं यह भी नहीं मानता कि परिस्थितियाँ ऐसी हो गई हैं कि उनका हल नहीं निकाला जा सकता। अब चीजें क्यों हाथ से निकल जा रही हैं, इसका सही उत्तर तो वही लोग दे सकते हैं जो सत्ता में हैं। मुझे सिर्फ एक बात लगती है–सत्ताशीर्ष पर बैठे हुए लोगों में निर्णय लेने की क्षमता खत्म हो गई है। किसी भी समस्या का समाधान तब तक संभव नहीं है जब तक लोग खतरा मोल लेने के लिए तैयार न हों। कोई 'क्राइसिस' बिना 'रिस्क' उठाए नहीं सुलझता है। हम हर संकट को टालने की कोशिश करते हैं। सिर्फ डाकू और आतंकवादी ही नहीं, बल्कि आज पढ़े-लिखे लोग भी समस्या पैदा कर रहे हैं। जब पंजाब में आतंकवाद चरम पर था तो किसी जज ने कुछ नहीं कहा। जिन बहादुर पुलिसवालों ने अपनी जान की बाजी लगाकर आतंकवाद का मुकाबला किया, अब उन्हीं पर मुकदमा चलाने की बात हो रही है।

**आखिर वीरप्पन प्रकरण पर सरकार को क्या करना चाहिए ?**

सरकार को किसी तरह राजकुमार को छुड़ाने का प्रयास करना चाहिए।

**फिर उच्चतम न्यायालय का क्या होगा ?**

देश को सबसे पहले यह तय कर लेना चाहिए कि शासन चलाने की जिम्मेदारी केंद्र या राज्य सरकारों की है या उच्चतम न्यायालय की। मीडिया और बौद्धिकों को भी इस बारे में

अपनी राय बना लेनी चाहिए। क्या रोज वही छपता रहेगा जो उच्चतम न्यायालय कहेगा ? विधायिका, न्यायपालिका और कार्यपालिका के लोगों को बैठकर सबसे पहले अपनी-अपनी परिधि का निर्धारण कर लेना चाहिए। एक-दूसरे को नीचा दिखाकर खुद ऊँचा बनने की प्रवृत्ति बंद होनी चाहिए। यह काम मैं नहीं, वही लोग कर सकते हैं जो सत्ता में बैठे हैं।

*राष्ट्रीय सहारा (हस्तक्षेप), 9 सितंबर, 2000*

# संसदीय जनतंत्र का भविष्य खतरे में

## *रामबहादुर राय की बातचीत*

*चन्द्रशेखर को दो खतरे दिखाई पड़ रहे हैं। कौन बड़ा खतरा है ? इसकी तफ्सील में वे इस वक्त नहीं जाना चाहते। साफ-साफ कह रहे हैं कि आर्थिक गुलामी का खतरा है। इसके अलावा जिस तरह राजनीति संकीर्ण दायरों में सिमट गई है और उसका टूटन जारी है उससे संसदीय जनतंत्र ही अब खतरे में है।*

*आमतौर पर चन्द्रशेखर अपने किसी फैसले पर अफसोस नहीं जताते। लेकिन इन दिनों एक अपवाद उनके मन मस्तिष्क पर छाया हुआ है। उनका विश्वास टूटा है। इससे ही वे व्यथित हैं। उनको यकीन था कि स्वदेशी के सवाल पर संघ समझौता नहीं करेगा। जरूरत पड़ने पर दस प्रधानमंत्रियों को वह कुर्बान कर सकता है। यहाँ हालत ही दूसरी है। एक ही प्रधानमंत्री पूरे संघ पर भारी पड़ रहा है। सत्ता और नैतिकता भर का यह द्वंद्व नहीं है। इससे बड़ा है। जब एक दशक पहले आर्थिक गुलामी के खतरे को बाला साहेब देवरस ने सबसे पहले पहचाना और आवाज लगाई तो भाजपा के नेता चुप थे, चन्द्रशेखर पहले राजनीतिक नेता थे जो उनके साथ खड़े हो गए। लेकिन आज चन्द्रशेखर को इस बात का अफसोस है कि संघ और स्वदेशी इस सवाल पर पथभ्रष्ट हो गए हैं। ये संगठन स्वदेशी की बात तो करते हैं पर इनके आह्वान पर जनता का भरोसा उठता जा रहा है। सरकार बनने के बाद एक भी ऐसा काम इन संगठनों ने नहीं किया जिससे वाजपेयी सरकार थर्राए। संघ और उसके जन संगठन इस कसौटी पर खरे साबित नहीं हो पाए हैं। यह कसौटी चन्द्रशेखर की निजी नहीं है, उन तमाम लोगों की है जो भूमंडलीयकरण के भयावह रथ को रोकना चाहते हैं। चन्द्रशेखर को भरोसा है कि आम आदमी आर्थिक गुलामी के खतरे से लड़ेगा। उसे योग्य नेतृत्व चाहिए। देश मुगालते में न रहे इसलिए वे 'जागते रहो' अभियान पर चलने की ठान चुके हैं। इन सब सवालों पर रामबहादुर राय की बातचीत :*

**तीन महीने बाद इलाहाबाद में विशेष राष्ट्रीय सम्मेलन बुलाने की जरूरत आपने क्यों महसूस की ?**

मैं पिछले दो साल से प्रयास कर रहा हूँ कि जो लोग सरकार की आर्थिक नीतियों के विरोध में हैं वे एकजुट होकर चलें। इसके लिए जिस किसी ने कदम उठाया मैंने साथ दिया और समर्थन किया। ऐसा लगा कि कहीं न कहीं लोगों के मन में झिझक है। उन कारणों में मैं नहीं जाना चाहता। मैंने सोचा कि लोग कुछ भी न करें तो क्या मैं चुप रह जाऊँ ? इसलिए मैंने तय किया कि सजपा का विशेष अधिवेशन बुलाया जाए। सजपा की ताकत कम है लेकिन आवाज उठाने-भर की ताकत है। मैंने देखा कि कोई भी एक होकर काम नहीं

कर रहे तो एकाकी प्रयास के लिए विशेष सम्मेलन बुलाया। सम्मेलन हमारे लिए एक इम्तिहान था। मैंने सोचा कि देखें, कितने लोग इस सवाल पर एक साथ आते हैं।

**सम्मेलन से आपकी अपेक्षा क्या थी ?**

मैं समझता था कि सजपा के जो कार्यकर्ता घर बैठ गए हैं वे अगर इकट्ठे हो जाएँ तो छोटी ही सही एक टीम बन जाएगी। वे लोग आर्थिक सवाल पर काम करेंगे। सम्मेलन के लिए मैं कम समय निकाल सका। कुछ जगहों पर गया और पाया कि लोग इस सवाल पर कुछ करने के लिए पहले से ही मन बना रहे हैं। उसमें सजपा के ही लोग नहीं हैं। वे भी साथ देने के लिए तैयार हैं। हमारी अपेक्षा से बहुत अधिक सहयोग मिला। मुझे महसूस हुआ कि हम लोग सोचने में बहुत पीछे हैं, जनता इस बारे में ज्यादा जागरूक है।

**कितने प्रतिनिधि आए ?**

कम से कम पचास हजार लोग थे। उनमें अधिकतर गरीब किसान थे या विश्वविद्यालयों से निकले हुए नौजवान।

**सम्मेलन जैसा हुआ उसका आंकलन आप क्या करते हैं ?**

दो तरह से सोचने की बात है। इस बारे में जो लोग कुछ करना चाहते हैं उनका देश की स्थिति के बारे में आंकलन क्या है ? अगर वे लोग इसे राजनीतिक स्टंट बनाना चाहते हैं ताकि उनकी ताकत बढ़ जाए तो इसका परिणाम अच्छा नहीं होगा। जो लोग यह समझते हैं, कि इसका संबंध भारत के भविष्य से है तो उनके कामकाज से एक नई शक्ति पैदा होगी इसके लिए हमें संगठित प्रयास करना होगा। इसका अभाव मुझे दिखाई पड़ रहा है।

**जनता पार्टी और जनता दल के राष्ट्रीय सम्मेलनों से यह किस मायने में भिन्न था ?**

इस सम्मेलन की तुलना 1981 जनवरी के जनता पार्टी के सारनाथ सम्मेलन से की जा सकती है। जनता पार्टी से जनसंघ जब अलग हुआ तो ऐसा लगता था कि पार्टी समाप्त हो जाएगी। सारे नेताओं ने मान लिया कि इस पार्टी का अंत आ गया है। अब कुछ किया नहीं जा सकता। मैंने सोचा कि जिन उद्देश्यों से पार्टी बनी थी उन पर लोगों को जागरूक करने के लिए प्रयास होना चाहिए। उसका असर हुआ।

जहाँ तक जनता दल का सवाल है वह पूरी तरह निषेधात्मक मुद्दों पर बना था। जिस तरह सारनाथ सम्मेलन में साफ था कि हम सत्ता में हिस्सेदारी नहीं करने जा रहे हैं, वैसे ही इलाहाबाद में पूरी तरह मालूम था कि संघर्ष का निमंत्रण है। जो यह समझते हैं कि सजपा खत्म हो गई है, वे गलतफहमी में हैं।

**ऐसा लगता है कि इलाहाबाद के विशेष सम्मेलन को आपने निराशा के क्षण में बुलाने का फैसला किया। क्या वह मानसिक अवस्था आपकी अभी भी कायम है ?**

जो प्रयास चलाया जा रहा था उससे कुछ सफलता मिलती मुझे दिखाई पड़ी। उस प्रयास में आप लोग भी शामिल थे। इस मायने में निराशा कह सकते हैं। लेकिन मैं निराश नहीं

हूँ। पहले से मेरी धारणा है कि इस सवाल पर संघर्ष आसान नहीं है। इलाहाबाद सम्मेलन के बाद मुझे लगता है कि हम आवाज उठा सकते हैं और उस आवाज को लोग सुनेंगे। वे लोग भी सुनने के लिए मजबूर हो जाएँगे जो हमारे प्रयास को पलायनवाद का पर्याय मानते हैं।

**बुद्धिजीवियों के प्रयास को आपने सीधे जनता में ले जाने का फैसला किया।**

परिस्थितियों के मद्देनजर उनका प्रयास नगण्य है। मुझे यह समझ में आया कि हम लोग केवल विचार मंथन कर सकते हैं। जन-जागरण का काम उन तरीकों से नहीं हो सकता। मुझे दुख के साथ कहना पड़ता है कि छोटे-छोटे समूह अपनी भूमिका का निर्णय नहीं कर पा रहे हैं। वे काम अच्छा कर रहे हैं अगर हम छोटे दायरे में फँसे रहे तो निर्णायक कदम उठाना असंभव हो जाएगा।

**क्या यह गैर-दलीय प्रक्रिया की सीमाएँ हैं ?**

मैं ऐसा नहीं मानता। हम उसे गैर-दलीय जरूर कह रहे थे लेकिन हमारी आशा दल के नेताओं पर केंद्रित थी। दल के ढाँचे से जुड़कर हम आंदोलन का प्रयास करना चाहते थे। अगर बुद्धिजीवी खुद को जनता से सीधे जोड़ें तो नई राजनीतिक शक्ति पैदा हो सकती है। इसका उदाहरण मैं दे सकता हूँ। मैंने मिर्जापुर में देखा है। आनन्द शेखर ने यह काम कर दिखाया है। वहाँ जाति और धर्म की दीवारें टूट गई हैं।

**क्या इलाहाबाद सम्मेलन को अनदेखा किया गया ?**

इस बारे में मैं कुछ नहीं कहना चाहता। लेकिन लगता है कि राजनीतिक और आर्थिक ताकतों ने विरोध के बजाय अनदेखा करने का रास्ता चुना। इसमें मीडिया भी शामिल है।

**सम्मेलन में तीन प्रस्ताव आए उनमें दो का मुद्दा आर्थिक नीतियों से उभरा संकट है। इसकी एक चेतना उभर रही है। अगला कदम क्या है ?**

इसको केवल प्रस्ताव तक सीमित रखने से कुछ होनेवाला नहीं है। इसलिए छोटा ही सही एक संगठन खड़ा करना होगा। वह उन सबको साथ ले जो पार्टी में हैं या नहीं। अगर यह काम किया जा सके तो कुछ संभावना बन सकती है।

**आपने अपने समापन भाषण में वहाँ कहा कि यह सम्मेलन सरकार बनाने की जोड़-तोड़ के लिए नहीं है। आर्थिक ग़ुलामी से लड़ने के लिए है। लेकिन पिछले सत्तर सालों के तमाम आंदोलन संसदीय राजनीति के गंगा सागर में विलीन होते रहे हैं। यह एक सूत्री दिशा है। इसका अर्थ क्या है ?**

खतरनाक सवाल आप पूछ रहे हैं। मेरी समझ में संसदीय जनतंत्र का भविष्य खतरे में है। इसलिए जिसका अस्तित्व ही खतरे में हो ऐसी मृगमरीचिका के पीछे कोई सही बुद्धि रखनेवाला आदमी क्यों दौड़ेगा ? संसदीय जनतंत्र को चलानेवाले लोग और उसके सहभागी जब तक अपनी सोच नहीं बदलते तब तक हालत में सुधार नहीं होगा। आप यह सवाल

पूछ सकते हैं कि मैं इस राजनीति में क्यों हूँ ? मैं इसलिए हूँ कि मैं नहीं चाहता कि मेरे ऊपर आरोप लगे। मैं खतरे से आगाह कर रहा हूँ। सजग हो जाओ। मेरी बात कोई सुने या नहीं।

**मौजूदा परिस्थिति में क्या जन-आंदोलन की संभावना है ? जिन हालात में आंदोलन पैदा होते हैं, क्या वे सभी मौजूद हैं ?**

मैं आपको बताऊँ कि आंदोलन तो अब तक खड़ा हो गया होता लेकिन नेतृत्व करनेवाली जो ताकतें थीं वे कुंठित हो गईं। कुछ कुंठित हो गई विरोध की राजनीति में रहने और जाति की सीमा में सीमित हो जाने के कारण। इन सवालों पर जो जन-आंदोलन चला सकती हैं, वे ताकतें राजसत्ता के मोह से अपंग हो गई हैं। जो पहले था वह आज कारगर नहीं रह गया है। नया बनाने में बहुत पीड़ा और संघर्ष से गुजरना पड़ेगा। इस प्रक्रिया में देश को बहुत कुछ खोना पड़ सकता है। कुछ ताकतें राजनीतिक विखंडन के कारण असहाय हैं। न्यूनतम आम सहमति का अभाव है। हमारा ध्यान विधानसभा और संसद पर ज्यादा है। हमने राजनीति को आम आदमी की समस्या से हटाकर जज्बातों से जोड़ दिया है। राजनीति को इस दुष्चक्र से निकालना होगा वरना देश को बहुत कुछ खोना पड़ेगा।

मनुष्य की वेदना जब एक हद से अधिक बढ़ जाती है तो आंदोलन पैदा होते हैं। नेतृत्व उसे एक स्वरूप देता है। आंदोलन की दिशा अराजक और हिंसक भी हो सकती है और रचनात्मक भी।

**सरकार की आर्थिक नीतियों के दुष्परिणामस्वरूप किन वर्गों में ज्यादा गुस्सा है ?**

दो वर्गों पर ज्यादा असर पड़ा है—किसान और नौजवान। इनमें रोष फैल रहा है। इनमें यह अहसास पैदा हुआ है कि हमें पीछे लौटना होगा। सरकार ने गलत राह ले ली है। किसानों को अगले खतरे का अहसास हो गया है। इसी तरह शिक्षा नीति के दुष्परिणाम स्वरूप और बेरोजगारी के कारण नौजवानों में बेचैनी है। इलाहाबाद से इन वर्गों को आवाज मिली है। यथास्थिति को तोड़ने का सिलसिला प्रारंभ हो सकता है। लेकिन इसमें अभी बाधाएँ बहुत हैं।

**किसान और नौजवान के अलावा जो सामाजिक-आर्थिक ताकतें हैं जैसे कारीगर वगैरा, क्या उनको भी आप अपनी दृष्टि में रखकर चल रहे हैं ?**

कारीगर और ऐसे समूहों को इस वक्त संगठित करना बहुत मुश्किल है। उन्हें आंदोलन से जोड़ने में कठिनाइयाँ बहुत हैं। उनकी समस्याएँ दूसरी हैं। अगर सरकार मदद नहीं करती तो उन्हें संगठित करना मुश्किल है। जैसे खिलौने बनानेवाले हैं। सरकार अगर उनकी मदद नहीं करती तो सस्ते खिलौने बाहर से आ रहे हैं। यहाँ के कारीगर चौपट हो जाएँगे। वे निराश हो रहे हैं। उनको इकट्ठा करना बड़ा मुश्किल होगा। वे असंगठित हैं, बिखरे हैं।

**क्या उन्हें आप ताकत नहीं मानते ?**

वे बहुत बड़ी ताकत हैं लेकिन बिखरे हुए हैं। अगर अराजकता की स्थिति पैदा होती है, तो वे उसे बढ़ाने का काम करेंगे।

**क्या उनमें चेतना कम है ?**

उनमें चेतना ज्यादा है। वे एक मायने में किसानों और नौजवानों से भी अधिक चेतन हैं। हमारे लिए उन तक पहुँचना मुश्किल है।

**इस सिलसिले में आम आदमी से आप क्या अपेक्षा रखते हैं ?**

मेरी एक ही अपेक्षा है कि वह अपनी बात खुलकर कहे। जहाँ जो उसे नापसंद है उसे खारिज कर दे और विरोध में आवाज उठाए। वह बोलना सीखे। एक बार वह अगर बोलना सीख गया तो उससे जो ताकत पैदा होगी वह दूसरों को सोचने के लिए मजबूर करेगी।

**क्या इसका अर्थ हम यह समझें कि पचास सालों में जो राजनीतिक औजार बने वे भोथरे हो गए हैं ?**

मैं ऐसा नहीं मानता। वे भोथरे नहीं हुए। तेज हो गए हैं। पर उलटी दिशा में इस्तेमाल किए जा रहे हैं। उनकी दिशा बदल गई है। वे चुनावी राजनीति तक सीमित हो गए हैं। इस प्रक्रिया में आम आदमी के प्रति हमारी संवेदना मर-सी गई है। आज भाषा ही बदल गई है। राजनीति का हमने गलत अर्थ समझ लिया है। उसे तात्कालिता से जोड़ दिया है। कुछ लोग राजनीति में ऐसे आ गए हैं उन्हें आज के अलावा कल दिखाई नहीं पड़ता। राजनीति केवल आज के लिए नहीं होती। वह भविष्य के लिए होती है। आज की राजनीति कल के निर्माण की भूमिका है।

**क्या आप महसूस कर रहे हैं कि समझ के स्तर पर बहुत बुनियादी बदलाव की जरूरत है ?**

इसमें जल्दी कुछ होनेवाला नहीं है। जल्दी हो सकता था अगर थोड़ी भी समझ उनके अंदर होती जिनके पीछे संगठन भी था और उन्हें अवसर भी मिला। राजनीति घरौंदे में सिमट गई है। जो लोग योगदान कर सकते थे वे भी इसके शिकार हो गए हैं।

**आपका इशारा किस ओर है ?**

कुछ साल पहले (1993 में जनसत्ता को दिए इंटरव्यू का संदर्भ है) मैंने कहा था कि ऐसे संकट के समय कौन-कौन-सी ताकतें क्या-क्या भूमिका अदा कर सकती हैं ? उसको आज दोहराऊँ तो नई बहस शुरू हो जाएगी।

**क्या आपका वह आंकलन कायम है ? क्या वह संभावना बनी हुई है ?**

संभावना थी। अगर वे लोग (राष्ट्रीय स्वयंसेवक संघ और उनके जन संगठन) जो कहते हैं उस पर अड़े रहें। मुझे लगता है कि वे अड़नेवाले नहीं हैं। यह बात लोगों को अटपटी लग सकती है।

**पचहत्तर साल पहले तीन वैचारिक धाराएँ चलीं। एक राष्ट्रीय स्वयंसेवक संघ, दूसरी वामपंथी धारा और तीसरी गाँधी की। इन तीन धाराओं का आज आपका आंकलन क्या है ?**

ये तीन धाराएँ हमारे देश में नहीं चलीं। दुनिया में पहली धारा यह चली कि आदमी धर्म, अध्यात्म और विचार के जरिये समाज को बदल सकता है। यह कहा गया है कि अच्छे बनो, आदर्शवादी बनो, समाज वैसा बन जाएगा। यह प्रयोग चलता रहा। समाज में विषमता पैदा हुई। फिर दूसरी धारा निकली कि समाज को बदल दो और आदमी खुद बदल जाएगा। पहली बार महात्मा गाँधी ने एक नई धारा बनाई। उन्होंने समन्वय का रास्ता चुना। धर्म के जो सात्विक सत्य थे उन्हें राजनीति से जोड़ा। उन्होंने यह भी कहा कि खुद अच्छे हो जाओ इतना काफी नहीं है। समाज को भी अच्छा बनाने के लिए दूसरों को प्रेरित करने की जरूरत है। दूसरों को प्रेरित करने के लिए उससे जोड़ो जिसके लिए नया समाज बनाना चाहते हो। इस प्रक्रिया से जो परिवर्तित मनुष्य होगा वही नया समाज बनाएगा। उन्होंने रचना और संघर्ष का समन्वय मार्ग दिखाया। हम एकांगी हो गए।

आपने आर.एस.एस. की बात कही तो मैं कहता हूँ कि वे एक तरफ धार्मिक कुंठा से ग्रस्त थे तो दूसरी तरफ उनमें समाज को एक नई दिशा देने की इच्छा थी। उन्हें अवसर मिला जब वे सत्ता में आए। मेरा मतलब है कि उनके लोग सत्ता में आए। उस सत्ता का प्रभाव व्यापक बनाने के लिए उन्हें सर्वसमावेशी होना चाहिए था। शुरू में ऐसा लगा कि वे यह करेंगे। लेकिन आरएसएस ने उलटी राह ले ली। अपनी गिरती हुई स्थिति को देखकर फिर पुरानी जगह पर जा रहा है। जैसा बाला साहेब देवरस ने कहा था कि हम स्वदेशी के लिए आंदोलन करेंगे और मैंने उनका समर्थन किया। उस वक्त मैंने किसी को प्रसन्न करने के लिए ऐसा नहीं किया था और न किसी राजनीतिक लाभ का मेरा इरादा था। मैं जानता था कि देश कहाँ जा रहा है।

यह विडंबना लगेगी। लेकिन आप पूछ रहे हैं तो कह रहा हूँ। मैंने वह जोखिम उठाया था। मैं पीछे नहीं हटा। स्वदेशी जागरण मंच पीछे हट गया। आज भी अगर स्वदेशी जागरण मंच के लोग उन बातों पर अड़े रहें तो सरकार को अपना रुख बदलना पड़ेगा। सरकार अपना रुख नहीं बदल रही है। स्वदेशी जागरण मंच और आर.एस.एस. के लोग अपना रवैया बदल रहे हैं। वे अपनी बातों से मुकर रहे हैं। लोगों के मन में एक शंका थी कि ये संगठन केवल सिद्धांतों का निरूपण करते हैं। उन्हें अमल में नहीं लाते। वह संदेह पुष्ट हुआ है।

**जो आंदोलन आप खड़ा करना चाहते हैं, उसका लक्ष्य क्या है ?**

जो लोग सीमित दायरे से बाहर आ सकते हैं उन्हें एकत्र कर एक ऐसी शक्ति पैदा की जाए जो जनशक्ति के सहारे समाज को बदलने की दिशा में प्रयास करें।

**इसका क्षेत्र क्या है ?**

वह बहुत बड़ा है, पर बिखरा हुआ है। नौजवान, किसान, कारीगर, उग्रवादी रास्ता अपनाए समूह, दलित और आदिवासी, सब इसमें आते हैं। समाज के चेतन वर्ग का एक बड़ा हिस्सा और श्रमिक वर्ग का पूरा हिस्सा उसके दायरे में आता है।

**इन समूहों तक आप कैसे पहुँचेंगे ?**

काम मुश्किल है। छोटे दायरे से प्रयास करने का इरादा है। किस हद तक हम पहुँच पाएँगे, यह दो बातों पर निर्भर करता है। परिस्थितियाँ क्या रूप लेती हैं और लोगों का कितना सहयोग मिलता है।

*यंग इंडियन, 4–10 नवंबर, 2000*

# युद्ध का उन्माद हमारी ही पोल खोलेगा

*कुमकुम चड्ढा की बातचीत*

**प्रधानमंत्री द्वारा पूर्व प्रधानमंत्रियों को अपने यहाँ डिनर पर बुलाने और विचार-विमर्श करने का क्या नतीजा रहा ?**

वर्तमान स्थिति बड़ी संकटमय है, कोई आशा नहीं दिखती कि प्रधानमंत्री इस परिस्थिति का कोई हल ढूँढ़ पाएँगे। पाकिस्तान के साथ ऐसी शक्ति है जिससे हमारी नीतियाँ भी प्रभावित होती हैं।

**आपका मतलब अमेरिका ?**

अमेरिका की अपनी सीमाएँ हैं। अभी वह युद्ध में व्यस्त है और उसे पाकिस्तान की मदद चाहिए। हमें यह समझते हुए पाकिस्तान के साथ तनाव नहीं बढ़ाना चाहिए। पाकिस्तान ने तालिबान को नाराज करके अमेरिका से अपना नाता जोड़ कर बहुत बड़ा खतरा मोल ले लिया है। जनता ने इस राजनीतिक रुख का कड़ा विरोध किया था। इसके बावजूद मुशर्रफ ने हिम्मत दिखाई और अपने रवैये पर कायम रहे। इसलिए यह सोचना बेवकूफी होगी कि अमेरिका हमारा साथ देगा।

**अमेरिका एक विपरीत दिशा ले चुका है। जो नियम उन पर लागू होते हैं, वे नियम हम पर लागू होते नहीं दिखते।**

अंतर्राष्ट्रीय मामलों में हर राष्ट्र सबसे पहले अपने हित को देखता है। अमेरिका जिस परिस्थिति में है उसमें हम नहीं हैं, किंतु इसकी वजह से हमें महत्त्वपूर्ण मुद्दों पर अपना रुख स्पष्ट रखने में चूक नहीं करनी चाहिए।

**आज हम पाकिस्तान से अजहर का सिर माँग रहे हैं जबकि आपको याद होगा कि विमान अपहरण के बाद इसी मसूद अजहर को हमारे विदेश मंत्रालय ने सुरक्षित कंधार पहुँचाया था।**

यह ऐसी घटना है जिसे मैं आज तक समझ नहीं पाया। यह देश के लिए बेहद शर्मनाक था। हमारे विदेश मंत्रालय द्वारा उठाया गया एक मूर्खतापूर्ण कदम था। और आज, उसको रिहा कर देने के बाद फिर से उसको वापस माँग रहे हैं।

**पाकिस्तान के साथ भारत जिस तरह के संबंध बना रहा है, उसे आप कैसे देखते हैं ?**

बहुत जल्दी सब कुछ पा लेने के लिए सारा कुछ किया गया है। पोखरण परीक्षण के बाद स्पष्ट था कि हम पाकिस्तान को और शक्तिशाली बना रहे हैं।

**कैसे ?**

युद्ध क्षेत्र में तो भारत पाकिस्तान से तीन गुना शक्तिशाली है। लेकिन जब परमाणु अस्त्रों का इस्तेमाल होगा तो दोनों बराबर के प्रतिद्वंद्वी होंगे। आज प्रश्न यह नहीं है कि भारत ज्यादा ताकतवर है या पाकिस्तान, बल्कि प्रश्न तो यह है कि पहला वार कौन करेगा ?

**आप कारगिल युद्ध के भी आलोचक रहे हैं ?**

इस युद्ध के समय सरकार लगातार अपनी सफलता का राग अलापती रही। एक तरफ तो उन्होंने अपनी कूटनीतिक सफलता का दावा किया और दूसरी ओर सारी दुनिया भारत को एलओसी को पार न करने की सलाह भी देती रही। अपने वीर जवानों की शहादत को नजरअंदाज करते हुए हमने एक आज्ञाकारी बच्चे की तरह दुनिया के आदेश का पालन किया।

**लेकिन कारगिल युद्ध से सभी संतुष्ट थे।**

सिर्फ इसलिए कि सरकार ने इसे बहुत बड़ी सफलता बनाकर पेश किया था। परंतु इस झूठे दावे की पोल तब खुल गई जब राष्ट्रपति बिल क्लिंटन ने संसद के केंद्रीय कक्ष में कहा कि पाकिस्तान सिर्फ उनकी वजह से पीछे हट गया। तब सरकार मूक-दर्शक बनी रही। उसने क्लिंटन का विरोध नहीं किया और हम और हमारा देश मूर्ख बना देखता रह गया।

**और फिर विवादास्पद आगरा सम्मेलन...**

हमें मुशर्रफ को दोष नहीं देना चाहिए। उसने दिल्ली में ऐसा कुछ भी नहीं कहा जो पहले न कहा हो। आगरा में सिर्फ उसने अपनी बात दुहरायी। एक बार भी अपना पक्ष नहीं बदला। यह हमारी असफलता है। हमने व्यर्थ की आशाएँ पालीं जिसमें सरकार के हर व्यक्ति ने अपना योगदान दिया। हमने चार सालों तक सिर्फ इसलिए सार्क सम्मेलन में हिस्सा नहीं लिया कि भारत कहीं भी सैनिक तानाशाह का साथ नहीं देगा। सरकार ने इसे भुला दिया और सम्मेलन में शरीक हुए। वह भी तब जबकि पाकिस्तान में सैनिक तानाशाह था। पहले सरकार के कुछ नियम होते थे और सैनिक तानाशाहों का उन्होंने हमेशा बहिष्कार किया हैं। वहीं सरकार रातोंरात इतनी बदल गई कि न सिर्फ उनसे बात करना चाहती थी बल्कि उन्होंने मुशर्रफ को भारत आमंत्रित भी किया। इसी सरकार ने मुशर्रफ को सबसे पहले पाकिस्तान के राष्ट्रपति की मान्यता भी दी, जबकि पाकिस्तान के उच्च न्यायालय को इस संदर्भ में अभी फैसला देना बाकी ही है। क्या इन सबके लिए हम मुशर्रफ को दोष देंगे ? उसे भारत आमंत्रित करने और राष्ट्रपति के रूप में मान्यता देने की इतनी भी क्या जल्दी थी ?

**और यह युद्ध का पागलपन ?**

युद्ध का उन्माद हमारी ही पोल खोलेगा क्योंकि हम आज पाकिस्तान से युद्ध करने की स्थिति में नहीं हैं। भारत पाकिस्तान को हरा नहीं पाएगा। अगर हम युद्ध की शुरुआत करते हैं तो क्या पाकिस्तान चुप बैठेगा ? क्या वह हम पर परमाणु बमों से आक्रमण नहीं करेगा ? क्या हम इसके लिए तैयार हैं ? यह सरकार सिर्फ इसलिए युद्ध करने का हल्ला मचा रही

है क्योंकि वह उत्तर प्रदेश के चुनाव में इसका फायदा उठाना चाहती है।

**हालाँकि लोग युद्ध के पक्ष में हैं...**

लोगों की भावनाएँ आपके साथ हैं, सिर्फ इसी के आधार पर तो युद्ध नहीं लड़ा जा सकता है। इतना हल्ला करने के बाद अब सरकार अपने पैर खींच रही है।

**आपके अनुसार इस सरकार की दो गलतियाँ रहीं। पहला कि इसने मुशर्रफ को आमंत्रित किया और दूसरे युद्ध की घोषणा की।**

गलती तो पोखरण परीक्षण के साथ ही शुरू हो गई थी। सरकार यह भूल गई कि बम आत्मरक्षा का नहीं बल्कि घृणा का अस्त्र है। आज युद्ध का परिणाम सैनिकों की संख्या पर नहीं बल्कि युद्ध की तकनीक पर ज्यादा निर्भर करता है।

**कश्मीर कितने सालों से जल रहा है, फिर भी अब तक उग्रवाद पर नियंत्रण नहीं पाया जा सका है। संसद पर आक्रमण होने के पहले तक हम लोगों ने कुछ खास सफलता नहीं पाई है।**

संसद पर आक्रमण के बाद ही भारत की स्थिति का लाभ अंतर्राष्ट्रीय स्तर पर आज हम इस बात से उठा सकते हैं। चाहे हम पाकिस्तान और अंतर्राष्ट्रीय शक्तियों पर जोर डालें कि वे सारी समस्याओं को भारत के नजरिये से देखें, मगर हमें अपनी समस्याओं का समाधान खुद निकालना है। अगर कश्मीर उग्रवाद से आक्रांत है तो किसने हमें इसे रोकने के कदम उठाने से रोका है ? क्या मुशर्रफ ने कहा है कि जो उग्रवादी भारत के अंदर सक्रिय हैं उन्हें न पकड़ा जाए ? कश्मीर हमारे लिए सिर्फ एक क्षेत्र नहीं बल्कि हमारा अभिमान है। 1947 में कश्मीर के लोगों ने सांप्रदायिक पाकिस्तान के साथ जाने की बजाय धर्मनिरपेक्ष भारत में रहना ज्यादा पसंद किया। बहस का विषय यह है कि क्या हमने उग्रवाद को रोकने के लिए हर संभव प्रयास किया है ?

**क्या आपका यह कहना है कि सरकार इन समस्याओं से निपटते वक्त उदासीन रही ?**

मैं सिर्फ यही कहूँगा कि इसका प्रयास अपर्याप्त था।

**विपक्ष की तरह क्या आप भी यही सोचते हैं कि संसद पर आक्रमण सुरक्षा व्यवस्था में त्रुटि की वजह से हुआ ?**

क्या सरकार इस बात से इनकार कर सकती है कि इसे आक्रमण की पूर्व सूचना थी ? क्या इसने पर्याप्त सावधानी बरती ? आक्रमण के तुरंत बाद एक जिम्मेदार मंत्री यह कहते हैं कि हमारी सचेतता के कारण संसद का कोई नुकसान नहीं हुआ। सात लोगों ने अपने जीवन का बलिदान दिया; दीवारों पर गोलियों के निशान बन गए और हम कहते हैं कि विपदा को आने से हमने रोक लिया। क्या हम सिर्फ इसलिए यह कहें कि कुछ नहीं हुआ क्योंकि सिर्फ सुरक्षाकर्मी ही मारे गए। हमारे मंत्रियों और सांसदों को कुछ भी नहीं हुआ। उस पर उनके यह तेवर हैं कि हम युद्ध लड़ेंगे।

**क्या प्रधानमंत्री के यहाँ डिनर के अवसर पर सिंह ने मुशर्रफ को भारत का सर्वश्रेष्ठ प्रतिद्वन्द्वी कहा ?**

मैं सिंह के विचारों पर कुछ नहीं कहना चाहता हूँ।

**लेकिन क्या आप इस बात से सहमत हैं कि मुशर्रफ भारत के सबसे बड़े दुश्मन हैं ?**

सबसे बड़ा तो नहीं कहूँगा पर अभी भारत के लिए मुशर्रफ का विकल्प ज्यादा खतरनाक होगा। पाकिस्तान में दो शक्तियाँ काम कर रही हैं, एक मुशर्रफ दूसरे कट्टर सिद्धांतवादी। जितनी समस्याएँ मुशर्रफ ने खड़ी की हैं, वे उससे भी ज्यादा तबाही मचाएँगे। अतः वर्तमान परिप्रेक्ष्य में मुशर्रफ ही शासन में रहें तो भारत के लिए ज्यादा बेहतर है।

**क्या काठमांडू में भारत-पाक संबंधों में कुछ सुधार की संभावना है ?**

काठमांडू सम्मेलन होने के पहले ही इतना कुछ कह डाला गया है कि अब मुशर्रफ या पाकिस्तान में किसी पर इसका कोई असर नहीं होनेवाला है। सरकार को कभी-कभी चुप रहना भी सीख लेना चाहिए।

**क्या आप पोटो से असहमत हैं ?**

स्थिति असाधारण है और इन स्थितियों से निपटने के लिए यदि राज्य अतिरिक्त शक्ति की माँग करता है तो किसी को कोई आपत्ति नहीं होनी चाहिए। सरकार ने बस यही गलती की थी कि पोटो पर निर्णय लेने से पहले विपक्ष से बातचीत नहीं की। विपक्ष ने इसे गलत मायने में लिया और सरकार की आलोचना की। व्यर्थ के हंगामे ने उन लोगों को उत्साहित कर दिया जिनके खिलाफ नियम लागू करना है।

**क्या भाजपा के पास कोई मजबूत पक्ष है ?**

सबसे मजबूत पक्ष यह है कि भारत की जनता कमजोर है। इसी कमजोरी के आधार पर जाति और धर्म का प्रश्न खड़ा कर उसका फायदा उठाया जा रहा है।

*हिंदुस्तान टाइम्स, 6 जनवरी, 2002*

●●●